Analysis of Greek Shipping

그리스 해운의 해부

이기환

法文社

이 저서는 2020년 대한민국 교육부와 한국연구재단의 지원을 받아 수행된 연구임(NRF-2020S1A6A4047234).

그리스는 서양문명의 발상지로 지금까지도 우리의 삶에 커다란 영향을 미치는 철학, 문학 등이 고대에 꽃을 피웠다. 그리스가 고대 문명의 씨앗을 뿌리고 키우는 데 가장 큰 힘이 되었던 것은 문자의 발견과 그를 기반으로 한 기록을 남겨 현대까지 전해져 왔기 때문으로 생각된다.

서양철학은 고대 그리스의 철학자인 소크라테스, 플라톤, 아리스토텔레스의 사상을 이어받아 발전시킨 것으로 평가되고 있다. 문학도 호메로스의 일리아스와 오디세이아가 큰 영향을 끼친 것으로 알려져 있다. 또한 히포크라테스와 헤로도토스는 각각 의학과 역사학의 아버지라고 불리고 있다. 수학도 피타고라스의 정리 등이 정립되면서 현대 수학의 발전에 큰 영향을 주었다. 그리고 한때는 유럽 및 아프리카의 지역과 인도까지 영토를 확장하기까지 하였다.

그런데 그리스는 고대 문명을 꽃피우며 서양문명 발달에 중추적인 역할을 하였으나, 기원전 146년 로마에 정복을 당하였다. 그후 약 2,000년 동안 주권을 상실한 아픈 역사를 가진 국가이기도 하다. 그러다 보니 그리스는 온전하게 보존되어있는 유물이 거의 없고 돌기둥이 우뚝 서 있는 유적지가 많다. 오늘날 그리스를 찾는 많은 사람들이 접하는 파르테논신전 등 그리스의 손꼽히는 유물 중 상당한 부분은 기원전 5세기경 도시국가 아테네가 전성기 때 만든 작품들이다.

특히 그리스가 바다에서 자신감을 갖기 시작한 결정적 계기도 아마 아테네가 등장하면서 시작된 것으로 생각된다. 그리스는 기원전 490년과 480년에 페르시아의 침공을 받았으나 아테네 덕분에 그리스 전체가 자유를 확보하게 된다. 특히 기원전 480년 페르시아와의 전쟁에서 스파르타는 테르모필라이에서 레오니다스 왕이 이끄는 300인의 전사가 용감하게 싸우며 페르시아의 간담을 서늘하게 하였다. 한편 그 당시 아테네의 지도자 테미스토클레스 장군은 그리스 연합군은 도저히 육전에서는 페르시아 대군을 상대로 한 전투에서 이기는 것이 불가능함을 깨닫고 바다에서 결전하기 위한 준비를 철저히 하였다. 이때 아테네는 전쟁에 동원된 그리스 연합군 선대의 2/3에 해당하는 약 200척의 선박을 확보하고 신속한 운항을 위한 훈련을 하며 대비하였다. 그리하여 480년 아테네 남쪽에 위치한 살라미스섬 부근으로 페르시아군을 유인하여 그 유명한 '살라미스 해전'에서 그리스는 페르시아의 1/3밖에 되지 않는 함대로 대승을 거두게 되었다. 이때부터 아테네는 해군을 바탕으로 그리스 도시 국가들 중 스파르타와 더불어 강국으로 등장하였다.

오늘날 그리스가 해운환경이 좋지 않음에도 세계 최강의 해운국가로 성장한 것은 2,500여 년 전부터 그들이 자유를 지키기 위해 바다를 활용한 경험이 작동하고 있지 않나 하는 생각이 든다. 필자가 2000년대 초부터 해운금융에 대한 강의를 하면서 문헌을 찾아 읽는 가운데 저자들이 그리스 출신이 많은 것을 보고 그리스를 배워야겠다는 생각을 하였다. 그후 정부로부터 재정적 지원을 받아 해양금융전문인력을 양성할 대학원과정을 개설하면서 그리스 대학과 협력을 하면서 그리스를 좋아하게 되었다. 그러면서 그리스 해운의 발달에 대한 요인을 규명하고 싶은 생각이 들었다. 그러던 차 2020년 초에 한국연구재단의 인문사회과학 저술 사업의 연구과제의 하나로 선정되면서 그동안 모아 놓았던 자료와 새롭게 자료를 찾아 궁금증을 어느 정도 해소하는 졸고를 세상에 내놓게 되었다. 이렇게 하여 만들어진 졸저의 구성은 다음과 같이 엮어져 있다.

제1부는 그리스를 이해하고 그리스가 우리와 어떤 관계가 있는지를 고찰하고 있는 부문으로 2개의 장으로 구성되어 있다. 제1장은 그리스의 오늘날 위상과 경제에 대해 간단히 분석하고 있다. 제2장은 그리스해운과 우리 조선산업의 관계를 살펴보고 있다. 현재 세계 최고의 조선국가로 성장한 우리나라 특히 현대중공업은 그리스의 선주 리바노스의 발주를 받으면서 시작되었다. 그런 점에서 그리스는 우리 조선업의 발전에 결정적 기여를 한 것으로 평가된다.

제2부는 오늘날 그리스가 세계 최고의 선복량을 보유한 해운강국으로 발전하는 역사적 배경을 고찰하고 있는 것으로 3개의 장으로 엮어져 있다. 제3장은 그리스

역사를 개괄하고 있는데, 그리스 고대사에 대해서는 우리가 많이 알고 있으나 그리스가 로마와 오스만제국의 지배를 받는 시기와 그 후의 역사에 대해서는 많이 알려져 있지 않다. 필자는 이 영역에는 문외한이나 관련 문헌을 찾아 그리스 해운의 발전 과정을 이해하는 데 조금이라도 실마리를 찾아보려 하였다. 제4장은 고대 그리스 즉 로마의 지배가 시작되기 전 그리스 해운에 대하여 짚어보고 있다. 제5장은 로마가 지배하기 시작한 후부터 현재까지의 그리스 해운의 발달 과정에 대해 고찰하고 있다. 그리스는 고대부터 바다에 대한 경험도 많고 지식도 축적되어 있어 로마시대와 오스만제국 시대에도 비록 주권을 상실하였으나 해양세력은 꾸준히 유지되었던 것으로 보인다. 19세기 들어 독립운동이 전개될 무렵 그리스인들이 소유한 선박은 독립 운동에 참여하며 많은 공헌을 한 것으로 평가되고 있기도 하다.

제3부는 그리스 정부가 그리스 해운발전을 위해 취한 정책을 2장에 걸쳐 분석하고 있다. 그리스는 1832년 독립 국가로 인정을 받으면서 국가 발전을 위해 다방면으로 노력을 기울인 것으로 알려져 있다. 그중 유럽 주요 해사클러스터지역에서 그리스인들이 구축한 해운네트워크 덕분에 그리스는 해운산업을 일으키는데 큰 도움이 되었다. 제6장에서는 그리스 정부가 그리스 해운을 육성하기 위해 입법을 통해 지원한 정책을 중심으로 고찰하고 있다. 그리고 제7장은 그리스 정부의 해운정책 중 조세지원과 금융지원 정책을 중심으로 살펴보고 있다. 그리스는 다른 어느 나라보다 먼저 톤세를 도입하여 그리스 해운산업을 지원하는 노력을 기울였다.

제4부는 오늘날 그리스 해운의 원동력이 되는 그리스의 보유 선대의 특징과 해운기업의 특성을 중심으로 분석하고 있다. 제8장에서는 그리스 선대를 선종별, 선령별 등으로 짚어보고 있다. 그리고 제9장에서는 그리스 해운기업의 현황을 주요 해운기업의 특성을 중심으로 구체적으로 살펴보고 있다. 각 해운기업이 보유한 선박의 수와 역사 그리고 선주들의 출신지 등도 개괄적으로 보고하고 있다. 제10장은 그리스 해운기업의 자원의 우수성을 중점적으로 살펴보고 특히 우수한 인적 자원 등이 그리스 해운기업의 발전에 도움이 되는 요소임을 밝히고 있다. 제11장은 그리스 해운기업의 구조적 특성을 고찰하고 있는데 특히 그리스 해운기업은 가족 중심의 경영을 하고 있는 가운데 구성원 중 분사를 통한 창업도 활발함을 밝히고 있다. 그리고 오랜 세월 동안 세계 각 곳에 흩어져 사는 그리스인들 간의 네트워

크의 중요성과 그리스 선주들의 경영철학 및 기업문화도 살펴보고 있다.

제5부는 그리스 해운기업의 서비스 수단이 되는 선박을 확보하는데 소요되는 자금을 어떻게 조달하고 있는지를 분석하고 있는데 2개의 장으로 구성되어 있다. 제12장은 그리스 해운기업의 주요 자금원이 되고 있는 은행대출에 대해 조사하고 있다. 그리스 해운기업은 해외금융기관으로 대부분의 소요자금을 조달하고 있는 것으로 나타나고 있다. 그리고 제13장은 그리스 해운기업이 자본시장을 활용하여 자금을 조달하고 있는 부분을 살펴보고 있다. 다른 나라의 해운기업과 마찬가지로 그리스 해운기업도 자본시장을 통한 자금조달의 비중은 그리 크지 않은 것으로 나타나고 있다. 그리고 자국의 자본시장을 이용하기보다는 미국의 뉴욕증권시장이나 나스닥시장을 많이 이용하고 있는 것으로 조사되고 있다.

제6부는 앞서 고찰한 13개 장에서 드러나는 그리스 해운의 특성을 정리한 것이다. 그리스는 기원전 480년 페르시아와 살라미스 해전에서 승리를 하면서 해상세력을 본격적으로 키우기 시작한 것이 긴 역사를 거쳐 오는 동안 견지되면서 오늘날의 그리스 해운의 밑거름이 된 것으로 우선 평가하고 있다. 그리고 주권을 상실한 2,000년이라는 아주 긴 세월 동안에도 세계 주요 항구에 흩어져 살면서 해운업을 영위하며 끈을 놓지 않은 것도 중요한 것으로 볼 수 있을 것이다. 그리고 우수한 인재들이 해운업에 몰리고 왕성한 기업가정신 발휘로 해운창업을 주도한 것도 중요한 요소로 생각된다. 그리고 이러한 우수한 인재들이 세계 해운시장의 동향을 정확히 파악하며 선박매매차익이라는 전략도 적극적으로 활용하고 있는 점도 지적할 수 있을 것이다. 그리고 2차 대전 직후 그리스 해운이 선박을 확보하는데 정부의 보증을 통한 재정지원정책도 중요한 역할을 한 것으로 여겨진다.

이 책이 세계에서 가장 뛰어난 경쟁력을 확보한 해운업을 영위하고 있는 그리스의 해운을 이해하는 실마리를 제공하는데 조금이라도 기여할 수 있기를 바란다. 필자의 능력 부족으로 글로벌 해운시장에서 가장 중요한 역할을 수행하며 세계 교역에 기여하고 있는 그리스 해운을 충분히 분석하지 못한 아쉬운 점도 남는다. 이번에 충분히 분석하지 못한 영역은 차후에 더 깊이 연구하여 우리 해운에 도움이 되는 방안이 무엇인지를 찾아낼 수 있도록 노력을 기울일 생각이다.

특히 이 저술 작업을 위해 재정적 지원을 하여 준 한국연구재단에 먼저 감사를 드립니다. 그리고 연구과정에 자료 정리 등에 도움을 준 김명희 박사께도 고마움을 전합니다. 저술 내용이 독특함에도 흔쾌히 출판을 맡아주신 법문사에 감사드립니다. 졸저의 편집과정에서 많은 정성으로 수고해 주신 노윤정 차장님과 권혁기 차장님께도 고마움을 드립니다. 특히 지난 28년 동안 후학을 가르치고 연구를 할 수 있는 공간을 제공해준 한국해양대학교에도 깊은 감사를 드립니다. 또한 역량이 부족한 제자를 자상하게 지도해준 영국 맨체스터경영대학원의 고 Douglas Wood 교수님 그리고 초·중등 및 고등교육 과정에서 훌륭한 가르침을 주신 모든 스승님께도 감사를 드립니다. 이 책을 저술하는 동안 늘 가까이서 말벗이 되어 준 아내에게도 고마움을 표합니다. 그리고 무엇보다도 성실하시고 정직한 삶으로 저의 갈 길을 묵언으로 가르쳐 주신 하늘나라에 계시는 아버님, 어머님께 이 책을 바칩니다.

2023년 봄
태평양이 바라다 보이는 부산 영도 아치섬 연구실에서
이 기 환

차 례

제1부 그리스 경제와 우리나라 조선업

제2부　그리스 해운의 발전과정

제3부　그리스의 해운산업 지원정책

제4부 그리스 해운기업 특성 고찰

제5부   그리스 해운기업의 자금조달

제6부 그리스 해운의 성공요인

표 목차

그림 목차

그리스 경제와 우리나라 조선업

1 그리스 경제의 현황과 과제

이 장에서는 그리스의 일반 현황과 그리스 경제에 대해 고찰하고 있다. 우선 그리스라는 나라가 차지하는 역사적 위상, 경제규모, 인구, 국토 현황 등을 일별하고 있다. 이어서 그리스 경제를 보다 자세히 분석하고 있다. 즉 그리스 경제 성장률 및 주요 거시경제 지표, 산업구조, 대외교역, 정부채무, 노동력 등을 각각 조사, 분석하고 있다. 그리고 그리스 경제에서 해운이 갖는 위상을 간략히 고찰하고 있다. 최근 그리스 경제의 회복을 위해 OECD가 권고하고 있는 주요 정책을 개략적으로 소개하고 있다.

1.1 그리스 개황

그리스의 해운에 대한 이해를 위해서는 먼저 그리스라는 나라의 현재의 위상을 개략적으로 살펴보는 것이 필요하다고 생각된다. 그리스는 현대 문명의 발전에 큰 영향을 미친 문명의 발원지로 서유럽의 많은 나라의 문화는 그리스의 영향을 직간접적으로 받은 것으로 평가를 하고 있다. 호메로스(Homeros)의 일리아스와 오디세이아는 서양문학의 효시로 볼 수 있고, 헤로도토스의 역사는 역사 기록의 전범이 되었다. 또한 소크라테스, 플라톤, 아리스토텔레스 등의 철학자는 현대 서양철학의 기초를 놓았으며, 의학의 경우는 히포크라테스라는 인물을 배출하는 등 고대 그리스는 현대문명 발전의 단초를 제공하는 찬란한 문명의 꽃을 피운 것으로 볼 수 있다.

그런데 현대의 그리스는 고대의 그리스에 비해 그 위상이 많이 약해져 있고 경제력을 포함한 국력도 고대에 비해 매우 미약한 상태이다. 그러나 유독 해운만은 세계에서 부동의 수위를 차지하고 있으며, 해상운송에 있어 주도적인 역할을 수행하며 세계교역의 발전에 기여를 하고 있다. 고대 아테네의 테미스토클레스 (Themistocles) 장군이 기원전 480년 9월 살라미스에서 페르시아 대군을 물리치는 것을 계기로 그리스는 해양에서 자신감을 얻었다고 생각된다. 그리스는 이때의 고난 속에서 얻은 값진 경험이 오늘날의 그리스 해운에 종사하는 선원 및 선주 등의 정신에 녹아들어 있는 것으로 보인다. 이러한 오랜 역사를 거치며 쌓아온 그리스만의 해양체험에서 얻은 노하우는 오늘날 그리스 해운이 세계 1위로 발돋움하는데 큰 도움이 되지 않았나 하는 생각이 든다. 이러한 역사적 배경에 대한 것은 제2부에서 그리스의 역사 고찰과 함께 그리스 해운사를 간략히 살펴보는 가운데 보다 자세히 고찰할 것이다.

그리스는 기원전 146년에 로마에 의해 점령을 당한 후 1830년에 독립을 쟁취하기까지 약 2000년을 로마와 오스만 제국의 지배를 받았다[1]. 1821년 독립전쟁을 개시한 후 19세기 말부터 20세기 초에 걸쳐 영토 확장을 위한 전쟁 그리고 양대 세계대전을 거친 후에야 오늘날의 국토가 확정되면서 [그림 1-1]에서 보는 것처럼 현재의 그리스 국경이 확정되었다.

<표 1-1>은 오늘날 그리스의 개황을 보고하고 있다. 먼저 그리스의 국토 면적을 보면 131,957㎢로 우리 남북한을 합친 면적의 60% 수준이며, 우리나라처럼 국토의 70%가 산악이나 구릉지로 형성되어 있어 식량의 자급자족도 여의치 않은 실정이다. 그리스에는 6,000개 이상의 섬이 있고 해안선이 14,880㎞에 이르고 있다. 수많은 섬 중에서 크레타 섬이 가장 크고 다음으로는 에비아섬, 세 번째로는 레스보스 섬, 네 번째로는 로도스 섬, 다섯 번째로는 게팔로니아 섬 그리고 여섯 번째로는 키오스 섬이다[2].

---

1) 그리스의 독립은 1830년 '런던의정서'로 영국, 프랑스, 러시아로부터 인정을 받은 후, 1832년 '콘스탄티노플 조약'에 의해 공식적으로 독립국가가 되었다. 그리스 역사에 대해서는 제3장에서 개괄적으로 살펴보고 있으니 참고하기 바랍니다.

2) 섬의 크기는 위키백과에 의거하고 있으며 보다 자세한 내용은 다음의 사이트를 참고하기 바랍니다(https://ko.wikipedia.org/wiki/그리스의-섬 목록, 2021.7.6.). 특히 키오스 섬은 그리스 해운에서는 아주 중요한 섬인데, 그리스 해운기업 중 상위에 속하는 해운기업의 선주들이 이 섬 출신으로 알려져 있고, 이 섬 출신 선주들이 그리스 선대의 40% 이상을 지배하고 있기도 한 것으로 알려져 있다. 이 섬에 대한 더 자세한 내용은 이기환(2018)을 참고하기 바랍니다.

그림 **1-1** 그리스 지도

자료: Green Blog (https://greenblog.co.kr/2021.7.14)

　국토가 넓지 않고 산악지대가 많다 보니 그리스에 거주하는 인구도 1,070만 명 정도밖에 되지 않으며, 세계의 인구 순위도 85위에 그치고 있다. 그리스인들의 종교를 보면 그리스정교를 믿는 비율이 인구의 90%이고, 나머지 10%는 다른 기독교, 이슬람교 등을 믿고 있는 것으로 밝혀지고 있다. 정부형태는 대통령제를 가미한 내각책임제이며 의회는 단원제이다. 그리스의 행정구역은 13개 주, 51개 현 그리고 1개 자치구로 구성되어 있다.

　2019년 그리스의 국내총생산(GDP)은 1,875억 유로이며 구매력평가기준으로 1인당 국민소득은 30,400달러를 시현하고 있다. 2019년 경제성장률(GDP)은 1.9%를 보였으나 실업률은 여전히 높아 19.3%에 달하고 있다. 그리스의 경제 전반에 대해서는 다음절에서 보다 자세히 조사·분석할 것이다.

표 1-1 그리스 개황

영 역	현 황
국명	그리스 공화국(The Hellenic Republic)
독립	선언: 1821.3.25. 승인: 1830.2.3
수도	아테네(인구 370만명)
면적	131,957km^2 (95위)
지형	평지 30%, 산지 및 구릉지 70%
섬 수 및 해안선	6,000여개(유인 섬 227), 14,880km (11위)
인구	1,078만명(2018) (85위)
종교	그리스정교 90%, 여타 기독교 3%, 이슬람교 2%, 무교 4%, 기타 1%
정부형태	대통령제 가미 내각책임제
행정 구역	13개 주, 51개 현, 1개 자치구
의회	단원제(의석수 300석, 임기 4년)
GDP	1,875억 유로(2,099억 달러) (2019)
1인당 GDP(PPP기준)	30,400 달러 (2019)
GDP성장률	1.9% (2019)
실업률	19.3% (2018)
화폐단위	유로(Euro)
기후	지중해성 기후(여름: 고온건조, 겨울: 온난다습)

자료: 주그리스 대한민국대사관(2020), '그리스 안내', OECD(2020) 및 위키백과
(https://ko.wikipedia.org/wiki/그리스).

1.2 그리스 경제 분석

그리스 경제는 전통적으로 관광과 해운에 의존하는 비중이 큰 것으로 알려져 있다. 2018년 기준 관광산업이 그리스 경제에서 차지하는 비중이 25.7%에 이르고 있다. 그런데 2020년 초부터 전 세계를 덮친 코로나 사태로 인해 그리스는 해외로부터의 관광객이 급격히 감소하였다. 이로 인하여 2020년 그리스 GDP 성장률이 -9.8%로 예측되고 있으며, 2021년에는 2.3%로 전망되고 있다(<표 1-7> 참고). 그리스 경제에 대한 고찰에서 우선 주요 경제지표를 통해 경제 전반을 개괄적으로 살펴보고, 이어서 경제성장, 산업구조, 대외교역, 노동시장 등에 대해 연도

별 통계 자료를 분석하며 더욱 자세히 고찰하고자 한다.

1.2.1 그리스 경제 개황

<표 1-2>는 2019년을 기준으로 그리스 경제의 현황을 정리한 것으로 국내 총생산(GDP)는 2,099억 달러로 1인당 GDP는 3만 달러를 조금 넘는 것으로 조사되고 있는데, 이는 OECD 평균 46,400달러에 비해 약 16,000달러 더 적은 수준이다. 최근 5년 동안 그리스의 경제성장률은 0.9%로 OECD 평균 2.2%에 비해 1.3% 포인트가 낮은 것으로 보고되고 있다.

이 표의 우측에 GDP의 부가가치 창출의 산업별 구성비를 보고하고 있는데 서비스업의 비중이 78.2%로 OECD 평균 70.2%에 비해 8%포인트 더 높은 것으로 조사되고 있다. 그리고 농업, 임업 및 어업 등 1차 산업도 OECD 평균 2.5% 보다 1.8%포인트가 더 높은 4.3%로 보고되고 있다. 그런데 제조업의 비율은 17.5%로 OECD 평균 27.3%에 비해 약 10% 포인트나 더 낮아 그리스 산업은 제조업이 매우 취약한 것으로 드러나고 있다.

표 **1-2** 그리스 경제 개황(2019)

그리스 GDP		OECD평균	부가가치 구성비(%, 2018)		OECD평균(%)
경상가격 (십억 USD)	209.9		농업, 임업, 어업	4.3	2.5
경상가격 (십억 EUR)	187.5		건설포함 제조업	17.5	27.3
최근 5년 동안의 평균 실질 성장률(%)	0.9	2.2	서비스	78.2	70.2
1인당 GDP(PPP)(천 USD)	30.4	46.4			

자료: OECD(2020), p. 6.

그리스 정부의 재정 현황이 <표 1-3>에서 보고되고 있는데, 최근 GDP 대비 총부채비율이 200.6%로 OECD 평균 109.0%에 비해 2배 정도 더 높아 정부의 재정건전도가 매우 취약한 것으로 보인다. 2019년 정부의 순채무비율도 145.2%로 OECD 평균 69.1%에 비해 2.1배 더 높아 그리스 정부의 재정 지출을 줄이는 등의 노력을 통해 부채비율을 줄여가도록 하여야 할 것으로 판단된다.

표 **1-3** 최근 그리스 중앙정부의 재정 현황

구 분	% of GDP	OECD 평균	구 분	% of GDP	OECD 평균
지출 (OECD,2018)	46.2	40.3	총부채비율 (OECD, 2017)	200.6	109.0
수입 (OECD,2018)	47.7	37.3	순부채비율 (OECD, 2017)	145.2	69.1

자료: OECD(2020), p. 6.

<표 1-4>는 그리스의 2019년 수출 및 수입 등을 포함한 그리스의 대외거래에 대한 통계를 보고하고 있는데, 그리스의 재화 및 서비스의 수출 규모는 GDP의 37.2%로 OECD 평균 54.2%에 비해 약 17%포인트 더 낮은 것으로 나타나고 있다. 수입 규모 또한 OECD 평균 50.4%에 비해 약 13%포인트 더 낮은 37.2%를 시현하고 있으며, 또한 경상수지의 적자는 -1.4%로 OECD 평균 0.3%에 비해 다소 높은 것을 알 수 있다. 그리스의 주요 수출품목을 보면 광물성 연료, 윤활유 등이 31.2%로 가장 많고, 다음으로는 제조 상품과 식품 및 동물이 각각 14.9%와 14.1%를 차지하고 있다. 한편 주요 수입품목을 보면 광물성 연료 관련 원료가 26%로 가장 많고, 다음으로는 기계 및 운송 장비가 18.4%를 그리고 화학 관련 제품이 15.5%로 세 번째로 큰 비중을 차지하고 있다.

표 **1-4** 그리스의 대외거래(2019)

주요 지표		수출입 상품 구성비	
환율(EUR per USD)	0.89	주요 수출품(총상품수출 대비 비율 (%))	
PPP 기준 환율(USA=1)	0.56	광물성 연료, 윤활유 및 관련 원료	31.2
% of GDP		제조 상품	14.9
재화 및 서비스 수출	37.2 (54.2)	식품 및 동물	14.1
재화 및 서비스 수입	37.2 (50.4)	주요 수입품(총상품수출 대비 비율 (%))	
경상수지	-1.4 (0.3)	광물성 연료, 윤활유 및 관련 원료	26.0
순국제투자비율	-151.1	기계 및 운송 장비	18.4
		화학 및 관련 제품	15.5

주: ( )의 수치는 OECD 평균임.
자료: OECD(2020), p. 6.

<표 1-5>는 2019년 그리스의 고용 현황에 대한 통계를 보고하고 있는데,

15세 이상 노동인구 중 43%가 고용되어 있다. 이러한 그리스의 고용률은 OECD 평균 57.5%에 비해 14% 포인트 이상 낮아 그리스의 고용시장은 다른 OECD 국가에 비해 열악함을 알 수 있다.

표 **1-5** 그리스의 노동시장 지표(2019)

지 표	그리스	OECD 평균	지 표	그리스	OECD 평균
고용률(%, 15세 이상)	43.0	57.5	실업률(%, 15세 이상)	17.3	5.4
남자	51.7	65.6	청년(15~24세)	35.2	11.7
여자	34.9	49.9	장기실업률(1년 이상)	13.6	1.4
참가율(%, 15세이상)	51.9	60.5	3차 교육 달성률 (%, 25~64세)	31.7	36.9
연 평균 근무 시간	1,956	1.734	R&D 지출 (GDP 대비 %)	1.1	2.6

자료: OECD(2020), p. 6.

여성의 고용률은 34.9%에 그쳐 남성과 비교해 16.8%포인트가 낮은 것으로 조사되고 있는데, OECD 평균 49.9%보다 15% 포인트가 더 저조한 것으로 나타나고 있다. 경제활동 참가율은 51.9%로 OECD 평균 60.5%에 비해 8.6%포인트가 낮다. 그리스의 실업률은 17.3%를 시현하고 있으며, 특히 15~24세 사이에 있는 청년의 실업률은 35.2%에 달하고 있어, 그리스에서 일자리를 구하는 것이 매우 어려운 것으로 보인다. 이러한 두 지표는 OECD 평균에 비해 3배 이상 높아 그리스의 고용 현실은 아주 심각한 것으로 드러나고 있다. 고급 인력으로 볼 수 있는 3차 교육(또는 중등 후 교육)을 이수한 비율은 31.7%로 이 또한 OECD 평균에 비해 5%포인트가 더 낮게 나타나고 있다.

1.2.2 그리스 경제의 심층적 분석

여기서는 그리스 경제를 다소 깊이 조사하고 있는데 연도별 GDP 성장률, 산업구조, 대외교역, 정부채무, 노동력 그리고 소득불평등 등에 대해 자세히 분석하고 있다.

■ 연도별 경제성장률 및 주요 거시경제 지표 동향

그리스의 1985년 이후 40년 동안의 경제성장률을 보면 1980년대 초반에 부(−)

의 성장을 하기도 하였으나, 2008년 글로벌 금융위기가 발생하기 전까지는 정(+)의 성장률을 시현한 것으로 보고되고 있다(<표 1-6> 참고). <표 1-7>에서 보는 것처럼 2017년부터 2019년 사이에는 GDP가 연 1.5% 이상의 성장률을 보였으나, 2020년 초 발생한 코로나(COVID-19) 영향으로 2020년의 성장률은 -9.8%로 매우 감소할 것으로 전망하고 있는데, 이는 관광객이 급감하면서 일어나는 현상

표 1-6 그리스의 연도별 경제성장률 및 전망

구 분	1985	1990	1995	2000	2005	2010	2015	2020	2021	2025	2026
GDP 성장률(%)	2.5	−0.0	2.1	3.9	0.6	−5.5	−0.3	−8.2	3.76	1.47	1.36

자료: https://en.wikipedia.org/wiki/Economy_of_Greece#Data(2021.9.10.) 및 https://www.statista.com/statistics/263605/gross-domestic-product-gdp-growth-rate-in-greece/(2021.9.27.)

표 1-7 그리스 거시경제 지표의 동향과 전망1)

구 분	2016 (10억 유로)	2017	2018	2019	2020	2021
실질GDP 성장률[2]	176	1.5	1.7	1.9	−9.8	2.3
민간소비[2]	122	0.9	1.1	0.8	−8.4	3.1
정부소비[2]	35	−0.4	−2.5	2.2	1.9	−0.4
총고정자본형성[2]	21	9.1	−12.2	4.5	−17.3	11.0
재화 및 서비스의 수출[2]	53	6.8	8.7	4.9	−13.6	−1.3
재화 및 서비스의 수입[2]	54	7.1	4.2	2.8	10.8	0.5
실업률	−	21.5	19.3	17.3	19.6	20.4
GDP디플레이터	−	0.6	0.5	−0.4	−1.0	0.0
순가계저축률 (가처분 소득 대비)	−	−16.8	−15.0	−12.0	−9.3	−18.1
무역수지[3]	−	−1.0	−0.3	−0.1	1.0	0.5
경상수지[3]	−	−1.9	−2.8	−1.4	−0.6	−0.4
정부재정수지[3]	−	0.7	1.0	1.5	−8.8	−6.6
일반정부 총부채비율[3]	−	191.7	195.8	200.6	233.3	228.8
10년 만기 국채수익률	−	6.0	4.2	2.6	1.6	1.6

주: 1) COVID-19의 2차 확산의 시나리오를 가정한 전망치임.
  2) 2016년의 GDP는 경상가격 기준이며 2017년 이후는 전년 대비 증감률임.
  3) GDP 대비 비율(%)임.
자료: OECD(2020), p. 28.

으로 보인다.

또한 <표 1-7>은 최근 5년 동안의 주요 거시경제 지표의 동향을 보고하고 있는데, 2020년 이전까지는 수출이 꾸준히 증가하고 실업률도 낮아지는 등 경제 전반이 나아지는 흐름을 보이고 있다.

그런데 코로나로 인해 경제가 급격히 악화되고 있는 것을 알 수 있다. 가처분 소득 대비 가계의 순저축률도 점차 개선되고 있었으나, 2021년에는 -18.1%로 전 망되고 있어 가계의 저축 여력이 매우 감소할 것으로 예상되며, 그 만큼 가계의 경제활동도 위축될 것으로 보인다. 한편 정부의 재정건전성 등이 개선되면서 10 년 만기 국채 수익률이 2017년 연 6%에서 2019년에는 연 2.6%로 떨어져 정부의 신용이 크게 나아진 것을 반영한 것으로 보인다. 그런데 일반정부의 부채비율은 계속 증가하여 정부의 재정 부담은 더 커질 것으로 추정되고 있기도 하다.

■ 산업구조

그리스의 주요 산업으로는 관광업, 해운업 그리고 농업으로 알려져 있으며 제 조업은 발달하지 못하고 있다. <표 1-8>은 그리스의 국내총생산의 산업별 부가 가치 규모 및 구성비를 보고하고 있는데, 2020년 기준으로 농업의 비중이 4.7%, 제조업이 15.8% 그리고 서비스업이 79.5%를 차지하고 있는 것으로 나타나고 있 다. 2010년에 비해 농업의 비중이 다소 증가하고 제조업은 1.1%포인트 줄어들

표 **1-8** 산업별 부가가치 규모 및 구성비

(단위: 백만 유로, %)

구 분	2010	2015	2016	2017	2018	2019	2020
재화 및 서비스 총생산액	355,758	287,504	277,616	287,749	295,638	299,125	265,546
중간소비	158,029	131,927	125,677	133,156	139,857	140,088	119,886
총부가가치규모	197,729 (100.0)	155,577 (100.0)	151,939 (100.00	154,593 (100.0)	155,780 (100.0)	159,037 (100.0)	145,660 (100.0)
(농업 등 1차 산업)	6,698 (3.4)	6,816 (4.4)	6,134 (4.0)	6,822 (4.4)	6,576 (4.2)	6,932 (4.4)	6,829 (4.7)
(제조업: 에너지, 건설업 포함)	33,397 (16.9)	25,568 (16.4)	25,354 (16.7)	24,379 (15.8)	23,771 (15.3)	23,635 (14.9)	23,072 (15.8)
(서비스업)	157,634 (79.7)	123,193 (79.2)	120,451 (79.3)	123,392 (79.8)	125,434 (80.5)	128,470 (80.8)	115,757 (79.5)

주: 경상가격기준이며, ( )의 수치는 총부가가치규모의 산업별 구성비임.
자료: Hellenic Statistical Authority(27 Aug. 2021), *The Greek Economy*, pp. 8~9.

었다. 특히 서비스의 비중이 약 80% 가까이 달하고 있는데 이는 관광업과 해운업이 높은 부가가치를 창출하고 있기 때문으로 풀이된다. 그리스 해운은 약 4억 DWT가 넘는 선복량을 보유하여 세계에서 가장 경쟁력이 앞선 것으로 평가를 받고 있다. 그리스 해운의 그리스 경제 기여도에 대해서는 뒤에서 다루기로 하고 우선 관광산업에 대해 간략히 살펴보기로 한다.

관광산업에 대해 살펴보기 전에 앞서 <표 1-9>에서 그리스의 주요 업종별 기업 수를 보면 총 471,638개에 이르고 있다. 이 중 비즈니스 서비스업에 가장 많은 69,879개 업체가 있으며, 다음으로는 소프트웨어 분야에 40,179개 기업이 있는 것으로 조사되고 있다. 이 두 업종을 이어 도매업이 38,826개, 레스토랑이 37,789개, 소매업이 35,026개, 제조업이 31,526 그리고 건설업이 28,020개 등으로 나타나고 있다. 이러한 각 업종별 기업체의 분포는 GDP의 부가가치 구성비에서도 드러나고 있는 흐름과 비슷한 것으로 보인다. 즉 서비스업 관련 기업이 제조업이나 농업 관련 업체에 비해 그 비중이 매우 높게 차지하여 많은 부가가치를 창출하고 있다.

표 1-9 그리스의 업종별 기업 수

업 종	기업 수	업 종	기업 수
농업	17,513	IT 회사	5,649
제조업	31,526	은행 및 금융회사	13,479
(의약품)	3,362	보험회사	8,579
(에너지)	7,005	소프트웨어 회사	40,174
(석유가스)	1,069	비즈니스 서비스	69,879
건설	28,020	직업소개(recruitment) 회사	18,000
도매업	38,826	컨설팅 회사	22,159
소매업	35,026	공공기관	21,987
Automotive 회사	9,879	학교	9,741
Car 회사	25,479	문화, 스포즈 및 재단	11,580
운수회사	14,579	개인용무 서비스	8,887
음식점	37,879	합계	471,638
호텔	5,797		

자료: https://bolddata.nl/en/companies/greecc/(2021.10.7.).

▓ 관광업의 현황 및 경제 기여도

그리스의 관광산업은 그리스의 국내총생산에 기여하는 비중이 11.7%로 해운업보다도 더 크게 기여하고 있는 것으로 조사되고 있다. <표 1-10>에서 보는 것처럼 그리스를 방문한 관광객 수는 2014년 이후 꾸준히 증가하고 있는데, 2014년 2,203만 명에서 2018년에는 3,012만 명으로 증가하였다. 관광수입도 2014년에는 130억 유로에서 2018년에는 약 157억 유로에 이르고 있다.

표 **1-10** 그리스 관광산업 현황

구 분	2014	2015	2016	2017	2018
관광객 수(만명)	2,203	2,360	2,480	2,719	3,012
1인당 평균지출(유로)	590	580	514	522	520
관광수입(천만 유로)	1,301	1,368	1,275	1,420	1,565
평균 숙박일 수	8.4	7.8	7.7	7.7	7.5

자료: Bank of Greece(2019.8)[Lee(2019)에서 재인용].

<표 1-11>은 그리스 관광산업의 국내총생산 기여도를 보고하고 있는데, 2018년 기준으로 관광산업 자체는 GDP에 약 11.7%를 기여하고 있고, 관련 산업까지 포함하면 국내총생산에 대한 기여가 25.7%에 이르고 있다. 항공 등을 이용해 그

표 **1-11** 그리스 관광업의 국내총생산 기여도

(단위: 백만 유로)

구 분	2017	2018
방문 관광객 지출(항공, 육로, 철도 이용)	14,203	15,864
크루즈 관광객 지출	428	416
크루즈=페리 기업 지출	158	154
항공(관광)	1,468	1,657
해상(관광)	90	98
내국인 관광 지출	1,398	1,454
투자(관광)	1,294	1,920
관광업과 직접 연관된 산업규모	19,039	21,562
GDP 대비 관광산업 비중(%)	10.6	11.7
GDP 대비 관광업과 연관된 모든 산업 비중(%)	23.2	25.7

자료: 그리스관광연맹(SETE) 및 그리스경제산업연구소(IOPBE)(2019.8)[Lee(2019)에서 재인용].

리스로 들어온 관광객의 지출이 2018년 159억 유로에 달하고 있으며, 관광투자가 19억 유로로 나타나고 있다. 이상으로 간단히 살펴보았듯이 그리스 경제에서 관광이 차지하는 비중은 그 어떤 산업보다도 그 중요성이 큰 것을 알 수 있다.

그리고 그리스 관광업의 부가가치 창출에 참여하고 있는 기업체와 종사자를 <표 1-12>에서 보고하고 있다. 이 표에 의하면 2018년 현재 관광업과 관련한 총기업체 수는 62,973개에 이르고 있고, 종사자 수는 381,819명에 달하고 있다. 관광업에 속한 기업체 중에는 호텔 등 숙박업체가 49,346개로 전체 업체 중 78.4%를 차지하고 있다. 그 다음으로는 육상운송업체, 관광대리점 등이 많은 것으로 조사되고 있다. 2018년 기준으로 보면 요식업 종사자가 266,227명으로 가장 많고, 다음으로는 숙박업 종사자가 95,363명으로 많은 것으로 조사되고 있다. 세 번째로 많은 사람을 고용하는 분야는 관광대리점으로 14,136명으로 보고되고 있다.

표 1-12 그리스 관광업의 기업체 수 및 종사자 수

구 분	업체 수	종사자 수				
	2018	2014	2015	2016	2017	2018
관광산업	62,973	320,003	347,756	365,892	374,417	381,819
숙박업	49,346	75,931	75,068	79,615	87,294	95,363
(호텔 및 유사시설)	(10,040)	(69,617)	(67,851)	(72,238)	(78,450)	(87,027)
음식 및 음료업	–	220,539	249,681	261,484	263,222	266,227
여객운송	–	–	–	–	–	–
항공	–	–	–	–	–	–
철도	–	–	–	–	–	–
육상	7,782	–	–	–	–	–
해상	–	–	–	–	–	–
운송시설렌탈	–	2,205	4,002	3,921	3,762	6,094
관광대리점 및 예약서비스	5,770	21,328	19,005	20,872	20,138	14,136
문화	–	–	–	–	–	–
스포츠	–	–	–	–	–	–
관광특산품소매업	–	–	–	–	–	–
기타 관광특산품업	75	–	–	–	–	–

주: – Not available.
자료: OECD Tourism Statistics(Database)[https://www.oecd-ilibrary.org/sites/f3180e03-en/index.html?itemId=/content/component/f3180e03-en(2021.10.4.)]

■ 대외 교역

그리스의 교역 즉 수출과 수입에 대한 연도별 통계가 <표 1-13>에 정리되어 있는데, 수출 규모를 보면 2010년 이후 조금씩 증가하였으나, COVID-19의 영향으로 2020년에는 2019년에 비해 30억 유로가 감소하여 308억 유로에 머물고 있다. 그리고 수입을 보면 2010년 이후 2017년까지는 감소하다가 2018년부터는 다소 증가하였으나, 2020년에는 2019년에 비해 70억 유로 정도 감소한 488억 유로를 기록하였다.

2010년 이후 그리스의 무역수지를 보면 수출에 비해 수입이 많아 매년 무역적자를 시현하고 있는 것을 알 수 있다. 그리고 GDP 대비 수출의 비중을 보면 2010년에는 9.4%에 그쳤으나, 2020년에는 18.3%를 시현하여 수출이 상당히 증가한 것으로 나타나고 있다. 수입의 경우 GDP 대비 2010년 22.1%에서 2020년에는 29.0%로 증가한 것으로 조사되고 있다. 2020년 그리스 경제의 무역 의존도는

표 **1-13** 그리스의 무역 규모 및 수지

(단위: 10억 유로, %)

구 분	2010	2015	2016	2017	2018	2019	2020
(수출)							
선박포함	21.16	25.75	25.45	28.87	33.47	33.87	30.77
선박제외	21.04	25.61	25.33	28.76	33.34	33.78	30.62
석유제품제외, 선박포함	15.83	18.29	18.64	20.00	22.20	23.31	24.10
(수입)							
선박포함	49.65	42.21	42.32	47.36	54.12	55.85	48.81
선박제외	48.73	41.87	42.15	47.23	53.92	55.38	48.58
석유제품 제외, 선박포함	37.86	31.35	33.02	35.50	38.63	41.35	39.48
선박포함 무역수지	−28.49	−16.46	−16.87	−18.49	−20.65	−21.98	−18.04
선박제외 무역수지	−27.68	−16.26	−16.82	−18.47	−20.58	−21.60	−17.96
석유제품 제외/선박포함 무역수지	−22.04	−13.06	−14.38	−15.50	−16.43	−18.04	−15.38
GDP 대비 수출 비중(%)	9.4	14.6	14.5	16.4	18.6	18.5	18.3
GDP 대비 수입 비중(%)	22.1	23.9	24.1	26.8	30.1	30.5	29.0
GDP 대비 무역수지 비중(%)	−12.7	−9.3	−9.6	−10.5	−11.5	−12.0	−10.7

자료: Hellenic Statistical Authority(27 Aug. 2021), *The Greek Economy*, pp. 40~41.

47.3%로 우리나라에 비해 대외 의존도가 상당히 낮으며, 그리고 무역적자의 경우 GDP 대비 비중은 약 10% 내외로 조사되고 있다.

그리스의 주요 수출상품과 수입상품의 내역별 규모를 <표 1-14>에서 보고하고 있다. 여기서 나타나고 있듯이 1차 상품이 2019년까지는 50% 이상을 차지하고 있는 반면, 공상품은 50%에 못 미치고 있었다. 그런데 2020년에는 공상품의 비중이 50.8%를 시현하고 있는데, 이러한 현상이 발생한 것은 공상품의 수출 규모는 큰 변동이 없으나 1차 상품의 수출규모가 20% 가까이 감소하였기 때문으로 풀이된다.

표 1-14 그리스의 주요 수출입 상품의 구성 내역

(단위: 10억 유로)

	2010	2015	2016	2017	2018	2019	2020
총수출액	21.16	25.75	25.45	28.87	33.47	33.87	30.77
1차 상품	10.67	13.89	13.62	15.93	18.90	18.14	14.67
(식품 등)	3.87	4.59	5.03	5.08	5.34	5.57	6.11
(원료)	1.37	1.75	1.70	1.87	2.08	1.90	1.83
(에너지제품)	5.42	7.55	6.90	8.98	11.48	10.67	6.73
공상품	9.96	11.26	11.27	12.40	14.01	15.20	15.64
(화학)	2.54	2.73	2.74	3.07	3.49	4.11	5.05
(기계 및 운송장비)	2.16	2.55	2.59	2.58	2.93	3.18	3.26
(기타 공상품)	5.26	5.97	5.94	6.75	7.59	7.91	7.33
기타 상품	0.53	0.60	0.55	0.53	0.56	0.54	0.46
총수입액	49.65	42.21	42.32	47.36	54.12	55.85	48.81
1차 상품	19.58	18.38	17.09	20.07	24.03	23.41	17.40
(식품 등)	5.81	5.65	6.02	6.30	6.42	6.75	6.17
(원료)	1.49	1.39	1.34	1.55	1.64	1.63	1.51
(에너지제품)	12.28	11.34	9.73	12.22	15.96	15.03	9.72
공상품	29.41	23.73	25.18	27.03	30.04	32.17	31.31
(화학)	7.52	6.79	6.88	7.42	7.98	8.65	9.94
(기계 및 운송장비)	10.16	7.37	7.89	8.26	9.70	10.53	9.87
(기타 공상품)	11.73	9.56	10.41	11.34	12.36	12.98	11.50
기타 상품	0.66	0.10	0.05	0.26	0.05	0.27	0.10

자료: Hellenic Statistical Authority(27 Aug. 2021), *The Greek Economy*, pp. 54~57.

[그림 1-2]는 그리스의 주요 교역국을 보여주고 있는데 수입을 보면 독일, 이탈리아, 프랑스 등 유럽 국가가 큰 비중을 차지하고 있는 것으로 나타나고 있다. 그리고 주요 수출 대상국 역시 독일, 이탈리아, 사이프러스 등 유럽 국가가 주를 이루고 있다. OECD(2020, p. 22)의 보고에 의하면 상품 수출의 65%가 유럽 국가로 향하고 있는 것으로 알려져 있다.

그림 **1-2** 그리스의 주요 교역 국가별 비중

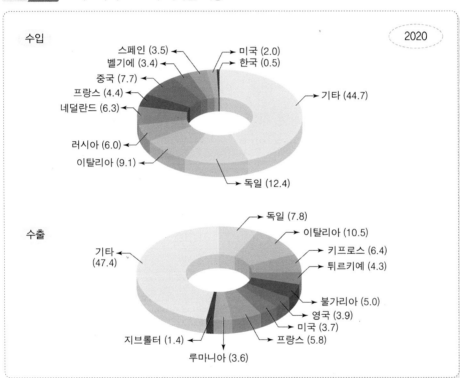

자료: Hellenic Statistical Authority(27 Aug. 2021), *The Greek Economy*, p. 53.

■ 정부 채무

2008년 글로벌 금융위기가 발발한 지 1년이 지난 2009년 하반기부터 그리스의 국가채무 위기는 심각한 국면에 직면하였다. 2010년 5월 유럽연합(EU), 유럽중앙은행(ECB) 그리고 국제통화기금(IMF)은 그리스 정부에 1,100억 유로(약 142조 원)의 구제금융을 제공하였다. 그러면서 그리스 정부가 재정 긴축 등 경제운용에 대한 구제금융 제공 당국의 권고를 받아들여 이행할 것을 요구하였다. 그리스 정부가 구제금융체제에 들어갈 무렵 즉 2010년 그리스의 실질 GDP성장률은 -3.5%를 시현하였고 그 당시 정부부채는 GDP의 145% 이상에 달하였던 것으로 보고되고 있다[3]. 2010년 5월 1차 구제금융을 받은 그리스는 2012년 3월 그리고 2015년 8월에도 각각 구제금융을 받았는데, 이처럼 3번에 걸쳐 받은 구제금융규모는 2,890억 유로(약 370조 원)에 달하였다.

그리스 정부는 구제금융을 제공한 국제채권단의 정부재정 긴축을 포함한 450여개의 개혁안을 실행에 옮겨 2018년 8월에 구제금융체제 시대를 벗어나게 되었다. <표 1-15>는 2010년 이후 그리스 일반정부의 채무잔액 총액을 보고하고 있는데, 2017년까지 채무규모가 2010년에 비해 감소하였다. 그러나 2018년 이후 다시 2010년 수준으로 증가하고 있어 다소 우려가 되고 있다. 채무의 대부분이 대출형태이며 만기가 1년 이상인 장기 대출이며 그리고 유가증권 형태의 채무도 대부분 장기채인 것으로 보고되고 있다.

표 **1-15** 그리스 일반정부의 연도별 채무 총액

(단위: 백만 유로)

	2010	2015	2016	2017	2018	2019	2020
채무 총잔액	330,570	311,729	315,012	317,481	334,721	331,073	341,023
현금 및 예금	1,203	5,546	5,987	6,008	6,245	6,577	6,548
유가 증권[1]	262,555	61,084	57,612	54,938	52,882	57,854	67,167
(단기)	8,273	10,884	10,087	14,261	11,144	11,752	11,121
(장기)	254,282	50,200	47,075	40,677	47,738	46,102	56,046
대출(loan)	66,812	245,099	251,863	256,535	275,594	266,642	267,038
(단기)	3,169	1,509	2,198	2,036	2,241	2,267	2,242
(장기)	63,643	243,590	249,665	254,499	273,353	264,375	265,066

주: 1) 주식과 파생금융상품 제외.
자료: Hellenic Statistical Authority(27 Aug. 2021), *The Greek Economy*, pp. 26~27.

[그림 1-3]은 그리스 정부가 구제금융을 받을 무렵부터 최근까지의 정부채무의 GDP 대비 비율의 추이를 보여주고 있다. 2017년까지는 그 비율이 180% 수준

---

3) 그리스의 구제금융 요청 당시 그리스 경제 현황에 대한 보다 자세한 내용은 홍경식(2012)을 참고하기 바랍니다.

에서 머물렀으나 2018년부터 다시 증가하기 시작하여 2020년에는 200%를 넘어서고 있는 것으로 나타나고 있다. 이러한 현상은 COVID-19의 영향으로 인해 정부 재정 수입은 악화되고 방역 관련 지출은 증가하였기 때문으로 풀이된다.

그림 1-3 정부 채무 총잔액의 GDP 대비 비율

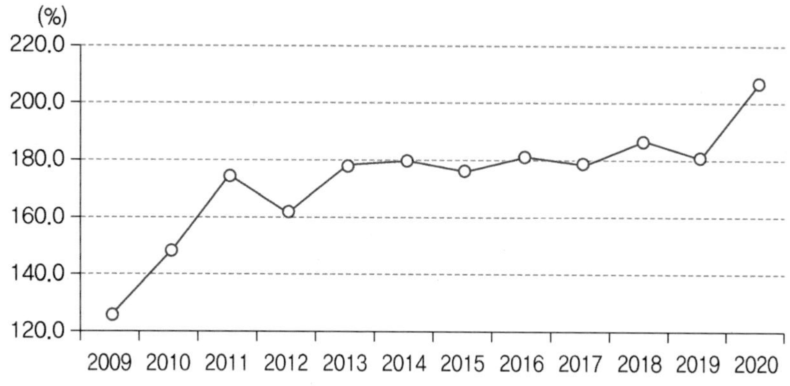

자료: Hellenic Statistical Authority(27 Aug. 2021), *The Greek Economy*, p. 27.

■ 노동력(labour force)

<표 1-16>에서 보는 것처럼 2020년 기준 그리스의 15세 이상 인구는 약 908만 명이다. 이 중 42.7%에 해당하는 약 388만 명은 고용되어 있으며, 75만 5천 명은 실업 상태로 있는 것으로 조사되고 있다. 그리스의 실업률 동향을 보면 2016년에는 23.5%에 이르렀으나 점차 감소하여 2020년에는 16.3%를 시현하고

표 1-16 15세 이상 인구의 고용 상태

(단위: 천명, %)

	2016	2017	2018	2019	2020
고용인구	3,673.6	3,752.7	3,828.0	3,911.0	3,875.5
실업인구	1,130.9	1,027.1	915.0	818.9	755.0
비경제활동 인구	4,408.3	4,397.2	4,397.1	4,373.6	4,448.5
고용률	39.9	40.9	41.9	43.0	42.7
실업률	23.5	21.5	19.3	17.3	16.3

자료: Hellenic Statistical Authority(April-June 2021), *Greece in Figures*, p. 103.

있다.

<표 1-17>은 15세 이상 그리스 인구 중 연령대별 고용 및 실업에 대한 통계를 보여주고 있는데, 15~29세 사이에 있는 젊은 층의 실업률이 29.8%로 가장 높으며, 다음으로 실업률이 높은 연령대는 30~44세 사이로 15.9%를 나타내고 있다. 그리스도 우리나라와 같이 청년들의 일자리 구하기가 매우 힘든 상황인 것으로 드러나고 있다.

표 1-17 연령대별 고용 현황

(단위: 천명, %)

연령 군	2020			
	고용인구	실업인구	실업률(%)	비경제활동인구
15－29	473.1	200.5	29.8	932.2
30－44	1,529.1	288.7	15.9	292.8
45－64	1,778.1	256.8	12.6	967.9
65 이상	95.2	9.0	8.6	2,255.5
합계	3,875.5	755.0	16.3	4,448.5

자료: Hellenic Statistical Authority(April-June 2021), *Greece in Figures*, p. 107.

<표 1-18>은 15세 이상 고용인구의 직업군별 종사자를 보고하고 있는데 봉급생활자가 가장 큰 비중을 차지하고 있는데, 2020년의 경우 이 분야에 종사자의 비율이 68.1%에 해당하고 있다. 그다음으로는 자영업자(own-account workers)가 21.1%를 점유하고 있으며, 이어 고용주가 7.7% 그리고 무급가족종사자의 비율이 3.0%인 것으로 조사되고 있다.

표 1-18 15세 이상 고용인구의 직업군별 동향

(단위: 천명, %)

	2016	2017	2018	2019	2020
15세 이상 고용인구	3,673.6	3,752.7	3,828.0	3,911.0	3,875.5
고용주	271.7	274.4	291.6	289.3	300.1
자영업	836.9	856.8	850.0	834.8	818.0
봉급생활자	2,412.2	2,474.1	2,546.3	2,663.5	2,640.9
무급가족종사자	143.7	147.4	140.1	123.4	116.6

자료: Hellenic Statistical Authority(April-June 2021), *Greece in Figures*, p. 106.

　　<표 1-19>는 15세 이상 고용인구의 산업별 종사자 수를 보고하고 있다. 2020년 기준으로 서비스업에 종사하는 비율이 74.3%이며 서비스업 중에서도 무역, 호텔, 교통 등에 종사하는 비율이 34.2%를 조사되고 있다. 다음으로는 제조업과 건설업의 종사자 비율을 보면 15%이고 농림어업 종사자는 10.6%로 나타나고 있다.

표 1-19 15세 이상 고용인구의 산업별 종사자 수 및 구성비

(단위: 천명, %)

	2010	2015	2017	2018	2019	2020
합계	4,389.8	3,610.7	3,752.7	3,828.0	3,911.0	3,875.5
농림어업	544.2 (12.4)	465.7 (12.9)	453.4 (12.1)	469.6 (12.3)	453.6 (11.6)	412.0 (10.6)
제조업	540.2 (12.3)	394.7 (10.9)	428.9 (11.4)	432.1 (11.3)	452.3 (11.6)	440.7 (11.4)
건설업	319.6 (7.3)	145.2 (4.0)	149.3 (4.0)	151.6 (4.0)	147.6 (3.8)	140.8 (3.6)
무역, 호텔, 식당, 교통, 통신	1,380.0 (31.4)	1,206.3 (33.4)	1,275.4 (34.0)	1,298.3 (33.9)	1,349.1 (34.5)	1,327.4 (34.2)
금융, 부동산, 렌트,비즈니스활동 등	438.0 (10.0)	409.7 (11.3)	421.3 (11.2)	428.7 (11.2)	432.0 (11.0)	442.4 (11.4)
기타 서비스	1,167.8 (25.6)	989.6 (27.4)	1,024.4 (27.3)	1,047.7 (27.4)	1,076.4 (27.5)	1,112.2 (28.7)

주: (　)의 수치는 구성비임.
자료: Hellenic Statistical Authority(27 Aug. 2021), *The Greek Economy*, p. 30.

■ 소득불평등과 교육성과

　　<표 1-20>은 그리스 사회를 이해하는 데 도움이 되는 지표 몇 가지를 보고하고 있다. 먼저 그리스의 사회의 경제적 평등을 알 수 있는 지니 계수를 보면 0.319로 OECD 평균 0.322보다 미세하나마 낮아 그리스의 소득불균형 정도는 상대적으로 낮은 것으로 조사되고 있다. 그러나 상대적 비곤율은 12.6%로 OECD 평균 11.6%에 비해 약간 높게 나타나, 그리스의 비곤 상태는 OECD의 다른 국가에 비해 다소 더 심각한 것으로 보인다.

　　그리고 그리스의 공공 및 민간 지출 중 의료, 연금 및 교육을 중심으로 살펴보기로 하자. 의료에 대한 지출은 GDP의 7.8%로 OECD 평균 8.8%에 비해 1% 포

표 1-20 소득불평등, 공공지출 및 교육성과

구 분	그리스	OECD 평균	구 분	그리스	OECD 평균
소득불균형 (Gini 계수, 2017)	0.319	0.322	교육 성과(PISA 점수, 2018)		
상대적 비곤율 (%, 2017)	12.6	11.6	독해력	457	489
중간총가계소득 (천USD PPP, 2017)	13.7	23.9	수학	451	492
공공 및 민간 지출 (GDP 대비 %)			과학	452	491
의료(2018)	7.8	8.8	여성의원 비율	20.7	30.7
연금(2015)	17.0	8.5	순사무개발지원 (2017, GNI 대비 %)	0.2	0.4
교육(2017, GNI 대비 %)	3.1	4.5			

자료: OECD(2020), p. 6.

인트 낮으며, 또한 교육에 대한 지출은 GDP의 3.1%로 OECD 평균 4.5%에 비해 1.4%포인트 적은 것으로 조사되고 있다. 그런데 연금에 대한 지출은 GDP의 17%로 OECD 평균 8.5%에 비해 2배 더 많은 것으로 조사되고 있어, 그리스의 연금 지출은 조정될 필요가 있는 것으로 생각된다. 그리스 정부는 OECD 등의 권고를 받아 연금개혁을 지속적으로 실현하고 있는 것으로 알려져 있다. 한편 그리스의 교육성과를 보면 OECD 평균보다 꽤 저조한 결과를 보이고 있는데 즉 독해력, 수학, 과학 모두 OECD 평균보다 30에서 40점 정도 낮게 나오고 있다.

1.3 그리스 해운과 그리스 경제

그리스는 고대부터 해운강국으로 기원전 5세기 말 페르시아와의 전쟁 당시 살라미스 해전에서 대승을 거둔 것을 계기로 해양세력을 형성하는데 국력을 모으기도 한 오랜 경험을 보유하고 있다. 특히 오랜 역사 동안 로마와 오스만 제국의 지배를 받으면서도 해양과 관련된 기술을 익히고 발전시키는데 결코 소홀히 하지 않으며 선조들의 해운 전통을 이어온 것으로 생각된다.

오늘날에 이르러 그리스가 다른 분야에서는 뚜렷한 능력을 발휘하고 있지 못하고 있는 것이 현실이다. 그런데 유독 해운만은 1980년대부터 세계 수위를 유지하며 세계 교역에 크게 기여하고 있다. <표 1-21>은 노르웨이의 Menon Economics and DNV-GL에서 발표한 세계 각국의 해양력과 해양도시에 대한 자료에서 그리스 부분을 정리한 것인데, 그리스는 세계 7위의 해양 국가이며 아테네는 세계 11위의 해양도시로 보고되고 있다. 특히 해운의 경우만 보면 그리스는 중국 다음으로 해운력이 강한 것으로 조사되고 있으며, 그리고 아테네 역시 싱가포르 다음으로 해운의 위상이 높은 도시로 보고되고 있다[4]. 각 나라의 해양력을 평가하는 지표 중 그리스는 해운을 제외하고는 10위 안에 드는 지표가 없으나, 해양도시를 평가할 때는 아테네가 해운과 함께 해사 기술이 10위에 올라 있을 뿐만 아니라 해양금융 및 법률 그리고 항만 및 물류 분야의 순위도 상당히 높아 국가적 차원의 이들 분야에 대한 순위에 비해 월등히 나은 것으로 보인다.

표 **1-21** 그리스의 해양력과 아테네의 해양도시 위상

영역	그리스 순위	1위 국가	아테네 순위	1위 도시
종합순위	7	중국	11	싱가포르
해운	2	중국	2	싱가포르
해양금융 및 법률	14	미국	11	런던
해사기술	25	한국	10	오슬로
항만 및 물류	22	중국	13	싱가포르

자료: Menon Economics and DNV GL(2018, 2019).

<표 1-22>는 UNCTAD에서 발표한 자료를 기초로 작성한 그리스 해운의 세계적 위상을 보여주는 자료이다.

---

4) 우리가 일반적으로 그리스는 선복량이 가장 많은 국가여서 해운이 세계 1위로 알고 있는데 Menon은 선복량 외에 선박가치 및 선박 건조 주문량 그리고 IMO에서의 위상 등을 함께 고려하여 평가하고 있기 때문에 중국이 1위로 평가되고 있는 것으로 생각된다.

표 1-22 그리스 해운의 세계적 위상

(단위: 척, 천 DWT, %)

순위	국가	선박 수	선복량	외국적 비율(%)	세계시장 점유율(%)
1	그리스	4,648	363,027	83.28	17.77
2	일본	3,910	233,135	84.21	11.38
3	중국	6,869	228,377	56.44	11.15
4	싱가포르	2,861	137,300	45.55	6.70
5	홍콩	1,690	100,957	28.18	4.93
6	독일	2,504	89,403	90.67	4.37
7	한국	1,615	80,583	82.13	3.93
8	노르웨이	2,043	63,936	97.05	3.12
9	버뮤다	542	60,414	99.46	2.95
10	미국	1,930	57,217	82.11	2.79
상위 35국 소계		46,909	1,952,258	72.32	95.33
나머지 국가		6,052	95,718	61.85	4.67
전 세계		52,961	2,047,975	71.8	100.0

주: 1,000 GT 이상의 선박을 기준으로 하고 있음.
자료: UNCTAD(2020), p. 41.

2020년 1월 현재 그리스가 지배하고 있는 선박 수는 총 4,648척으로 이들 선박의 총선복량은 3억 6천만 DWT를 상회하고 세계 시장의 17.77%를 차지하고 있는 것으로 보고되고 있다[5]. 세계 2위와 3위인 일본과 중국에 비해 점유율이 6%포인트 이상 높으며, 그리고 4위인 싱가포르에 비해서는 11%포인트가 더 높은 것으로 조사되고 있다. 이 표에서 보듯이 그리스의 세계 해운시장에서의 위상은 독보적인 위상을 차지하고 있어, 세계 해상물동량 수송에 있어 가장 중요한 역할을 수행하고 있는 것으로 생각된다. 특히 그리스는 자국의 물량이 아주 미미한 가운데 세계 각국으로부터 물량을 확보하여 화물운송 서비스를 창출하고 그 대가로 수익을 올리고 있는 점에서 그리스 선주들의 글로벌 경영능력이 탁월함을 어느 정도 알 수 있기도 하다.

세계 해상교역을 주도해 온 유럽 주요 국가의 선대 구성을 [그림 1-4]에서 보

---

5) 최근 그리스선주연합(Union of Greek Shipowners)(2021)의 자료에 의하면 그리스 선주의 보유 선박은 총 4,901척이며 이들 선박의 선복량은 3억 6,400만 DWT로 세계시장의 19.42%를 차지하고 있는 것으로 보고하고 있다.

면 그리스는 유럽 선대의 58.07%를 차지하고 있으며, 다음으로 독일이 14.58%를 차지하고 있는 것으로 나타나고 있다. 독일 다음으로는 이탈리아, 덴마크, 벨기에, 프랑스, 네덜란드 등이 많은 선복량을 보유하고 있는 것으로 보고되고 있다. 오늘날 그리스 해운은 글로벌 해상무역의 중추적 역할을 수행하고 있는 것으로 밝혀지고 있다. 특히 이러한 사실을 세계 주요 해운시장에서 그리스 선사의 점유율을 통해서 확인되고 있다. 즉, 탱커시장은 30.25%, 벌크시장은 20.04%, LNG/LPG시장은 15.5%, 화학제품시장은 14.64%, 그리고 컨테이너시장은 9.53%를 시현하고 있어, 그리스 해운의 위상이 대단함을 알 수 있다[6].

그림 1-4 EU 상선대의 국가별 구성비

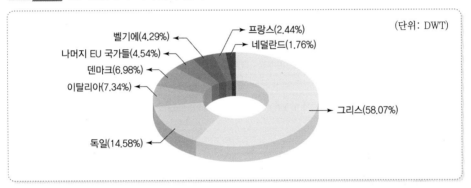

주: 1,000GT 이상의 선박을 기준으로 하고 있음.
자료: UGS(2021)에서 재인용.

앞에서 잠시 살펴보았듯이 그리스는 매년 무역적자를 기록하고 있다. 그런데 2016년부터 2020년까지의 해운업의 외화가득을 보면 [그림 1-5]에서 보는 것처럼 매년 해운에서는 흑자를 실현하고 있으며, 특히 2019년에는 약 59억 유로의 순익을 실현하여 그리스의 국제수지 개선에 크게 기여하고 있는 것을 알 수 있다. 관광과 더불어 그리스의 국제수지 개선에 크게 기여하는 양대 산업으로 자리매김 하고 있다.

---

6) Union of Greek Shiowners(2021).

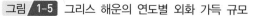

그림 **1-5** 그리스 해운의 연도별 외화 가득 규모

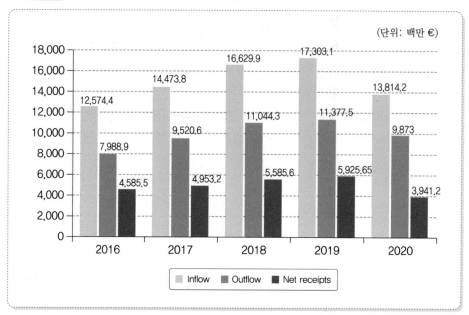

자료: Bank of Greece(2021.2) (Union of Greek Shipowners(2021)에서 재인용).

특히 그리스 해운은 일자리 창출 등 그리스 경제에 있어 관광업 다음으로 큰 기여를 하고 있는 것으로 알려져 있다. <표 1-23>은 2013~2019년 그리스 해상운송의 GDP 산출규모를 보고하고 있는데, 동 기간 동안 해상운송의 산출규모가 평균적으로 GDP의 6%에서 7% 사이에 있음을 알 수 있다.[7] 또한 그리스 해운계가 고용하고 있는 인력은 총 160,000명으로 그리스 총고용자의 3% 이상을 고용하고 있는 것으로 조사되고 있다.[8] 그리고 다국적 교역시스템에서도 중요한 역할을 수행하며 글로벌 교역의 발전에 기여하고 있다. 특히 미국과 유럽 국가의 교역에 그리스 선대를 통해 이루어지는 비중이 각각 22%와 20%에 이르고 있으며 또한 급성장하는 아시아 경제의 교역에서도 그리스는 32%의 교역 서비스를 담당하고 있다.[9] 유럽 국가들은 필요한 에너지 자원의 58.2%를 EU 국가 밖으로

---

7) Deloitte(2020)에 의하면 2019년 그리스 해운이 그리스 경제에 기여한 정도를 해운자체에서 73억 유로 그리고 해운과 연관된 부문에서 56억 유로 총 129억 유로로 추정하고 있는데 이는 GDP의 7%에 달한다.
8) Deloitte(2020).
9) Union of Greek Shiowners(2021).

부터의 수입에 의존하고 있다. 세계 각 지역으로부터 다양한 에너지 자원을 수입하는데 이때 운송은 주로 그리스의 선대에 의해 이루어지고 있기도 하다. 이러한 해상교역에서의 뛰어난 역할을 하는 그리스 해운계는 그리스선주연합(UGS)를 중심으로 공공의료, 교육, 식품지원 등 각종 사회적 공헌을 실천하고 있기도 한 것으로 알려져 있다.

표 1-23 해상운송의 GDP 산출 규모 및 비중

	해상운송의 GDP 산출규모(10억 유로)	GDP 구성비(%)
2013	11.6	6.5
2014	12.4	7.0
2015	11.8	6.7
2016	10.0	5.7
2017	11.0	6.2
2018	10.9	6.0
2019	12.3	6.7

주: 외항해운 및 여객운송업을 포함한 것임.
자료: Deloitte(2020).

이 절에서는 그리스 해운의 그리스 경제에 대한 기여를 중심으로 그리스 해운에 대해 아주 간략히 살펴보았다. 이후 여러 장에 걸쳐 그리스 해운 전반에 대해 분석하고 조사하며 고찰할 것이다.

1.4 그리스 경제정책에 대한 OECD의 권고

그리스는 2008년 정부재정 위기로 IMF 등으로부터 긴급자금을 지원을 받게 되었다. 구제금융을 제공한 국제기구는 그리스 정부에 경제위기를 극복하기 위한 정책권고를 제안하여 실천을 할 것을 주문하였다. 그리스 정부는 긴축재정을 실시하는 등의 노력을 경주해 온 결과 기초재정수지의 흑자, 정부부채의 개선, 상품 및 관광 수출의 증대 등으로 성장 및 고용이 개선되면서, 2016년부터 2019년 동안에는 정(+)의 경제 성장률을 시현하였다. 그런데 2020년 COVID-19이 전 세계로 확산되면서 관광객이 급격히 줄어드는 등 경제가 크게 위축되면서 GDP성장률도 다시 부(-)로 돌아서면서 2020년에는 -8.2%를 시현하였다.

1.4.1 COVID-19 대응 단기 정책 및 중기정책 방향

OECD(2020)는 그리스 경제의 진단에서 COVID-19 확산으로 인해 발생할 수 있는 과제를 몇 가지 제시하고 있다. 그 중에 가장 먼저 고용상황이 악화될 것으로 전망하고 있다. 특히 유능한 청년들이 해외로의 진출을 모색하면서 인재유출이 발생할 것으로 보고 있다. 두 번째로 유의해야 할 점은 청년층 및 아동양육 가정의 경제적 빈곤율이 높은 점을 고려하여 정부의 사회보장 정책이 취약 계층의 소득 보전에 보다 배려하는 방향으로 전개되어야 할 것을 지적하고 있다. 연금지급률이 OECD 평균에 비해 높은데 이를 개선하여 빈곤을 극복하는데 중점을 두는 것이 필요할 것으로 보인다. 세 번째로는 경제활동이 교역 가능한 부문으로 옮겨가고 있으나 아직도 전통적 저혁신 부문의 비중이 높은데 이를 극복하기 위하여 창의성과 혁신성을 기반으로 한 기업의 창업을 조장하여 산업구조의 고도화를 꾀하는 것이 필요할 것이다. 끝으로 다소 개선되던 은행의 부실여신(NPLs)이 아직도 높은 수준이며, 유동성 악화로 다수 기업들이 신용위험에 처할 수도 있어 은행의 신규 대출 여력이 줄어들 수 있는데, 이에 대한 정책 당국의 대책이 필요할 것이다. 즉 정부의 신용공여와 보증을 확대하는 방안 등을 구사하여 금융기관의 건전성을 확보하는 것이 시급한 과제이다.

특히 OECD(2020)는 COVID-19으로 발생한 경제위기 극복을 위해 단기적 대응으로는 가계 및 기업에 대한 정부의 지원정책이 연장될 필요가 있음을 강조하고 있다. 그리고 자원배분이 성장 전망이 큰 기업이나 산업으로 흘러갈 수 있도록 하는 것이 중요함을 강조하고 있다. 그리고 정부는 기업의 활동과 노동자들의 기술향상을 지원하여 노동자들이 경제의 회복을 가속화할 수 있는 보다 유망한 산업으로 옮겨가도록 하여 경제 및 사회가 보다 복원력을 갖도록 하는 것이 필요함을 제시하고 있다.

또한 OECD(2020)는 COVID-19 위기 상황이 진정된 후 보다 강하고 포용적 성장으로 경제 회복의 불씨를 살리기 위해서는 그리스 정부가 4가지의 정책 목표를 염두에 두고 중기적 개혁정책을 실시할 것을 권고하고 있다. 첫째는 COVID-19

충격으로부터 경제를 방어하는 것이며, 둘째는 지속적으로 경제 회복을 달성하는 것이며, 셋째는 장기성장률을 향상시키는 것이며, 넷째는 포용성을 개선하는 것이다[10]. 이러한 개혁프로그램과 함께 OECD는 보다 강력한 고용, 생산성 향상, 투자 제고 그리고 복지향상을 지원하는 야심찬 일련의 개혁방안을 제시하고 있다. OECD의 정책권고안은 보다 많은 일자리를 창출하고 보다 공정한 조세부담 및 완화와 함께 혁신을 조장하고 또한 공공행정을 개선하는데 중점을 두고 있다. 이러한 개혁프로그램이 실현되면 2030년까지 GDP 성장률이 매년 1%포인트 증가할 것으로 전망하고 있으며 또한 기초재정수지는 GDP의 2.2% 정도 흑자를 지속하게 되어 장기적으로 정부채무도 하락할 것으로 예측하고 있다.

1.4.2 OECD의 주요 정책 권고

2020년 OECD는 그리스 경제에 대한 조사연구에서 그리스 경제의 회복을 위해 금융제도의 개선을 포함해 5가지 영역에서 정책적 권고를 하고 있는데, 여기서는 4가지 영역에 대해 간단히 살펴보기로 한다.

■ 금융제도의 개선

그리스 정부는 은행의 대규모 부실여신(NPLs)의 처리를 지원하기 위해 신자산보호제도(Hercules system)를 실시하고 있다. 이러한 조치는 그리스 은행 자본의 질적 개선을 가져와 투자에 대한 대출여력을 확대할 수 있을 것이다. 그리스 정부는 은행의 부실여신 처리에 있어 3가지 원칙을 갖고 접근하고 있다[11]. 첫째, 은행에 대한 규제를 강화함과 아울러 지배구조를 개선하는 것을 추진하는 것이다. 둘째, 부실여신을 위한 유통시장을 활성화하는데 초점을 두고 있다. 셋째, 파산 및 대출 처분 절차의 개선으로 부실여신을 보다 신속히 처리할 수 있게 한다.

■ 경제회복 강화, 사회적 포용 개선 및 공공부채 개선을 위한 구조적 개혁 실시

그리스 정부는 COVID-19 극복을 위해서 뿐만 아니라 직면한 여러 과제를 해결하기 위해서는 구조적 개혁이 실시될 필요가 있는 것으로 평가되고 있다. 이 구조적 개혁은 우선 고용을 촉진하고 포용성을 확대하는데 초점을 두고 있다. 둘

---

10) OECD(2020), p. 10.
11) 이에 대한 보다 자세한 내용은 OECD(2020)을 참고하기 바랍니다.

째로는 투자환경을 개선하는데 중점을 두고 있는데 이를 위해 법률적 그리고 행정적 효율성의 개선이 필요함을 강조하고 있다. 셋째, 인프라, 지식 그리고 인적자본에 대한 투자를 확대할 것을 지적하고 있다. 이러한 목적을 달성하기 위해 그리스 정부는 2021년 현재 GDP의 3% 수준에서 이 분야에 투자지출을 하고 있는데, 2030년에 이르러서는 GDP의 4%까지 증가하는 것이 필요함을 강조하고 있다. 이러한 투입 예산으로 R&D 지출 증대, 학교 교육의 질 개선, 노동자의 기술훈련 확대, 구직활동 지원, 그리고 성인의 평생교육 기회 확대 등을 실시하는 것이 필요함을 강조하고 있다. 넷째, 이러한 일련의 구조적 개혁의 실현으로 성장률 제고, 이자율 하락 및 부채 만기의 장기화 등으로 기초재정 수지의 흑자와 연도별 총자금수요의 감소로 공공부채의 비율을 줄일 수 있을 것으로 보고 있다. 다섯째, COVID-19 이전에 정부의 개혁 추진으로 연금의 지속가능성이 현저히 개선되었으나, 여전히 연금지급액이 OECD 평균에 비해 높아 획기적인 조정이 필요한 것으로 지적되고 있다.

■ 재정운용의 효율성 제고

OECD(2020)는 경제 성장의 유지와 포용성의 개선을 위해 재정지출관리와 조세정책의 개선으로 정부 예산이 보다 효율적으로 사용되고 조세가 더 공정하게 부과될 필요가 있음을 제시하고 있다. 재정운용의 효율성과 관련한 정책 권고로는 첫째, 위험분석의 사용을 확대하고 세무조사의 명확화 그리고 세금의 자동납부 강화 등으로 탈세를 줄이는 것과 함께 자영업자의 전자등록을 의무화하는 것이 필요함을 지적하고 있다. 둘째, 세원의 확대와 더불어 세정 당국에 보다 더 많은 자율성을 부여하는 등 조세행정의 강화가 필요함을 제시하고 있다. 셋째, 정기적으로 재정지출에 대한 심사를 하고 성과중심의 예산편성을 확대할 것을 권고하고 있다. 이 외에 저소득층 위주로 사회보험 기여율을 경감하고 고용형태별 유효세율 차이를 일관되게 조정할 것과 과도한 연금지출로 인한 공공투자 및 사회복지 프로그램에 대한 지출이 구축되지 않도록 유의할 것을 요구하고 있다.

■ 기업환경 개선

OECD(2020)는 그리스 기업환경의 개선을 위해 우선 규제를 줄여 투자와 혁신에 대한 유인을 제공하며 경쟁을 촉진하는 것이 필요하다고 제시하고 있다. 현재 그리스의 복잡한 법과 규제는 기업의 투자와 혁신에 장애가 되고 있는 것으로 평가하고 있다. 두 번째로는 법의 규칙을 강화하고 부패를 척결하는데 많은 노력을 기울이는 것이 필요함을 제시하고 있다. 세 번째로는 혁신을 강조하고 있는데 이는 장기적으로 보아 생산성 향상의 핵심적 요소임을 강조하고 있다. 그리스의 산업은 저혁신적인 성격을 갖고 있어, R&D투자의 확대를 통해 그리스 산업의 첨단화가 필요함을 강조하고 있다. 특히 세제유인을 통해 기업의 R&D를 촉진하는 것이 효과적임을 지적하고 있고, 또한 특허를 통한 혁신의 상업화를 조장하는 것이 필요함을 제시하고 있다.

이상으로 OECD가 제시하고 있는 그리스 경제의 지속적 발전을 위한 정책적 제안 외에 미래 세대의 행복을 위해 환경보호와 관련한 권고안도 제시하고 있다. 그리스는 제조업이 취약하고 관광과 해운이 그리스의 핵심적 산업인데 현재 해운은 지속적으로 발전하며 그리스 경제에 상당한 기여를 하고 있다. 그러나 COVID-19의 확산으로 관광이 크게 위축되어 그리스 경제는 지금 큰 위기에 직면해 있다. 특히 OECD가 제안하고 있는 정책방안은 단기적으로는 COVID-19으로 인한 그리스 경제의 위기를 극복하는데 도움이 될 것이며, 또한 각종 구조 개혁을 통해 그리스 경제가 중장기적으로 발전하는 데 크게 기여할 수 있을 것으로 사료된다.

2 그리스해운과 우리나라 조선업의 발전

 이 장은 우리나라의 조선산업 발전에 결정적 역할을 한 그리스 해운의 기여도에 주목하고 있다. 그리스 해운과 우리 조선업의 관련성에 대해 살펴보기 전에, 먼저 우리나라 조선산업의 발전과정을 간단히 살펴보고 있다. 그리고 현재 세계 최대 조선소를 이끌고 있는 현대중공업이 1970년 초에 울산에 조선소를 건설할 무렵 그리스의 선주 리바노스가 유조선 2척을 발주해줌으로써 현대 그룹의 조선업이 출범할 수 있었던 점을 조사, 보고하고 있다. 이러한 접근을 통해 그리스의 해운과 우리 조선은 상호 윈윈하는 좋은 선례를 남긴 것으로 생각된다.

 우리나라의 조선소가 수주하는 총수주 중 우리 해운이 발주하는 물량은 15% 내외인 것으로 알려져 있다. 우리 조선소의 생산능력에 버금가는 물량은 해외 선주들로부터 수주를 받아야 하는데, 그리스의 해운업이 세계 1위를 유지하고 있어 우리나라 조선소에 지속적으로 많은 신조 건조를 의뢰하고 있다. 이는 결국 우리 조선의 발전에 큰 힘이 되고 있는 것으로 판단된다. 이러한 사실을 주요 조선소의 그리스 해운기업으로부터의 수주량을 분석하여 그리스 해운과 우리 조선 간의 관계를 밝히고 있다. 그리고 그리스와 우리나라의 교역에 대해서도 간단히 살펴보고 있다.

2.1 우리나라 조선업의 발전 과정

2.1.1 대한민국정부 수립 이전

우리나라의 조선업은 1887년 일본인이 '田中造船鐵工所'를 부산의 영도구에 설립하면서 시작된 것으로 알려져 있다.[1] 이 철공소가 설립된 후 부산, 서울, 청진, 인천, 목포, 충무, 원산, 마산, 포항 등에 다수의 조선소가 세워져, 1915년까지 총 16개 업체가 설립되었다. <표 2-1>은 일본이 우리나라를 지배하기 시작한 시기부터 약 25년 동안 우리나라에 5인 이상 종업원을 고용하고 있었던 조선업체의 추이를 보여주고 있다. 1915년에는 4개에 불과하였던 조선업체가 1940년에는 64개로 증가하였다. 1930년대 중반 이후 조선업체가 크게 증가한 것은 우리나라에서도 일본의 공업화가 촉진되었고 또한 동력어선의 보급이 확대되었기 때문으로 알려져 있다.[2] 특히 1937년 7월 10일 강선전문의 근대조선소인 '조선중공업주식회사'가 설립되었으며 이는 해방 후 '대한조선공사'로 전환되었고, 1990년대 후반에 '한진중공업'으로 새로이 출범하여 유지되다 필리핀 조선소 투자 실패로 2021년 동부그룹으로 넘어가면서 현재는 'HJ중공업'으로 운영되고 있다. 이 당시 주요 조선소 중 6개 업체가 부산에 입지하였으며, 나머지는 방어진, 통영, 여수, 목포, 군산, 포항 등에 위치해 있었다.

표 **2-1** 우리 정부 수립 전 연도별 조선업체 추이(1915-1940)

연도	조선소 수	생산 척수(척)
1915	4	1,827
1918	15	1,516
1922	23	−
1925	19	−
1927	24	−
1930	33	498
1932	48	3,512
1935	56	제철: 2 기타: 2,761
1938	53	−
1940	64	−

주: 상시 고용인원이 5명 이상인 업체를 집계하였음.
자료: 대한조선학회지(http://www.koshipa.or.kr에서 재인용)

---

1) 정확한 장소는 현재의 영도구 남항동 2가에 있는 대평초등학교인 것으로 알려져 있고 목선조선소였다(http://www.koshipa.or.kr/).
2) 이하에서 전개되는 우리나라 조선산업의 발전과정에 대한 내용은 한국조선해양플랜트협회의 '한국조선산업 발전사'를 참고하여 정리하였다.

2.1.2 1950년대

1887년에 처음으로 근대적인 조선산업이 도입된 후 일제 강점기를 거쳐 해방이 되던 해인 1945년 8월 15일 기준으로 우리나라에는 선박제조 기업이 56개에 달하였다. 그리고 1950년 6.25전쟁이 발발한 이듬해 말에는 79개 업체로 증가하였는데, 특히 지금의 대형조선소들이 등장하기 이전까지 중심적인 역할을 하였던 대한조선공사가 1950년 1월 조선중공업을 기반으로 설립되었다. 그 후 대한조선공사는 1955년 ICA자금 200만 달러와 대충자금 3억 6,800만환을 확보하여 기중기 등의 시설을 확장하여 근대화된 조선소의 면모를 갖추게 되었다.

1958년 정부는 '조선장려법'을 제정하여 조선업의 육성과 해운수산업의 진흥을 도모하였는데, 특히 건조비의 40% 범위 내에서 정부의 보조금이 제공되고 융자도 받을 수 있도록 했으나 예산 부족으로 당초의 목적을 달성하지는 못하였다. 한편 1946년에 서울대학교에 조선항공학과가 설치되고 그후 한국해양대학교, 인하대학교 등에도 조선공학 관련 학과가 개설되었다. 또한 대한조선학회, 대한조선공업협회(현 한국조선해양플랜트협회), 한국선주협회(현 한국해운협회) 등이 설치되어 조선과 해운의 발전을 위한 기반이 마련되기도 하였다.

표 **2-2** 1950년대의 조선업 현황

연도	조선	조선기자재	의장품체	합계
1945.8.15	−	−	−	56
1948	−	−	−	57
1951.12	−	−	−	79
1954	65	−	7	106
1957.8	87	82	4	173
1959.3	99	93	6	198

자료: 한국조선해양플랜트협회(http://www.koshipa.or.kr)

2.1.3 1960년대

1960년대 초 정부의 제1차 경제개발 5개년 계획(1962-1966)으로 내한조선공사의 시설 확충 및 근대화 계획으로 연간 6만 6천 톤의 선박을 건조할 수 있는 생산능력을 갖추게 되었다. 그런데 1차 5개년 계획은 전력 등 에너지원과 기간산업을 확충하고 사회간접자본을 충실히 하고 이를 기반으로 경공업을 중점 육성하는 것을 목표로 하고 있어 조선업의 발전을 도모하는 것은 시기 상조였다. 그러나 제1차 5개년 계획의 성공적 달성으로 제2차 경제개발 5개년 계획(1967-1971)에서는 화학, 철강, 기계공업 등 중화학공업의 육성에도 중점을 두었다. 이 시기에 정부는 조선업의 육성을 위해 '조선공업진흥법'과 '기계공업진흥법'을 제정하여, 1970년대 이후 조선공업이 도약할 수 있는 기반을 조성하기도 하였다.

<표 2-3>에서 보는 것처럼 1962년 우리나라에 등록된 조선업체는 조선소 106개, 선박용엔진 제조 및 수리업체 103개 등 총 215개소로 늘어났다. 그 후에도 조선 능력은 지속적으로 증가하였으나, 가동률은 20% 내외서 머물러 과잉시설의 현상을 보여주고 있다. 1969년에는 1,083척의 선박이 건조되었으며 그리고 최대 건조 선박의 규모가 12,000톤에 이르렀다. 특히 1967년에 대한조선공사와 대선조선은 바지선 30척을 건조하여 베트남에 수출하였으며, 그리고 1969년에는 참치어선(250 GT) 20척을 대만에 수출하기도 하였다.

표 **2-3** 1960년대 우리나라 조선소의 건조 실적 및 가동률

	시설 능력		건조 실적		가동률 (%)	최대건조선 (GT)
	공장수	GT	척	GT		
1962	106	41,700	295	4,636	11.1	200
1963	100	49,700	334	8,869	17.8	500
1964	104	53,640	312	11,625	21.7	2,400
1965	111	63,440	358	13,788	21.7	4,000
1966	115	80,710	397	17,683	21.9	4,000
1967	115	87,750	253	19,944	22.7	5,000
1968	133	123,320	485	31,148	25.3	6,100
1969	139	157,100	1,083	37,804	24.1	12,000

자료: 한국조선해양플랜트협회(http://www.koshipa.or.kr)

1950년대 말에 우리 정부는 국내에서 선박의 건조를 장려하기 위하여 건조비의 40% 이내의 보조금을 지원할 수 있는 '조선장려법'이 제정되었으나 유명무실화되었다. 이를 보완하기 위해 정부는 선박 수요자가 건조비의 10%는 자기자금으

로 하고 나머지는 보조금(40%)과 융자금(50%)으로 구성하여 국내 건조를 장려하였다. 1962년 4월에는 대한조선공사법의 제정으로 경영애로를 겪던 회사를 국영화하여 조선업의 육성에 있어서 견인차 역할을 하도록 하였다. 수산개발 3개년 계획 그리고 해운선박도입 3개년 계획 등으로 국내 조선업의 육성을 도모하기도 하였다. 1965년 정부(상공부)는 어선, 연안여객선, 화물선 등에 대한 표준선형을 제정하기도 하여 계획조선의 실천과 설계기술의 향상을 가져오기도 하였다. 특히 이 시기는 우리 조선업이 목선건조에서 강선건조로 전환한 시기로 선박의 수출산업화를 위한 준비기간으로 볼 수 있을 것이다.

2.1.4 1970년대

1960년대에 기반을 구축한 조선산업은 1970년대 들어 우리 경제 발전에 있어 중추적인 역할을 할 수 있어서 정부는 핵심 육성산업으로 선정하고, 재정지원도 적극적으로 추진하여 조선업은 괄목할 만한 성장을 달성하였다. 1973년 현대그룹의 울산조선소가 완공되는 것을 기점으로 대우그룹과 삼성그룹도 조선업에 뛰어들면서 조선업의 대형화와 현대화가 추진되었다. 즉 1975년 수리조선소인 현대미포조선이 설립되었으며, 삼성그룹은 1977년 우진조선소를 인수하여 1979년 1도크를 완공하고[3] 그리고 대한조선공사는 옥포에 초대형 도크를 1978년에 완성하기도 하였다.[4] 이 시기 현대조선중공업(현 현대중공업)은 그리스의 선주 Livanos로부터 수주한 26만톤급 유조선(VLCC)을 건조하는데 성공하면서, 그 당시까지 상상도 못한 대형선을 세계에 선보이고 우리의 조선기술을 알리게 되었다. 정부는 1976년에 '해운조선종합육성방안'을 수립하여 '우리 선박은 우리가 건조하고 우리 화물은 우리 선박으로 수송한다'는 목표로 계획조선이 실시되었다. 1973년에는 선박연구소가 설립되었고, 1977년에는 한국조선공업협회가 설립되어 우리 조선업의 발전에 일익을 담당하게 되었다.

1970년대 들어 우리나라의 선박 건조 능력은 증대되어 1974년에는 1백만 GT

---

3) 삼성중공업의 연혁에는 1974년 8월에 삼성중공업(주)를 설립하였고 1977년 4월 삼성조선(주)를 설립한 것으로 보고되고 있다(http://www.samsungshi.com/Kor/company/shi_history.aspx#).

4) 1978년 12월 대우그룹이 인수하면서 대우조선(주)이 창립하게 되었으며, 1994년 대우중공업(주)에 합병되어 대우조선해양으로 운영되어 오다 최근 한화그룹에 인수되면서 2023년 5월부로 한화오션(주)으로 새롭게 출범한다.

를 상회하였고, 다음 해에는 2백만 GT를 넘어섰고, 1979년에는 280만 GT에 이르게 되었다(<표 2-4> 참고). 이 시기에 우리나라 대형 조선소의 설립이 이루어졌다. 그러나 1975년부터 가동률이 급격히 떨어져 조선소는 어려움을 겪게 되었다.

표 2-4 1970년 우리나라 조선소 수, 시설 및 건조량

연도	공장 수	시설 능력 (천 GT)	건조량 (천 GT)	가동률(%)	최대건조 (천 GT)
1970	152	187	39	20.9	12
1971	140	190	43	22.8	12
1972	141	190	50	26.6	14
1973	143	250	163	65.4	126
1974	142	1,100	562	51.1	126
1975	139	2,390	612	26.6	126
1976	118	2,600	624	26.3	126
1977	130	2,670	643	24.1	126
1978	142	2,770	769	27.8	126
1979	153	2,800	525	18.8	126

자료:한국조선해양플랜트협회(http://www.koshipa.or.kr).

1970년대 정부가 조선산업의 진흥을 위해 추진한 주요 정책으로는 우선 1970년 수립된 '조선공업진흥계획'을 들 수 있는데, 이는 선박의 국내 건조와 선박 수출을 촉진하는데 중점을 두고 있다. 그리고 1973년 3월에 '장기조선공업 진흥계획'을 수립하여 1980년까지 국내 선복 수요를 충족시키고, 320만 GT(10억 달러)의 선박을 수출하는 것을 목표로 설정하였다. 1976년 수출입은행이 설립되면서 선박의 연불 수출이 본격적으로 작동되어 1977년에는 1,152억 원에 달하였다. 이와 더불어 정부는 정부가 재정 및 금융지원에 의해 선박을 건조하는 계획조선이 1975년부터 시작되어 1998년까지 운영되며 우리나라 해운기업의 선박확보에 크게 기여하였다.[5]

---

5) 이 계획조선의 경우 한국산업은행을 통해 자금이 지원되었는데 23여 년 동안 제18차에 걸쳐 시행되었다. 이를 통해 총 181척, 455만톤의 선박이 건조되었고 이러한 선박건조는 결국 우리의 조선·해운·철강 등 관련 산업이 함께 발전하는데 크게 기여한 것으로 평가를 받고 있다(http://www.opinionnews.co.kr/news/articleView.html?idxno=8484, 2012.6.29.).

2.1.5 1980년대

1970년대 대형 조선소가 설립되면서 우리 조선산업은 대도약의 발판을 마련한 것으로 평가되었다. 1980년대 중반 무렵 조선기업의 매출액이 3조 원을 상회하였고, 부가가치는 1조 3천억 원으로 증대되어 제조업에서의 비중이 4% 이상을 점유하며 우리 산업의 주력 분야로 성장하였다. 조선업에 종사하는 인력도 1980년대 중반에는 70,000명을 넘겨, 1970년대 중반에 비해 3배 이상 증가하여 고용 창출 효과가 매우 컸던 것으로 알려져 있다.

1980년대 우리나라 조선업을 조선업체를 기준으로 보면 신조선업체가 1975년에 138개로 보고되고 있는데, 1983년에 232개 사까지 증가했으나 조선업의 불황으로 1989년에 이르러서는 118개사로 줄어들었다(<표 2-5>참고). 신조선 수의 구성을 보면 중대형은 거의 변동이 없으나 소형 조선소의 수가 1983년에 221개로 최대로 도달하였으나, 3년 후인 1986년에는 120여 개가 없어져 90개로 급격히 감소하였다. 한편 수리조선소는 거의 변동이 없이 하나 내지 두 개 업체로 머물고 있는 것으로 나타나고 있다.

표 2-5 1980년대 조선업체 추이

		1975	1980	1983	1986	1989
신조선	대 형	3	4	4	4	4
	중 형	6	6	7	6	6
	소 형	129	142	221	90	108
	소계	138	152	232	100	118
수리전문		1	1	2	2	2
합계		139	153	234	102	120

주: 1) 1986년 이후의 소형조선소 수는 한국조선공업협동조합 조합원사 기준임.
   2) 4개 대형조선소: 현대중공업(주), 대우조선공업(주), ㈜대한조선공사, 삼성중공업(주)
   3) 7개 중형조선소: 코리아타코마조선공업(주), 대동조선(주), 대선조선(주), 동해조선(주), 신아조선
      공업(주), 인천조선(부), 부산조선공업(주)
자료: 한국조선해양플랜트협회.

1970년대 발생한 두 번의 석유파동으로 조선시장은 침체국면에 직면하였으나 1980년대 말에 이르러서는 선사의 발주량이 증가하면서 우리나라 조선소의 수주량도 점차 늘어나기 시작하였다(<표 2-6> 참고). 1987년 우리나라가 수주한 신

조는 세계시장의 30.2%를 차지하여 조선업의 재도약의 기회를 맞았으나, 노사분규, 원화절상 등으로 수출가격 경쟁력이 약화되었다. 이로 인해 정부는 1989년 '조선산업 합리화 조치'를 시행하여 소형조선소의 수가 많이 줄어들었다. 1980년대 후반 들어 우리나라의 신조 수주의 비중이 세계 신조시장에서 점유율이 25% 수준에 이르게 되자 유럽과 미국이 우리의 조선업을 견제하기 시작했다. 특히 미국은 1989년 6월에 우리나라, 일본, 서독, 노르웨이 등의 조선업에 대한 정부보조금 지급과 세제혜택 등을 불공정무역으로 간주하여 미국 통상법 301조에 의거 제소하였다. 이 제소는 후에 OECD WP6 다자간 조선협상으로 이어져 다년간의 협상이 전개되게 되었다.[6] 한편 정부의 조선산업에 대한 정책도 크게 변하여 자율경쟁을 정책 기조로 하면서 '조선공업진흥법'을 1986년 6월말로 폐지하였다. 따라서 조선업도 1986년에 제정된 '공업발전법'에 의해 다른 제조업과 동일한 조건에서 정책적 지원을 받게 되었다.

표 2-6 1980년대 우리나라의 신조선 수주 추이

구분	1980	1981	1982	1983	1984	1985	1986	1987	1988	1989
척	104	108	85	179	121	65	98	137	83	147
천 GT	1,690	1,853	1,355	4,098	2,556	1,368	3,509	3,701	3,042	3,472
백만 $	1,772	2,333	1,779	3,034	2,430	794	1,660	1,994	1,906	3,389
세계 점유율 (%)	9.0	8.1	9.7	19.2	14.7	10.4	24.1	30.2	23.3	16.7

주: 1980~1989년 동안 일본의 세계조선시장 점유율은 평균 48.1%를 시현하였음.
자료: 한국조선해양플랜트협회.

---

6) OECD 조선작업반회의(Council Working Party on Shipbuilding)은 1966년 5월 24일 출범한 조선관련 유일한 국제적 협의체로 조선업에 대한 정부지원 등 조선산업의 공정경쟁 질서를 저해하는 정책을 논의하고 있다. 이 협의체에는 한국, 일본 등 19개국이 참여하고 있으며 중국은 비회원국이나 참여하고 있다. 1969년과 1972년에 보조금 관련 국제적 신사협약을 도입하기도 하였으며, 1989년부터 시작된 다자간 조선협상의 결과 1994년 12월에는 'OECD 조선협정'을 체결했으나 미국의 비준 거부로 아직 시행되지 못하고 있다. OECD 조선작업반회의는 1994년에 체결된 협정을 기반으로 새로운 조선협정을 체결하기 위해 2002년 조선협상 2기를 시작했으나 보조금과 가격규율에 대한 협상당사국의 입장 차이로 2005년 9월에 중단되었다. 그 후 2010년 4월에 3기 OECD 조선협상이 진행되었으나 선가규율에 대한 견해 차이를 좁히지 못하여 동년 12월에 협상을 중단하였다. 하지만 'OECD 조선작업반'은 조선국가간에 소통할 수 있는 유일한 협의체로 정부 보조금 등 국가간의 조율이 필요한 사안에 대해서는 지금도 협의를 하고 있는 것으로 알려져 있다.

2.1.6 1990년대

1970년대에 설립된 대형조선소를 축으로 한 우리나라 조선업은 짧은 기간에 크게 발전하는 성과를 이루었다. 그리하여 1990년대에 들어서는 세계 조선 시장을 석권하고 있던 일본의 위상을 흔들기 시작하였다. 특히 1993년 우리나라의 수주량이 일본을 추월하는 기회를 포착하기도 하여 우리 조선업의 위상이 강화되는 발판을 마련한 것으로 보인다. 1980년대 조선시장의 불황으로 조선시설의 신증설에 대한 억제가 풀리면서 삼성중공업을 비롯한 대형 조선소들이 도크를 증설하였으나, 1997년 말 우리경제를 강타한 외환위기로 우리 조선업은 다시 위기에 직면하기도 하였다. 이로 인하여 대우중공업, 한라중공업 그리고 대동조선이 경영 위기에 직면하기도 하였다. 특히 이 중 대우중공업은 대우해양조선으로 사명을 변경하였고 한라와 대동은 각각 삼호중공업과 STX조선으로 이름을 바꿈과 동시에 소유주도 바뀌면서 대대적인 구조조정이 진행되었다.

그런데 우리가 국제통화기금(IMF)로부터 구제금융을 지원받게 되면서 국가 신용도가 추락하였다. 이로 인하여 우리 조선소의 해외 선사로부터의 수주에서 여러 모로 불리한 상황이 전개되기도 하였다. 그런데 불행 중 다행으로 1998년 3월부터 상황이 개선되기 시작하여 하반기 들어 수주량이 크게 증가하여 세계 시장의 점유율이 전년도보다는 다소 감소했으나 33.0%를 유지하는 성과를 달성하였다. 특히 1999년에 들어 우리나라의 신조 수주 규모가 세계 시장의 40.9%를 기록하면서 일본을 앞서기 시작하여 2000년에는 45.8%까지 상승하였다(<표 2-7> 참고). 이러한 현상이 일어난 것은 일본은 이미 자국의 조선소에서 건조할 수 있는 수주를 충분히 확보하였기 때문에 신규 수주에 소극적이었기 때문으로 풀이되고 있다.[7] 그리고 그동안 우리나라 조선소가 쌓아온 기술력이 세계적으로 인정을 받으면서 해외 선사들로부터의 수주가 증가한 것과 더불어 또한 외환위기로 환율이 급등(원화 가치 급락)하면서 수출경쟁력이 높아졌기 때문이기도 하였다.

---

7) 자세한 내용은 한국해양플랜트협회(http://www.koshipa.or.kr)의 '한국조선산업 발전사'를 참고하기 바랍니다.

2. 그리스해운과 우리나라 조선업의 발전 **41**

| 표 **2-7** | 1990년대 우리나라 조선의 세계적 비중 |

	1990	1991	1992	1993	1994	1995	1996	1997	1998	1999	2000	2001
한국 (%)	23.8	25.7	17.3	36.7	22.6	30.4	28.8	37.6	33.0	40.9	45.8	32.4
일본 (%)	46.3	40.5	40.7	33.3	47.6	34.9	39.1	42.1	41.1	30.0	28.6	39.9
세계 (만GT)	2,407	1,991	1,280	2,265	2,502	2,553	2.341	3,648	2,674	2,894	4,514	3,650

자료: 한국조선해양플랜트협회.

1990년대의 우리 조선업은 국제적 위상이 크게 제고되면서 1989년 미국에 의해 제기된 문제를 해결하기 위하여 조선산업 국가들은 OECD가 조선에 대한 국제적 협의를 위해 출범한 조선작업반의 회의를 개최하여 조선관련 문제를 해결하기 위한 노력을 전개하였다. 이에 우리나라도 참여하기 시작하면서 국제협력을 위한 길을 모색하기 시작하지 않을 수 없었다. 특히 1989년 10월부터 진행된 다자간 조선협상이 5년 동안 진행되어 1994년 12월 '상업적 선박건조 및 수리산업의 정상적 경쟁조건에 관한 협정(Agreement Respecting Normal Competitive Conditions in the Shipbuilding and Repair Industry)'을 체결하게 되었다. 그러나 이후 미국이 비준을 거부하면서 지금까지 새로운 다자간 조선협정은 결실을 맺지 못하고 있다. 1990년대 한일 조선수뇌간담회와 한국·유럽·일본·미국의 민간조선회의 등이 개최되어 조선업의 국제적 경쟁질서에 대해 논의를 하였다.

2.1.7 2000년 및 그 후

우리나라는 1990년대에 대형 도크를 건설하는 등 대형 조선소의 건조 능력 확대로 <표 2-8>에서 보는 것처럼 2000년대 중반에 들어 우리의 조선산업이 일본을 추월하기 시작하였다. 특히 선박건조의 가액 측면에서 보면 일본과 중국보다 더 많은 것으로 보고되고 있다. 그런데 2008년 글로벌 금융위기로 해운이 불황 국면에 직면하면서 조선도 함께 침체의 늪에 빠졌다. 이 사이 중국이 급성장하면서 2000년대 중반 이후 우리를 능가하기 시작하여 선박 수주나 건조량의 측면에서 보면 우리나라를 앞서고 있다. 그런데 <표 2-8>에서 보는 것처럼 건조가액을 기준으로 보면 우리나라가 중국이나 일본을 다소 앞서고 있기도 한 것으로 보고되고 있다.

2008년 가을에 불어 닥친 미국의 서브프라임 모기지 부실에서 촉발된 세계금융위기로 선박 발주가 감소하였으나, 고유가의 지속으로 해양플랜트의 발주가 증가하면서 한 때 조선소의 수주는 크게 변동이 없었다. 그러나 우리 조선소는 해양플랜트의 건조에 대한 경험 부족 등으로 크게 손실을 입는 결과를 초래하기도 하였다. 이러한 여파로 우리 조선산업을 이끌던 20여 개의 중대형 조선소가 그 절반이 줄어든 10개 정도로 감소하였고, 조선업 종사자도 2014년 20만명에 달했으나 지금은 10만명 내외에 머물고 있는 것으로 알려져 있다[8]. 최근 10년 이상 지속된 해운시장의 침체로 중국의 조선업도 대대적인 구조조정이 있었는데, 조선업체가 한 때 수백 개에 달했으나 최근에는 50~60개 업체로 줄어들었다. 또한 일본은 대형화보다는 중소업체 40~50개 위주로 현상을 유지하고 있는 것으로 알려져 있다[9].

표 **2-8** 한중일 선박 건조(delivery) 추이(2000-2021)

(단위: 미화 백만 달러)

구 분	세계 합계		한국		중국		일본		기타	
	척 수	금액	척 수	금액	척 수	금액	척 수	금액	척 수	금액
2000	1,074	35,956	189	10,677	116	2,303	343	9,877	426	13,079
2005	1,689	49,292	317	17,114	414	6,540	434	13,105	524	12,532
2010	3,193	153,781	507	48,535	1,461	49,975	513	24,916	712	30,356
2015	1,961	88,092	348	35,926	763	24,838	415	11,239	435	16,089
2016	1,744	80,946	352	28,570	654	20,798	401	13,874	337	17,704
2017	1,588	79,348	281	27,844	638	22,116	375	13,180	294	10,208
2018	1,383	73,220	185	22,851	598	21,292	332	13,282	268	15,795
2019	1,519	71,120	227	20,250	619	19,429	401	14,011	272	17,430
2020	1,370	58,934	210	18,436	555	17,523	377	10,614	228	12,361
2021	771	34,728	129	12,398	358	12,097	168	5,119	116	5,113

자료: Clarkson, *Shipping Intelligence Network*(2021.7.9.).

1990년대 후반부터 우리 조선업이 일본을 추월하기 시작하여 2000년대 들어

---

8) 유병세(2019), p. 77.
9) 유병세(2019), p. 79.

10여 년 동안 1위를 차지하고 있다. 2008년 글로벌 금융위기로 인하여 중국이 급부상 하면서 중국에 1위 자리를 넘겨주었다. 그러나 우리는 중국에 비해 보다 고부가가치 선박을 건조하면서 선박 수주량에서는 중국에 뒤지고 있으나 수주금액 면에서는 앞서고 있는 것으로 알려져 있다. 앞으로도 우리 조선업이 세계적 위상을 유지하기 위해서는 기술, 생산, 가격 등의 측면에서 끊임없는 혁신이 이루어져야 할 것으로 판단된다. [그림 2-1]에서 보는 것처럼 2018년 현재 우리의 조선 기술이 일본이나 중국에 비해 앞서 있는 것으로 조사되고 있다. 그런데 가격면에서 가장 열위에 있어 이를 극복하는 방안을 마련하는 것이 필요할 것으로 보인다. 그리고 우리나라가 경쟁우위를 확보하고 있는 선박의 종류는 컨테이너선, LNG/LPG선 그리고 해양플랜트 분야인 것으로 조사되고 있다. 유병세(2019)는 우리 조선업의 미래는 건조능력의 합리적 조정, 유능한 인력확보, 조선산업의 매력도 제고, 조선업체 규모별 특화된 선종 개발 등을 제시하고 있다[10].

그림 2-1 한중일 조선산업 경쟁력 비교

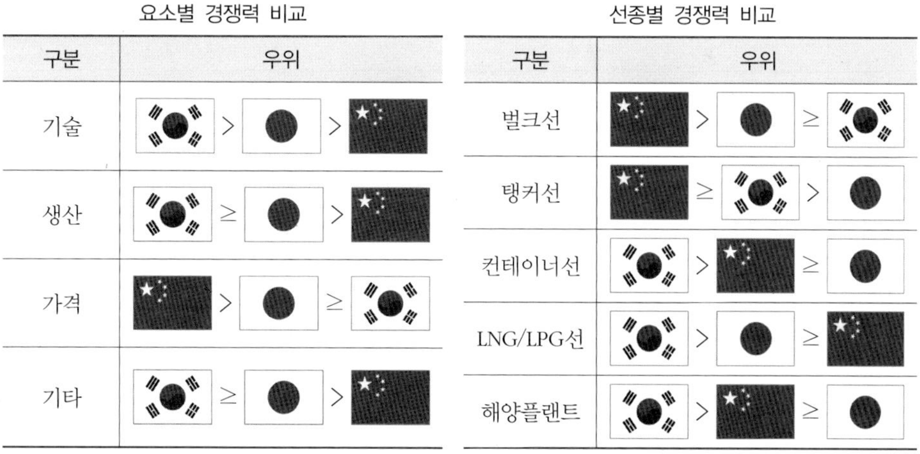

요소별 경쟁력 비교

구분	우위
기술	[한국] > [일본] > [중국]
생산	[한국] ≥ [일본] > [중국]
가격	[중국] > [일본] ≥ [한국]
기타	[한국] ≥ [일본] > [중국]

선종별 경쟁력 비교

구분	우위
벌크선	[중국] > [일본] ≥ [한국]
탱커선	[중국] ≥ [한국] > [일본]
컨테이너선	[한국] > [중국] ≥ [일본]
LNG/LPG선	[한국] > [일본] ≥ [중국]
해양플랜트	[한국] > [중국] ≥ [일본]

주: '>'우위, '≥'대등 · 소폭우위
자료: 석종훈 · 김대진 · 박유상(2018.8), p. 78.(산업연구원 산업비전연구팀(2019), p. 63에서 재인용).

<표 2-9>는 우리나라 조선산업의 세계적 위상에 대한 전망으로 환경규제에 따른 연료유 변화 등에서 다른 나라와 유사한 수준에서 진행될 경우 우리의

---

10) 우리나라 조선업의 미래에 대한 보다 자세한 논의는 산업연구원 산업비전연구팀(2019), 이은창 외(2019), 홍성인(2017)을 참고하시기 바랍니다.

조선은 세계 시장 점유율이 33% 내외에 머물 것으로 전망하고 있다. 선박의 수출은 세계 1위를 유지할 수 있을 것으로 보이나 그 비중이 점차 줄어드는 것으로 예상된다. 한편 자율운항선박의 추진, 친환경선박 건조 기술 추진 등을 통한 혁신 전략이 성공할 경우는 생산 면에서 다소 점유율이 제고될 것으로 전망되고 있으나, 큰 변화는 없을 것으로 보인다. 반면에 수출시장에서의 비율은 2030년에 이르면 4%포인트 정도 더 높아질 것으로 예측되고 있다.

표 2-9 조선산업의 글로벌 위상 전망

구 분			2010	2018	2022	2030
기준 시나리오	생산	세계시장 점유율(%)	32.9	31.4	33.0	33.4
		세계 순위	2	2	2	2
	수출	세계시장 점유율(%)	44.2	32.1	35.0	35.0
		세계 순위	1	1	1	1
혁신 시나리오	생산	세계시장 점유율(%)	32.9	31.4	33.4	33.7
		세계 순위	2	2	2	2
	수출	세계시장 점유율(%)	32.9	31.4	37.0	37.2
		세계 순위	1	1	1	1

주: 1) 선박 및 해양플랜트 제품기준 전망을 기본으로 하고 통계 일관성을 위하여 Clarkson Research 전망 및 현황 통계를 활용함.
　 2) 생산, 수출은 지역을 기준으로 함(해외 생산, 현지수출 제외).
자료: 산업연구원 산업비전연구팀(2019), 「한국 산업발전 비전 2030」, p. 68.

2.2　그리스의 리바노스家와 현대중공업

이 절은 현재 세계 1위의 조선업을 영위하고 있는 현대중공업의 출범과 발전에 지대한 영향을 미친 그리스의 선주와 현대중공업과의 관계에 대해 살펴보고 있다.

2.2.1 그리스 해운 명문 리바노스(Livanos)家[11]

우선 우리나라 조선업의 대표적 기업인 현대중공업의 출범에 결정직인 계기를

---

11) 이 부분은 Theotokas and Harlaftis(2009)에 근거하여 정리하였다.

제공한 그리스 해운계의 유력 선주 가문인 Livanos家의 해운업에서의 활동을 중심으로 간략히 살펴보기로 한다. Livanos家의 해운업에의 진출은 Georgios M. Livanos(1852-1926)가 1878년 S/V Kaesar호를 매입하면서 이루어진 것으로 알려져 있다[12]. 이어서 1880년 366톤의 Evangelistria호를 매입하기도 하였다. 여기서 잠시 현대중공업의 출발에 결정적 기여를 한 Livanos家에 대해 고찰해 보기로 한다.

그리스 해운계에서 Georgios M. Livanos의 공헌은 큰 업적을 남긴 것으로 평가받고 있다. 그는 1852년 Chios 섬의 북동쪽에 위치한 Kardamyla에서 출생하였으며, 20대 후반에 선주가 되었고 50대에 접어든 1902년에 증기선 Theofano를 도입하면서 Livanos가의 해운업을 본격적으로 확대하였다. 그는 1차 세계 대전 중 런던에 S. Livanos사의 해운 사무소를 개설하였으며, 내전 동안 급성장 하여 Livanos 사는 18척의 증기선을 운항하였는데, 선복량은 57,000 GRT로 2차 대전이 끝날 무렵 그리스 해운계에서 Kulukundis와 Goulandris 그룹에 이어 세 번째로 큰 해운그룹으로 성장하였다.

그림 **2-2** 리바노스 가문 구성원

자료: Harlaftis 외(2003), *Ploto*, p. 245.

Georgios M. Livanos는 Michael, Ioannis, Stavros, Nikolaos 등 4명의 아들을 두었는데([그림 2-2] 참고), 모두 해운업에서 상당한 활약을 하며 가업을 승계하고 발전시켜 나갔다.

첫째 아들 Michael G. Livanos(1877-1956)는 Livanos Bros 사에 참여하였으며, 1950년대에 아들 Georgios와 함께 새로운 해운기업인 Chios Maritime Co. Ltd.를 피레우스에 설립하였다. 그리고 런던에 Ocean Ship-Brokerage Co. Ltd. 대표 사무소를 설립함과 동시에 뉴욕에도 Scio Shipping Inc.를 설립하였다. 그는 상당한 규모의 부정기선을 소유하고 탱커선도 보유하게 되었으며, 그의 딸 Evgenia의 남

---

12) Georgios M. Livanos의 셋째 아들이 창업하여 현재 그의 손자와 증손자가 운영하고 있는 그리스 해운기업 Sun Enterprise의 홈페이지를 참고하였다(https://www.sunenterprises.gr/index.php/en/(2012.6.5.)).

편 Tasos Papastratos도 가족의 사업에 참여하였다. 이들 가족의 기업은 현재 피레우스에 Siomar Enterprises Ltd.사가 있고 런던과 뉴욕에 지사(representative office)가 있는 것으로 보고되고 있다[13].

그의 둘째 아들 Ioannis G. Livanos(1878-1956)도 처음에는 가족이 경영하는 Livanos Bros사에 몸을 담았으나, 그 후 이 기업을 떠나 Livanos J. & Sons Ltd.를 설립하여 선박을 운항하였다. 그의 아들 Georgios는 Hellenic Shipping Ltd를 피레우스에 설립하고 또한 General Marine Agency를 런던에 설립하여 해운에 종사하기 시작하였다. 그의 아들 Michalis는 피레우스에 North Europe & Persian Gulf Transports Corp.을 설립하였다. 그리고 런던에는 Livanos, John & Sons Shipping Operators Ltd.를 설립하여 해운업에 종사한 것으로 알려져 있다.

Georgios M. Livanos의 막내 아들 Nikolaos Livanos(1891~1968)는 1960년대 중반까지 가족기업 Livanos Bros에 종사하며 피레우스에서 활동하였다. 그 후 그의 사위들이 설립·운영하는 Economou & Co Ltd, Tarpon Shipping, Livanos N. G. Maritime 등에서 활동을 하였다[14].

오늘날 현대중공업의 출발에 도움을 준 George Livanos(1935~)[15]는 Georgios M. Livanos의 셋째 아들 Stavros G. Livanos(1887~1963)의 1남 2녀 중 유일한 아들로 지금도 현역에서 활동을 하며 현대중공업과의 인연을 유지해 오고 있다. Stavros는 1887년 Chios 섬 출신으로 다른 형제들에 비해 그리스 해운계와 세계 해운계에서 탁월한 능력을 발휘한 인물로 알려져 있다. 특히 그는 전략적 선사 경영을 통해 그리스 해운의 새로운 지평을 열었으며, 2차 대전 후에 두각을 드러내면서 그리스 해운의 상위 기업그룹의 하나로 발전하였다. 특히 Stavros는 Mercantile Marine 학교에서 엔지니어와 선장이 되기 위한 공부를 한 후 가족기업에 합류하였고, 1917년 런던에 신설된 Livanos 사무소의 책임자가 되었다. 그는 또한 1930년대 운임시장의 회복에 대한 정확한 예측으로 상당한 이익을 축적하여 신조를 확대하기도 하였다. 이러한 탁월한 수완을 발휘하여 그는 2차 세계 대전

---

13) Theotokas and Harlaftis(2009, p. 210)을 참고하여 정리하였다.

14) Nikolaos Livanos의 세 사위는 각각 Georgios Economou, Ion Papadimitrio, Leonidas Z. Michalos인데 이들은 처음에는 상인의 회사에서 경력을 쌓은 후 독립하여 해운기업을 설립하였는데 그리스 유력 선주들의 명단에 올라 있다(Theotokas and Harlaftis, 2009).

15) Stavros Livanos의 외아들 George Livanos가 1972년 현대그룹 창업자 정주영 회장의 간곡한 요청으로 2척의 유조선을 발주한 장본인이다.

종전 무렵 30척 이상의 선박을 소유하며 국제적으로 알려진 선주가 되었다.

2차 세계대전 직후 Stavros Livanos의 해운계에서의 활동은 전시 표준선인 자유선(Liberty)과 연계되어 있는데 즉 그는 12척의 자유선을 선박매매시장과 그리스 정부의 보증으로 미국 정부로부터 매입하였다. 또한 그는 미국 정부가 자유선 매각화와 같은 방법으로 매각을 한 7척의 T2탱커 중 한 척(M/T Ioannis Zafirakis)을 매입기도 하였는데, 이는 그의 탱커선대의 기반이 되었다. 그는 신조 건조를 통해 선대를 확대했는데, 초기는 유럽 그리고 후에는 일본의 조선소에서 주로 선박을 건조하였다. 그는 단시일에 30척 이상의 선대를 보유하게 되었는데, 여기에는 그의 국제해상운송에 대한 동향을 예측하는 뛰어난 능력이 크게 도움이 되었다. 즉 그는 선대를 잘 활용하고 또한 운임시장의 변동을 적극 활용하며 해운위기를 잘 극복하였고, 또한 선대를 확장하고 많은 이익을 창출하였다. 그의 사후 2년 후인 1965년 Livanos S. Hellas SA의 선대는 54척에 이르렀다. 즉 29척의 건화물선과 25척의 유조선으로 총 선복량은 120만 DWT에 달했다.

특히 Stavros Livanos는 새로운 선박의 건조를 통한 선대 확장전략은 54척의 선박 중 17척이 1960년대 초반에 건조된 것에서 나타나고 있으며, 그리고 보유 선박 평균 선령이 9년에 불과한데서 증빙되고 있다. 특히 그는 선박의 구입을 위해 은행으로부터 자금을 차입하지 않고 철저하게 그가 보유한 현금에 의존한 것으로도 유명하며 그의 두 사위들과는 달리 매우 검소하고 대중에게 알려지는 것을 꺼린 것으로 알려져 있다. 1950년대와 1960년대 초에 있어 Stavros Livanos는 그의 사위인 Stavros Niarchos[16](그의 장녀 Eugenia 남편)와 Aristole Onasis(그의 차녀 Athina 남편)와 함께 세계 해운계에서 그 영향력이 대단하였던 것으로 알려져 있다.

1963년 Stavros Livanos 사망 후 그의 아들

그림 **2-3** Stavros G. Livanos

자료: https://greekshippinghalloffame.org/?inductee=slivanos-en(2022.2.5.)

---

16) Livanos의 둘째 사위 Onasis는 세계의 선박왕으로 우리가 익히 알고 있다. 그런데 당대 Onasis와 버금가는 선대를 보유하며 그리스 해운에 있어 지대한 영향력을 미친 첫째 사위 Niarchos도 그리스에서는 Onasis 못지 않게 족적을 남긴 것으로 평가를 받고 있다.

George Livanos(1935~)가 S. Livanos Hellas SA와 Sun Enterprise사를 통해 해운업의 가업을 이어가고 있다. 최근에는 주로 대형 탱커선과 벌크선을 보유하고 있는 그리스소유 대규모 선대 보유 해운기업 중의 하나로 자리매김하고 있다. George도 아버지와 마찬가지로 새로운 선박의 건조를 통해 선대를 확대하였고, 또한 선박매매를 통해 자본이익을 올리기 위해 운임시장의 변동을 적극 활용하였다. 1980년대 중반 이후 선대 규모가 많이 줄어들었으나, 여전히 선복량 보유 면에서 큰 선대를 갖고 있는 기업 중의 하나로 알려져 있다. Sun Enterprise는 2021년 현재 20척의 유조선 및 건화물선을 보유하고 있으며, 이들 선박의 선복량은 2백만 DWT에 이르고 있다. 한국의 현대중공업과 STX 그리고 일본의 Hakodate, MHI, Namura 조선소에서 유조선을 많이 건조하였고, Chios 섬에 선원사무소를 두고 이 섬 출신을 종업원으로 채용하는 가족 전통을 이어오고 있다.

<표 2-10>은 Sun Enterprise의 발전과정을 간략히 정리하고 있다. 그리고 [그림 2-4]는 이 기업의 사명, 비전 그리고 핵심가치를 보여주고 있다. 이 기업은 안전하고 친환경적인 선박확보로 세계 용선시장에서 가장 선호되는 기업을 유지하는 것을 미션과 비전으로 설정하고 있다. 그리고 안전, 전문성, 혁신, 성실 등을 기업의 핵심가치로 설정하고 있다.

표 **2-10** Sun Enterprise의 주요 연혁

연도	기업의 중요한 일
1878	첫 선박 S/V KAESAR 확보 및 George M. Livanos 통솔
1902	첫 증기선 S/S Theofano 구입
1947	2차 대전 시 군수 물자 수송 표준선 Liberty 중 그리스에 매각된 100척 중 11척 구입, 선대 23척으로 확대
1948	미국이 매각한 유조선 T2 형 M/T Ioannis Zafirakis선 구입하여 유조선 시장에 진입
1972	현대중공업에 2척의 유조선(VLCC)을 발주한 첫 번째 선주가 됨. Atlantic Baron, Atlantic Baroness
1993	그룹의 첫 이중선체 VLCC인 M/T Chios 인도
1994	Chios선이 M/S Achille Lauro선으로부터 승객 117명 구조
1999	M/T Amazon Guardian 인도. 현대중공업에서 건조한 40m 빔의 포스트 파나막스 제품선
2008	전체 유조선의 2중 선체화
2014	100번째 신조 건조된 M/T Amazon Victory 인도.

자료: https://www.sunenterprises.gr/index.php/en/company/company-s-core-values.html(2021.6.5.)

그림 **2-4** Sun Enterprise의 사명, 비전 그리고 핵심가치

사명 선언문(Mission Statement)
- 현대적이고 기술적으로 진보된 선박으로 안전하고 환경 친화적인 선대를 유지하며
- 전문적이며 잘 훈련된 해상 및 육상 인력으로 모든 선박을 운영 및 감독하며
- 용선자의 기대와 함께 안전 및 환경 요구 사항을 충족하는 최고의 선박 관리 서비스를 제공하며
- 세계 유수의 석유 회사 및 건화물 용선자와의 장기적인 관계를 유지하고 강화한다.

비전 선언문(Vision Statement)
- 세계 최고의 용선자들이 지속적으로 선택하는 최고의 기업으로 남기 위한
- 안전과 우수성의 타협하지 않는 문화를 유지하기 위한
- 근면한 관리와 지속적인 교육을 통해 최대의 효율성을 실현하기 위한 **"타협하지 않는 품질 추구"**

회사의 핵심가치(Company's Core Values)
- 안전 및 지속 가능성(Safety and Sustainability)
- 직업적 성실성(Professional Integrity)
- 주도성(Proactiveness)
- 혁신(Innovation)
- 근면(Diligence)
- 팀워크(Teamwork)

자료: https://www.sunenterprises.gr/index.php/en/company/company-s-core-values.html(2021.6.5.)

2.2.2 정주영 회장과 리바노스 선주의 만남

현대그룹이 조선업에 참여하게 된 동기는 1960년대 말 베트남 특수가 하강 국면에 접어들면서 해외 건설에 대한 전망이 불투명한 시점에서 현대의 정주영 회장이 새로운 사업 분야를 구상하면서 시작되었다[17]. 조선은 종합기계 산업으로 많은 투자 자금이 소요되지만 많은 연관 산업을 일으킬 수 있어 우리 경제 발전에 크게 기여할 수 있는 분야로 생각하고, 1969년 초 현대건설 내에 조선사업추진팀을 발족하게 되면서 본격적으로 추진되었다. 이 당시 마침 정부도 중화학공업 육성정책의 일환으로 조선산업의 육성을 중요한 정책의 하나로 설정하고 현대그룹이 조선산업에 투자하기를 권유하였다. 이 당시 세계 조선업은 일본이 주도

---

17) 현대가 조선사업에 대한 구상을 하고 실천에 옮긴 것에 대한 자세한 과정은 현대중공업사(1992) 및 정주영(1998)에서 자세히 기술되어 있으니 참고 바랍니다.

하고 있었고, 우리나라는 기술적 측면에서나 자금 동원 등에서 이 분야에 진출하는 것은 용이하지 않았던 것으로 알려져 있다.

그러나 현대는 조선의 중요성 그리고 성장성 등을 고려하여 이 영역에 본격적인 진입을 위하여 1970년 3월 1일 '조선사업부'를 독립기구로 발족하였고, 그 후 1973년 12월 28일 '현대조선중공업주식회사'가 출범할 때까지 산파의 역할을 다하였다. 특히 조선사업부는 영국 등의 조선관련 기관 그리고 조선소 건설에 소요되는 차관 도입 나아가 선박 수주 등에 있어서 치밀한 전략을 수립하여 현대가 조선업에 본격적으로 진출하는데 전력을 기울인 것으로 평가되고 있다.

당시 현대가 조선사업부를 통해 추정한 조선소 건설에 소요되는 자금은 6,300만 달러에 이르렀고, 그 중 2,000만 달러는 자체조달과 정부지원 융자금으로 하고, 나머지 4,300만 달러는 현금 및 자본재 차관 등 외자로 하는 계획을 세웠다(현대중공업, 1992, p. 327). 외자 조달을 위해 현대는 1971년 3월에 런던 지점을 개설하여 영국의 바클레이(Barclays)은행 등을 접촉하는 가운데 이 시기 독일 프랑크푸르트에서 활동하는 미국인 데이비스를 정주영 회장이 만나 실제 큰 도움을 받게 되었다. 즉, 데이비스는 영국의 해양엔지니어링 회사인 A&P Appledore사(현 A&P그룹)와 Scott Lithgow사를 소개시켜 주고 현대는 이 두 회사를 통해 조선소 건설에 필요한 기자재 등을 구하는 통로에 대한 정보를 얻게 되었다. 1971년 9월 현대는 Appledore사와 Scott Lithgow사와 기술제휴 계약을 체결하였으며, 특히 당시 Appledore 사의 Longbattom회장은 한국을 방문하여 현대의 잠재력을 확인한 후 '현대가 조선소 건설 능력과 선박 건조 능력이 있다'는 추천서를 바클레이은행에 전해주었다(현대중공업, 1992, pp. 328~329).[18]

영국의 바클레이은행은 1971년 10월 27일 현대에 1,842만 달러의 차관을 제공하는 것으로 의결하였고, 이어 스페인, 프랑스, 서독, 스웨덴의 은행들도 현대에 차관을 제공하는 것을 승인하였다(<표 2-11> 참고). 이 차관단의 간사은행인 영국 바클레이은행의 경우 해외에 차관을 제공할 때 수출신용보증국(ECGD: Export Credit Guarantee Department)의 승인이 요구되었다. 바클레이은행의 주선으로 정주영 회장은 ECGD 총재를 만났는데 이때 ECGD 총재는 현대가 건조한 배를 구매

---

18) 정주영회장이 처음 Appledore 회장을 만나 우리가 대형 선박을 건조할 수 있음을 설명할 때 당시 거북선이 새겨져 있는 우리나라 500원의 지폐를 내보이며 한국은 16세기에 철갑선을 만들어 일본을 물리쳤다는 점을 강조했다는 일화는 널리 회자되고 있다(정주영, 1998, p. 174).

할 선주를 구해 올 것을 요청하였다.

표 2-11 현대중공업의 차관도입 내역

(단위: 달러)

구분 차관선	차관액	상환조건			비고	
		거치 기간	상환 기간	연리		
영국	18,423,530	3년 6개월	7년	6%	1971.10.27.	버클레이은행의 차관 의결서 발급 받음
					1972.10.23.	공식차관 협정 체결
스페인	18,664,000	3년 6개월	7년	6.83%	1972.10.23.	코제이社와 차관계약 체결
				8.9%	1972.4.8.	동차관에 대한 스페인 정부의 인가획득
				자본재 차관 6.5%		
프랑스	8,000,000	3년 6개월	7년	6.83%	1971.10.23.	엥도수에즈은행과 차관계약 체결
					1972.4.24.	프랑스정부의 승인획득
서독	3,027,027	3년 6개월	7년	7.5%	1971.11.3.	카르히펠트社와 차관계약 체결
					1972.5.2.	프랑스정부의 승인획득
스웨덴	2,452,929	2년 4개월	7년	7.5%	1972.3.7.	에자브社와 차관계약 체결
					1972.5.23.	스웨덴정부의 승인 획득
계	50,567,486					

자료: 현대중공업(1992), 「현대중공업사」, p. 332.

　　이 요구를 받고 다시 정주영회장은 Appledore사의 Longbattom 회장을 찾아가 상의를 하니 그는 선박브로커 Sykes 씨를 소개하여 주었다. 이 선박브로커는 당시 그리스뿐만 아니라 세계 해운계에서 유력한 인물이며 Aristole Onasis의 장인이기도한 Stavros Livanos의 아들인 30대 후반의 패기만만한 George Livanos가 값싼 선박을 구하고 있다는 것을 정주영 회장에게 알려주었다.

　　이러한 정보를 접하고 정주영 회장 일행은 1971년 10월 중순 스위스 몽블랑의 산모리츠로 George Livanos를 만나러 가게 되었다. 산모리츠에 소재한 그의 별장에서 정회장 일행과 Livanos는 울산에 건설될 조선소에서 건조할 선박에 대해 협상을 시작하였다. 정회장은 Livanos 선주를 설득한 결과 26만 톤급 유조선 2척을 척당 3,095만 달러, 2년 6개월 후 인도하는 조건으로 협상이 완료되었다[19]. 선수

그림 **2-5** 정주영회장과 G. Livanos의 선박 명명식에서의 만남

주: 1974년 현대중공업 1호 수주 선박 명명식에 참석한 G. Livanos회장과 정주영 회장.
자료: 국제신문(2016.6.13.).

금은 10%로 결정되었는데 그 해 12월에 입금이 된 것으로 알려져 있다. 이렇게 그리스의 선주 Livanos와 현대의 인연은 시작되어 지금까지 이어오고 있다([그림 2-5] 참고). <표 2-11>에서 보는 것처럼 차관 규모는 당초보다 다소 많은 5,057만 달러에 이르렀고, 스웨덴을 제외한 4개국과의 차관협정은 1971년 12월 정부의 승인을 받아 진행되었다(현대중공업, 1992, p. 332).

2.2.3 리바노스가의 선박 발주와 현대중공업의 출범

1971년 10월 스위스에서 그리스 선주 리바노스와 26만 톤급 유조선 2척의 건조협상이 되어, 1972년 2월 계약이 성사되면서 현대의 조선사업은 본격적인 출범 준비를 하게 된 것으로 평가되고 있다.

현대는 1972년 3월 23일 울산서 조선소 기공식을 거행하였고[20], 1974년 12월 현대조선공업주식회사가 정주영 회장을 대표이사로 선임하며 조선사업의 추진을 위한 기업이 설립되었다. 정주영 회장은 조선소를 건설하면서 동시에 그리스로부터 수주를 받은 선박의 건조를 함께 진행하는 전략을 수립하였다[21]. 이렇게 조선소를 건설하면서 현대는 수주 활동을 전개하여 1974년 3월 기준으로 대형 유조선 12척(총 300만 DWT)를 수주하였다(현대중공업, 1992, p. 337). 1972년 10월 건설중인 조선소의 초대 사장으로 덴마크 오덴세 조선소의 기술이사인 Kurt J. W. Schou씨를 사장으로 초빙하였으며, 또한 다수의 기술자들을 해외에서 영입하였다

---

19) 이 계약에 대한 더 자세한 내용은 현대중공업(1992)이나 정주영(1998)를 참고하시기 바랍니다. 이 계약 후 정주영 회장은 '자신보다 더 미친 사람을 찾았다'고 술회하고 있다. 한국조선해양의 연혁에서 1972년 2월에 George Livanos회장이 경영하는 Sun Enterprises사와 26만톤급 원유원반선 2척의 계약이 공식적으로 이루어졌다고 밝히고 있다(http://www.ksoe.co.kr/about03_05 (2021.6.11.)).

20) 이날을 현대중공업의 창립일로 하고 있다.

21) 조선소를 건설 중이던 1973년 3월 20일 그리스로부터 수주 받은 1호선의 기공식이 이루어졌다(http://www.hhi.co.kr/About/about04_4(2021.6.9.)).

(현대중공업, 1992, p. 344). 그리고 현대
조선소를 이끌 젊은 인재들을 영국의
Scott Lithgow사와 일본의 가와사키 중
공업에 파견하여 기술을 습득하도록 하
였다. 선박건조 방식도 종래의 리벳방식
을 따르지 않고 용접으로 여러 개의 블
록을 지상에서 제작하여 도크에 이동하
여 탑재하는 블록방식을 채택하였다. 이
러한 방법으로 그리스로부터 수주 받은
배의 건조도 순조롭게 진행되었다.

현대조선은 기공식을 거행한 후 2년
3개월만인 1974년 6월 부지 60만평에
70만톤급 드라이도크 2기를 갖춘 조선
소 1단계를 준공하였다. 이와 동시에
조선소 건설과 함께 건조가 진행된 그
리스 선주가 발주한 유조선 'Atlantic

그림 **2-6** 현대중공업의 수주 1호 및 2호
선박 명명식

주: 1974년 6월 28일 현대중공업이 그리스 Sun
Enterprises(George Livanos 회장)로부터 첫
수주한 선박인 '애틀란틱 배런호'와 '애틀란
틱 배론니스'의 명명식으로 정주영 회장과
George Livanos회장이 축하 세레머니를 진
행하고 있음.
자료: 데일리안(2016.6.13.).

Baron호'와 'Atlantic Baroness호'의 명명식을 1974년 6월 28일에 가졌다. 그 후
11월에 최초로 건조한 Atlantic Baron호의 인도가 이루어졌다. 그런데 2호선
Atlantic Baroness호는 당시 유가파동으로 인해 그리스 선주 Livanos는 여러 쟁점
을 제기하며 결국 인도를 거절하는 사태가 발생했다. 이를 계기로 현대는 1976년
이 배와 CY통이 인도를 거부한 2척 등을 합해 1976년 '아세아상선'으로 출범하였
고(정주영, 1998, pp. 191~196.) 이는 '현대상선'으로 사명이 변경되었다가, 2020년
에 'HMM'으로 다시 회사명을 바꾸어 현재에 이르고 있다.

한편 1978년 2월에 '현대조선공업주식회사'를 '현대중공업주식회사'로 사명을
변경하였고, 조선소 설립을 착수한 후 12년이 경과한 1986년 12월 선박인도가
335척으로 1천만 DWT를 달성하였다. 그 후 2년 후인 1988년 10월에 2천만
DWT 선박건조를 달성하였으며, 3년 후인 1991년 9월에 이르러 선박 인도 3천만
DWT를 돌파하였다[22]. 조선소 설립 후 15년 정도 지난 1997년 3월에 선박 건조

---

22) 현대중공업(http://www.hhi.co.kr/About/about04_4(2021.6.9.))

5,000만 DWT를 기록하였다. 이어, 2년 후인 1999년 8월 증권시장에 상장을 하였으며, 같은 해 처음으로 나이지리아 보니가스 트란스포트사로부터 LNG선 2척을 수주하였다. 또한 2009년 11월에는 해양플랜트인 드릴십(drillship)을 처음으로 독자공법으로 건조하는데 성공하였다. 2015년 현대중공업은 세계에서 처음으로 선박을 2,000척 인도하는 기록을 세웠고, 현대미포조선은 800척 그리고 현대삼호중공업은 600척을 각각 인도하는 위업을 달성하였다. 현대중공업은 1972년 설립 후 지금까지 50여개국의 320여 선주사로부터 2,100척의 선박 수주를 받아 인도하였다[23].

그림 2-7 현대중공업의 계열사

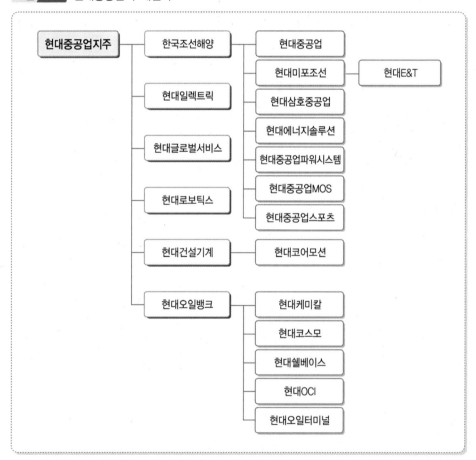

자료: http://www.hyundai-holdings.co.kr/introduction(2022.2.5.).

---

23) 현대중공업(http://www.hhi.co.kr/Public/pub05_1(2021.6.9.)).

2021년 현재 종업원 수는 12,500명에 이르고 있으며 생산야드인 공장규모는 635 만㎡에 달하고 있다[24].

특히 조선사업을 주도해 온 현대중공업은 2002년 2월 현대그룹에서 계열분리로 현대중공업그룹으로 재탄생하였으며, 2018년 현대중공업지주사가 출범하였다. 그리고 2019년 6월에는 조선해양 관련 기업을 묶는 중간지주사로 '한국조선해양'을 설립하여, 현대중공업, 현대삼호중공업 등을 비롯하여 8개 기업이 이 지주사에 속해 있다[25]. 현대중공업그룹은 [그림 2-7]에서 보는 것과 같이 핵심사업 위주로 개편하였으며, 특히 한국해양조선이라는 중간지주사를 설립한 것이 최근의 큰 변화로 볼 수 있다. 그리고 현대오일뱅크를 중간지주사로 하는 석유화학 사업이 해양조선에 이어 한 축을 이루고 있다.

한편 그리스의 선주 Livanos가가 경영하는 Sun Enterprises는 1972년 처음 현대에 선박을 발주한 이후 꾸준히 현대에 선박을 발주해 온 것으로 알려져 있다. <표 2-12>에서도 이러한 사실이 어느 정도 나타나고 있는데, 즉 Sun Enterprises가 보유하고 있는 19척의 유조선 중 12척을 현대계열에서 건조한 것으로 나타나고 있다. 2016년 인도한 선박의 경우 한 척은 이 가문의 고향인 Chios섬의 이름을 붙였고, 한 척은 Livanos 회장의 딸 이름을 따서 Christina로 하였다. 2016년 기준으로 Sun Enterprises는 현대와 45년 동안 인연을 맺어 오며 유조선 15척을 발주하여 인도해 간 것으로 알려져 있다[26]. 그런데 <표 2-12>에서 보면 2016년 이후에도 5척이 더 인도된 것을 알 수 있는데 이를 포함하면 총 20척의 유조선이 인도된 것이다.

표 2-12 Sun Enenterprises 및 Alios Bulker 사의 선대 현황

Tankers(Sun Enterprises Ltd.)				
선명	건조 조선소	건조 연도	GRT	비고
Aphrodite	J.M.U Corproation	2020	157,520	VLCC
Lita	J.M.U Corproation	2018	156,376	VLCC
Chios	현대중공업	2016	81,315	Suezmax

---

24) 현대중공업(http://www.hhi.co.kr/About/about01(2021.6.9.)).
25) 현대중공업의 성장과 발전 그리고 현 상황에 대해서는 현대중공업에서 1992년 발간 '현대중공업사'와 홈페이지를 참고하시기 바랍니다.
26) 박용범(2016.6.13.), '위기의 현대중공업 찾아온 45년 첫 고객', 매일경제.

Christina	현대중공업	2016	81,315	Suezmax
Archilles	현대중공업	2010	81,278	Suezmax
TBN1	대한조선	2021	?	Aframax
TBN2	대한조선	2021	?	Aframax
Amazon Fortitude	현대중공업	2018	44,767	Post Panamax
Amazon Falcon	현대중공업	2017	44,776	Post Panamax
Amazon Victory	현대중공업	2014	44,767	Post Panamax
Amazon Virtue	현대중공업	2014	44,776	Post Panamax
Amazon Brilliance	현대중공업	2005	43,075	Post Panamax
Amazon Beauty	현대중공업	2004	43,075	Post Panamax
Alifios	현대미포	2020	29,553	Medium Range
Athina	현대미포	2020	29,553	Medium Range
Ioannis Zafirakis	현대미포	2021	29,553	Medium Range
Aliakman	STX조선	2006	30,020	Medium Range
Axios	STX조선	2006	30,020	Medium Range
Evros	STX조선	2005	30,020	Medium Range
Bulkers(Alios Bulkers Ltd.)				
Atlantic Horizon	Sanoyas	2006	38,877	Panamax
Atlantic Hero	Sanoyas	2005	38,871	Panamax
Bellamys	Tsuneishi	2005	39,964	Panamax
Athina Zafirakis	Imabari	2017	43,473	Kamsaramx
Atlantic Sakura	Tsuneishi	2020	43,232	Kamsaramx
Atlantic Samurai	Tsuneishi	2019	43,061	Kamsaramx
Aquila Ocean	Sanoyas	2018	43,325	Kamsaramx

자료: https://www.sunenterprises.gr/index.php/en/fleet.html?view=fleet&categoryid=12 (2021.6.7.).

1972년 현대중공업이 설립된 이 후 2021년까지 선종별 수주와 인도 실적을 <표 2-13>에서 정리하고 있다. 이에 의하면 수주는 현재 건조중인 것만을 보여주고 있고 과거 실적은 인도 부문에서 나타나고 있는데, 2021년 12월 31일 현재 2,225척을 인도하였다. 가장 많이 건조한 선박은 컨테이너선(CNTR)으로 645척을 인도하였고, 다음으로는 탱커선으로 VLCC 194척을 포함하여 462척을 건조하였다. 세 번째로 많이 건조한 선박은 벌크선으로 361척을 인도하였고, 최근 들어 건조가 늘어난 LPG선도 204척을 인도한 것으로 보고되고 있다. 현대중공업이 건조한 2,225척의 선박 및 해양플랜트의 총선복량은 2억 2,574만 DWT에 달하고 있다.

표 2-13 현대중공업 선박 수주 현황과 인도 실적

(2021.12.31. 현재)

YPE	수주		인도	
	척수	DWT	총척수	DWT
B/C			361	35,254,369
VLOC			32	9,078,078
VLOO			8	2,558,950
CNTR	27	3,835,826	645	50,154,635
PCC			52	815,230
TK			268	34,000,800
VLCC	6	1,795,298	194	57,249,839
P/C	4	392,644	149	11,949,642
CH/C			12	265,392
LPG	13	741,140	204	8,124,858
VLEC	2	124,712	3	191,261
LNG	19	1,520,060	85	7,111,872
OBO			41	4,225,516
MPC			45	814,617
RORO			19	240,275
REF			5	67,629
RIG			9	140,925
BARG			31	339,923
FPSO			4	1,412,323
DRIL			16	650,805
FSRU			11	1,030,645
OTH			18	31,290
OSV			1	10,000
DGR			12	22,822
TOTAL	71	8,409,680	2,225	225,741,696

자료: http://www.hhi.co.kr/Division/biz01_3(2021.12.31.).

이처럼 1970년대 매우 부족한 상태에서 출범한 현대중공업은 세계 굴지의 기업으로 성장하였다. 현대중공업의 경영이념은 '창조적 예지, 적극 의지, 강인한 추진력'이라는 현대정신을 바탕으로 존경받고 신뢰받는 경영비전과 기업가치 증대 등 5대 경영철학을 기반으로 세계에서 가장 경쟁력 있는 기업으로 발전하기 위해 노력을 경주하고 있다.

그림 2-8 현대중공업그룹의 경영 이념

- **현대정신**
  불가능해 보이는 일이라도 무한한 잠재력을 이용하여 불굴의 투지와 강인한 추진력으로 도전한다면 반드시 이루어 낼 수 있다는 창업자 정주영의 철학으로, 현대중공업그룹의 근간이 되는 정신입니다.

- **창조적 예지**
  고객과 사회의 요구에 부응하기 위해 항상 새로움을 추구하는 지혜

- **적극 의지**
  투철한 주인의식으로 매사에 능동적으로 도전하는 자세

- **강인한 추진력**
  강인한 정신과 불굴의 의지로 목표를 달성해내는 힘

- **경영비전**

  앞선 기술과 높은 품질로 존경받는 기업
  공정하고 투명한 경영으로 신뢰받는 기업
  사회발전에 공헌하는 사랑받는 기업

- **경영철학**
  기업의 사회적 책임과 역할을 성실히 수행가기 위해 전 임직원이 공유하고 실천해야 하는 경영철학을 제정하였습니다.

  1. 지속적인 성장을 통한 기업가치를 증대한다
  2. 공정하고 투명한 경영을 실천한다
  3. 안전하고 환경친화적인 경영을 추구한다
  4. 상호존중과 신뢰의 노사문화를 구현한다
  5. 글로벌 기업시민으로서 사회발전에 기여한다

자료: 한국조선해양(2020), 「한국조선해양 통합보고서」.

지금까지 우리 조선업이 오늘날 세계에서 가장 경쟁력 있는 산업으로 거듭나는 과정에서 그리스 해운이 어떤 영향을 미쳤는지 간단히 살펴보았다. 특히 세계 1위의 조선소인 현대중공업은 그리스 선주 Livanos의 모험적인 선박 발주가 계기가 되어 오늘날의 위상에 이르게 된 것으로 생각된다. 1972년 이후 Livanos가와 현대중공업은 지금까지도 서로 협력을 유지하고 있는 것으로 알려져 있다.

2.3   그리스 해운기업의 우리나라 조선소 발주 분석

앞 절에서는 그리스 선주와 현대중공업의 관계를 중심으로 그리스 해운이 우리 조선의 발전에 미친 영향을 중심으로 살펴보았다. 그런데 여기서는 세계 최대 선복량 보유국인 그리스가 우리 조선소에 어느 정도 발주하고 있는지를 주요 조선소의 수주 자료를 중심으로 고찰하고 있다.

2.3.1 그리스 해운기업의 선박 발주 추이

우리나라의 조선산업은 세계 1위의 선복량을 보유하고 있는 그리스의 해운기업으로부터 많은 수주를 받은 것으로 알려져 있다. 특히 1972년 Livanos가가 운영하는 Sun Enterprises사로부터 2척의 유조선 건조 계약이 성사된 것을 계기로 1970년 이후 급성장한 우리 조선산업으로 인하여 그리스로부터 많은 수주를 획득한 것으로 알고 있다. <표 2-14>는 2014년 이후 그리스가 발주한 선박의 추이

표 2-14 한국의 그리스 선박 수주 추이

구분		그리스 발주량	한국 수주량	한국 비중(%)
2014	척	109	64	58.7
	만 CGT	384	278	72.4
2015	척	112	62	55.4
	만 CGT	310	183	59.0
2016	척	31	18	58.1
	만 GT	104	81	77.9
2017	척	92	29	31.5
	만 CGT	229	108	47.2
2018	척	108	75	69.4
	만 CGT	527	432	82.0
2019	척	72	52	72.2
	만 CGT	281	234	83.3
2020	척	53	40	75.5
	만 CGT	177	137	77.4

자료: Clarkson(한국조선해양플랜트협회).

와 그중 우리나라가 수주한 비중을 보고하고 있다. 이 표에 의하면 최근 7년 동안 2017년을 제외하고는 그리스가 발주하는 선박의 절반 이상을 우리나라 조선소가 수주를 하고 있는 것을 알 수 있다. 특히 2018년과 2019년에는 우리 조선소가 수주한 비중이 선복량 기준으로 80%를 넘는 것으로 나타나고 있다.

이러한 그리스 해운기업의 우리 조선소에 발주한 자료를 볼 때 그리스는 우리 조선의 성장에 지대한 영향을 미치고 있는 것을 알 수 있다. 따라서 앞으로 보다 자세한 자료를 모아 우리 조선의 발전에 있어 그리스 해운의 역할 그리고 그리스가 왜 우리나라에 이처럼 많은 선박을 발주하는지를 규명하는 것이 필요할 것으로 생각된다.

2.3.2 그리스 해운기업의 우리 조선소 발주 분석

이처럼 그리스는 우리나라에 많은 선박을 발주하고 있는데, 이러한 그리스의 발주규모가 지난 30년 동안 우리나라 조선소가 수주하는 총수주량에서 어느 정도 차지하는지를 <표 2-15>에서 정리하고 있다. 여기서 보면 1990년대 후반 들어 우리나라 조선소의 수주량에서 차지하는 비중이 10%에서 25%까지 차지하고 있는 것을 알 수 있다. 그 후 다시 감소를 하다가 2009년 이후 그 비중이 높아지고 있는데, 2016년에는 31.6%에 이르고 있는 것으로 나타나고 있다. 그 후 2020년까지 그리스 해운기업이 우리 조선소에 발주한 선복량은 우리 조선소가 수주한 선복량의 20%를 훨씬 능가하고 있는 것으로 조사되고 있다. 최근의 이러한 그리스의 선주에 의한 발주비중은 아마도 우리나라 해운기업 전체가 우리나라 조선소에 발주한 선복량보다도 더 많을 것으로 생각된다. 이러한 그리스 해운기업이 해상운송 수단인 선박을 우리나라 조선소에서 건조한 비중이 높고 그리스의 발주가 최근 들어 그 규모가 커지고 있는 것으로 조사되고 있다.

이러한 점에서 볼 때 그리스 선주의 우리나라 조선소에 신조를 상당 수 발주 한 것은 우리 조선산업의 발전에 크게 기여하였을 뿐만 아니라 우리의 수출 증대에도 이바지하였고 이는 종국적으로 우리 경제의 발전에도 공헌한 것으로 생각된다.

우리나라에서 수출하는 선박의 90%는 현대중공업, 대우조선해양 그리고 삼성중공업 등 대형 조선소에 건조되고 있다. <표 2-16>은 1972년 이후 현대중공업이 그리스 선주로부터 수주를 받아 건조한 선박의 척수를 연도별로 정리한 것

표 **2-15** 한국 조선소의 그리스 발주 선박의 수주 규모 추이(1990~2020)

연도	그리스 발주 규모		한국의 총수주량		그리스 비중 (tonnage기준)
	척	천 GT(CGT)	척	천 GT(CGT)	
1990	0	0	61	4,319	0.0
1991	1	139	111	5,317	2.6
1992	0	0	41	1,638	0.0
1993	2	75.6	177	9,491	0.8
1994	5	459.8	159	6,367	7.2
1995	1	38.7	184	6,941	0.6
1996	3	288.7	142	6,972	4.1
1997	24	1,531	198	12,580	12.2
1998	23	1,094	175	9,999	10.9
1999	37	2,413	224	12,704	19.0
2000	66	4,800	311	19,363	24.8
2001	8	597	198	11,577	5.2
2002	12	725.6	231	12,797	5.7
2003	10	876.5	465	28,786	3.0
2004	19	576.3	441	16,307	3.5
2005	2	63	349	11,965	0.5
2006	36	1,162	498	19,585	5.9
2007	18	515	704	23,618	2.2
2008	31	1,075	467	14,022	7.7
2009	12	346	49	1,414	24.5
2010	22	645	148	5,081	12.7
2011	45	2,613	229	12,116	21.6
2012	47	2,264	238	10,378	21.8
2013	77	2,988	495	18,936	15.8
2014	62	2,750	326	12,406	22.2
2015	62	1,983	261	10,453	19.0
2016	18	775	76	2,449	31.6
2017	49	1,880	200	7,742	24.3
2018	62	3,712	281	13,166	28.2
2019	58	2,570	220	9,331	27.5
2020	50	1,842	194	8,491	21.7

주: 1) 2000년 이전은 GT, 2001년 이후는 CGT 기준임.
   2) 30년 동안 그리스로부터 수주한 선박의 수는 861척임.
자료: 한국조선해양플랜트협회(http://www.koshipa.or.kr/) 및 Vessel Value 한국지사 내부 자료(2010~
   2020).

표 **2-16** 현대중공업 연도별 그리스 선사로부터의 수주 척수

연도	수주 척수	연도	수주 척수	연도	수주 척수
1972	1	1989	–	2006	26
1973	–	1990	–	2007	11
1974	–	1991	7	2008	5
1975	–	1992	–	2009	3
1976	–	1993	6	2010	13
1977	–	1994	1	2011	15
1978	–	1995	1	2012	15
1979	1	1996	–	2013	22
1980	–	1997	9	2014	15
1981	2	1998	11	2015	19
1982	–	1999	11	2016	1
1983	4	2000	16	2017	14
1984	10	2001	6	2018	16
1985	7	2002	14	2019	10
1986	–	2003	23	2020	8
1987	–	2004	10	2021	6
1988	1	2005	6	합계	346

주: 1972년 1척으로 되어 있는 것은 리바노스가 결국 1척의 선박은 인수를 하지 않았기 때문임.
자료: 현대중공업 내부자료.

으로 1980년까지는 거의 그리스로부터 수주가 이루어지지 않았던 것으로 조사되고 있다. 1980년 중반에 반짝 20여 척을 수주한 후 1990년대 후반까지도 그리 활발한 수주는 없었던 것으로 나타나고 있다. 1997년 이후부터는 매년 수주가 이루어지고 있는 것을 알 수 있다. 해운호황기였던 2000년부터 2007년 동안 그리스 선주는 현대중공업에 100척 이상의 선박을 발주하였다. 2008년 글로벌 금융위기 발생 후 발주량이 급감한 후인 2010년부터는 다시 현대중공업에 다량의 선박 건조를 의뢰하고 있는 것을 알 수 있다. 특히 그리스 Sun Enterprise사의 Livanos회장이 1971년 10월 정주영 회장과의 첫 만남에서 극적으로 2척의 선박을 발주한 후 그리스는 우리 조선소에 특히 현대중공업그룹에 수백 척의 선박을 발주한 깃으로 조사되고 있다. 이는 이미 언급했듯이 그리스는 우리 조선소의 발전에 큰

공헌을 하였다고 볼 수 있을 것이다. 그리스 선주들이 최근 들어 우리 조선소를 선호하는 것은 우리가 제작하는 선박이 성능면에서 우수하기 때문으로 풀이된다.

앞에서 간략히 살펴본 것처럼 현대중공업의 출범과 그 후의 성장에 그리스 선사들의 현대중공업에 대한 발주로 오늘날의 현대중공업이 있게 된 것으로 보인다. 현재 경영상의 어려움을 겪고 있는 대우조선해양의 경우도 2021년까지 총 400여척을 수주 받은 것으로 조사되고 있다. <표 2-17>는 1996년 이후 대우조선해양이 그리스 선사로부터 수주를 받은 통계를 연도별로 보여주고 있다. 1996년부터 2021년까지 331척을 수주 받았고, 1996년 이전에 60척을 수주 받은 것으로 조사되고 있다. 대우해양조선의 경우도 현대중공업과 비슷한 수주 흐름을 보이고 있는데, 즉 1990년대 후반부터 그리스로부터의 수주가 점차 증대하기 시작하여 2000년대 들어 크게 증가하고 있는 것으로 나타나고 있다. 2008년 글로벌 금융위기 직후에도 많은 신조 수주를 받고 있는 것이 현대중공업과는 다소 다른 흐름으로 보이기도 한다.

표 **2-17** 대우조선해양의 그리스 발주 선박 건조 실적

연도	수주 척수	연도	수주 척수	연도	수주 척수
1996	4	2005	10	2014	10
1997	4	2006	11	2015	7
1998	3	2007	19	2016	12
1999	7	2008	14	2017	21
2000	7	2009	19	2018	14
2001	21	2010	18	2019	21
2002	17	2011	7	2020	19
2003	12	2012	14	2021	16
2004	13	2013	11	합계	331

주: 대우중공업은 1996년 이전에 그리스로부터 60척을 수주하였음.
자료: 대우조선해양 내부자료.

또한 삼성중공업에서도 그리스 선주들이 발주한 선박을 상당히 많이 수주하여 인도한 것으로 보고되고 있다. <표 2-18>는 1982년 이후 삼성중공업이 그리스 해운기업으로부터 신조 건조를 수주 받아 인도한 실적을 보고하고 있는 것으로 30여 년 동안 151척을 건조하였다. 삼성중공업이 그리스 선사로부터 수주를 받아

표 2-18 삼성중공업의 그리스 발주 선박 건조 실적

인도 연도	Bulk	Contaioner	COT	시추설비	Ferry	LNG	PC	총합계
1982							1	1
1994	1		1					2
1995			2					2
1996			3					3
1998			4					4
1999	3		2				2	7
2001		3	1		1			5
2002		1	1					2
2003			3					3
2004		3	3					6
2005			3					3
2006		2						2
2007		2						2
2008		3						3
2009		3	2				2	7
2010			1			2		3
2011			12	8				20
2012			7			6		13
2013			3	2		3		8
2014				1		2		3
2015				1		4		5
2016								0
2017			6					6
2018						1		1
2019			4			2		6
2020						7		7
2021			2			3		5
미인도		4	11	3		4		22
총합계	4	21	71	15	1	34	5	151

주: COT는 원유선, PC는 제품유선임.
자료: 삼성중공업 내부자료.

건조한 선박의 종류를 보면 원유선이 가장 많은 71척이며, 그 다음으로는 LNG선이 34척, 그리고 컨테이너선은 21척을 건조하였다. 그런데 건조한 선박 중 22척이 미인도 상태로 있기도 하다. 삼성중공업의 그리스선사로부터의 수주는 현대중공업이나 대우조선해양에 비해서는 다소 적은 규모로 조사되고 있다.

1990년부터 2020년 사이 우리 조선소가 그리스 선사로부터 수주한 신조 선박의 수는 861척으로 보고되고 있다(<표 2-15>참고). 그 중 현대중공업, 대우조선해양 그리고 삼성중공업 등 우리나라 3대 대형 조선소의 수주 규모를 보면 각각 346척, 331척 그리고 151척으로 총 828척에 이르고 있다. 이러한 개략적인 조사에서 볼 수 있듯이 우리나라의 조선소의 운영과 발전은 그리스 선사의 발주가 커다란 도움이 되었을 것으로 생각된다. 앞으로도 우리의 조선이 지속적으로 발전하기 위해서는 그리스의 해운기업과 긴밀한 협력 관계를 유지하고 발전시켜 나가는 것이 필요할 것으로 보인다. 따라서 정책당국과 조선관련 기관은 그리스 선사에 보다 깊은 관심을 갖고 그들과 전략적으로 협력하는 방안을 마련하여 실행에 옮기는 것이 바람직할 것으로 여겨진다.

2.4 그리스와 한국의 교역

우리나라와 그리스 사이의 교역은 그렇게 큰 규모는 아닌 것으로 조사되고 있다. 이러한 양국 간의 교역 규모가 그렇게 크지 않은 것은 그리스의 경제규모가 상대적으로 적고 또한 제조업 등이 발달하지 않아 우리나라는 그리스로부터 수입하는 상품 중 중요한 것이 광물성 연료 및 광물유 등인 것으로 나타나고 있다. <표 2-19>는 한국-그리스 교역을 2000년부터 정리한 것으로 우리나라의 대 그리스 수출 규모는 지난 20년 동안 매년 평균 10억 달러 내외를 수출한 것으로 조사되고 있다. 그리고 그 중 선박 및 수상구조물이 차지하는 비중이 70~80%에 이르고 있어 앞에서 그리스가 우리나라에 발주한 선박 통계에 대한 고찰에서도 어느 정도 드러난 사실과 일치하는 것으로 보인다. 그런데 그리스로부터의 수입 규모는 수출에 비해 절대적으로 미약한 것으로 조사되고 있다.

표 2-19 한국-그리스 교역 통계

(단위: 미화 백만 달러)

구분	수출			수입		수출입 합계	무역 수지
	총액 (A)	선박 및 수상구조물(B)	B/A (%)	총액	광물성연료, 광물유 등		
2000	1,456	1,047	71.9	31	0	1,487	1,425
2001	1,222	825	67.5	39	7	1,262	1,183
2002	1,654	1,355	82.0	36	3	1,690	1,617
2003	1,765	1,296	73.5	104	65	1,869	1,661
2004	1,773	1,058	59.7	109	55	1,882	1,663
2005	1,793	1,158	64.6	93	33	1,886	1,700
2006	2,768	2,313	83.6	83	15	2,852	2,685
2007	1,661	1,031	62.1	60	2	1,721	1,601
2008	1,413	871	61.7	130	1	1,544	1,283
2009	3,203	2,859	89.2	56	9	3,260	3,147
2010	1,209	959	79.3	82	31	1,290	1,127
2011	1,350	1,083	80.3	91	8	1,440	1,259
2012	1,909	1,555	81.5	248	195	2,156	1,661
2013	884	667	75.5	272	221	1,156	612
2014	1,049	783	74.6	411	363	1,460	637
2015	1,313	1,063	81.0	247	211	1,560	1,066
2016	2,715	2,415	88.9	175	111	2,890	2,540
2017	1,622	1,333	82.2	446	369	2,069	1,176
2018	972	647	66.6	604	480	1,577	368
2019	1,638	1,297	79.2	528	370	2,166	1,110
2020	861	601	69.8	796	600	1,657	65

자료: 관세청 수출입무역통계(https://unipass.customs.go.kr/ets/index.do)를 활용하여 재작성.

양국 사이의 교역 규모에서도 우리나라의 선박이 그리스로 많이 수출되고 있음이 조사되고 있어, 우리나라의 조선은 그리스 해운기업의 발주로 인하여 지속적으로 발전할 수 있었던 것으로 생각된다. 한편 그리스 선사들도 우리나라의 우수한 기술에 의해 제작된 선박을 통해 그들의 해운업을 발전시켜 오고 있는 것으로 판단된다. 이런 측면에서 그리스와 우리나라는 상호 원원하고 있는 것으로 사료된다.

　[그림 2-9]는 우리나라의 대 그리스 수출 총액 중에서 선박 및 수상구조물이
어느 정도의 비중을 차지하고 있는지를 보여주고 있는데, <표 2-19>에서 보고
되고 있는 흐름과 유사하게 선박 관련 수출규모가 거의 대부분을 점유하고 있다.
이러한 측면을 고려하여 앞으로 한국-그리스 관계는 조선 및 해운 관련 상호 협
력을 더욱 강화하는 방향으로 전개되는 것이 바람직할 것으로 생각된다.

그림 **2-9** 우리나라의 그리스 수출총액과 선박 및 수상구조물의 수출

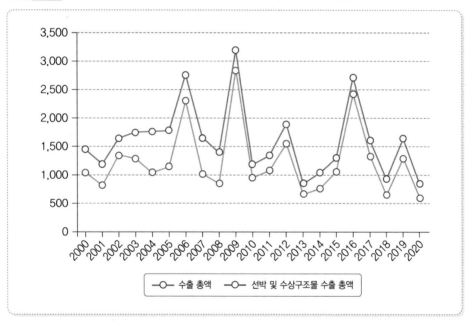

자료: 관세청 수출입무역통계(https://unipass.customs.go.kr/ets/index.do)를 활용하여 재작성.

제2부

그리스 해운의
발전과정

3 그리스 역사 개황

이 장에서는 그리스 해운의 역사를 고찰하기 전에 먼저 그리스 역사를 간단히 살펴보기로 한다. 특히 그리스는 고대부터 해양세력이 많은 역할을 하였기 때문에 그리스 역사 속에서 해운의 위치는 중요하였을 것이다. 그런 점에서 그리스 역사를 살펴보는 것은 그리스 해운을 이해하는 데 상당한 실마리를 제공할 것으로 생각된다. 우선 BC 2000년부터 BC 30년까지인 고대 그리스 역사를 5개 시기로 나누어 정리하고자 한다. 이 시기는 맨 처음 시작한 문명인 에게문명기(BC 2000~BC 1100)에 이어 암흑기(BC 1100~BC 800), 아르카익기(BC 800~BC 480), 고전기(BC 480~BC 323), 그리고 헬레니즘기(BC 323~BC 30)로 구분되고 있다.

이후 그리스는 로마와 오스만 제국의 지배를 받다가 1832년 공식적으로 독립을 하게 된다. 이 시기는 로마시기와 오스만 제국 시기 그리고 독립 후의 시기로 나누어 정리할 수 있을 것이다. 그리스가 주권을 상실한 약 2,000여 년 동안에도 해상활동에서는 일정한 역할을 수행하며 해양인력과 선박을 확보하고 있었던 것으로 기록되어 있다.

3.1 고대 그리스 역사 개관[1]

3.1.1 에게문명 시대[2](BC 2000~BC 1100)

이 문명 시대는 지중해의 크레타섬 그리고 에게해의 섬들과 연안지역에서 시

---

1) https://www.youtube.com/watch?v=4sveRRhlszY(고대그리스역사 1), https://www.youtube.com/watch?v=nqC747GI0uU (고대그리스역사 2) (2021.3.23 접속), 신선희·김경엽(2006), 스테파노 마기(김운옥 역)(2007)를 참고하고 있다.
2) 신선희·김경엽(2006)은 에게문명이 BC 3000년경부터 시작되었다고 서술하고 있다.

작되었다. 크레타섬은 그리스 본토의 남쪽에 위치해 있어 문명이 먼저 발달한 메소포타미아와 이집트의 문화로부터 많은 영향을 받게 되었다. 에게문명은 크레타(Crete)섬에서 꽃을 피우기 시작하였기 때문에 에게문명의 제1시기는 크레타문명 또는 미노아문명이라고 하고 있다. 에게문명의 발전에 큰 기여를 한 미노스왕은 BC 1700년경 크노소스 궁전을 지었는데, 20세기 초 영국의 고고학자 에반스(Evance)가 이 궁전의 유적을 발굴해 일부 복원해 놓았다([그림 3-1] 및 [그림 3-2] 참고). 에게문명이 절정기를 이룬 시기는 BC 1600~BC 1400년 시기로 금속과 돌을 사용하였다.[3]

그림 3-1 미노아 문명의 유적:
크노소스 궁전

자료: kr.123rf.com/photo_30754336_크레
타-섬-그리스에-배경에서-불-프레스
코-충전과-크노소스-궁전.html
(2021.3.7. 접속)

그림 3-2 크노소스 궁전의 돌고래 벽화

자료: 2020.1.19 필자 촬영.

크레타 문명은 항해에 뛰어난 능력을 발휘한 페니키아의 영향을 많이 받아 해상활동을 활발하게 전개하였을 뿐만 아니라 그리스 문자가 페니키아 문자를 기반으로 창안된 것으로 알려져 있다. 크레타 문명은 황소 숭배를 하여 황소벽화를 남기고 있으며, 제우스와 페니키아 공주 에우로페의 사랑에 얽힌 신화가 있는데 이는 오늘날 유럽이라는 명칭이 여기서 유래되었다고 한다. 특히 유럽 연합의 2유로 동전에 에우로페가 황소를 타고 있는 것을 새겨 놓고 있어 유럽의 탄생이 이 시기부터 시작되었음을 암시하고 있다.

---

3) 신선희·김경엽(2006), p. 19.

제1차 에게문명시기인 크레타문명이 BC 1600년경 끝나고 펠로폰네소스 반도의 미케네를 중심으로 미케네문명이 열려 BC 1100년까지 이어진다. 이 문명은 그리스 북방에서 내려온 아카이아인에 의해 발달되었으며, 이 시기 트로이전쟁이 발생하였다. 이 문명은 독일의 슐리만이 1871년에 트로이 유적을 발굴하기 시작하면서 역사적 사실로 밝혀지기 시작하였다. 이 시기 가장 두드러진 사건은 BC 1200년경부터 10년간 지속된 트로이전쟁이다. 당시 그리스에서 이 전쟁에 참여한 도시 국가는 펠로폰네소스 반도에 있는 미케네, 스파르타, 이타카 등이 주축이 되어 트로이와 전쟁을 치렀다. 이 전쟁을 배경으로 한 호메로스의 서사시 '일리아스'와 '오디세이아'가 기원전 8세기 중반에 이르러 탄생하기도 하였다. 가장 주목되는 유물인 아가멤논의 황금가면이 발굴되기도 하였다([그림 3-4] 참조). 그리고 거대한 성채인 사자문이 건설되기도 하였다.

그림 3-3 미케네 왕 아가멤논의 황금상

자료: 아테네의 국립고고학박물관(2020.1.8 필자 촬영)

3.1.2 암흑 시대 (BC 1100~BC 800)

이 시기는 고대 그리스 역사에서 가장 암울한 시기로 북방의 인도유럽인인 도리아인이 침입하여 그리스 문자가 사라지고 미케네 문명이 몰락하게 되었다. 하지만 이때부터 고대 그리스가 성립한 것으로 보고 있는데, 이전에 개척된 문명이 몰락되는 문명의 쇠퇴기로 고대 그리스 역사에서 암흑기로 불리고 있다. 도리아인의 철기문명이 미케네의 청동기 문명을 파괴한 것으로 평가되고 있다.

김진경(2012)은 이 시기는 새로운 시대를 준비하는 태동기로 보고 우선 철기문명을 준비한 시기로 보고 있다. 도리아인의 도래로 철기는 농기구, 무기, 조선 등에 큰 영향을 미쳤고 생산조건에 변화를 준 것으로 평가되고 있다. 철기는 경제력의 분산을 가져와 소수자의 지배로부터 다수자를 해방시켜 고전기 그리스의 민주정 발전에도 영향을 준 것으로 평가하고 있다. 그는 또한 이 암흑기에 본토의 그리스인이 에게해 주변으로 이동한 시기로도 보고 있다. 특히 아테네를 중심으로 한 이오니아인들이 사모스, 델로스, 밀레토스, 에페소스 등으로 진출하여 이오니아 세계를 구축하였으며, 이들은 동방문화를 받아들여 본토에 비해 선진 문화를 형성하기도 하였다.

3.1.3 아르카익 시대 (BC 800~BC 480)

이 시기는 고대 그리스 역사의 르네상스 시대로 불리고 있다. 이 시기 즉 BC 776년에 고대 올림픽 경기가 펠로폰네소스 반도 올림피아에서 시작되었고 세 번에 걸친 페르시아와의 전쟁도 발발하였다.

이 시대의 고대 그리스 역사에서는 5가지 특징을 보였는데, 먼저 도시국가(Polis)의 발달을 들 수 있을 것이다. 그리스는 산지와 분지가 많고 평지가 적다 보니 서로 왕래하며 교류하는 것이 어려워 작은 도시 국가가 많이 형성되었다. 각 도시 국가의 모형은 다소 지대가 높은 곳에 신전 겸 성곽인 '아크로폴리스'가 구축되고 그 주변에 시장인 '아고라'가 자리를 잡았다. 지금도 그 흔적이 아테네를 가면 남아 있고, 유네스코 세계문화유적 1호인 '파르테논 신전'이 있는 아테네의 아크로폴리스가 그 중 대표적이기도 하다.

두 번째로 주목되는 것은 식민지를 다수 개척했다는 것이다. 그리스의 도시 국가는 인구가 늘어나면서 국토가 협소하다 보니 이탈리아 남부, 흑해, 소아시아 지역에 다수의 도시 국가를 건설하였다. 새로이 개척한 도시에 그리스 시민을 이주하게 하여 살게 하고, 한편으로는 본토의 협소한 농토로 인해 겪는 식량문제를 이들 지역으로부터 수입하여 해결하기도 하였다. 이때부터 식량을 운반하는데 해로를 이용하다 보니 그리스 민족이 일찍부터 선박건조와 항해술에 필연적으로 노출될 수밖에 없었던 것으로 보인다. 이러한 특징이 그리스 국민의 피에 녹아들어 현재까지 이어지고 있지 않나 하는 생각이다.

세 번째로 주목할 사건은 고대 올림픽이 BC 776년에 시작되었다는 것이다. 이 올림픽은 트로이전쟁에서 절친 파트로클로스를 잃은 아킬레우스가 전쟁터에서 죽은 친구의 죽음을 기념해 시작되어[4], BC 776년부터는 매 4년 마다 개최하여 도시 국가 사이 선의의 경쟁을 하였던 것으로 알려져 있다. 처음에는 그리스 내의 도시 국가의 남자만이 참여했으나, BC 6세기부터는 식민 도시국가의 시민들도 참여하여 그리스 민족의 제전으로 발전하였다. 이때 행해진 주요 5가지 경기는 달리기, 창던지기, 원반던지기, 멀리뛰기, 레슬링 등으로 지금의 올림픽에서도 이어지고 있다.

네 번째로 우리가 눈여겨봐야 할 특징은 그리스 국민문학의 발달이라는 점이다. 트로이 전쟁의 영웅들의 활약을 기초로 한 대서사시 '일리아스'와 트로이전쟁의 영웅 오디세우스가 전쟁을 승리로 이끈 후 귀환하는 과정에 겪은 험난한 체험을 다룬 '오디세이아'가 BC 750년경 호메로스(그리스어: Ομηρος; 영어: Homer)에 의해 탄생되어 오늘날까지 널리 읽히는 고전 중의 고전이 되었다.

그림 **3-4** 고대올림픽의 발상지 올림피아

자료: https://m.blog.naver.com/PostView.nhn?blogId=seoulpr7555&logNo=221200031965&proxyReferer=https:%2F%2Fwww.google.co.kr%2F(2021.3.7. 접속).

---

4) 신선희 · 김경엽(2006), pp. 74~75.

마지막으로 주목할 사건은 당시 세계의 가장 큰 제국을 형성하고 있던 페르시아와 BC 499~BC 480년 사이 3번에 걸친 전쟁이 전개되었다는 것이다. BC 499년에 발발한 전쟁은 소아시아에 거주하는 이오니아인(그리스인)이 페르시아의 간섭에 반발하면서 벌어진 것으로 본토까지는 페르시아가 침입하지 않았다. 그러나 이어 BC 490년에 페르시아 왕 다리우스는 대군을 이끌고 그리스의 아테네 영토인 마라톤으로 진격했다. 이때 아테네는 거의 다른 도시 국가의 도움을 받지 않고 밀티아데스 장군의 탁월한 전략으로 페르시아와의 전투에서 승리를 거두었다. 이 전투의 승리를 아네테 시민에 알리려 달려온 병사의 이야기가 현대 마라톤의 유래가 되었다.

BC 480년에 페르시아는 10년 전의 패배에 대한 설욕을 다짐하고 더 많은 대군을 이끌고 아테네와 스파르타 등을 무찌르고 굴복시키기 위해 침입하였다. 그런데 이 전투 초기 육지에서 즉 테르모필라이에서 스파르타의 레오니다스 왕이 이끄는 300인 전사와 싸워 겨우 이기고 아테네로 진격하였다. 그러나 아테네는 육지에서의 전투는 승산이 없다는 것을 일찍 깨닫고 바다에서 승부를 가리기로 전략을 수립하여, 아테네 시민을 살라미스 섬으로 피신시키며 아테네를 비워버렸다. 이때 아테네의 테미스토클레스 장군은 몇 해 전부터 페르시아와의 전투를 대비하여 선박 건조에 주력하여 약 200척의 선박을 확보하였다[5]. 또한 다른 도시국가가 보유한 선박을 포함하여 살라미스 섬 부근에 약 300여척이 집결하여 선박수에서 월등히 우세한 페르시아와 일전을 전개하였다. 이 전투 역시 테미스토클레스 장군의 지략으로 대승을 거두었다. 이 사건은 그리스가 해상활동에서의 자신감을 갖는 중요한 계기가 된 것으로 생각된다. 이러한 페르시아와의 전쟁 후 그동안 열세에 놓였던 아테네가 급부상하면서 스파르타의 경계를 받기 시작했다.

이 시대 오리엔탈리즘이 탄생하고 서구 중심의 세계관이 형성된 것으로 평가되기도 한다. 그리고 이 시기에 아테네를 중심으로 그리스 민주주의가 성립되기도 하였다.

---

5) 스테파노 마기(2007, p. 81)는 테미스토클레스가 아테네를 해상무역의 제국으로 만들려는 계획의 일환으로 많은 선박을 건조하였고, 이때 건조된 선박의 운항은 주로 재산이 없는 노동자들인 테테스(thetes)들이 승선하여 노를 저으며 전쟁의 승리에 기여했다고 한다. 이들은 나중에 참정권을 얻어 아테네의 운영에 참여하게 되었다.

3.1.4 고전 시대 (BC 480~BC 323)

이 시기는 고대 그리스 문명의 황금기로 아테네에서 많은 유적을 남기게 된다. 페르시아 전쟁이 끝나고 평화의 시기가 도래하면서 아테네는 탁월한 지도자 펠리클레스가 등장하여 파르테논 신전을 건축하여 아테네의 위상을 제고하였다. 이 시기를 그리스 문명의 전성기로 보는 것은 정치, 철학, 예술 등에서 눈부신 발달을 구가했기 때문이다. 우리가 익히 아는 소크라테스, 플라톤, 아리스토텔레스 등이 활동을 하였고, 문학에서는 소포클레스, 아이스퀼로스, 에우리피데스 등이 활동을 하였다. 의학에서는 현대 의학의 아버지인 히포크라테스가 질병의 원인과 원리를 탐구하여 질병 치료에 대한 관행을 확립하기도 하였다.

그림 **3-5** 고전시대 건축된 파르테논신전

자료: 필자 촬영(2020.1.17).

그런데 유감스럽게도 그리스 도시 국가가 강적인 페르시아의 침투에서 벗어나니 그리스 안의 도시국가간에 전쟁이 발발하였다. 특히 그 중에서도 스파르타를 중심으로 한 펠로폰네소스 동맹국이 신생 강국인 아테네를 침공한 펠로폰네소스 전쟁이다. 이 전쟁은 BC 431년 발발하여 펠로폰네소스 동맹국과 델로스 동맹국 사이 약 30년간 지속되다 BC 404년 아테네의 패배로 종결되었다. 이 전쟁은 그리스 전체로 보면 큰 손실로 보인다. 한창 문화적으로 꽃을 피우며 창의성을 발

휘하고 해상에서 두각을 드러낸 아테네를 주저앉힌 것은 그리스의 발전에 큰 흠
이 된 것으로 보인다.

두 강국인 아테네와 스파르타가 치열한 전쟁을 하면서 국력을 소진하고 있는
사이 북쪽의 마케도니아가 등장하여 그리스를 통일하면서 아테네와 스파르타도
사라지는 국면이 도래하였다. 마케도니아는 필리포스 2세 왕의 아들 알렉산더 대
왕(BC 356~BC 323)이 20세에 왕에 올라 그리스를 통일한 후 인도까지 진출하여
대제국을 건설하였다([그림 3-6] 및 [그림 3-7] 참고). 알렉산더 대왕은 아프리카 등
의 점령 지역에 그리스의 도시국가 모형을 본뜬 도시인 다수의 '알렉산드리아'를
건설하였다. 그러나 알렉산더 대왕은 원정 중에 열병에 걸려 바빌론에서 BC 323
년 33세로 사망하면서 대제국의 시대는 막을 내리게 되었다.

그림 **3-6** 일렉산더대왕

그림 **3-7** 알렉산더 대왕과 아리스토텔레스

자료: https://ko.wikipedia.org/알렉산드로스_3세.

3.1.5 헬레니즘 시대[6] (BC 323~BC 30)

헬레니즘 시대는 알렉산더 대왕이 사망한 BC 323년부터 그리스계 왕조인 이

---

6) Hellenism과 이의 형용사인 Hellenistic은 투기디데스가 가장 먼저 사용한 동사인 헬레니제인
(Hellenizein)에서 나온 것인데, 헬레니제인은 야만족들이 그리스 문화를 받아들이는 것을 의
미한다. Hellenimos는 '그리스어를 말하다'는 의미이며, 헬레니즘은 고도로 발달된 문화를 일
컫는 말이 되었다(스테파노 마기(김원욱 역), 2007, p. 179). 한편, 신선희·김경엽(2006, p.
222)에서는 헬레니즘이란 말은 독일의 역사학자 드로이젠(G. Droysen)이 처음 사용했다고 밝
히고 있는데, 이는 그리스인의 언어, 사고방식, 생활방식 등이 다른 나라로 전파되고, 모방된
문화 현상을 의미하고 있다고 한다.

집트의 프톨레마이오스 왕조의 클레오파트라 여왕(BC 69~BC 30)이 악티움 해전에서 로마의 옥타비아누스에 패한 후 사망한 BC 30년까지로 보고 있다. 알렉산더 대왕의 재위 기간은 13년 정도밖에 되지 않지만 그리스 역사상 가장 넓은 영토를 확보하였으며, 그의 후계자들에 의해 각 지역이 통치되었다. 주요 국가에 입지한 왕조를 보면, 마케도니아의 안티고노스 왕조, 이집트의 프톨레마이오스 왕조, 시리아·메소포타미아·이란의 셀레우코스 왕조 등인데, 이들 왕조는 헬레니즘적 군주정 형태의 통치 구조를 갖게 되었다.

이 시기 알렉산더 대왕의 후계자들 사이의 전쟁으로 분열되었으나, '코이네(Koine)'라는 그리스어가 전 정복지에서 공통적으로 사용되어 문화적 통일성을 유지할 수 있었다[7]. 그리고 이들 지역에서 아테네의 표준 화폐가 국제 통화로 유통되기도 하였다. 알렉산더 대왕을 도운 병사와 관리 그리고 상인들이 각 정복지에 그리스 문화를 전파하고 이들 그리스인들 또한 현지 토착민과 함께 어울려 살게 되었다. 이러한 과정을 통해 그동안 좁은 공간의 폴리스 국가에 익숙했던 그리스인들은 오리엔트문화를 헬라문명에 수용하여 코스모폴리타니즘적 성격을 갖는 헬레니즘 문화를 창조하면서 그들의 시각을 세계적 보편성을 지향하는 방향으로 넓혔다.

이 시기 들어 인종 간 그리고 폴리스 사이 벽이 허물어지면서 공동체 의식이 희석되고 개인주의가 그리스인들 사이에 싹트기 시작했다. 이에 따라 철학의 주제도 개인의 행복을 추구하는 쾌락주의나 견유주의가 활발하게 전개되어 인간이 고통과 악으로부터 해방되어 행복한 길을 추구하게 되는 사조가 만연했다.

헬레니즘 시대의 정치구조에 커다란 변화가 있었는데, 즉 왕조 숭배로 알렉산더 대왕의 뒤를 이은 후계자들이 자신들의 정통성을 확보하는 차원에서 대두된 것으로 보인다(신선희·김경엽, 2006, pp. 227~228). 이 시대의 각 왕국은 통치제제의 취약성을 극복하기 위해 종교를 빌어 보완하고 군주를 신격화하는 작업이 이루어졌다.

---

7) 신선희·김경엽(2006), p. 223.

3.2 로마시대의 그리스

3.2.1 로마시대 (BC 146~AD 329)

로마시대의 그리스는 BC 146년 로마 장군 루키우스 뭄미우스가 코린토스 전투에서 승리를 한 후 콘스탄티누스 1세가 AD 330년 비잔티움을 새 수도로 정하고 콘스탄티노플이라 명명한 시기까지를 말하고 있다[8]. 이 시대는 약 476년 동안 지속되었는데, 로마가 그리스를 정복하였으나 오히려 로마는 그리스의 문화에 매료되어 로마인의 삶에 그리스가 큰 영향을 미치게 되었다는 평가가 있다[9]. 마케도니아도 기원전 168년 로마에 의해 정복을 당하여 로마의 속주로 전락하였다. 이렇게 하여 그리스는 로마의 지배하에 들어가게 되었다. 그러나 당시 문명이 앞서 있던 그리스를 정복한 로마의 황제들은 그리스의 철학 등을 배우며 그리스 문화에 매우 우호적인 입장을 취하였다. 로마의 유력 가문의 자제들이 아테네로 유학을 와 그리스의 언어, 철학, 문학, 역사 등을 배우고 돌아가기도 하였다고 한다.

이 당시 그리스의 폴리스들은 로마에 조공을 바치면서 자치권을 유지하였는데, 그리스의 도시국가들은 그들의 전통적인 자치를 인정받아 아테네의 아고라는 문화와 정치의 중심지 역할을 수행할 수 있었다[10].

로마제국 내 모든 자유민에게 로마 시민권을 부여하는 '안토니우스 칙령'이 카라칼라가 즉위하는 211년에 선포되었는데, 이 칙령으로 인해 그리스는 로마 내에서 영향력이 다시 확대되었다. 그리스는 이후 일어나는 로마 여러 역사적 사건 즉 동서 로마의 분열과 서로마의 멸망 등을 겪으면서도 중세시대까지 그리스의 영향력은 지속될 수 있었다.

최근 그리스 지역에서의 이 당시의 유물 발굴 등을 통해 그리스는 로마의 동

---

8) 헬레니즘 시대를 BC 30년까지로 하고 있는 것은 이집트의 그리스왕조인 프톨레마이오스 왕가의 마지막 왕인 클레오파트라 여왕이 악티움 해전에서 패한 후 자살한 시기까지로 보아서 정한 것이다. 그런데 그리스 본토는 사실 BC 146년 코린토스와 마케도니아가 로마에 점령을 당하면서 그리스는 로마의 지배를 받게 되었기 때문에 이 시점부터 사실상 그리스는 로마의 통치를 받은 것으로 볼 수 있다.

9) 그리스의 문화가 로마인의 삶을 정복하였다고 한다(위키백과, 그리스의 역사, 2019.11.28. 접속).

10) 위키백과, https://ko.wikipedia.org/wiki/로마_시대의_그리스(2021.3.4. 접속).

부 제국으로 존속하면서 6세기까지 매우 번영을 구가한 것으로 밝혀지고 있다. 이 당시 그리스에는 80여개의 도시국가가 있었으며, AD 4세기에서 7세기까지 지중해에서 경제적으로 매우 활발한 지역이었던 것으로 평가되고 있다. 로마의 황제 몇 명은 아테네에 도서관 그리고 기념비적 문을 건축하기도 하고([그림 3-8] 참조), 네로 황제는 AD 66년 그리스를 방문하여 올림픽 경기에 참여하기도 하였다. 그리고 로마 5현제 중의 한 명이며 제16대 황제인 마르쿠스 아우렐리우스(AD 121~180)는 전쟁을 치루면서 자신의 생각과 인생관을 정리한 '명상록'을 그리스어로 작성할 정도로 그리스를 흠모한 것으로 알려져 있다.

그림 **3-8** 로마황제 하드리안의 문

주: 132년 하드리아누스 2세에 의해 건축된 문으로 그리스인 마을(서쪽)과 로마인 마을(동쪽)을 구분 짓는 역할을 하였다.
자료: https://www.google.co.kr/search?q=아테네+하드리안+문

3.2.2 동로마(비잔티움) 시대 (AD 330~AD 1453)

동로마(비잔티움) 시대는 콘스탄티누스 1세가 330년 콘스탄티노플(현재 이스탄불)을 수도로 정하면서 열리기 시작했다. 이 황제는 기독교를 합법화하였고 테오

도시우스 1세가 기독교를 국교로 하였다. 테오도시우스 1세가 395년에 서거한 후 로마는 동서로 분열되었다. 그 후 70여 년 후 서로마는 게르만족의 침입에 의해 멸망을 하였으나, 동로마는 지속적인 번영을 누리며 유지되었다. 동로마가 한 때 게르만족이 점령한 지역 일부를 회복하기도 했으나, 동로마의 영토는 그리스의 펠로폰네소스 반도와 아나톨리아 및 지중해 동부 연안이 주를 이루었다.

한편, 324년부터 610년까지 동로마는 로마의 전통을 유지했으나 점차 헬라화가 진전되었다. 특히 610년에 재위에 오른 헤라클리우스 황제는 동로마제국의 공용어를 라틴어에서 그리스어로 변경하였다. 그리고 황제의 명칭도 헬라어로 '임금'을 뜻하는 '바실레우스(Βασιλευς)'로 부르도록 하였다.

그리고 중세비잔티움이 시작된 시기인 610년에서 867년 사이 동로마는 페르시아, 슬라브, 아랍 등의 침입을 받았는데 특히 슬라브 유럽의 여러 부족들이 쳐들어와 여러 작은 나라를 건설하였다. 그런데 8세기 후반 들어 동로마는 국력이 증대되고 영토를 회복하면서 그리스, 시칠리아, 소아시아 지역을 정복하기도 하였다. 그리고 9세기 중반에 이르러 그리스인들은 그리스에 대한 통치권을 되찾게 되었다.

그림 3-9 동로마의 수도 콘스탄티노플 전경

자료: https://m.blog.naver.com/PostView.nhn?blogId=tasmanic&logNo=220910093406&proxyReferer=https:%2F%2Fwww.google.co.kr%2F

특히 동로마제국은 콤네누스 왕조에 이르러 번영을 누리게 되고, 12세기 콘스탄티노플은 유럽에서 가장 크고 부유한 도시로 성장하였다([그림 3-9] 참고). 동로마는 기원후 330년 이후 1,200여 년 이상 지속되면서 독특한 비잔티움 예술을 남기기도 했다. 사실 비잔틴 제국은 그리스인이 주도적인 역할을 한 시대로 볼 수 있다. 동로마의 종교는 서유럽과는 달리 동방 정교회로 이 제국의 유지에 중추적인 역할을 담당했다.

동로마의 수도 콘스탄티노플이 1204년 십자군에 의해 함락된 후 60여 년 동안 서유럽인의 지배를 받은 후 그리스인이 다시 뒤를 이었지만, 1453년 오스만 제국에 의해 결국 동로마는 약 1,123년이라는 긴 역사를 뒤안길로 보내고 사라졌다.

3.3 오스만제국 시대의 그리스

3.3.1 오스만 제국 시대[11] (1453~1821)

그리스어권 세계를 약 1,100년 이상 유지한 동로마 즉 비잔틴 제국은 1204년 제4차 십자군에 의해 수도가 약탈되면서 세력이 크게 위축되었다. 그 후 오스만 제국은 세르비아와 격돌한 몇 번의 전투에서 승리를 거두면서 그동안 북쪽 국경이 안정되게 되었다. 특히 1389년의 코소보 전투에서 승리를 거둔 후 오스만제국은 1453년 콘스탄티노플을 함락하였다. 이어 그리스 반도로 침입하여 아테네, 펠로폰네소스를 1458년에 손에 넣었다. 펠로폰네소스 반도 밖의 그리스인은 1460년까지 저항을 하였고, 크레타 등 일부 섬들은 베네치아와 제노바가 지배를 하였다. 그러나 1500년경에 이르러 그리스의 평야와 섬의 거의 대부분을 오스만제국이 차지하게 되었다.

또한 키프로스는 1571년에 점령되었고, 크레타섬은 베네치아가 1670년까지 지배하다 오스만 제국에 패해 물러났다. 한편 이오니아 제도는 상대적으로 오스만 제국이 15세기 말 매우 짧은 기간 동안만 지배를 하였고, 대부분의 기간은 베네치아가 지배력을 유지했다.

---

11) https://ko.wikipedia.org/wiki/오스만령_그리스 (2021.3.4 접속)를 참고·정리하였다.

한편 오스만 제국의 지배시기에 그리스인들의 이주가 대대적으로 일어났는데, 첫째는 해외로의 이주로 이는 주로 그리스 지식인들에 의해 주도되었다. 그리고 이들은 서유럽으로 이민을 갔으며, 이들은 르네상스의 발흥에 도움을 주었다는 평가를 받고 있다. 두 번째 유형의 이주는 그리스 내에서의 이주로 즉 그리스의 평야 지대에 살던 시민들이 산악지대로 은둔하여 살기 시작한 것이다[12].

특히 오스만 제국은 제국 내에 거주하는 서로 다른 문화와 종교 정체성을 가진 사람들을 각자의 종교 공동체가 맡아 자치를 하게 하는 밀레트제도(Millet system)를 통해 점령한 지역의 민족에게 종교적 문화적 자치성을 보장해 주었다[13]. 이로 인하여 그리스 정교는 민족적 유대를 유지하는데 도움을 주었다. 즉 바울의 전도에 의해 기독교를 받아들인 그리스에 있어 그리스 정교는 민족적 종교적 공동체의 중심축으로서 역할을 하며 그리스인들이 자신의 민족, 문화, 언어를 지키는데 기여를 하였다[14]. 밀레트 제도는 각 민족은 각자의 종교법에 따라 법정소송을 진행하였고, 세금도 각각의 교회에서 징수하고 이를 교회가 오스만 제국 당국에 납부하였다. 이 제도로 무슬림은 주로 군인이 되어 군을 장악했으며, 그리스인 중심의 정교회(Rum) 밀레트의 구성원은 주로 바다와 관련된 일을 하거나 상업에 종사하였다. 이러한 흐름 가운데 그리스인들은 자연스레 선박을 소유하고 되고 16세기 후에는 에게해 해상무역을 장악한 것으로 알려져 있다.

3.3.2 독립운동과 독립[15] (1821~1832)

1453년 동로마를 점령한 후 특히 거침없이 세력을 확대하던 오스만 제국이 17세기 말 추진한 비엔나 공략에서 패전하면서 오스만 제국은 차츰 힘이 줄어들기 시작했다. 특히 18세기 말에 이르러 오스만 제국의 국력이 쇠퇴함과 아울러 1789

---

12) ko.wikipedia.org/wiki/그리스의_역사 (2012.3.4. 접속).
13) 김대성(2006), pp. 176~177. 이 제도는 1909년까지 유지되었다 (https://namu.wiki/w/밀레트제도, 2021.3.6. 접속).
14) 오스만 제국은 그리스 정교도들이 세금의무만 이행하면 종교, 문화적 범주에 속하는 언어 사용, 종교, 교육, 관습법 등에 자율성을 부여했기 때문에 그리스인들은 정신적, 종교적 전통을 보존할 수 있었다(김대성, 2006, p. 177). 밀레트 제도와 연관된 주요 종교를 보면 이슬람, 정교회, 유대교, 아르메니아 사도교회 등이 있으며, 로마 카톨릭도 밀레트를 갖고 있었으며, 오스만 제국의 영토 확장으로 더 다양한 밀레트가 있었다 (https://namu.wiki/w/밀레트%20제도, 2021.3.6. 접속)
15) 김대성(2006)을 많이 참고하여 정리하였다.

년 프랑스혁명의 영향을 받아 그리스 지식인들 사이에 민족주의 의식이 고취되기
시작하였다.

이 무렵 오데사[16]의 그리스 상인들이 주축이 되어 1814년 비밀결사인 필리키
에떼리아(Philiki Etairia; 우정공동체)가 조직되면서 조직적인 저항운동을 전개하는
사이 유럽의 낭만주의 시인인 영국의 바이런 등이 그리스의 독립을 옹호하고 지
원하게 되었다([그림 3-10] 참고)[17]. 한편 18세기 말 러시아는 오스만제국과의 전
쟁 후 맺은 큐축 카이나르자 협정(1774년)에서 이스탄불에 정교회를 세울 수 있는
승인을 받으면서 정교회를 신봉하는 그리스인들 역시 활동의 공간을 더 넓히게
되었다. 이 후 그리스인들은 오스만 제국과 유럽의 교역에서 중개자 역할을 담당
하면서 지중해에서 왕성한 상업 활동을 전개하여 부를 축적하였을 뿐만 아니라
오스만 제국의 통역청을 거의 독차지하였다.

그림 **3-10** 아테네의 바이런 시인 기념상

주: 이 기념상은 바이런이 그리스 독립을 위해 희생한 그의 그리스 사랑에 대한 보답으로 세워졌다.
자료: 필자 촬영(2020.1.6.)

---

16) 우크라이나 남부 흑해변에 있는 도시이며, 그리스 독립운동은 초기에는 몰다비아와 발라치아
    에서 시작하여 그리스·본토로 번져 나갔다(김대성, 2006).
17) 바이런은 1823년 펠로폰네소스의 미소롱기로 들어왔다가 곧 병을 얻어 1824년 4월 19일에
    그리스에서 생을 마감하였다. 이를 계기로 영국 정부의 그리스 독립에 대한 시각이 긍정적으
    로 바뀌게 되기도 하였다.

  이러한 시대적 흐름에서 그리스는 1453년부터 약 370여 년 가까이 오스만 제국의 지배를 받아 오다 필리키 에떼리아의 지도자인 입실란타의 주도로 1821년 2월 24일 몰다비아의 야시(Jassy)에서 '신앙과 국가를 위한 투쟁'을 선언하면서(김대성, 2006, p. 187)[18], 이후 10여 년 동안 그리스의 독립운동은 본격적으로 전개되었다. 입실란티의 지도 아래 있는 그리스의 저항세력은 1821년 4월 30일 갈라치[19]에서 오스만 군대와 충돌을 하였으나, 역부족으로 패배를 하였다. 그리스 저항세력(필리키 에떼리아)의 잔존 병력은 1821년 8월에 펠로폰네소스로 내려오는 데 성공하였다.

  또한 펠로폰네소스 지역에서의 독립운동도 1821년 1월부터 전개되었는데 여기서는 필리키 에떼리아와는 다른 비밀결사단체인 '클레프트'가 이 지역에 남아 있는 회교세력을 공격하면서 시작되었다. 1821년 9월에는 틀리폴리채성을 점령하였고, 독립운동이 에게해에 있는 섬으로도 퍼져 나갔다. 이때 그리스인 소유의 선박의 일부는 무장을 하고 있어 오스만 제국의 선박 이동을 방해하기도 하면서 그리스의 독립운동을 도운 것으로 평가하고 있다(김대성, 2006, p. 190).

  한편 그리스 독립운동의 가장 중요한 지역인 펠로폰네소스에서 1822년 1월과 12월에 각각 '국민회의'가 소집되어 그리스의 독립을 선포하고 5인의 통치위원회도 구성하였다. 그리스 독립 세력이 펠로폰네소스에서 강력하게 저항하는 사이 이집트가 개입하여 그리스의 독립 세력을 무력으로 진압하는 가운데 많은 희생자가 발생하였다. 이러한 상황을 지켜보던 영국, 프랑스 그리고 러시아는 그리스의 독립에 대해 상호 협의를 하며 공조를 하게 이르렀다.

  특히 19세기 중엽 영국과 러시아가 그리스의 독립에 대한 의사를 간접적으로 표현한 것이 1826년 4월 4일 '상트페테르부르크 의정서'이다. 이 의정서에서 '그리스는 오스만제국에게 일종의 조공을 보내지만 자치권을 소유하며 모든 오스만 지배세력은 그리스를 떠나야 한다'는 점을 강조하고 있다(김대성, 2006, p. 197). 프랑스도 이 의정서에 동의를 하면서 이 후 그리스 독립에 영국, 러시아, 프랑스 3개국이 공조를 취하게 되는 계기가 되었다. 이를 기점으로 그리스 독립 세력은 더욱 확고한 기반을 얻어 독립 운동을 전개할 수 있었다. 오스만 제국이 '상트페테르부르크 의정서'를 받아들이지 않자, 1827년 7월 6일 영국의 주도로 러시아와

---

18) 위키백과에서는 1821년 3월 25일을 그리스가 독립을 공식으로 선언한 것으로 정리하고 있다.
19) 발라치아와 몰다비아의 접경지대에 있는 도시이다.

프랑스 당국은 런던에서 회의를 개최하여 '그리스의 자치권을 인정'하는 '런던조약'에 합의를 하였다. 이 조약은 자치권 인정과 함께 이 조약에서 요구하는 이행을 오스만이 거부하는 경우 3개국이 연합함대를 구성해 대응한다는 입장도 발표되었다.

이러한 3국의 입장에 대해 오스만 제국이 거부를 하자, 1827년 10월 20일 3국의 연합함대가 나바리노(Navarino)만에 진출하면서 영·프·러의 연합군과 오스만·이집트 연합군 사이에 전투가 벌어져 3국 연합군이 대승을 거뒀다. 이 전투에서 친 그리스의 연합군이 승리를 하면서 그리스의 독립은 한층 밝아졌다. 독립운동 시작 단계에서 소극적 입장을 취했던 러시아 외무부 장관 출신 카포디스트리아스가 국민회의에서 대통령으로 선출되어, 1828년 1월 19일 나프플리온(Nafplion)으로 입국을 하여 대통령으로서의 임무를 수행하였다.

이처럼 그리스의 자치권 등을 놓고 벌어진 일련의 유럽 열강과 오스만 제국 사이의 힘겨루기가 지속되는 가운데, 특히 러시아와 오스만 제국 사이에는 1828년 4월부터 흑해와 발칸 지역에서 충돌이 발생하였다. 1829년 들어 오스만 제국은 전세가 불리하게 되면서 오스트리아와 영국의 중재로 두 나라는 1829년 9월 14일 '에디르네(Edirne) 평화조약'을 체결하였다. 이 조약에서는 7개의 주요 조항이 있는데 6번째 항에 '오스만 제국은 상트페테르부르크 의정서에 따라 그리스에 자치권을 허용한다'는 점을 명기하여 러시아는 그리스의 독립에 결정적 역할을 하게 된다.

1821년 초 시작된 그리스의 독립 운동은 거의 2,000년 가까이 타 민족의 지배를 받아오다, 드디어 그리스의 독립에 도움을 준 영국, 프랑스, 러시아 등은 1832년 5월 7일 그리스를 '군주정 독립국'으로 승인하였다. 이와 더불어 독일 바이에른 왕국의 왕자 오토(그리스어 오톤(Oθων)) 1세를 그리스의 비텔스바흐 왕조의 국왕으로 삼고, 그리스의 국력 회복을 위해 600만 프랑을 지원했다[20]. 그리고 그 해 7월 21일 오스만 주재 영국 대사 캐닝의 주도로 열강의 대표들이 '콘스탄티노플 조약'을 체결하여 그리스의 국경을 아르타-볼로스 선으로 정하였고, 이는 그해 8월 30일 런던 의정서에 의해 그리스 국경선으로 확정되었다[21].

---

20) ko.wikipedia.org/wiki/그리스_독립_전쟁 (2012.3.5. 접속).
21) ko.wikipedia.org/wiki/그리스_독립_전쟁 (2012.3.5. 접속).

3.4   독립 후 그리스 (1832~현재)

3.4.1 독립 초기 (1832~1913)

그리스는 영국, 프랑스, 러시아 등의 연합국의 승인으로 1832년 정식으로 군주정 독립국이 되고 독일의 바이에른 왕국의 오토 1세(1815~1867; 재위 1832~1862)가 왕으로 즉위하였다. 오토왕은 취임 후 그리스 정교회로의 개종을 거부하고 또한 찬란한 문화유산을 보유한 그리스 민족의 정신을 제대로 이해하지 못하고 그리스에 독일의 체제를 심으려 하였다. 오토 왕이 취임한 후 건축된 왕궁이 지금은 국회의사당으로 사용되고 있기도 하다([그림 3-11] 참조). 이러한 그의 통치 형태로 인해 그리스인들은 새로운 헌법의 제정을 요구하게 되면서 오토 1세는 물러나고, 1863년 덴마크의 빌헬름 왕자 요르요스 1세(재위 1863.3~1913.3)가 독립된 그리스의 제2대 국왕에 올랐다.

그림 **3-11** 그리스 국회의사당

주: 이 의사당은 독립후 오토왕이 왕궁으로 건축하였으나 지금은 국회의사당으로 사용하고 있음.
자료: 필자 촬영(2020.1.6.)

요르요스 1세는 국왕으로 즉위한 후 그리스 정교로 개종하였으며, 또한 단원제 의회를 시행하여 그리스를 입헌군주제 국가로서의 틀을 마련함과 아울러 경제적 근대화를 위한 정책을 펼쳐 농촌 환경을 개선하기도 하였다. 1864년에는 영국령 이던 이오니아 제도를 영국으로부터 반환을 받고 또한 1881년에는 오스만 제국이 여전히 차지하고 있던 테살리아를 영토로 확보했다. 이어 1912년에는 마케도니아 지방과 이피로스를 그리고 1913년에는 크레타 섬을 그리스 영토로 편입했다[22]. 현재의 그리스 영토는 1947년에 이르러 확정되게 되었다. 요르요스 1세는 재위 기간 동안 그리스의 근대국가로의 발전 기반을 마련하고 영토를 확장하는 공을 세운 것으로 평가받고 있다. 그리고 그는 전임 왕과는 달리 그리스 국민들의 의사를 존중하고 특히 의회의 대표성을 인정하고 의회에서 결정된 정책을 시행하여 민심을 얻으면서 입헌군주제를 확립시키기도 했다[23].

1912년 10월 8일 몬테네그로, 세르비아, 불가리아, 그리스 연합군이 터키에 선전 포고를 하면서 제1차 발칸 전쟁이 발발하였다. 그리스군은 이 전쟁에서 맹활약을 하여 데살로니키를 획득하였고, 이어 1913년에는 크레타 섬을 요구하며 오스만 투르크와 전쟁을 개시하여 이 섬을 그리스 영토로 확보하였다.

3.4.2 세계 대전과 그리스

세계 제1차 대전에서 그리스는 영국, 프랑스, 러시아의 삼국 협상 진영에 참여하여 오스만제국과 유럽 중부 동맹에 대항하여 전쟁을 치루었다. 삼국 협상 진영이 승리하면서 그리스는 에게해에 근접해 있으면서 그리스인들이 많이 거주하는 터키의 스미르(현재의 이즈미르) 등 소아시아 일부를 얻게 되었다. 그러나 곧바로 터키의 반격으로 터키-그리스 인구 교환이 이루어져 터키에 살던 100만명 가까운 그리스인이 그리스로 돌아오고 수만 명의 무슬림이 터키로 돌아갔다.

1939년 발발한 세계 2차 대전에서 그리스는 개전 초기 이탈리아에 대항하며 연합국 편에 서서 1940년 10월에 행해진 이탈리아의 침공을 막아내기도 하였다.

---

22) https://ko.wikipedia.org/wiki/요르요스_1세(2021.3.6. 접속).

23) 1864년 의회에서 헌법 개정이 마무리 되어, 국회의원을 직접, 비밀, 보편 투표로 선출하기로 정하고, 선출직 공무원에게 권한을 부여하는 입헌군주제가 성립되었다(https://ko.wikipedia. org/wiki/요르요스_1세; 2021.3.6. 접속). 그런데 1864년에서 1910년 사이 21번의 총선이 실시되었고 70번에 걸쳐 정권이 바뀌었다.

하지만 독일, 불가리아 그리고 이탈리아의 군대는 다시 그리스를 침공하였고, 독일은 1941년 5월에 크레타 섬을 침입하였다. 3년 후 1944년 8월 러시아 군대가 그리스로 진격하면서 독일군은 그해 10월 그리스에서 철수하게 되었다. 독일이 물러나고 곧 이어 영국군이 파트라에 상륙하여 아테네로 진입하였다.

특히 세계 2차 대전이 진행 중이던 1943년부터 그리스 내에는 각 정파 간에 분열이 발생하였고 특히 공산주의가 득세를 하면서 세력을 구축하여 정부군과 대치를 하였다. 이 무렵 발발한 그리스 내전은 1944년부터 1949년까지 지속되어 그리스 정치는 양극단을 치닫게 되었다. 내전 당시 그리스에서는 영국과 미국의 지원을 받은 정부군과 알바니아, 유고슬라비아, 불가리아 등의 지원을 받은 공산당의 군사 조직인 그리스 민주군 사이에 정국 주도권을 놓고 치열하게 싸웠다[24].

그리스의 내전이 종료된 1950년대부터 1960년대까지는 그리스 경제가 괄목할 정도로 성장하였는데, 이는 미국의 마샬플랜에 의한 지원과 차관에 의해 주로 이루어졌다. 1967년 군부의 쿠데타로 중도 우파 정부가 전복되었고, 군사정권은 1973년에 군주제를 폐지하였다[25]. 1975년 민주 공화국 헌법이 공포되고 그리스 정국은 안정을 되찾아 경제적으로 큰 번영을 누리게 되었다. 그리스는 1980년 다시 북대서양조약 기구에 가입하고 1981년에는 유럽연합에도 참여하기로 하였으며 또한 2001년부터는 유로화를 채택하였다[26].

1980년 초부터 그리스는 유럽연합으로부터의 지원으로 관광업, 해운업, 서비스업, 경공업, 통신 등이 발달하기 시작하면서 국민 소득도 증대되었다. 이러한 성과로 그리스 국민의 생활수준은 크게 향상되었으며, 특히 해운업은 1980년대 초부터 이후 세계에서 선복량을 가장 많이 보유하며 세계 1위의 해운업을 유지하고 있다. 특히 그리스의 최근 경제 현황 등에 대한 자세한 내용은 제1장을 참고하기 바란다.

---

24) 내전에 대한 보다 자세한 내용은 'ko.wikipedia.org/wiki/그리스의_역사'를 참고하기 바란다.
25) 1975년 국민투표로 콘스탄티노스 2세의 폐위가 확정되고 민주 공화제 헌법이 제정되었다.
26) 'ko.wikipedia.org/wiki/그리스의_역사'(2012.3.6. 접속).

4   고대 그리스 해운

    이 장은 오늘날 세계 1위의 해운강국을 이루는데 초석이 되고 있는 해운 전통과 항해술의 발전을 일구어낸 고대 그리스의 해상무역 발전을 고찰하고 있다. 고대 그리스 해상무역은 이집트와 페니키아의 영향을 받아 먼저 문명이 발전한 크레타에서 시작되어 후에 그리스 본토로 그 주도권이 넘어와 기원전 480년의 페르시아 전쟁 이전에는 아이기나와 코린토스가 해상세력이 강하였다. 2차 페르시아 전쟁(기원전 480년) 후인 기원전 5세기경에는 아테네가 델로스 동맹을 중심으로 키클라데스 군도와 에게해 섬과 활발한 교역 그리고 흑해 및 남부 이탈리아까지 진출하면서 아테네의 피레우스항은 당시 해상무역의 중심지로 부각되어 오늘날도 그 명성을 유지하고 있다. 특히 아테네가 그리스 도시 국가 중 해상강국으로 성장한 것은 기원전 490년과 480년의 두 차례에 걸쳐 일어난 페르시아 전쟁이 중요한 계기가 되었다. BC 490년의 마라톤 전투에 참여한 아테네 지도자 테미스토클레스는 막강한 육군을 보유한 페르시아를 육지에서는 도저히 승산이 없다는 것을 깨닫고 바다에서의 승부를 위해 준비를 하였다. 그는 민회에서 아테네 시민을 설득하여 라우리온 은광에서 나오는 수입을 아테네 시민에게 나누어 주지 않고 200척의 갤리선을 건조하는데 사용하였다. 그리고 아테네 시민을 이 선박을 운항하는데 동원하여 철저한 훈련을 통해 선박조종술에 익숙해지고 또한 시민들이 바다를 두려워하지 않게 되었다. 이러한 준비로 BC 480년 9월 25일 살라미스 해전에서 페르시아군을 크게 이길 수 있었다. 그리고 이때 승선훈련을 받은 시민들 중 상당수가 해상무역의 필수요원인 선원이 되어 그리스 선박이 바다를 누비는데 큰 기여를 한 것으로 보인다.

    이장의 구성을 보면 우선 해운과 해상무역의 발전과정을 간략히 살펴보고 고대 그리스 해운을 세 시기로 나누어 고찰하고 있다. 즉 선사 시대의 그리스 해상무역, 아르카익 시대 및 고전기의 그리스 해운 그리고 헬레니즘 시대의 해운으로 나누어 살펴보고 있다.

4.1   해운의 발전 과정

영국의 저명한 해운경제학자이자 클락슨의 회장인 Stopford(2009)는 지난 5,000년 동안 즉 기원전 3000년부터 최근까지의 해상무역의 중심지 이동을 [그림 4-1]에서 보는 것처럼 동쪽에서 서쪽으로 이동하였다고 주장하고 있다. 이는 적어도 유럽 중심적 사고에서 나온 것으로 보인다. 그의 주장에 의하면 서향노선의 출발점은 지금의 레바논 지역에서 고대 해상활동을 왕성하게 전개하였던 페니키아(메소포타미아)로 보고 있다. 메소포타미아서 출발한 해상교역은 지중해의 티레(Tyre)로 먼저 이동하였고 그 후 로도스를 거쳐 기원전 300년경에는 그리스 본토의 코린트와 아테네에서 해상무역의 꽃을 피우게 된 것으로 보고 있다[1]. 뒤에서 그리스 해운의 발전에 대해서는 보다 자세히 살펴볼 것이므로 고대 그리스의 시대별 해운발전에 대해서는 후술 내용을 참고하기 바란다.

기원전 146년 그리스가 로마에 정복되면서 기원전 100년경부터 동로마가 멸망하는 15세기 중반까지는 로마가 지중해와 에게해 그리고 아드리아해를 지배하게 된다. 그런데 로마 시대에도 로마 정부 당국은 해상무역에 필수적으로 필요한 선원은 그리스인들을 중용하였다. 그리고 해상운송 수단인 선박의 항해는 그리스인들이 소유하고 있는 선박조종술에 크게 의존하였기 때문에 국권을 잃었으나 그리스인들의 해상활동은 중단 없이 지속될 수 있었다.

서기 1000년경부터 베니스와 제노바는 지중해와 쾰른(Cologne), 브루제(Burges), 엔트워프, 암스테르담 등 당시의 신흥 유럽 중심지들 사이에서 무역의 교차지로서 역할을 담당했다. 유럽의 대항해 시대가 열리기 훨씬 전인 1405년 6월 명나라의 정화는 66척의 배와 약 28,000명의 선원으로 원정대를 구성하여 2년여에 걸쳐 인도 캘리컷까지 항해하고 1407년 9월 회항하였다. 이 후 그는 1433년까지 총 7번의 대원정을 하고 돌아왔으며, 중국 명나라 정화의 대항해는 유럽의 대항해보다 80여년 앞서는 것이다[2]. 15세기 후반 시작된 대항해 시대는 포르투갈이 선도

---

1) 그런데 아테네의 경우는 기원전 480년부터 기원전 약 430년까지가 해상무역이 가장 왕성한 시기로 볼 수 있을 것이다. 즉 페르시아 전쟁이 끝난 황금기가 지속된 시기로 스파르타가 펠로폰네소스 전쟁을 일으켜 국력이 쇠퇴하면서는 해상력이 감퇴되었다.

2) 위키백과(https://ko.wikipedia.org/wiki/정화_(명나라)).

그림 **4-1** 기원전 3000년부터 현대까지의 해상무역 중심지 변화

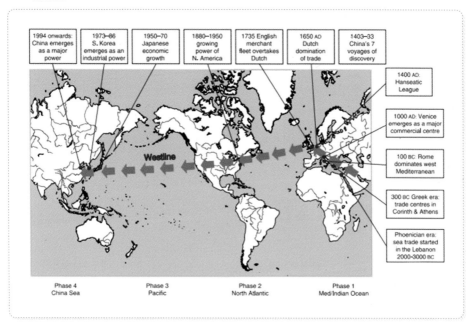

자료: Stopford(1988) [Stopford(2009)에서 재인용].

하였는데, 즉 1487년 바르톨로뮤 디아스가 희망봉까지 항해를 하면서 발견을 위한 항해 시대가 열렸다. 이 항해에 이어 콜럼버스가 1492년 12월 아메리카 대륙을 발견하였고, 그리고 포르투갈의 바스코 다 가마(Vasco da Gama)는 1497년 8월 리스본을 출항하여 1498년 5월 인도 캘리컷에 도착하면서 인도항로를 개척하였다.

발견을 위한 대항해 시대 이후 17세기 중반 네덜란드가 해상무역을 주도하였으며, 18세기에 이르러서는 영국의 선대가 네덜란드 선대를 능가하면서 해상무역의 주도권을 갖게 되었다. 19세기 후반에 들어와서는 증기선의 등장 등으로 북미가 해상무역의 중심지로 성장하여 20세기 중반까지 주도적 역할을 수행했다. 20세기 중반이 지나면서 일본, 한국, 중국 등의 경제가 발전하면서 해운산업도 이들 나라들이 강자로 떠오르고 있다.

이상에서 간략히 살펴본 것처럼 해상운송의 진보는 바빌론, 티레, 코린토스, 로도스, 아테네, 로마, 베니스, 엔트워프, 암스테르담, 런던, 뉴욕, 도쿄, 홍콩, 싱가포르, 상해 등으로 연결되면서 진행되고 있다. 특히 글로벌 시대가 전개되면서 각 나라는 산업화를 추진하면서 부족한 자원을 대량으로 수입하고 수입한 원료를 가

공하여 수출하는 경제 구조를 형성하였다. 이로 인해 해상운송은 꾸준히 증대되고 운송수단인 선박의 크기도 대형화되었다. 특히 컨테이너의 등장으로 정기선 운항이 발달하고 이는 세계교역을 더욱 촉진하는 계기가 되었다. 세계 무역에서 중요한 역할을 담당하고 있는 해운업은 부침이 일어날 수는 있으나 그 수요는 계속 증가할 것으로 전망된다. 어떻게 보면 필요불가결한 산업으로 미래에도 그 역할이 지속되고 관련 기업도 친환경 선박 등을 확보하면서 새로운 해운환경에 적응하며 해운을 발전시켜 나갈 것으로 보인다.

4.2 해상무역의 발전 과정

Stopford(2009, p. 7)는 최초의 해상운송은 약 5,000년 전에 메소포타미아와 바레인 그리고 서인도의 인더스 강 사이에서 출발하였다고 주장하고 있다([그림 4-2] 참고). 당시 메소포타미아는 자국에서 생산되는 기름과 대추로 인더스에서 생산되는 구리와 상아 등과 교환하였다. 이때 해상무역의 중심적 역할을 한 국가는 바빌론으로 이 고대국가는 기원전 3000년경부터 바다를 통해 인도와 교역한 것으로 알려져 있다[3]. 바빌론은 제6대 왕 함무라비 시대 가장 번성했으며, 이때 제정된 함무라비법전(Code of Hammurabi)은 해운에 관한 내용을 포함하고 있는데, 즉, 용선료, 신조가격 책정 기준, 조선업자의 감항성 보증, 운임의 선불지급, 운송업자의 지출내역 보고 등에 대한 내용을 담고 있어 근대 해운법에 버금가는 것으로 평가되고 있다[4].

또한 기원전 4000년에서 3000년 사이 크레타인들이 그리스 본토 및 이집트와 해로를 통해 상품을 교환한 것이 입증되고 있다[5]. 크레타는 에게해의 여러 섬들과 해상무역을 하며 해양강국으로 성장하였다. 이와 비슷한 시기 지중해와 에게해 지역의 해상무역을 주도한 고대국가로는 페니키아와 이집트를 들 수 있을 것이다.

---

3) 어니스트 페일(김성준 역)(2004), p. 45.
4) Stopford(2009), p. 9.
5) 어니스트 페일(김성준 역)(2004), p. 45.

그림 **4-2** 기원전 2000년경의 해상무역

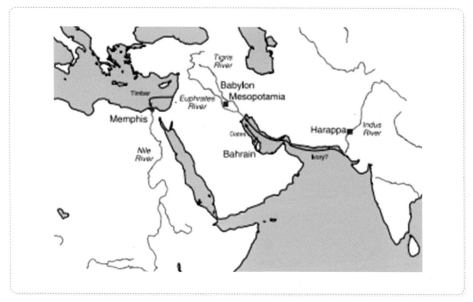

자료: Stopford(2009).

　이 당시 이집트는 일상생활에 필요한 물품이 거의 생산되었으나 목재가 부족하였다. 따라서 기원전 3000년경 이집트의 스네프루(Snefru) 파라오가 40척의 선단을 페니키아로 보내 레바논으로부터 삼나무를 수송해왔다[6]. 이 후에도 이집트와 페니키아 사이에는 정기적으로 해상무역이 이루어진 것으로 조사되고 있어 이 두 국가 사이의 최초 해상거래를 해운사의 출발 시기로 보고 있기도 하다. 이집트는 투트모스 3세(Thutmose Ⅲ, BC 1501~1479)와 람세스 2세(Ramses Ⅱ, BC 1301~1234)의 통치 시대에 다수의 함대를 구축하여 에게해를 지배하게 되면서 자유로운 해상무역 활동을 보장하였다. 이집트는 또한 페니키아와 시리아로부터 목재뿐만 아니라 옷감, 금은 용기, 향료 등을 수입하였다. 페니키아와 시리아 외에 소아시아, 키프러스, 에개해 지역에서 다양한 상품을 들여왔다. 또한 기원전 2500년경 이집트는 지중해와 에게해를 통한 해상무역로 외에 홍해를 통해 푼트(Punt)에 이르는 항로도 개척하여 금, 상아, 흑단, 가죽 등을 수입하고 곡물, 아마포, 파피루스, 도자기 등을 수출하였다.

---

6) 어니스트 페일(김성준 역)(2004), p. 45.

그림 **4-3** 기원전 1000년경 페니키아 시대의 해상 무역 루트

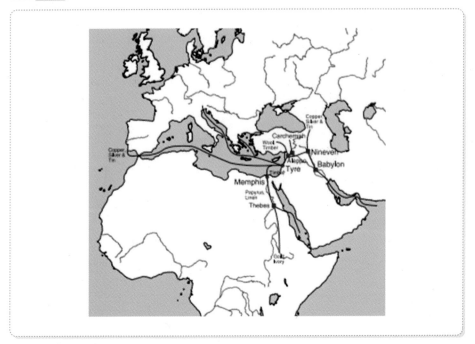

자료: Stopford(2009).

한편 이집트의 해상력이 약화되면서 티로, 시돈, 베리투스(현재의 베이루트)를 중심으로 한 페니키아의 해양세력이 기원전 2700년경부터 부상하기 시작하였다([그림 4-3] 참고)[7]. 페니키아인들은 고대 최대의 해상무역을 영위하였고 선박건조와 항해술을 크레타인들에게 전해준 것으로도 알려져 있다. 페니키아인들은 해상무역업자로서 뿐만 아니라 금속공예품, 유리세공품 등을 만드는 장인이기도 하였다. 페니키아인들의 해상무역의 중심지는 티로(Tyre)로 이 도시는 이집트의 멤피스에서 부터 바그다드 남쪽의 유프라테스의 바빌론까지 그 활동 범위를 넓혔다. 이들은 선박건조 기술이 뛰어났고 또한 곡물, 금속, 공예품의 삼국간무역(cross trade)에도 능하였으며 기원전 10세기경 지중해 무역항로를 장악하였다(Stopford,

---

7) 페니키아는 기원전 1500년에서 기원전 900년까지 오늘날의 레바논, 시리아 및 이스라엘 북부의 해안에서 해상무역문화를 꽃피운 것으로 알려져 있다. 페니키아는 아프리카, 리베리아반도, 이탈리아 등에 식민지를 개척하였으며, 이 국가의 문화중심지는 티로이고 그 외 시돈, 사렙타 등이 있다. 그리고 이들은 갤리선을 최초로 사용한 것으로 알려져 있다(위키백과; https://ko.wikipedia.org/wiki/페니키아).

2009, p. 8). 특히 이집트에서 생산되는 곡물을 식량이 부족한 그리스로 해상을 통해 수송하기도 하였다. 그리고 아르메니아, 바빌론, 페르시아 등에서 생산되는 상품을 이집트, 키프러스, 크레타, 소아시아 연안지방과 이탈리아와 그리스, 스페인, 북아프리카 지역으로 해상운송을 하며 막대한 이익을 창출하였다. 페니키아인들은 기원전 1000년경에는 북아프리카의 카르타고를 식민지로 개척하였고 스페인의 사데스(Sades, 현재 Cadiz)까지 진출하였다.

이와 같이 페니키아인들은 세계 곳곳에 그들의 활동 근거지를 만들어서 교역할 상품을 확보하여 이들을 그들이 건조한 선박을 이용하여 각 상품을 필요로 하는 곳으로 해로를 통해 운송하였다([그림 4-3] 참고). 이들의 왕성한 해상무역활동과 해상무역을 통한 부의 축적에 대해서는 성서에도 그 기록을 찾을 수 있다[8]. 이 민족들은 선박건조 기술뿐만 아니라 항해술도 뛰어나 그리스의 해상세력이 등장하기까지 지중해와 에게해의 해상무역권을 장악하며 번영을 구가하였다[9]. 그러나 이 해상세력도 기원전 500년경 페르시아의 다리우스 왕의 등장과 그리스 마케도니아의 알렉산더 대왕의 정복으로 결국 종말을 맞게 되었다(Stopford, 2009, p. 9).

4.3 선사 시대의 그리스 해운(BC 3000~BC 800)

고대 그리스 시대 중 에게해 시대부터 암흑기까지의 그리스 해운에 대해 간략히 살펴보기로 한다. [그림 4-4]에서 보는 것처럼 이 시대의 그리스 해상세력은 크레타섬이 가장 먼저 주도권을 쥐고 등장하게 되었다. 이처럼 크레타가 그리스 본토보다도 먼저 해상무역 활동이 왕성했던 것은 지리적으로 앞서 해상무역이 왕성했던 페니키아와 이집트에 근접해 있으면서 조선과 항해 기술을 전수받을 수 있었기 때문으로 풀이된다. 기원전 3000년경부터 크레타는 지중해와 에게해에서 해상활동을 전개하면서 해상 강국으로 등장하게 되었다. 특히 크레타 섬에서 미노스(Minos)의 크노소스왕국이 승리를 하면서 해군을 조직적으로 구축하여 에게해를 지배하게 되고 이 섬의 남쪽 해안에 있는 파이스토스(Phaestos)항이 있어 여

---

8) 구약성서 에스겔 27장 3~33절.
9) 어니스트 페일(김성준 역, 2004, p. 54)에 의하면 기원전 450년 무렵 그리스의 해상세력과 경쟁을 하게 된 것으로 기술하고 있다.

기서 많은 배들이 짐을 싣고 출항한 것으로 문헌은 전하고 있다[10]. 미노스 왕은 그리스의 해상활동에 위협이 되었던 Karas를 키클라데스 군도에서 몰아내고 크레타의 선박들이 해상무역에 종사하기 시작하여 지중해의 많은 항구를 드나들며 해상무역을 전개하였다[11]. 크레타는 동쪽으로는 키프로스, 시리아 및 나일 삼각주까지 진출하며 해상무역을 전개하였고, 서쪽으로는 시칠리아, 사르디니아, 엘바, 그리고 스페인과 영국에서 나오는 금속광물을 확보하기 위해 지브랄타를 거쳐 타르소스(Tarsessus)까지 진출하였다(Heaton, 1968, p. 25). 크레타는 금속을 확보하는 거래 과정에서 포도주, 오일, 목재, 도자기 등을 활용하였다. 일부 무역업자는 유력

그림 **4-4** 고대 그리스 세계

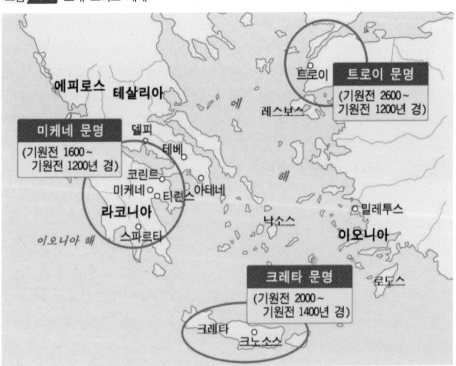

자료: https://docsplayer.org/202471893-고대지중해의 세계

---

10) 월 듀란트(1) (김운한·권영교 역, 2014, pp. 74~75)는 호메로스의 '일리아스'에서는 이 섬에는 90개의 도시가 있었으며 파이스토스항에서 이집트로 향하는 배가 출항했다는 기록이 있다고 한다.

11) Spyros M. Polemis, "The history of Greek shipping"(http://www.greece.org/poseidon/work/articles/polemis_one.html), p. 1.

상인으로 성장하였고 상당한 기간 동안 에게해의 연안과 섬들의 상업과 정치를 지배하였다.

특히 그 당시 크레타에는 해상무역을 영위하는 도시가 100개 있었으며, 그 중에서 남쪽의 Phaestos와 이 섬의 수도 Knossos가 가장 해상세력이 강했다고 Polemis는 보고하고 있다. 크레타는 미노스 왕의 통치 시절 바다의 주인이 되었으나, 기원전 1450년경 아카이아(Achaea)의 침입[12]으로 미노아 문명이 파괴되면서 크레타의 해상세력이 쇠퇴하고 그리스본토 즉 펠로폰네소스반도로 그 힘이 이동하였다.

이렇게 크레타의 해상세력이 쇠퇴하면서 선사시대의 그리스 해상력은 새로운 국면을 맞게 되었다. 당시 펠로폰네소스는 크레타의 미노아 문명의 영향을 받아 청동기 문화인 미케네문명을 발전시켜 그리스 도시 국가를 선도하였다. 이때 그리스 해운사적으로 주목되는 사건이 일어났다. 즉 기원전 1200년경 미케네왕국의 아가멤논왕(Agamemnon)을 총사령관으로 한 대규모의 해상작전이 트로이를 대상으로 전개되었다[13]. 이때 트로이 전쟁에 동원된 선박은 총 1,186척으로 미케네가 300척으로 가장 많은 배를 제공하고, 다음으로는 다수의 섬들이 174척을 제공했는데 크레타가 제공한 배가 174척의 절반에 가까운 80척을 제공하였다(Polemis, pp. 2~3). 이 당시까지만 하더라도 크레타 문명을 전수받은 펠로폰네소스가 해상세력을 키웠고 아테네는 아직 그러한 여력이 없었던 것으로 생각된다.

신통기의 저자인 헤시오도스(Hesiodos)는 그리스인들이 선박조종술에 능숙한 것은 그들이 직면한 자연환경을 극복하기 위해 마지못해 배우게 되었다고 한다. 즉 그리스는 국토의 70%가 산악지대로 농사를 지을 수 있는 비옥한 땅이 부족하여 그리스에 사는 사람들이 먹을 수 있는 식량을 확보하지 못하였다. 그리스인들은 식량을 구하기 위해 먼 곳을 항해하는 수밖에 없었는데, 이를 수행하기 위해 그리스인은 항해술을 익힐 수밖에 없었던 것이다(Polemis, p. 3). 그리고 헤시오드는 "상인이나 선주가 그의 모든 부를 그의 선박에 싣는 것은 용서할 수 없다고

---

12) 윌 듀런트(1)(2011, p. 89)는 이 아카이아인의 침입을 기원전 1250년으로 보고 있다.

13) 트로이 전쟁은 스파르타왕 메넬라오스의 왕비 헬레네를 트로이 왕자 파리스가 유인해 트로이로 데리고 가면서 발단한 것으로 이야기되고 있다. 그런데 에우리피데스는 당시 펠로폰네소스의 인구가 늘면서 새로운 영토가 필요하여 벌어진 전쟁으로 보고 있기도 한다. 그리고 전쟁의 발발 연대는 기원전 1196년(람세스 3세 비문), 기원전 1194년(에라토스테네스) 등으로 추정되고 있다(윌 듀런트, 2014, p. 136).

했다. 왜냐하면 사고가 날 경우 상인이나 선주는 완전히 전 재산을 상실할 수 있기 때문이다."라고 하였는데 어떻게 보면 해상운송의 위험에 대한 관리를 철저히 이행할 것을 제시한 것으로도 볼 수 있을 것이다(Polemis, p. 3).

한편 고대 그리스의 해상무역선으로 최초로 이름이 붙여진 선박인 Danais호와 Argo호가 등장하였다. 전자는 아프리카에서 넓은 왕국을 다스리던 벨로스왕의 둘째 왕자인 다나오스와 관련된 것으로 보인다[14]. 그는 아라비아와 리비아 땅을 다스렸는데 그의 형이 자신의 왕국을 빼앗으려는 것으로 생각하여 그의 가족과 함께 펠로폰네소스의 아르고스로 피신하였다. 다나오스가 그의 가족과 함께 아르고스로 올 때 사용한 배가 Danais호로 돛으로 항해를 하였으며, 50명의 노 젓는 선원이 승선하였다고 한다.

Argo호는 이아손(Jason)의 왕권 확보와 얽혀 출범한 배로 코린트만의 Tifan에서 제작되었는데 이 도시는 당시 조선소로 유명하였을 뿐만 아니라 우수한 선원을 많이 배출한 곳이기도 하였다[15](Polemis, p. 3).

이 당시 배에 노가 20개 장착되면 약 50명의 선원이 필요했고 노가 50개인 배는 약 120명의 선원이 필요한 것으로 Polemis는 보고하고 있다. 그리고 각 배에

---

14) 다나오스는 그리스 신화에 나오는 아르고스의 왕이다. 자식들 간의 결혼을 요구하는 이집트의 왕 아이깁토스의 위협을 피해 아르고스로 도망쳐서 그곳의 왕이 되었다. 다나오스의 딸들(다나이데스)은 결국 아이깁토스의 아들들과 결혼하게 되었지만 아버지 다나오스의 지시로 첫날밤에 모두 신랑을 단검으로 찔러 죽였다[네이버 지식백과, 다나오스(Danaos), 아르고스의 왕(그리스·로마신화 인물백과, 안성찬, 성현숙, 박규호, 이민수, 김형민(편)].

15) 이아손은 그리스 신화에 나오는 영웅으로 아버지 아이손이 빼앗긴 왕권을 되찾는데, 이 과정과 얽힌 배가 아르고호이다. 이올코스의 왕 펠리아스는 조카인 이아손에게 왕위를 빼앗길까 두려워하여 그에게 주는 난제(難題)로서 용이 지키는 보물인 금빛 양의 모피를 흑해 부근의 콜키스에 가서 가지고 오도록 명령하였다. 이아손은 여신 아테나의 도움으로 50개의 노가 달린, 그때까지 없었던 커다란 목선(木船) 아르고호를 만들었고, 또한 여신 헤라의 도움으로 많은 영웅들을 모았다. 그 영웅들은 아르고호의 선원(Argonauts: 아르고나우타이)으로, 이아손을 비롯하여 헤라클레스, 오르페우스, 테세우스, 카스토르, 폴리데우케스 등 50명이었다고 한다. 항해 도중에 많은 위험한 고비를 극복하고 가까스로 콜키스에 도착하였다. 콜키스의 왕은 이아손에게 금빛 양의 모피를 구해주는 조건으로 청동(靑銅)의 다리를 가지고 불을 뿜는 신우(神牛)에게 멍에를 씌워 땅을 간 다음 카드모스의 용의 이빨을 씨로 뿌리라는 난제를 주었다. 그런데 마법의 힘을 갖고 있는 왕의 딸 메디아가 이아손을 사랑하여 자기와 결혼하겠다는 이아손의 약속을 받고 그를 도왔다. 씨로 뿌린 용의 이빨에서 무기를 가진 병사들이 나와 습격하려고 했을 때, 메디아는 돌을 던져 그들끼리 싸우게 하고 그 사이에 퇴치(退治)하였다. 그러나 왕은 모피를 주지 않았기 때문에 메디아는 마약의 힘으로 파수꾼인 용을 잠재우고 모피를 훔쳐 이아손과 함께 밤에 배로 떠났다. 귀향길도 오디세우스처럼 많은 우여곡절 끝에 도착하여 이아손은 결국 왕위에 오르게 된다[네이버 지식백과, 아르고호(Argo), 두산백과].

는 두 명의 사관이 승선했는데 한 명은 배를 조종하는 항해사인 선장이고 다른 사
관은 회계출납을 담당하였다. 이 당시 배는 봄과 여름에만 항해를 하였고 또한 하
루 중에는 해가 떠있는 낮에만 항해를 하고 밤에는 안전한 해안가에 정박하였다.

4.4 아르카익 시대와 고전기의 그리스 해운(BC 800~BC 323)

4.4.1 아르카익 시대의 그리스 해운(BC 800~BC 480)

Polemis는 역사 시대의 그리스 해상무역이 처음으로 시작된 시기를 도리안들
이 침입하여 미케네문명을 파괴한 기원전 1104년으로 보고 있다. 이후 그리스에
는 암흑기가 도래하여 기원전 800년까지 해상무역의 확장은 지연되었으나, 이 후
그리스는 해외 식민지 개척이 전개되면서 해상활동이 활발하게 되었다.

고대 그리스의 아르카익 시대는 도시국가의 성립과 더불어 그리스가 해외로
진출하여 시칠리아를 포함한 남부 이탈리아와 소아시아 그리고 흑해 지역에 다수
의 식민지를 건설했다([그림 4-5] 참고). 그리스의 도시국가들이 해외로 진출하게
된 동기는 무엇보다도 그리스가 처한 자연환경 때문으로 생각된다. 그리스는 국
토의 70%가 산악지대로 땅이 매우 척박한 것은 우리나라와 비슷한 것 같다. 지중
해성 기후로 올리브나무와 포도가 잘 자라고 양을 키우기에는 적합하나 밀을 재
배하고 수확할 수 있는 비옥한 영토는 부족했다. 반면 그리스는 수천 개의 섬으
로 둘러싸여 있어 서로의 왕래를 위해서는 배가 필요하였을 것으로 보인다. 그리
스를 둘러싼 이러한 환경으로 인해 그리스의 각 도시국가에서 인구가 늘어나면서
식량이 부족하게 되었을 뿐만 아니라 증가한 인구가 비좁은 땅에서 사는 것이 힘
들다는 것을 깨달았다. 따라서 이들은 해외로 진출하여 비옥한 땅을 확보할 목적
으로 그들이 바다를 통해 이동할 수 있는 수단인 배를 제작한 것으로 보인다(시
오노 나나미(1), 2017, pp. 29~32).

Polemis는 그리스인들이 바다를 지배하게 된 근거로 4가지를 제시하고 있는데,
우선 식민지 개척의 필요성, 두 번째로는 바다를 가로질러 무역을 할 필요성을
깨달음과 같은 자연스러운 성향, 세 번째로는 정치적 자유의 추구 그리고 네 번

째로는 영혼의 자유를 들고 있다.

기원전 8세기에 이르러 그리스의 식민지 개척은 절정에 이르렀는데 이는 도시의 인구증가와 그리스인들의 해상무역 확대에 대한 욕구에서 기인한 것으로 평가하고 있다. 그리스인들은 식민지 개척을 그리스인들의 항해본능과 미지의 세계를 발견하려는 모험을 좋아하는 가운데 발생한 것으로 보고 있다. 특히 어떤 경우는 식민지에서 생산되는 생산물 특히 곡물을 확보하는 차원에서 이루어지기도 하였다(Polemis, p. 4). 이러한 식민지 개척으로 사람의 이동과 곡물의 운반을 위해서는 자연스레 배가 동원되었고, 이는 결국 그리스의 선박 건조 기술과 항해술의 발전을 가져오는 계기가 되었다. 이 당시 그리스 상선대는 지중해를 거쳐 시리아, 키프러스, 보스포루스를 통해 흑해까지 그리고 리비아로부터 이탈리아를 거쳐 리베리아반도까지 항해를 한 것으로 알려져 있다.

그림 4-5 고대 그리스와 페니키아의 식민지

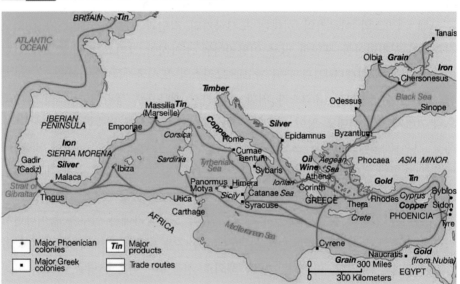

자료: https://wps.pearsoncustom.com/wps/media/objects/2427/2486120/chap_assets/maps/atl_map5_2.html

Polemis는 기원전 800년부터 시작된 도시국가들의 발흥과 부흥기 동안에 도시국가의 선대와 해상무역이 발전하는 과정에서 그리스인들의 해운전통과 선박조종술이 발전한 것으로 평가하고 있다.

기원전 850년경 코린트와 메가라가 개척한 시라큐스는 해운업이 크게 발전하여 약 5세기 동안 해운 중심지로서 역할을 수행하였으며, 당시 전함인 삼단노선 (trireme)과 상선대를 제작하는 조선소들이 즐비하기도 하였다. 그리고 곡물의 중심지이기도 하여 다른 나라에서 곡물을 구하기 위해 시라큐스에 오기도 하였다.

Polemis(p. 5)는 그리스 해운전통 수립에 기여한 것으로 Amfiktioniai를 들고 있다. 이것은 도시국가들이 형성한 일종의 무역조합으로 처음에는 종교단체로 출발했으나 결국에는 무역조합 그리고 해상무역 및 상선대 나아가 도시 자체의 보호를 위한 조합(associations)이 되었다. 그리스 해운역사 측면에서 볼 때 가장 주목할 만한 조합은 Kalavrias와 Dilou이 조합이다. Kalavrias조합은 Nafplios에 의해 설립되어 아테네, 아이기나, 에피다우로스, 나프플리온 등이 회원 도시였다. 그리고 Dilou조합은 테세우스(Theseus)가 딜로스를 기반으로 설립하였다.

4.4.2 고전기 그리스 해운과 아테네의 역할(BC 480~BC 323)

그리스의 해운발전 과정에서 가장 큰 영향력을 미친 도시 국가는 아테네일 것이다. 물론 선사 시대에는 미케네, 코린트, 메가라 등 펠로폰네소스의 도시 국가들이 더 많은 선박을 소유하고 해상력을 장악했다. 그런데 동방의 페르시아가 유럽 진출의 길목에서 장애물이 되는 그리스를 정복하려는 시도가 기원전 490년과 480년 두 번에 걸쳐 일어났다([그림 4-6] 참고). 이 두 번의 시도는 아테네를 그리스 도시 국가 중 으뜸 국가로 부각하는데 결정적 계기가 된 것으로 생각된다.[16]

---

16) Stopford(2009, p. 9)와 Goulielmos(2017, p. 1186), 존 R. 헤일(2011, pp. 45~145), 시오노 나나미(1)(2017, pp. 175~275), 송동훈(2020, pp. 83~94)에서도 살라미스 해전과 이 해전을 승리로 이끈 테미스토클레스 장군의 역할이 아테네가 해운강국으로의 부상하는데 기여했다고 주장하고 있다. 그리고 플루타르코스 영웅전에서도 테미스토클레스는 마라톤 전투 후 페르시아의 재침공을 예상하고 해군력을 키우는데 주력하여 육지에서는 페르시아를 이기지는 못하지만 바다에서는 이길 수 있을 것이라는 믿음을 갖고 아테네 시민을 설득하고 해군 강화계획에 동참하게 하였다고 기술하고 있다[플루타르코스 저, (존 화이트 편저, 김대웅·임경민 역), 2019, pp. 133~154].

그림 **4-6** 페르시아 전쟁 경로

자료: http://blog.naver.com/PostView.nhn?blogId=maxson&logNo=60163842057

    따라서 그리스 해운의 역사적 발전 과정에서 아테네의 역할을 중심으로 살펴보기로 한다. 아테네가 개척한 식민지 중 Militos, Fokaia, Samos 등은 아테네와 거의 동등한 해상력을 보유하고 있었으며, 또한 자체적으로 식민지를 개척하며 해상무역을 확장하기도 하였다. 특히 아테네의 해운 전통 확립에 기여한 지도자로는 페이시스트라토스(Peisistratos)[17]와 테미스토클레스(Themistocles, BC 524~459)이다[18]([그림 4-7] 참고).

---

17) 페이시스트라토스(BC 600?~BC 527)는 고대 그리스 아테네의 정치가로서 쿠데타로 참주가 되었으며, 농업중심의 안정적인 정책을 펼쳐 아테네 번영의 기반을 다져 도시국가로서 아테네의 위상을 높였다. 그리고 대외적으로 평화정책을 추구하여 무역이 활발해짐으로써 아테네의 산업과 통상이 엄청나게 확대되는데 기여를 했다(두산백과).

18) 테미스토클레스는 BC 490년의 제1차 페르시아 전쟁 시기 마라톤 전투에도 참여하였고, BC 480년 아르테미온 해전에서도 페르시아와 일차 격돌하기도 하였다. 그러나 나중에 아테네로부터 추방을 당하여 페르시아로 망명을 가 지내다 그곳에서 생을 마감하였다. 시오노 나나미(2017, p. 211)도 테미스토클레스는 아테네가 200척의 전함을 확보하는데 큰 기여를 한 것으로 기술하고 있다.

그림 **4-7** 살라미스 해전과 테미스토클레스 장군

자료: 1) 좌: https://ko.wikipedia.org/wiki/테미스토클레스(2022.2.2.)
　　2) 우: http://preview.kyobobook.co.kr/epubPreviewPopup.jsp?type＝web&barcode＝48089970
　　　94820&search＝Y(2022.2.2.)

　특히 테미스토클레스 장군은 기원전 480년 페르시아와 격돌한 살라미전 해전에서 승리를 이끄는데 결정적 역할을 한 인물로도 평가받고 있다[19]. Polemis는 테미스토클레스의 업적을 세 가지로 요약하고 있는데, 첫째, 아테네의 미래는 바다에 있다고 믿고 피레우스항을 개발하고 또한 많은 상선을 확보하였다는 점이다[20]. 둘째는 기원전 483년 아테네 남쪽 라우리온(Lavrion)의 은광에서 나오는 수입을 시민에게 나눠 주는 대신 군함을 건조하는데 사용하도록 민회를 설득하여 삼단 노선 200척을 확보하여 그리스 최강의 해군력을 보유하게 되었다는 것을 제시하고 있다. 셋째는 모든 아테네인에게 군함에 탑승하는 의무를 부과하여 유능한 선원을 대규모로 확보하게 되었다는 점을 들고 있다.

　두 차례에 걸쳐 페르시아와의 전쟁을 치룬 후 그리스 도시 국가 중 아테네가

---

19) 기원전 480년 페르시아가 대군을 이끌고 그리스를 공격할 때 스파르타는 육지에서 방어를 하는 임무를 맡아 레오니다스왕이 테르모필라이에서 300인의 스파르타군과 다른 도시의 지원군(약 10,000명)으로 20만명에 달하는 페르시아군을 대항해 장렬하게 전사하면서 저항했으나 결국 육로는 적의 손에 넘어갔다. 이때 아르테미온곶에서 페르시아해군과 대치하던 테미스토클레스는 스파르타군이 패한 전황을 파악하고 300척의 그리스 함대를 속히 살라미스로 이동시켰다. 이 섬의 앞바다에서 그리스 연합군은 페르시아의 함대의 1/3에 지나지 않는 300척으로 1000척이 넘는 군함을 보유한 페르시아해군과 격돌하여 대승을 거두었다.
20) 피레우스(파라이오스)항의 개발은 기원전 493년부터 시작된 것으로 알려져 있다(월 듀런트(1), 2014, p. 386).

막강한 해군력을 바탕으로 그리스에서 가장 유력한 도시 국가로 부상하였다. 특히 이 살라미스 해전의 승리는 이오니아 도시들의 페르시아제국으로부터의 해방을 가져오면서 헬레스폰토스와 보스포루스 해협에 대한 통제권도 되찾게 되었다. 특히 윌 듀런트(1)(2014, p. 392)는 이 전쟁이 유럽 역사상 가장 중요한 전쟁이라고 주장하고 있는데, 즉 이 전쟁의 승리로 유럽의 문명은 동방의 간섭을 받지 않는 독자적 경제생활, 정치제도 등을 발전시킬 수 있게 되었다고 평가하고 있다. 그리고 그리스는 자유를 위한 위대한 첫 실험을 할 수 있는 터전을 마련하고 동방의 신비주의로부터 벗어날 수 있었다고 주장하고 있다. 이를 계기로 그리스는 강한 자부심을 갖게 되었고, 특히 아테네는 지중해와 에게해의 섬에 교두보를 마련하여 그리스의 진취적인 사업가가 해상을 자유로이 활동할 수 있도록 하면서 해상무역이 크게 발전하는 발판을 마련하게 된 것으로 평가되고 있다.

이러한 점에서 테미스토클레스의 바다를 활용한 아테네의 주도권 장악은 그리스가 해상무역의 범위를 넓히는데 결정적 기여를 한 것으로 생각된다.

아테네의 경우 페르시아 전쟁 후 해양 강국으로 부상하면서 아테네의 남쪽에 위치한 피레우스항은 각국의 공산품과 곡물 등이 거래되는 해운중심지로 성장하였다. 아테네는 피레우스항에 드나드는 선박과 그들이 수송해 오는 상품에 대한 세금 등을 부과하며 이익을 얻었다. 특히 부족한 식량으로 인해 곡물 무역은 연간 15만 톤에 이르렀고, 이 곡물은 주로 흑해와 남부 이탈리아로부터 주로 수입되었고 그 중 일부는 재수출되었다[21]. 아테네의 경우 필요한 곡물의 2/3를 수입하다 보니 자연스레 해상무역과 그와 관련된 상업적 계약의 중요성을 인식함과 아울러 선박의 입출항에 대한 규제도 강화하기 시작하였다(어니시트 페일, 2004, pp. 57~58). 아테네가 곡물 구매에 대한 대금은 주로 라우리온 광산에서 나오는 은이나 동맹국의 공물 등으로 충당하였다.

이 당시 해로를 통해 아테네로 수입된 물품 중 곡물을 제외한 주요 품목을 보면 구레네의 가죽, 로즈의 건포도와 향수, 페니키아와 이집트의 대추 야자, 섬유재료와 파피루스, 카케돈의 양탄자와 재료, 시칠리아의 치즈, 프리기아의 노예, 리비아산 상아, 지중해 각지에서 생산된 식료품과 과일 및 기타 다양한 상품 등이

---

21) 윌 듀런트(1)(2011, p. 438)은 기원전 413년 아테네 제국 도시들의 교역 물품에 부과된 5% 관세 수입이 1,200달란트에 이르러 당시 연간 교역 규모가 약 1억 4,400달러에 달한 것으로 추정하고 있다.

었다. 한편 수출은 상대적으로 적었는데, 포도주, 기름, 꿀, 라우리온(Lavrion)의 금속과 도자기 그리고 부자들의 집을 장식하기 위한 공예작품 등이다.

해상무역을 영위하는 선주와 상인은 부유한 시민과 은행가(bankers)로부터 선박확보 및 물품 구입을 위한 자금을 확보하였다[22]. 대게 빌린 자금의 상환은 피레우스항에 물건이 들어온 후 이루어지고, 금리는 상당히 높았던 것으로 알려져 있다. 특히 크림 반도까지의 왕복 항해에 대해 제공된 자금의 경우 이자가 22.5% 에서 30%까지였다고 알려져 있다(Polemis, p. 6). 자금을 빌려주는 은행가들은 선박, 화물 등에 대한 담보를 요구했으며 이에 따른 보증인도 요구되었다.

어니스트 페일도 언급한 것처럼 Polemis(p. 7)도 아테네가 최초로 해운산업에 대한 규제를 실시했다고 주장하고 있다. 아테네는 해양의 우위성, 해운산업 및 해양무역을 확장하고 유지하기 위해 보호적 조치, 특별법, 정치적 및 금융적 조치를 취했다고 한다. 아테네 정부는 기본적 규정을 정하고서는 이 분야에 대해 간섭을 하지 않았으며, 해상무역은 전적으로 선주, 선원, 상인들이 이익을 추구하며 자유롭게 전개되었다. 이러한 해상활동 과정에서 발생하는 분쟁은 중재와 법원을 통해 해결되었으며, 종국에는 이 해운규제는 자유기업을 위한 제도를 제공한 것으로도 평가되고 있다. 그리고 이 당시 세 종류의 선박이 있었는데 즉 약 130톤, 약 250톤 그리고 약 400톤의 배가 있었으며 모두 돛으로 항해를 하고 항구에서 선박의 조종을 위해서는 노를 사용하였다(Polemis, p. 7).

페르시아 전쟁 후 막강한 해상력으로 점점 국력이 강해지는 아테네를 스파르타는 두고 볼 수 없어 펠로폰네소스 전쟁(BC 431~404)을 일으켜 아테네를 꺾으면서 아테네는 그 힘을 잃기 시작했다. 특히 아모르고스(Amorgos)해전 후인 기원전 322년부터 아테네는 그 지위를 로도스(Rhodes)로 넘겨주고 피레우스도 알렉산드리아에 그 역할을 양보하게 되었다.

아테네가 해상 강국의 자리를 잃은 후 마케도니아의 필립과 그의 아들 알렉산더(BC 356~323; 재위 BC 336~323) 대왕이 등장하여 동부 지중해를 그리스 바다로 바꾼 화려한 시대를 열었다. 알렉산더 대왕은 이집트에서 인도까지 이르는 넓고 방대한 영토를 확보하여 해운을 위한 새로운 지평을 열게 되었다. 시오노 나나미

---

[22] 기원전 5세기경 탁자 하나를 놓고 환전업을 하는 사람이 돈을 맡아 보관하기 시작하면서 은행이 탄생하기 시작하여 돈의 유통을 돕고 특히 아테네의 무역 신장에도 기여하였다(윌 듀런트(1), 2011, p. 436).

(Ⅲ)(2020, pp. 310~326)도 알렉산더 대왕은 해상교통로를 확립한 것으로 평가하고 있다. 알렉산더 대왕은 기원전 334년 5월의 그라니코스전투, 기원전 333년 11월 이소전투 등에서 승리를 거두면서 소아시아를 지배하게 됨과 동시에 지중해의 제해권을 페르시아로부터 넘겨받았다. 그러면서 알렉산더 대왕은 중근동 항구도시와 로도스, 키프로스 등에서 보내온 약 240척의 배를 확보하면서 해군력이 크게 보강되었다. 이 해군력을 이용해 해상무역의 거점인 티로(Tyre)를 점유하면서 그리스와의 해상교통로(sea lane)를 확보하여 에게해의 해상무역망을 형성하는데 기여하였다.

특히 알렉산더 대왕은 계속 동진하면서 그리스의 영향력을 아시아로 확장시켰다. 그리고 니어초스(Nearchos) 제독을 통해 인도에서 페르시아 만까지 새로운 항구를 설립하여 그리스의 해상무역을 조직하고 확대하였다. 인도에 만들어진 항구에는 인근 지역의 농산물을 해상으로 운송할 수 있도록 매우 큰 창고 시설이 갖추어지기도 하였다. 알렉산더 대왕 시대 이전에는 인도 상품이 육로로 소량만 운송되었으나, 알렉산더 대왕 이후 상선은 대량의 인도산 농산물을 페르시아 만에 더 저렴하게 운반하면서 해상무역이 더욱 활성화되었다. 이 무렵부터 인도 또한 동일한 경로를 통해 유럽 제품을 받을 수 있었다(Polemis, pp. 7~8). 그는 점령지에 '알렉산드리아'라는 도시를 25에서 70개까지 건설한 것으로 알려져 있다(시오노 나나미(Ⅲ), 2020, p. 509). 아무것도 없는 곳에 새로이 건설한 도시가 25개이고 기존의 도시를 확장한 경우를 포함할 경우 70개의 알렉산드리아가 세워진 것으로 알려져 있다.

4.5 헬레니즘 시대의 그리스 해운(BC 323~BC 30)

BC 323년 젊고 패기만만한 알렉산더 대왕이 원정 중 갑자기 사망하면서 알렉산더 대왕이 10여 년 이상 걸쳐 개척한 그리스 제국은 통일된 국가로 존재하지 못하고 결국 3대 강국으로 분열되었다. 즉 프톨레마이오스의 이집트, 셀레우코스의 메소포타미아와 중앙아시아 그리고 안티고노스의 마케도니아로 나뉘어 각각 통치되게 되었다. 이 무렵부터 새롭고 더 큰 국가가 두각을 드러내게 되었고, 반면에 도시 국가는 영향력을 잃었으며, 인구가 더 많고 더 큰 지역에 식량을 제공해야 했기 때문에 배의 크기가 더 커져 갔다.

특히 왕성한 정복활동을 전개하던 알렉산더 대왕이 기원전 323년 급서한 후 그리스 본토의 많은 영토를 지배한 마케도니아 왕국은 피레우스항에서 나오는 수입으로 아시아 및 이집트의 그리스인 지배 항구들이 새롭게 성장하였다. 이때 발달된 해상교역 도시로는 칼키스, 코린트, 안티오키아, 셀레우키아, 로도스, 알렉산드리아, 시라쿠사 등으로 이들 도시를 중심으로 상인들이 활동하였다. 이러한 도시에 은행가들이 많이 생겨 상인과 제조업자 그리고 정부에게도 자금을 빌려주었다(윌 듀런드(2), 2011, pp. 312~313). 특히 이 당시 아테네는 해군력이 약화되면서 곡물공급원의 경로도 확보할 수 없게 되었고, 모든 것이 아시아와 이집트가 주도하는 시대가 왔다.

이 무렵 지중해의 해상무역의 주요 중심지는 [그림 4-8]에서 보는 것처럼 카르타고, 시칠리아, 시라쿠사, 그리스의 아테네, 코린트 그리고 이집트의 멤피스 등

그림 **4-8** 기원전 300년경 지중해 해상무역 루트

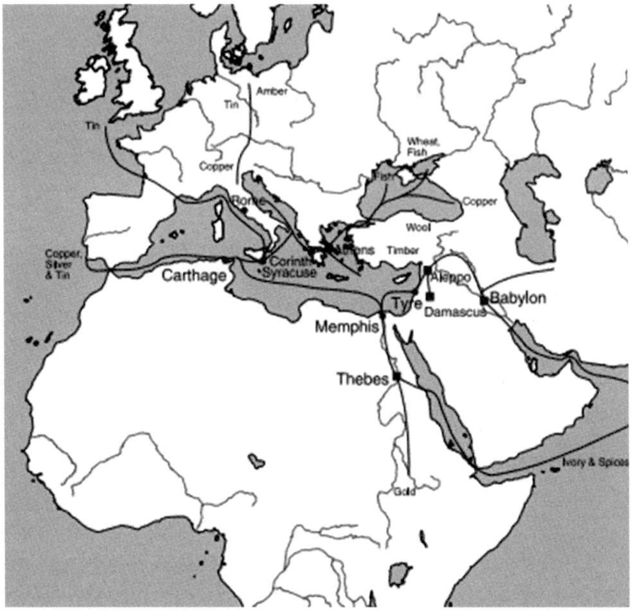

자료: Stopford(2009).

으로 확장된 그리스 세력이 해상운송의 주도권을 차지한 시기이다. Stopford(2009)는 아테네의 인구 증가로 흑해 지역과 남부 이탈리아 지역으로부터 대량의 곡물을 해상을 통해 수입하게 된 것이 벌크교역의 시초가 되었다고 주장하고 있다.

그리스의 프톨레마이오스 왕조가 통치하게 된 이집트의 알렉산드리아는 피레우스로부터 해운의 중심지를 인계받았으며, 점차 시간이 지나면서 상당히 범세계적인 도시가 되었다. 대부분 그리스인과 이집트인이 거주하고 다른 인종도 다수 거주하는 도시로 발전하였다. 당시 알렉산드리아에 거주하는 그리스인들은 세계 최대의 상인이자 선주로서 지중해와 에게해를 장악하고 있었다. 기원전 280년에 항해하는 선박을 위한 최초의 등대가 알렉산드리아 항구의 파로스(Faros) 섬에 지어졌다. 이후 "φαρο$(faros)"라는 단어는 그리스어로 등대를 의미하게 되어 오늘날까지 내려오고 있다. 등대의 높이는 120m로 빛은 40마일에서 보였으며 그리고 거울은 빛의 강도를 높이고 반사하는 데 사용되었는데 주위 60km까지 비쳤다고 한다([그림 4-9]참고).[23]

또한 기원전 285년 프톨레마이오스 2세는 헬리오폴리스 부근의 나일 강에서 수에즈 운하 근처 홍해까지 이르는 수로를 재개하기 시작했다. 이 당시 나일 강은 여객과 화물 운송으로 붐볐고 이러한 여객과 화물 운송업은 정부의 규제 아래 민간이 운영하였다. 윌 듀런트(2)(2011, p. 351)에 의하면 적재량이 300톤에 달하는 상선단을 프톨레마이오스 왕조는 보유하였다고 한다. 이러한 상선대를 보유한 알렉산드리아는 세계 교역의 중심지로 이집트에서 생산되는 곡물과 제조된 각종 상품이 중국, 아프리카, 러시아, 영국까지 수출되는 기지 역할을 수행했다. 이집트 선박은 아랍 상인과 맞서면서 나일 강과 인도 간 직항로를 개척하였으며, 알렉산드리아는 동방 상인들의 주요 활동 중심지에서 후에는 지중해 시장의 주요 중계항의 한 곳으로 발전하였다.

---

23) 파로스 등대는 크니도스의 소스트라토스가 설계하였으며, 약 800달란트(약 240만 달러)의 자금이 투입되어 건설되었다. 이 등대의 외벽은 흰 대리석으로 지어졌고, 대리석과 청동 조각으로 장식하였다. 기둥형 등대의 둥근 지붕 위에는 6.5m의 포세이돈 상이 세워졌다. 이 등대는 기원전 279년에 완공된 후 유지되어 오다 13세기에 파괴되었다(윌 듀런트(2), 2018, p. 351).

그림 **4-9** 파로스섬의 등대 상상도

자료: https://tayler.tistory.com/557

해상무역에 관한 프톨레마이오스(Ptolemy)[24]의 정책은 국가가 크게 관섭하는 기조로 아테네의 정책과 매우 달랐다. 알렉산드리아가 매우 강력한 해양 중심지가 되면서 로도스(Rhodes)의 해운 기여도는 절정에 이르렀다. 섬의 크기를 고려할 때 실제로 대량 생산자가 아니었기 때문에 이러한 측면에서 로드스의 노력은 환적화물 중심지로 자리를 잡았으며, 이러한 역할은 지리적 위치의 이점으로 수세기 동안 성공적으로 수행되었다. 아테네와 마찬가지로 그들은 섬을 통과하는 모든 화물에 대해 2%의 부담금[25]을 부과했으며, 선주, 상인 및 은행가 간의 긴밀한 관계를 장려했다. 이 부과금은 당시 아주 많은 돈에 해당하는 연간 1백만 드라크

---

24) 이집트의 프톨레마이오스 왕조는 알렉산더 대왕 사후 그의 부하였던 마케도니아 출신 프톨레마이오스1세 소테르가 이집트에 세운 그리스 왕조(BC 305~BC 30)이다. 이 왕조는 알렉산더가 정복한 영토를 그의 후계자들이 3등분하여 통치하게 될 때 성립한 것으로 마케도니아, 시리아와 함께 300년간 서로를 견제하는 가운데 존속하면서 그리스 문화권의 헬레니즘 왕국을 지켜나갔다. 이 왕국은 BC 30년 악티움 해전에서 로마군에 패배하면서 종말을 맞게 되는데, 이때 통치자가 우리가 익히 아는 클레오파트라 7세 여왕(BC 69~BC 30; 재위 BC 51~BC 30)이다.

25) 윌 듀런트(2)(2011, p. 324).

마를 모으기도 하였다. 윌 듀런트(2)(2011, p. 323)에 의하면 로드스는 상품 환적 항, 화폐 교환소, 상업 자금 조달원의 기능을 수행하였고, 또한 시민으로 구성된 함대로 해적을 소탕하고 나아가 해상법도 수립한 것으로 평가하고 있다. 이 해상법은 매우 합리적이라 지중해 교역에서 질서를 유지하는데 중요한 역할을 수행하고 훗날 로마와 콘스탄티노플 및 베니스의 해상법으로 발전되었다.

그리고 아시아를 지배한 셀레우코스왕국도 알렉산더의 정복으로 많은 정부의 언어 장벽이 허물어지고 동서양이 더 원활한 교역의 장으로 되면서 상업을 중심으로 경제가 활성화되었다. 특히 그리스 본토가 점점 쇠퇴하는 동안 셀레우코스는 농업, 상업 및 산업이 발전하였다. 특히 상업은 헬레니즘 시대 경제의 젖줄로서 부의 축적에 중요한 역할을 하였고, 이집트, 로도스, 셀레우키아, 페르가몬 등의 정부가 화폐를 발행하면서 국제교역 또한 활성화되었다. 화폐 경제의 활성화로 은행가는 민간 및 정부에 신용을 제공하였다. 그리고 교역에 사용되는 배의 크기도 점차 커지고 속도도 시속 7.5km 내지 11.5km로 증가하여 항해 시간을 단축하며 교역을 더욱 촉진시켰다(윌 듀런트(2), 2011, p. 332). 이 당시 교역망은 아프리카의 카르타고, 스페인, 시라쿠사, 마케도니아, 그리스, 이집트, 마우리 왕조의 인도, 중국을 포함하고 있었다.

그런데 로도스는 기원전 225년에 일어난 아주 파괴적인 지진 이후 쇠퇴하기 시작했고, 그 후 기원전 175년경부터는 동지중해에서는 아테네, 로도스섬, 안티오크(Antioch), 알렉산드리아 등 4개의 도시가 해상무역 중심지로 성장하였다. 안티오크와 알렉산드리아는 홍해와 아라비아만을 통해 동쪽 아시아 지역과 연결되어 더욱 강성하게 뻗어나갔다. 기원전 167년 즉 로마가 지중해의 해상 문제에 보다 더 활동적으로 역할을 담당하기 시작한 무렵에 로마인들은 Delos를 자유항으로 선포했다. 이후 이 섬은 외국 상인과 그들의 사무소, 창고, 각양각색의 이국적인 사원들로 넘쳐났으며, 연간 교역규모가 75만톤에 이르렀고, 섬 주민도 기원전 1세기 무렵에는 약 30,000명에 달하였다고 한다.

이상에서 개략적으로 살펴본 그리스의 고대 해운은 동방세력의 상징이었던 페르시아 제국과의 전쟁을 치루면서 육상에서의 역부족을 인식하면서 새로운 전기를 마련하였다. 특히 아테네가 바다로 관심을 돌리면서 해양력을 키우게 된 것으로 평가되고 있다. 페르시아가 2번에 걸쳐 그리스 본토를 침공하는 것을 해전에서 결정적으로 승리를 거두면서 도시국가 아테네가 해상강국으로 발전할 수 있었

던 것으로 생각된다[26]. 그리고 그리스가 처한 지정학적 환경이 그리스를 바다로
나아가게 한 것으로도 보인다. 특히 크레타가 이집트와 페니키아로부터 항해술
등을 기원전 2000년경부터 수용하면서 그리스의 해양력을 강화하는 단초를 마련
한 것으로도 사료된다. 특히 기원전 480년의 페르시아 전쟁에 대비하여 다수의
선박을 확보하고 선박조종술을 시민들에게 훈련 시킨 아테네 지도자 테미스토클
레스 장군의 선견지명이 오늘날의 그리스 해운에까지 그 정신이 전해지고 있지
않나 하는 생각도 든다.

---

26) 박경규(20215.3.1).

5　로마시대 이후 그리스 해운

　　이 장은 그리스가 주권을 상실한 로마시대 이후부터 현대에 이르는 장구한 세월에 걸쳐 그리스 해운이 어떻게 발전해 왔는지를 요약하고 있다. 이렇게 시대를 구분한 것은 그리스가 기원전 146년에 코린토스가 로마에 점령되면서 약 2000년을 로마와 오스만 제국의 지배를 받은 쓰라린 고난을 겪은 점을 고려했기 때문이다. 그럼에도 불구하고 1832년 독립을 쟁취한 후 그들이 갖고 있는 항해술, 선박건조 등을 포함한 해양기술을 마음껏 발휘하며 오늘에 이르고 있다. 독립 후 150년이 되지 않은 시점인 1980년대 초에 세계 1위의 해운강국으로 발전하며, 그들이 갖고 있던 해양 잠재력이 발산되고 있다. 이 장에서는 이 오랜 기간을 다섯 시기로 구분하여 각 시대별 그리스 해운의 역할과 성장 등에 대해 고찰하고 있다. 즉 로마시대, 비잔틴 제국 시대, 오스만 제국 시대, 독립운동에서 2차 대전까지 그리고 2차 대전 후 현재까지로 나누어 그리스 해운 성장 과정을 고찰하고 있다. 로마 시대와 비잔틴 시대의 그리스 해운에 대한 자료는 구하기 어려워 간략히 정리하고 있다. 그러나 오스만 제국 이후는 그리스 선대와 선사 등에 대한 통계 자료 등을 문헌에서 구할 수 있어 다소 자세히 살펴보았다.

5.1　로마 시대 해운과 그리스인의 역할

　　알렉산더 대왕이 구축한 헬레니즘 세계가 기원전 30년 악티움 해전서 이집트가 패하면서 그리스의 해상에서의 자주적 활동은 상당히 위축되기 시작하였다. 특히 기원전 168년 마케도니아가 로마의 속주로 되고, 이어서 기원전 146년 코린트가 로마와의 전쟁에서 패하면서 그리스도 로마의 속주가 되었다. 로마는 기원전 65년 시리아를 정복하면서 그 전에 그리스가 지배했던 영토 대부분을 차지하게 되었다. 이후 로마는 교역의 중심으로 부상하고 광범위한 교역네트워크를 구축했다.

로마의 관습상 시민이 상인이나 선주가 되는 것을 허용하지 않았기 때문에 그 틈새를 그리스 해상무역업자들이 메꾸었다고 한다(Polemis, pp. 8~9)[1]. 특히 강력한 제국인 로마의 등장으로 해상무역업자나 선주 등은 전쟁의 종식, 해적의 소탕으로 보다 자유롭게 해상활동을 전개할 수 있게 되었다. 로마가 제정한 법과 로마군인들은 농부와 장인들을 보호하였고, 자본가들의 무역이나 사업을 수행하는데 필요한 제도적 뒷받침이 제공되었다. 특히 잘 건설된 도로가 항구로 연결되면서 해상교역은 더욱 촉진되었다. 이러한 로마의 제도적 장치는 로마 시대가 도래한 이후에도 로마는 오랜 세월 동안 해상무역을 주도한 전통적인 해양 민족인 그리스인들이 선박을 보유하고 바다를 자유롭게 드나들 수 있게 하며, 해양무역을 장려하였던 것으로 알려져 있다(Polemis, p. 9).

로마는 인구가 늘어나면서 식량이 부족하여 매년 북아프리카, 시칠리아, 이집트 등으로부터 300만 부셸 이상의 곡물을 수입하게 되었는데 이를 위한 선대의 확보와 해상무역에 대한 수요도 증대하였다(Stopford, 2009, p. 10)[2]. <표 5-1>에서 보고되고 있듯이 로마는 그리스, 이집트, 시리아, 소아시아, 아프리카, 영국 등으로부터 다양한 물품 특히 곡물을 주로 많이 수입하였다. 그리고 동지중해의 국가인 레바논과 이집트와는 공산품 무역을 해상을 통해 활발하게 전개하였다. Polemis가 밝히고 있는 것처럼 이러한 로마의 해상교역에서 선박의 운항 등은 그리스인이 큰 역할을 수행하였던 것으로 평가되고 있다.

---

1) 로마와 이슬람 세력도 선박조종술과 항해술에 정통한 그리스인을 함선 승무원으로 고용했다는 언급을 하고 있다(존 줄리어스 노리치(이순호 역)(상)(2009), p. 138).
2) 일부 문헌에서는 이집트로부터 연간 2,000만 부셸의 곡물을 도입하였고, 이집트로부터의 곡물 수입이 줄어들었을 때는 아프리카로부터 연간 1,000만 부셸을 들여온 것으로 밝히고 있다(어니스트 페일, 2004, p. 63).

표 5-1 로마 속주의 수출 품목

속주	수출품목
그리스	올리브 기름, 포도주, 꿀, 대리석, 돌, 오지그릇
이집트	곡물, 대추야자, 파피룻, 화강암, 건축용 석재, 아마(포), 유리제품, 이디오피아산 금은, 아프리카산 상아, 아라비아 산 보석 및 향료, 인도산 제품의 재수출품
시리아	도로 포장용 석회석과 현무암, 모재, 과일, 포도주, 비단과 아마 제품, 염료와 염직물, 유리제품
소아시아	올리브 기름, 포도주, 송로버섯, 생선, 약초, 건과, 밀랍, 송진, 아마, 유화납, 비소, 대리석, 천막
아프리카	곡물, 과일, 올리브(기름), 송로버섯, 생선, 피클, 상아, 밀감나무, 대리석, 돌비늘, 가죽, 모피, 산 짐승, 노예
누미디아	대리석, 산 짐승
모리타니아*	상아, 밀감나무, 염료, 모직물, 사자, 코끼리, 등, 사냥개
스페인	금은, 납, 철, 구리, 생선, 피클과 소스, 기름, 꿀, 포도주, 과일, 아마, 양털, 옷감, 그물
골(Gaul)	곡물, 기름, 포도주, 철, 모직물, 오지그릇, 유리제품
영국	주석, 납, 가죽, 양털, 굴, 거위, 사냥개

주: *북아프리카에 있었던 고대국가
자료: 어니스트 페일(김성준 역)(2004), pp. 64~65.

　　로마가 그리스를 정복하고 선진 문명과 문화를 보고 배우기 위해 로마인들은 그리스의 여러 명승지를 방문하고 아테네로 유학을 오기도 하였다. 로마 황제 줄리어스 카이사르가 그리스 법을 배우기 위해 로드스를 방문할 때 화물선에 승선한 경험을 살려 그리스 선주들에게 보다 큰 선박을 건조할 것을 제안하기도 하여 1,300 DWT의 선박이 등장하기도 하였다(Polemis p. 9). 이 당시 선박의 소유자는 선박을 상인에게 용선을 하였는데, 관련 서류는 거의 오늘날과 같은 정도의 정보를 담고 있었다. 즉 선주 명, 선박의 크기, 화물의 규모, 운임 지급시기, 화물의 종류 등을 용선계약서에 담고 용선 당사자가 서명을 하였고 선장의 이름도 용선계약서에 기록되고 있는 것이 특이하다고 한다. 기원후 236년에는 선하증권(bill of lading)이 발급되었는데, 즉, 성숙한 상선시스템이 적용된 사례로서 나일 강에서 곡물종자를 운반하던 로마 선박이 처음으로 발급하였다(Stopford, 2009, p. 10). 이집트의 미오스 헤르모스에서 포도주, 금속, 금 등을 실은 배가 매년 120척 정도 인도를 향해 출항하였으며, 160년경에는 중국까지 해로가 열리기 시작했다(어니스트 페일, 2004, pp. 66~67).

특히 로마인들이 그리스인들로부터 받아들여 오늘날까지 해상무역에서 적용되는 것 중의 하나가 '투하(jettison)의 원칙'으로 이는 로드스 사람들로부터 배운 것으로 알려져 있다. 선주는 통상 한 척의 배에 지휘관 2명을 지명하여 승선시켰는데, 한 명은 항해를 책임지는 항해 선장(gubernator)이고, 다른 한 명은 사업 관리자(magister)이다. 후자는 운송계약, 운임, 선박 수리, 교역품의 매매 등을 책임졌다.

로마는 제국을 구축한 후 시민이 상인이나 선주가 되는 것을 허용하지 않다 보니 전통적인 해양 사람들인 그리스인들이 보유하고 있는 선박건조 기술과 선박 조종술을 적극 활용하여 해상교역을 활성화한 것으로 평가되고 있다.

5.2 비잔틴 제국과 그리스 해운

기원후 330년 5월 11일 로마의 콘스탄티누스 대제가 옛 그리스의 식민지인 비잔티움을 로마의 새로운 수도로 정하고 출범한 동로마 소위 비잔틴 제국은 그리스인이 중추적인 역할을 한 시기로 알려져 있다. 특히 610년 비잔틴 제국에서 사용하는 공용어가 라틴어에서 헬라어로 변경되는 등 그리스의 영향력이 아주 크게 작용한 시대로 평가되고 있다. 특히 비잔틴 시대에 기독교가 국교화된 후 비잔틴 제국의 기독교는 로마의 가톨릭과는 다른 원리를 채택하고 있는 그리스의 정교회가 자리 잡으면서 그리스의 영향을 많이 받았고 모자이크로 수를 놓은 비잔틴문화가 탄생하게 되었다.

콘스탄티누스 대제가 수도로 삼은 비잔티움은 보스포루스 해협에 위치해 있으면서 에게해 동쪽에서 해상무역의 중심 항구로서 상업이 번창한 도시였다. 이 도시에 거주하는 인구 중에서는 그리스인이 가장 많았고, 자연스럽게 그리스인들이 해운 활동에서 활력을 되찾게 된 시기이기도 하다. 아나스타시우스 1세(재위 491~518)는 징세제도의 개혁, 그리고 상공업 중시 정책을 펼쳤고 그후 유스티아누스 1세(재위 527~565)는 홍해를 거쳐 인도양으로 가는 해로를 확보하기 위해 노력을 기울이는 등 동방과의 해상무역을 확대하려고 하였다[3]. 9세기 초에 황제로 재임한 니케로스(재위 802~811)는 803년에 해양은행을 설립하여 선박 건조에 소요되는 자금을 선장과 선주에 대출하여 주고 17%의 이자를 부과하였다[4]. 그리고 선박의 가치를 측정하고 소유권 설정, 선박의 등록 그리고 공인된 선장의 등록을 유지하는 상선에 대한 필요한 정책을 집행하는 상선부(Mnistry of Mercantile Marine)도 있었다. 그리고 비잔틴 시대에 오늘날의 선주상호보험조합(P&I club)에 해당하는 상호보험을 도입하였고 또한 보험 청구, 해운대출, 선주의 책임에 대한 법률을 제정하고 그리고 선주와 선원 사이의 관계를 규정하는 규정을 만들기도 하였다. 또한 비잔틴 시대의 600~800년 기간 동안의 해상법과 관습을 집대성한 로도스 해법(Sea law of the Rhodians)은 지중해와 에게해의 해상교통을 규제하는 모태가 되었다[5].

특히 8세기 이후 비잔틴의 해상력이 쇠퇴하면서 베네치아, 제노바, 아말피 등과 같은 이탈리아 도시, 자라, 라구사 등의 라틴 도시, 프랑스의 마르세유 등으로 해상무역의 무대가 이동하였다. 이러한 남부 유럽이 해상무역의 중심지로서 세력을 형성하는 한편 북유럽의 발틱지역의 한자동맹 또한 해상무역에서 두각을 나타내기도 하였다. 특히 1204년 제4차 십자군은 비그리스도인들보다도 더 무자비하게 콘스탄티노플을 유린하였고 그 후 콘스탄티노플이 오스만 세력에 의해 함락된 후 해상력은 베네치아와 제노바로 거의 넘어갔다. 이러한 격변기를 겪으면서 13세기부터 그리스의 해상력은 크게 위축되어 그리스 선원은 외국 선박에 승선하면서 그들의 우수한 선박조종술을 통해 능력을 발휘하며 인정을 받는 정도에서 해양력을 유지하였다. 해상무역의 주도권이 베네치아와 제노바로 넘어간 후 비잔틴 제국의 해양경제가 붕괴되면서 그리스의 해상활동에 대해서도 논의할 만한 가치가 없어지게 되었다. 특히 이 무렵 베네치아는 비잔틴 제국 어느 곳에서든지 세금이나 규제 없이 자유로이 교역할 수 있는 권리를 획득하면서 동서교역권을 장악하게 되었다.

Polemis(p. 11)는 비잔틴 제국의 해상교역이 쇠퇴하면서 그리스의 해상활동이 거의 중단된 후 베네치아[6], 제노바[7] 그리고 터키는 우수한 그리스 해상인력을

---

3) 게오르크 오스트로고르스키(한정숙, 김경연 역)(2001), pp. 45~55.

4) Polemis(p. 10)을 참고하였다. 그런데 게오르크 오스트로고르스키(2001, p. 150)에 의하면 국가가 부유한 선주에게 거의 강제로 1파운드의 금을 빌려주고 16.66%의 이자를 받았다고 기술하고 있다.

5) 게오르크 오스트로고르스키(한정숙, 김경연 역)(2001), pp. 82~83.

활용하여 지중해와 에게해에서의 해상무역을 주도하게 되었다고 평가하고 있다. 한편 그리스의 섬 일부는 이들 3국의 지배 아래에서도 선박 건조는 유지된 것으로 논의되고 있으며, 15세기 전반기 그리스인들은 최고의 갤리선을 건조하기도 하였다.

5.3 오스만 제국과 그리스 해운

오스만 제국(1299~1923)은 마르마라해와 에게해 그리고 동부 지중해로 연결되는 차나칼레해협에서 80km의 거리에 있는 실크와 직물의 도시인 부르사(Bursa)에서 출범하여 약 620여 년 동안 유지된 왕국이다. 특히 술탄 메흐메드(Mehmed) 2세(재위 1451~1481)는 발칸반도까지 영토를 확장하고, 1453년에는 동부로마의 수도 콘스탄티노플을 정복하였다. 이 시점부터 1566년 쉴레이만(Suleyman) 대제가 사망한 시기가 오스만 제국의 절정기로 평가되고 있다. 그동안 베네치아공화국과 제노아공화국이 지배하던 로드스섬과 키오스섬을 점령하였고, 곧 이어 키프로스섬도 손에 넣게 되었다.

Polemis(p. 12)는 오스만 제국이 그리스 상인과 다른 발칸 상인들이 아드리아해와 다뉴브강의 해로를 통해서 뿐만 아니라 발칸 육로를 통해서 서유럽과의 교역을 의도적으로 확대하도록 정책을 펼쳤다고 주장하고 있다. 이러한 주장에 대한 근거의 하나로 1477년에 5명의 그리스 상인 컨소시엄이 콘스탄티노플, 갈라타(Galata), 갈리폴리(Gallipoli) 등에서 항만의 관세대리점(customs agencies)을 매입할 때 총 450,000 ducats를 지불하며 무슬림 경쟁자를 따돌리기도 한 데서도 나타나

---

6) 베네치아는 선박의 소유와 운항을 국가 주도적으로 관리하였는데, 15세기 초 베네치아는 3,345척의 선박을 보유하고 있었으며, 또한 이들 선박의 운항을 위해 36,000명의 선원이 고용되었다. 그리고 선박건조를 위해 국영조선소는 16,000명을 고용한 것으로 보고되고 있다. 그리고 12세기 말에서 13세기 초에는 예루살렘과 메카로 성지 순례를 가는 여행객도 매년 1,000명 가까이 수송하였다(남종국, 2018, p. 110; pp. 115~119). 이처럼 많은 선원이 필요한 시기 항해조종술에 있어 우수한 능력을 보유한 그리스 선원의 활동 공간은 많았던 것으로 볼 수 있다.

7) 제노바는 베네치아와는 달리 정부의 개입이 약하고 대신 선장과 상인의 계약에 의해 해상운송이 진행되었는데, 15세기 중엽 제노바의 원형 범선(코카 선)은 지중해서 가장 큰 선박으로 독보적인 수송능력을 발휘하며 제노바의 해상력도 상당하였다(남종국, 2018, pp. 112~114).

고 있다고 한다. 15세기부터 그리스 상인들은 아드리아해의 해상무역을 주도했으며, 16세기 중후반 쉴레이만 대제가 로드스섬 등을 점령하기 전까지는 라구사인들(Ragusans)[8]과 베네치아인들이 서구와 오스만 제국의 무역을 거의 전적으로 독점했다. 또한 16세기 후반기 동안 리보르노(Livorno)[9]의 해운경제는 그리스 해운이 중앙 지중해를 넘어 해상교역에 참여하였다는 것을 입증하고 있다. 1573년과 1593년 사이 자킨토스(Zakynthos), 크레타, 키오스, 콘스탄티노플 그리고 알렉산드리아 등으로부터 리보르노에 도착한 것으로 보고된 선박들이 그리스 선박, 프랑스 선박 등으로 등록되어 있었다. <표 5-2>는 18세기 후반 리보르노와 제노아에 그리스 소유 선박이 들어온 통계를 보고하고 있는데, 이를 통해서 그 이전에도 그리스 소유 선박이 해상교역에 참여하면서 리보르노항을 드나들었을 것으로 추정된다.

표 5-2 주요 항구에 도착한 그리스 소유 선박의 추이(1768-1807)

연도	Venice	Trieste	Malta	Livorno	Genoa	Marseille	Barcelona	Malaga	Cadiz	합계
1768~1772	8	11	9	10						38
1773~1777	11	6	5	14						36
1778~1782	13	26	25	18						82
1783~1787	11	40	73	30	12					166
1788~1792	13	14	55	39	7					128
1793~1797	10	25	39	71	134	33				312
1798~1802	7	3	63	71	110		15	12	9	290
1803~1807	17	1	147	91	13		22	35	23	349

자료: Harlaftis and Laiou(2008), p. 7.

오스만 제국의 출범 후 약 400년이 흐른 시기인 1699년에 신성로마제국 등과 맺은 카를로비츠 조약(Treaty of Karlowitz)[10]은 오스만 제국이 쇠퇴의 길을 걷는

---

8) 라구사 공화국은 현재 크로아티아 지역의 역사적 지역인 달마티아에 14세기부터 1808년까지 존속한 작은 공화국으로 수도 라구사는 오늘날 크로아티아의 두브로니크에 해당한다. 15, 16세기에는 해상무역으로 번영을 누렸으나 나폴레옹의 정복 활동으로 1808년 멸망하였다.(구글)

9) 이탈리아 서해안에 있는 항구 도시로 피사와 운하로 연결되면서 중세 시대부터 발전하기 시작하였다.(구글)

10) 이 조약은 유럽의 대튀르크 전쟁을 종식시킨 평화조약으로 오스만 제국이 1679년 9월 11일에 발생한 젠타 전투에서 패배한 후 영국과 네덜란드의 중재로 신성로마제국, 폴란드, 베네치

전환점이 되었다. 이 무렵 그리스 상인들은 전 발칸 반도의 원료 공급자였을 뿐만 아니라 이집트, 에게해 그리고 그리스 본토 등과의 무역과 해상활동에서 큰 영향력을 행사하게 되었다. 그리스 상인들은 단순한 운송업자와 지역 상인을 넘어 상품을 수입하여 최종 소비자 시장에 상품을 유통하는 사업자가 되었고 또한 해외구좌로 상품을 취급하는 해운대리점 역할도 수행하게 되었다. 특히 1592년과 1783년 사이 콘스탄티노플은 육로를 통한 교역이 가능함에도 해상무역에 의존하였기 때문에 그리스 상인의 역할이 증대되었다[11]. 콘스탄티노플과 주요 항구를 잇는 해상교통을 위해 17세기 후반 기간 동안에는 약 15,000척에서 16,000척의 선박(peramas 및 caiques)가 필요했던 것으로 추정되고 있다. 이러한 지역 교통에서도 발칸해와 지중해 지역 출신이 약 12,000명의 선장들이 이들 선박에 승선했는데 그중 대부분이 그리스인 선장인 것으로 밝혀지고 있다(Polemis, p. 16). 그리스인은 갈라타(Galata)를 중심으로 흑해에서 알렉산드리아에 이르는 해상활동에서 주역으로 활동하면서 특히 곡물거래를 거의 준독점하였다.

18세기에 들어서는 오스만 제국에서 그리스인은 고위 관료직에 다수 진출하였으며, 또한 유력한 금융가, 상인 및 정치인들이 다수 배출되어 그리스인들의 상업 활동 등을 돕기도 하였다. 18세기 초 그리스인 은행가문인 파나리오트(Phanariotes)가는 유대인과 미국의 은행 독점에 도전하였으며, 18세기 말에는 그리스 은행들이 오스만 제국의 은행업을 주도하기도 하였다. 나아가 그리스인 상인선원들을 지원하기도 하였다. 그리스 해상무역업자들은 이탈리아로 진출하기도 하며 영국 등 유럽으로 활동 공간을 넓히기도 하였다. 특히 러시아의 그리스 상선에 대한 보호 장치인 피보자제도(protege system)의 도입으로 그리스 선박이 러시아 국기를 달고 항해하는 경우 안전이 확보되기도 하였다. 18세기 해양 강국들의 충돌로 해적 활동이 만연하게 되었고, 그리스도 해적 기업이 절정에 이르기도 하였다.

Polemis(p. 18)는 18세기 중반 그리스 해상무역의 확대에 영향을 미친 요소로 다음의 4 가지를 들고 있다. ① 흑해 연안 등에서 수출 가능한 잉여 농산물의 존재 ② 발칸 국가로부터 농업 생산품에 대한 서유럽의 수요 증가 ③ 지역 상호

아 공화국 등과 평화조약을 체결하였다. 이 조약으로 오스만 제국은 중앙유럽에서의 지배권을 상실하고 합스부르크 군주국은 중앙유럽, 동남유럽에서 지배적 위치를 획득하였다(위키백과).

11) 특히 육로의 운송비에 비해 해상운송비가 훨씬 저렴하여 당시 강대국들 사이의 교역에는 선박이 주로 이용되었다. 보다 자세한 내용은 도날드 쿼터트(이은정 역, 2018, pp. 193~202)을 참고하기 바랍니다.

간 상업에서 자본의 축적과 투자 ④ 해상세력의 경쟁에도 불구하고 해운에 대한 투자가 수익성을 낼 수 있다는 경쟁 조건 아래 해운 산업에 대한 투자 가능성 등 이다.

그리스 독립 운동 초기부터의 자료에서도 나타나고 있듯이 18세기 이후 그리스 해운의 발전은 영국의 영향력이 컸던 이오니아해의 메소롱기(Messolongi)와 갈락시디(Galaxidi)에서 시작되었는데, 즉 1730년에 처음으로 대규모 상선이 이 두 곳으로 들어왔다. 영국은 18세기초부터 그리스인의 선박에 대한 투자를 장려하였고, 그 후 1740년부터는 프랑스도 그리스인의 프랑스 선박에 대한 투자를 허용하였다. 1764년에 Galaxidi의 상선은 총선복량이 10,000톤으로 보유 선박은 50척이었고 약 1,000명의 선원을 보유했으며, 1770년에 메소롱기는 배가 80척이 있었다(Polemis, p. 19). 히드라(Hydra)도 1656년부터 그리스 상선의 활성화가 시작된 곳이었지만 주권을 상실한 관계로 기국을 오스만으로 하거나 아니면 원양 항해를 위해서는 영국, 러시아 등의 국기를 달기도 하였다.

<표 5-2>는 오스만 제국 후기 시대의 주요 항국에 입출항을 한 그리스 소유 선박의 추이를 보고하고 있다. 이 표에서 보는 것처럼 당시 그리스인들은 1453년 비잔틴 제국이 멸망하면서 그 위상이 아주 약해졌을 것으로 사료된다. 그러나 의외로 그리스 선주나 상인들은 러시아의 후원으로 해상무역을 포함한 상업활동에서 상당한 자유가 주어졌던 것으로 평가되고 있다. 특히 밀레트제도(Millet system)의 시행으로 그리스인은 종교의 자유를 가질 수 있었고 나아가 민족 고유문화와 언어를 지킬 수 있었다. 밀레트제도의 시행으로 정교회를 믿는 그리스인들은 바다와 관련된 일을 하거나 상업에 많이 종사하였다. <표 5-2>에서 나타나고 있듯이 1768년에서 1782년 사이 주요 항구에 드나든 그리스 소유 선박은 100척 미만이었으나, 그 후 5년 단위로 나누어 보면 10개 주요 항구에 입출항 한 그리스 소유 선박이 크게 증가하고 있는 것을 알 수 있다. 1803~1807년 사이에는 349척에 이르고 있어 그리스 선주들이 상당한 선박을 소유하고 있음을 알 수 있다.

<표 5-3>은 레반토와 Barbary 국가에서 마르세유항에 입항한 선박 중 그리스 선박의 비중을 보고하고 있는데, 여기서 1794년 이후 그리스 소유 선박의 비중이 10%를 넘고 있는 것을 알 수 있다. 그리고 1796년에는 그리스 소유 선박이 94%에 달하게 되었고 그 후도 25% 이상 유지된 것으로 보고되고 있다. 이러한 자료에서 우리가 알 수 있는 것은 그리스가 주권을 잃었으나, 18세기 말 무렵에

는 상당한 선박을 소유하며 해상운송에 참여하였다는 점이다. 이는 1774년 오스만 제국과 러시아 사이에 맺은 큐축 카이나자르 협정으로 그리스인들이 지중해에서 상업활동에 대한 자유가 주어졌기 때문으로 풀이된다.

표 5-3 Levant와 Barbary 국가*로부터 Marseille항에 입항한 선박 추이

연도	총 선박 수	그리스 소유 선박 수	그리스 선대의 비중(%)
1789	341		
1790	286	2	0.7
1791	393	3	0.8
1792	366		
1793	80		
1794	34	4	12
1795	124	28	22
1796	69	65	94
1797	85	21	25
1798	64	18	28

주: * Barbary States는 16~19세기 오스만 제국하의 Morocco, Algeria, Tunis, Tripoli임.
자료: Harlaftis and Laiou(2008), p. 10.

오스만 제국 시대 후반기인 1804~1821년 기간 동안 이스탄불에 등록된 그리스인이 소유한 선박에 대한 통계가 <표 5-4>에 보고되고 있다. 여기서 보면 동 기간 동안(18년) 총 1,423척이 등록된 것을 알 수 있고, 특히 1805년, 1806년, 1809년, 1810년, 1812년에 그리스인 소유 선박이 많이 등록된 것을 알 수 있다.

표 5-4 이스탄불에 등록된 연도별 오스만 그리스 선박수의 추이

연도	선박 수	연도	선박 수	연도	선박 수	연도	선박 수
1804	42	1809	367	1814	14	1819	23
1805	239	1810	106	1815	36	1820	34
1806	190	1811	55	1816	40	1821	11
1807	2	1812	153	1817	18	합계	1,423
1808	6	1813	51	1818	36		

자료: Harlaftis and Laiou(2008), p. 27.

이스탄불에 등록된 그리스 소유 선박 척수가 상당한 수준에서 유지되고 있는 것은 오스만 제국이 도입한 밀레트제도에 의해 그리스인들이 해양활동에 적극적으로 참여하면서 선박을 취득하게 된 결과로 보인다.

<표 5-5>는 1780~1810년 동안 약 5,000척의 그리스 소유 선박의 주요 항구별 선박의 기국에 대한 통계를 보고하고 있다. 몰타항의 경우 2,352척 중 64%는 오스만 국기를 달았으며, 나머지는 러시아, 베니스 등의 국기를 달았다. 18세기 말에서 19세기 초 약 30년 동안 그리스 소유 선박은 평균적으로 오스만 국기를 취득한 경우가 83%로 절대적으로 높은 비중을 차지하고 있다. 다음으로는 러시아의 국기를 취득한 비중이 높은데, 이는 그리스 정교를 믿는 그리스인들의 종교, 경제활동 등에 대한 보다 많은 자율권을 명시한 1774년의 큐축 카이나자르 협정의 영향을 받았기 때문으로 보인다[12].

표 5-5 항구별 그리스 소유 선박의 기국 구성비(1780~1810)

항구	오스만 국기	베니스 국기	러시아 국기	이오니안	기타	총선박수
Malta	64%	3%	6%	4%	23%	2,352
Livorno	83%	6%	9%	2%	0%	1,604
Genoa	98%	1%	0.2%	0	0.8%	1,024
평균/합계	83%	3%	6%	2%	8%	4,980

자료: Harlaftis and Laiou(2008), p. 28.

또한 동기간 동안(1780~1821) 이집트의 알렉산드리아항과 우크라이나의 오데사항에 입항한 선박 중 그리스 소유 선박의 비중을 <표 5-6>에서 보고하고 있다. 통계가 있는 연도에 있어서 알렉산드리아항의 경우 적게는 25%를 차지하고 많은 해에는 72%까지 차지하고 있는 것으로 드러나고 있다. 오데사 항의 경우 1801년 이후 그 비중을 보면 1807년을 제외하면 상당히 큰 비중을 차지하고 있는 것을 알 수 있다. 이 항의 경우 그리스가 역사적으로 오랜 세월에 걸쳐 이곳을 통해 곡물을 수입하는 등 해상무역을 영위한 역사가 이어져 온 관계로 오스만 제국 시대에도 이곳에서 왕성한 해상무역을 전개한 것으로 생각된다.

---

12) 1780~1810년 사이 그리스인 소유 선박의 소유에 대한 보다 자세한 내용은 Harlaftis and Laiou(2008)를 참고하기 바랍니다.

표 **5-6** Alexandria항과 Odessa항에 입항한 그리스 소유 선박의 비중

연도	Alexandria항 입항 선박			Odessa항 입항 선박		
	총선박수	그리스 소유 선박 수	그리스 선박 비중 (%)	총선박수	그리스 소유 선박 수	그리스 선박 비중 (%)
1780	618	332	54			
1781	432	277	64			
1782	527	379	72			
1783	541	324	60			
1784						
1785	614	325	53			
1786						
1787	527	293	56			
1788	589	260	44			
1789	467	158	34			
1790	364	90	25			
1801				99	71	72
1802				256	121	48
1803				473	136	29
1804				382	154	40
1805				552	209	38
1806				106	61	58
1807				29	1	3
1808				276	158	57
1809				158	81	51
1810	356	204	57	190	158	83
1811	383	266	69	498	472	95
1812	299	205	69	514	507	99
1813				300	287	96
1814				360	343	95
1815	372	256	69	422	313	74
1816	311	153	49	826	430	52
1817				933	450	48
1818				621	356	57
1819				675	345	51
1820				635	306	48
1821				532	157	30

자료: Harlaftis and Laiou(2008), p. 39.

한편 위 두 항구와는 다소 차이가 있으나 <표 5-7>은 Livorno항과 Genoa항에 입항한 선박 중에서 그리스 소유 선박의 비중을 보고하고 있다. 이 표에서 보면 Livorno항의 경우 그리스 소유 선박의 비중이 적은 해에는 5% 그리고 많은 연도에는 25%까지 도달하고 있는 것을 알 수 있다. Genoa항은 통계가 없는 해가 많으나 그 비중이 높은 연도에는 31%까지 이르고 있는 것으로 나타나고 있다. 이 두 항구는 해상력이 막강했던 베네치아와 제노아가 주도하였기 때문에 알렉산드리아나 오데사에 비해 그리스 소유 선박의 입항이 낮은 비중을 차지하고 있는 것으로 보인다.

표 5-7 Livorno항과 Genoa항에 입항한 그리스 소유 선박의 비중

연도	Livorno항 입항 선박			Genoa항 입항 선박		
	총선박수	그리스 소유 선박 수	그리스 선박 비중 (%)	총선박수	그리스 소유 선박 수	그리스 선박 비중 (%)
1792	646	50	8	992	6	1
1793	547	34	6	1,229	1	
1794	1,135	55	5	1,155	120	10
1795	1,048	99	10	1,349	112	7
1796	457	34	7	1,114	347	31
1797	683	133	20	1,256	91	7
1798	575	135	25	828		
1799	405	11	3	181		
1800	945	88	9	251		
1801	316	28	9	517	132	25
1802	1,003	94	9	953	87	9
1803	633	91	14	566	37	6
1804	943	110	12	136		
1805	713	107	15	140	8	6

자료: Harlaftis and Laiou(2008), p. 38.

오스만 제국 후반기 그리스 상선대의 지역별 분포를 다음의 <표 5-8>에서 확인할 수 있다.

| 표 5-8 | 1810년 그리스 상선대의 지역별 분포 |

구 분	이오니아 섬 (서부 그리스)	서 에게해	키클라데스군도 (중부 에게해)	동 에게해
섬	Kefaloinia, 118	Hydra, 120	Andros, 25	Psara, 60
	Ithaca, 38	Spetsai, 60	Mykonos, 22	Ainos, 48
	Zakynthos, 19	Skopelos, 35	Tenos, 10	Lemnos, 15
	Corfu, 5	Skiros, 12	Santorini, 32	Patmos, 13
	Leukas, 5	Kyme, 12	Kea, 7	Mytilene, 2
	Paxoi, 5	Trikkeri, 12	Ios, 1	Chios, 6
	Kithira, 3	Salonica, 4	Naxos, 2	Kasterorizo, 30
	Galaxidi, 50		Sifnos, 2	Leros, 4
				Rhodes, 2
소계	257	268	117	180
합계	822			

주: 섬 옆의 수치는 선박 척수임.
자료: Economou et al.(2016), p. 5.

이 당시에는 히드라(Hydra), 게팔로니아(Cephalonia), 안드로스(Andros), 프사라(Psara) 등에 그리스 선박이 많이 등록되어 해상활동을 전개한 것으로 나타나고 있다. 그리고 현대에는 키오스(Chios) 섬 출신이 선박을 많이 소유하고 있으나, 19세기 초만 하더라도 이오니아해에 위치하고 있는 섬과 서에게해의 섬이 많은 선박을 보유한 것으로 보고되고 있다.

그리고 <표 5-9>는 19세기 초반 그리스에서의 선박 건조에 대한 정보를 나타내고 있는데, 서에게해의 두 섬에서 10여 년 동안 66척이 건조된 것으로 조사되고 있다[13]. 오스만 제국 당국은 그리스가 선박을 건조하는 것을 감시하고 통제한 것으로 알려져 있는데, 19세기 들어 선박 건조가 가능한 것은 러시아가 오스만 제국과 맺은 큐축 카이나자르 협정 덕분에 이러한 선박 건조 활동이 가능하지 않았나 하는 생각이 든다. 이 협정이 체결된 2년 후인 1776년부터 히드라, 스페차이 그리고 프사라 등에서 비교적 큰 선박의 건조가 활발하게 이루어졌다. 이들 세 섬에서는 50톤 이상부터 350톤까지 해당하는 선박을 건조하였으며, 더 큰 선

---

13) 19세기 초 그리스는 2,000척의 선박을 새로이 건조하였는데, 대형 선박은 외국 조선소에서 건조하였고 크기가 작은 배는 그리스 내의 조선소에서 건조하였다(Polemis, p. 20).

박의 건조는 오스만 당국에 의해 금지되어 있었다. 그리고 이들 세 지역보다는 작은 조선소가 갈락시디(Galaxidi), 파르가(Parga), 트리케리(Treikeri), 스키아토스 (Skiathos), 카소스(Kassos), 키메(Kyme) 등에 산재해 있었으며 상대적으로 적은 선박이 건조되었다(Economou et al., 2016, p. 6).

표 5-9 Hydra와 Spetsai의 선박 건조량 추이*

연도	Hydra	Spetsai
1812	4	4
1813	5	4
1818	6	4
1819	?	6
1811－1820	34	32

주: * 200톤 이상의 선박에 대한 통계임.
자료: Economou et al.(2016), p. 6.

오스만 제국 말기 그리스 선원들은 많은 부를 축적하였을 뿐만 아니라 더 많은 항해 관련 지식과 경험을 얻었다. 즉 에게해 등에 만연한 해적으로부터 그리스 선원을 보호할 자국의 해군이 없었기 때문에 그리스 선원들은 해적과의 전쟁에서 배와 자신을 지키기 위해 기술을 발전시키고 개선하려고 갖은 노력을 다하였다. 그들의 노력은 용기와 담대함이 필요했고, 이러한 요소들이 함께 그리스 독립을 위한 투쟁을 준비하는 국가적 자부심과 애국심을 다시 일깨우게 되었다. 새롭게 활력을 되찾은 그리스 선원들은 더 자유로움을 느꼈고, 상선대의 성장은 그들에게 자신감을 불러일으켰다. 그리스 선원들은 화물이 적재된 배를 타고 목적지에 도달하기 위해 해적 등과 싸우는 데 성공함으로써 그들은 더 독립적인 정신을 갖게 되었다. 따라서 그리스 혁명은 그리스 해상무역의 배에서 태어났으며 갑판은 최초의 자유로운 땅(토양)이었다[14].

이상에서 오스만 제국 후반 즉 18세기말에서 그리스 독립운동이 본격적으로 전개된 1821년까지 그리스가 소유한 선박의 현황을 살펴보았다. 그리스는 1453년 콘스탄티노플이 함락되면서 그들의 해상무역을 포함한 상업 활동이 크게 위축되었을 것으로 생각되었다. 그러나 오스만 제국은 여러 민족의 영토를 정복하고 다

---

14) 이 부분에서 기술된 내용은 Polemis의 논문에 기초하고 있다.

스리는 가운데 각 민족의 문화와 정체성을 어느 정도 인정하고 자율권을 부여한 밀레트제도를 도입하여 실시했다. 이 제도 덕분에 그리스는 해상활동에 필요한 선박 등을 확보하면서 비잔틴시대에 버금가는 상업 활동을 유지할 수 있었다. 18 세기 후반에 오스만 제국이 러시아와의 전쟁에서 패하면서 맺은 큐축 카이나자르 협정은 그리스의 해상활동의 진출에 많은 도움을 준 것으로 평가되고 있다. 18세 기말과 19세기 초반에 그리스가 확보한 선대는 그리스가 1821년 독립운동을 본 격적으로 전개한 후 오스만 해군에 대항하면서 독립운동을 지원한 것으로도 평가 를 받고 있다.

5.4 독립운동 전개부터 2차 대전까지의 그리스 해운(1821~1945)

제3장에서도 잠시 살펴보았듯이 그리스의 독립운동은 1814년 그리스 상인을 중심으로 오데사에서 필리키 에떼리아(우정공동체)가 결성되면서 본격적인 독립운 동이 전개되기 시작하였다. 특히 1821년 2월 몰다비아의 야시에서 '신앙과 국가 를 위한 투쟁'을 선언한 후 같은 해 4월에 오스만 군대와 충돌하기도 하였다. 그 러나 이 전투에서는 패하고 저항세력이 펠로폰네소스로 1821년 8월에 들어와 이 미 이곳에서 독립운동을 전개하던 세력과 연합하면서 본격적인 독립운동을 펼쳐 나갔다.

특히 오스만 제국과 유럽 각국 간의 해상교역에 종사하였던 그리스 선원들은 그리스문명의 영향을 받은 서유럽에 자주 드나들면서 그들이 누리는 자유로운 삶, 표현의 자유 그리고 선진 교육시스템을 목격하면서 그들의 사고가 서유럽의 정신세계로부터 많은 영향을 받아서 조국의 독립에 대한 의지를 길렀던 것으로 알려져 있다(Polemis, p. 21). 또한 그리스는 당시 해군을 보유할 수 없었기 때문에 해상무역을 수행하던 그리스 소유 선박이 오스만의 해군과 대처를 할 수밖에 없 었다. 특히 그리스 선박은 해적과의 싸움에 대비하여 상선에 포 등을 설치하고 있었고, 선원들 또한 바다에서의 생존경쟁에서 많은 경험을 쌓았기 때문에 오스 만 제국의 해군에 효과적으로 대처할 수 있는 능력을 갖추고 있었던 것으로 알려 져 있다. 따라서 그리스 상선과 선원은 그리스의 독립에 지대한 기여를 한 것으

로 평가되고 있다. 그리고 선주, 선장, 선원은 독립운동에 소요되는 자금도 제공
한 것으로 알려져 있다. 한편 그리스 상선이 독립 전쟁 초기에는 600척의 선박이
있었으나, 독립전쟁이 종료되었을 때는 50척만이 남게 되는 큰 피해를 입기도 했
다(Polemis, p. 21).

10여 년에 걸친 독립투쟁으로 1832년 공식적으로 독립국가가 된 후 그리스 정
부는 해운의 중요성을 인식하고 선대 확보를 위해 그리스의 히드라, 스페체스
(Spetses), 안드로스, 스키아토스(Skiathos), 갈락시디(Galaxidi) 등에 소재한 조선소
를 통해 다량의 선박을 건조하기 시작했다. 이러한 활발한 선박 건조 덕분에 그
리스는 1834년에 이르러 708척의 선박을 보유하게 되었다. 그리고 1851년에 이르
러서는 1,437척의 선박을 보유하게 되었고, 선복량은 237,000 GRT를 기록하게
되었다(Polemis, p. 21). 이러한 그리스의 노력의 결과가 <표 5-10>에서 어느 정
도 나타나고 있다.

표 5-10 알렉산드리아항의 그리스 상선의 활동

연도	그리스 상선 (A)	총선박수 (B)	그리스 상선 비중(A/B, %)	선박크기의 중간 값(tonnage)	
				그리스 선박	외국 선박
1789	314	925	34		
1790	170	713	24		
1810	456	692	66	144.17	183
1811	495	729	68	135.99	176.68
1812	365	528	69	123.51	156.18
1815	416	644	65		
1816	262	522	48		
1822	?	1,797	—		
1823	?	1,534	—		
1829	?	2,340	—		
1830	1,070	1,545	69	154.09	240.97
1831	1,173	2,049	57	238.56	101.50
1832	798	1,493	33	239.30	97.60

자료: Economou et al.(2016), p. 3.

즉, 18세기 말부터 그리스의 공식적인 독립이 승인되는 1832년까지의 알렉산

드리아 항에서의 그리스 상선의 활동을 보고하고 있는데, 여기서 그리스 소유 선박이 알렉산드리아항의 상선 중 약 50% 이상 되는 것을 알 수 있다. 이처럼 그리스는 독립국가가 된 후 집중적으로 선박을 확보하며 해상활동에 적극적으로 참여하게 되었다.

표 **5-11** 오데사항의 선박 입출항과 그리스 상선의 비중

연도	그리스 상선(A)	총선박수(B)	그리스상선 비중(A/B,%)	선박크기의 중간 값(tonnage)	
				그리스 선박	외국 선박
1809	203	235	86.38	69.30	176.93
1810	352	398	88.44	56.86	175.00
1811	400	622	64.30	61.18	197.80
1812	–	–	–	60.45	247.80
1813	–	–	–	120.71	158.00
1814	–	–	–	142.92	205.29
1815	–	–	–	159.09	186.83
1816	862	1,680	51.30	192.20	203.38
1817	1,002	1,946	51.49	192.20	196.85
1818	762	1,371	55.57	175.28	203.13
1819	807	1,572	51.33	195.11	205.32
1820	653	1,300	50.23	185.60	192.72
1821	270	999	27.02	103.14	222.54
1822	139	638	21.78	230.70	191.97
1823	276	853	32.35	260.18	195.72
1824	283	792	35.73	234.72	153.54
1825	336	978	34.55	233.86	274.36
1826	454	1,187	38.29	193.42	277.92
1827	373	1,645	22.67	187.90	254.55
1828	81	218	37.15	118.57	289.48
1829	214	538	39.77	181.55	238.39
1830	566	1,826	30.99	23.19[*]	245.98
1831	391	860	45.46	256.63	266.78
1832	342	1,216	28.12	244.00	251.72

주: [*] 이 수치는 아마도 세 자리 수치(흐름으로 보아 230 이상)여야 맞을 것 같은데 확인할 방법이 없어 그대로 인용했음.

자료: Kremmidas(1985) (Economou et al.(2016), p. 4에서 재인용)

한편 <표 5-11>에서 보고되고 있듯이 그리스 상인들이 다수 거주했던 오데사항의 경우에도 그리스 상선의 비중이 1821년 독립운동이 시작되기 전까지는 50%를 상회하고 있었으나, 그 후 비중이 줄어들어 30% 수준에 머물고 있다. 한 가지 주목할 사실은 그리스 독립 전에는 그리스 선박의 크기가 외국 선박에 비해 작은 것을 알 수 있는데, 이는 앞에서도 언급했듯이 오스만 제국이 그리스가 대형 선박을 건조하는 것을 금지하였기 때문으로 풀이된다.

1832년 그리스의 독립 국가로서 국제 공인을 받은 후 그리스 선대의 성장 추이를 보면 <표 5-12>와 같은데, 여기서 가장 주목할 사항은 1860년 전까지 그

표 5-12 그리스 선대의 성장 추이(1835~1914)

연도	범선(sailing ship)		증기선(steamship)		합계	
	척 수	NRT	척 수	NRT	척 수	NRT
1835	760	57,858			760	57,855
1840	1,018	77,704			1,018	77,704
1845	1,114	112,182			1,114	112,182
1850	1,482	193,542			1,482	193,542
1855	1,525	206,236			1,525	206,236
1860	1,212	183,321	4	1,535	1,216	185,043
1865	1,661	209,843	6	2,196	1,667	212,039
1870	1,484	268,375	27	8,230	1,511	276,605
1875	1,565	279,682	25	8,096	1,590	287,778
1879	1,256	231,478	41	9,617	1,297	241,095
1883	1,318	203,816	50	24,161	1,368	227,977
1887	1,423	203,533	82	39,774	1,505	243,307
1890	1,838	204,031	97	44,684	1,935	248,715
1895	1,059	246,196	125	89,907	1,184	336,103
1902	910	175,999	186	181,531	1,096	357,530
1905	1,095	145,631	214	221,112	1,309	366,743
1909	980	126,093	287	304,430	1,267	430,523
1914	780	100,000	407	492,516	1,187	592,516

주: 1835-1858년 기간은 30톤 이상, 1858-1899년 기간에는 60톤 이상 그리고 그 이후는 100톤 이상에 대해 집계한 것임.
자료: Harlaftis(1996), pp. 110~112.

리스 선대에는 증기선이 없다는 점이다. 20세기 초까지 그리스 선대의 50% 이상을 범선이 차지하고 있는 것으로 나타나고 있다. 증기선 구입에는 범선에 비해 많은 자금이 소요되다 보니 증기선이 등장한 초기 그리스 선주들은 증기선을 많이 확보하지 못한 것으로 조사되고 있다. 그러나 1879년 이후 증기선의 비중이 급속히 증가하면서 1895년에 이르러 증기선의 보유가 125척으로 되었고, 1914년에는 407척으로 급성장하여 그리스 선대의 주력 선대로 자리 잡은 것을 알 수 있다.

그리스가 독립을 쟁취한 한 후 80년 동안 해운이 그리스 경제에서 차지하는 비중을 알 수 있는 통계가 <표 5-13>에서 정리되어 있다.

표 **5-13** 그리스 GDP 대비 해운 소득(1835~1914)

연도	해운 소득 (Mil.LMU Drachmae) (Y)	Y/GDP (%)	Y/3차 산업 생산(GDP)(%)
1835~1845	27	36	214
1846~1855	32	36	181
1856~1865	24	16	82
1866~1875	42	19	91
1876~1885	36	10	53
1886~1895	30	6	26
1896~1905	31	5	21
1906~1914	47	6	25

자료: Harlaftis and Kostelenos(2012), p. 1420.

여기서 보듯이 독립 후 얼마 지나지 않은 시기에는 해운소득이 국민총생산에서 차지하는 비중이 36%까지 차지한 시기가 있었다. 그러나 시간이 지나면서 그 비중이 점차 줄어들어 20세기 들어서는 6% 수준에 머물고 있는 것을 알 수 있다. 이는 아마도 관광산업 등이 활성화 되면서 해운소득의 비중이 상대적으로 감소한 것으로 보인다. 최근에는 이 비중이 8% 내외로 그리스 산업 중에서는 두 번째로 많은 부가가치를 창출하며 그리스경제에 기여를 하고 있다. 독립 후 해운계의 유력 선주들은 호텔, 건설, 정유 등 다양한 산업분야에 투자를 하며 그리스 경제의 발전에 기여한 것으로 평가되고 있다.

그리스 해운의 성장은 험한 파도를 이겨내며 항해를 성공적으로 수행하는 전문가 즉 선장 등 우수한 해기인력이 풍부하였기 때문이기도 할 것이다. 그런데 그리스 선대 자체와 해운기업에 대해 연구나 조사 자료가 많은데 비해 해기인력 자체에 대한 정보는 상대적으로 많지 않다. <표 5-14>는 19세기 중반부터 20세기 초까지 그리스 선원에 대한 통계를 보여주고 있는데, 원양 상선에 승선하는 해기인력을 1840~1870년 기간 동안 보면 전체 그리스 선원의 절반이 안 되는 비중을 차지하고 있다. 즉, 1840년부터 1914년까지의 기간 동안 원양 상선에 승선하는 선원 수의 동향을 보면, 1892년에 20,718명으로 가장 많은 수를 기록한 후 줄어드는 추세를 보이다, 1937년에는 18,500명으로 조사되고 있다. 그리스 상선 전체에 승선하는 선원의 연도별 추이를 1870년까지 보면 1866년에 30,000명을

표 **5-14** 연도별 그리스 선원 추이(1839~1914)

연도	원양 상선			총 그리스 상선	
	범선 척수	증기선 척수	선원(명)	선박 척수	선원(명)
1840	1,019	–	9,170	3,184	18,958
1845	1,114	–	10,026	3,584	15,000
1851	1,437	–	12,933	4,327	27,566
1855	1,525	–	13,725	5,063	30,000
1860	1,212	–	10,908	4,073	23,842
1866	1,353	4	12,299	5,512	30,700
1870	1,484	27	14,058	5,833	38,080
1875	1,565	25	14,735		
1879	1,256	41	12,370		
1883	1,318	50	13,162		
1888	1,834	98	19,152		
1890	1,838	97	19,064		
1892	1,834	162	20,718		
1903	1,030	199	14,444		
1905	1,095	214	15,419		
1909	980	287	16,282		
1914	780	407	17,602		
1926			14,000		
1930			18,711		
1937			18,500		

자료: Harlaftis(1996), pp. 173~174, 225.

시현한 후 1870년에는 38,000명에 이르고 있다.

그리고 1832년 국제적으로 독립 국가로 승인을 받은 그리스는 선복량을 지속적으로 확대해 온 것을 <표 5-15>를 통해 알 수 있다. 특히 20세기 들어 급증한 것을 알 수 있는데, 1900~1910년 사이 약 2배 가까이 선복량이 증가하여 1910년 기준으로 619,256 NRT에 이르고 있는 것으로 나타나고 있다. 그러나 여전히 유럽의 영국, 독일, 노르웨이, 프랑스, 러시아, 이탈리아, 스페인, 스웨덴 등의 국가가 보유하고 있는 선복량에는 못 미치는 수준이다.

표 **5-15** 1850~1910년 사이 주요 유럽 국가의 선복량

(단위: NRT)

국가	1850	1860	1870	1880	1890	1900	1910
그리스	214,248	175,675	361,809	389,351	331,194	332,471	619,256
영국	3,565,133	4,658,687	5,690,789	6,574,453	7,978,538	9,304,108	11,556,663
독일			982,355	1,181,523	1,433,413	1,941,645	2,903,570
노르웨이	298,315	558,927	1,022,915	1,518,658	1,705,699	1,508,118	1,525,727
프랑스	688,153	996,124	1,072,048	919,298	944,013	1,028,726	1,451,648
러시아				666,192	794,685	974,536	1,116,356
이탈리아			1,012,164	999,176	740,716	948,008	1,107,192
스페인				560,133	618,182	774,579	789,457
스웨덴				502,742	510,947	613,792	772,679
덴마크			179,366	249,466	302,194	408,440	546,838
네덜란드	292,576	433,922	389,614	328,281	255,711	346,923	534,275
오스트리아 －헝가리			329,377	322,612	236,648	299,725	509,851
포르투갈						116,002	114,037

주: NRT(net registered tons)
자료: Harlaftis (2008), p. 81.

5.5 2차 대전 이후의 그리스 해운(1945~)

앞 절에서 보았듯이 그리스는 1832년 독립 후 선대를 급속히 확대하였는데, 이러한 노력으로 세계 2차 대전이 발발할 무렵에는 보유 선복량이 약 178만 GRT

에 달하였다. 그런데 2차 대전 중 연합군측에 서서 군수물자 등을 운송하는 가운데 독일 등 추축국의 함대로부터 공격을 받아 그리스 선대는 70%가 소실되었다. 즉, 1938년 선복량이 약 180만 GRT에 달하였으나 1946년에는 50만 GRT만 남게 되었다[15]. 그런데 2차 대전 직후 그리스 해운계는 정부의 보증을 받아 1946년 미국이 전시 중 건조한 표준선인 Liberty호를 100척 구입하는 등 해운발전을 위한 기반을 조성하게 되었다. 이렇게 하여 그리스는 해운산업의 발판을 마련하여 이후 그리스 선대는 꾸준히 성장을 하는데, 그러한 흐름은 <표 5-16>에서 나타나고 있다. 즉, 2차 대전 후 1955년에 이르러서는 그리스 선대의 선복량이 691만 GRT로 1949년에 비해 3배 가까이 증가한 것으로 조사되고 있다. 다시 1960년에는 1,220만 GRT로 1955년에 비해 1.8배 이상 증가하였다. 그 후 1970년대 중반까지 그리스 소유 선대는 급증하여 1975년에는 4,830만 GRT를 시현하고 있는 것을 알 수 있다.

이러한 그리스 소유 선대의 증가와 더불어 주목되는 점은 그리스 소유 선대 중 그리스 기국을 취득하고 있는 비율은 1938년에는 100%였으나, 1949년에는

표 5-16 기국별 그리스 상선의 비중

(단위: 천 GRT, %)

연도	Greek		Liberian		Panamanian		Lebanese		Cypriot		합계
	선복량	구성비	선복량	구성비	선복량	구성비	선복량	구성비	선복량	구성비	
1938	1,781	100	0	0	0	0					1,781
1949	1,302	55	50	2	1,026	43					2,377
1950	1,265	43	136	5	1,148	39					2,930
1955	1,270	18	3,237	47	1,729	25					6,906
1960	5,575	46	4,773	39	1,248	10	376	3			12,201
1965	7,198	39	9,663	52	784	4	705	4	159	1	18,575
1970	12,850	42	15,803	51	752	2	65	0	1,400	5	30,899
1971	14,562	43	17,038	50	744	2	38	0	1,705	5	34,102
1972	18,660	48	17,284	44	780	2	23	0	2,320	6	39,068
1973	21,832	51	17,081	40	761	2	20	0	2,931	7	42,625
1975	25,108	52	19,881	41	772	2	15	0	2,320	5	48,298

자료: Halraftis(1993), p. 189.

15) Harlaftis(1993), p. 50.

55%로 감소하였다. 그리고 1950년대 중반 들어 그리스에 등록한 선박의 비중이 18%로 급감한 반면 라이베리아와 파나마에 기국을 하는 비율이 급증하였다. 1960년 이후 다시 그리스와 라이베리아에 등록하는 비율이 증가하는 반면 파나마로 기국을 정하는 비중은 크게 줄어들고 있다. 그리고 1970년 이후는 키프로스에 선박을 등록하는 비율이 5% 내외로 유지되고 있다.

미국이 2차 대전 중인 1941년에서 1945년 사이 군수 물자의 수송을 위해 3,000척의 전시 표준선을 건조하였는데 종전 후 미국은 이들 선박을 매각하기 시작했다. 그리스 해운계는 1946년 100척을 구입하게 되었다. 그 후에도 <표 5-17>에서 보는 것처럼 그리스 선주들은 미국에 해운기업을 설립하여 미국의 전시 표준선(Liberty)을 추가로 300척을 더 구입하였다. 미국에 해운기업을 설립한 것은 외국 해운기업이 미국 정부의 승인 없이 Liberty를 구입하는 것은 불법이기 때문에 이를 피하기 위해서이다. 그리고 미국 은행들은 그리스 선주들이 이들 선박을 그리스 기국을 취득하는 것에 난색을 표하였기 때문에 라이베리아와 파나마의 기국을 취득하였다.

표 **5-17** 그리스 해운기업의 미 전시 표준선 Liberty선 보유 추이(1958~1974)

연도	그리스 기국		라이베리아 기국		기타 기국		합계	
	선박 수	천 GRT	선박 수	천 GRT	선박 수	천 GRT	선박 수	천 GRT
1958	107	770	174	1,256	148	1,065	429	3,091
1960	343	2,180	106	752	154	951	603	3,883
1962	347	2,456	162	1,250	155	993	664	4,698
1965	275	1,711	212	1,612	169	1,082	656	4,405
1967	194	1,108	150	1,215	124	786	468	3,109
1969	100	467	29	199	79	440	208	1,106
1970	80	361	19	132	73	443	172	937
1972	50	188	2	17	28	124	80	330
1974	35	110	0	0	15	60	50	170

자료: Halraftis(1993), p. 51.

또한 1980년 이후 최근까지의 그리스 소유 선대의 추이를 <표 5-18>에서 볼 수 있는데, 이 시기에도 선복량이 지속적으로 증가하고 있는 것으로 나타나고 있다. 특히 1985년부터 2021년 사이 선복량이 크게 증가한 것을 볼 수 있다. 그리고 이들 선박의 기국을 보면 1980년에는 그리스를 기국으로 한 비율이 77.2%에 달하고 있으나, 그 후 계속 감소하여 2021년에는 15.6%에 그치고 있다.

표 **5-18** 그리스 소유 선대의 그리스 기국 비중

(단위: 천 DWT, %)

연도	그리스 기국(1)	변화율(%)	그리스 소유(2)	변화률(%)	그리스 기국 비율 (1/2)(%)
1980	41,422	7.4	53,626	1.3	77.2
1985[*]	27,765	–	46,909	–	59.2
1990	20,459	6.4	49,233	2.9	41.6
1995	31,140	3.2	71,667	8.0	43.5
2000	29,533	3.6	90,227	8.1	32.7
2014	66,443	–	256,122	–	25.9
2015	66,840	0.6	277,878	8.5	24.1
2016	64,384	−3.7	293,406	5.6	21.9
2017	64,057	−0.5	313,949	7.0	20.4
2018	63,728	−0.5	333,596	6.3	19.1
2019	60,803	−4.6	347,682	4.2	17.5
2020	60,868	0.1	363,811	4.6	16.7
2021	58,067	−4.6	373,417	2.6	15.6

주: * 1985년도부터 1,000 DWT 이상의 선박을 대상으로 집계함. 변화율은 전년대비 증가율임.
자료: 1) 1980-2000년 자료: Theotokas and Harlaftis(2009), pp. 59~60.
　　　2) 2014년 이후 자료: UNCTAD statistics.

그리스의 선복량이 2차 대전 이후 꾸준히 증가하여 세계 해운에서 차지하는 비중이 크게 높아지고 있는 추이가 <표 5-19>에서 보고되고 있다. 1914년과 1937년에 있어서 그리스의 선복량이 세계시장에서 차지하는 비중이 2%에서 3%지나지 않았으나, 1963년에 이르러서는 10%까지 증가하였다. 그리고 그 후 약 30년이 지난 1992년에는 그 비중이 14.5%에 달하여 세계 1위로 올라선 것을 알 수 있다. 그 비중은 2020년에도 유지되고 있는데, 세계 총선복량의 17.8%를 점유하고 있다. 그리스를 이어 중국이 홍콩을 포함하면 세계 2위로 성장하였고, 1937년까지 세계 1위의 선복량을 보유했던 영국이 최근에는 그 비중이 크게 줄어들었다. 즉 1814년에는 세계 선복량의 43%를 차지했으나, 2020년에는 2.60%에 그치

고 있다. 중국 다음으로 일본이 점유율 11.38%로 1992년의 13%에 비해 다소 감
소했으나 여전히 해운강국의 입지를 유지하고 있다. 20세기 들어 세계해운력의
변화를 보면 20세기 중반까지는 구미의 해운력이 강했으나 2020년 현재는 중국,
일본, 우리나라, 싱가포르 등 아시아의 해운강국의 선복량이 세계 총선복량의
38.1%를 차지하고 있어 구미의 선복량을 앞서고 있다.

표 5-19 20세기 주요국의 선복량 구성과 그 비중

(단위: 백만 GRT, %)

국가	1914		1937		1963		1992		2020	
	선복량	구성비	선복량	구성비	선복량	구성비	선복량	구성비	선복량	구성비
그리스	0.8	2	1.9	3	15	10	100.6	14.5	363.85	17.77
영국	21.0	43	20.6	31	21.6	15	23.6	3.4	53.19	2.60
독일	5.5	11	3.9	6	5.0	3	16.9	2.4	89.40	4.37
미국	5.4	11	12.4	18	23.1	16	59.1	8.5	57.22	2.79
노르웨이	2.5	5	4.3	6	13.7	9	54.1	7.8	63.94	3.12
프랑스	2.3	5	2.8	4	5.8	4	7.0	1	13.35	0.65
일본	1.7	4	4.5	7	10.2	7	90.2	13.0	233.13	11.38
이태리	1.7	3	3.2	5	5.6	4	11.7	1.7	17.41	0.85
네덜란드	1.5	3	2.6	4	5.2	4	–	–	18.02	0.88
스웨덴	1.1	2	1.5	2	4.2	3	12.2	1.8	6.51	0.32
오스트리아－헝가리	1.0	2	–	–	–	–	–	–	–	–
러시아	1.0	2	1.3	2	5.4	4	19.2	2.8	23.11	1.13
스페인	0.9	2	1.0	1	2.0	0.1	5.1	0.7	–	–
홍콩	–	–	0.3	0.4	0.8	0.5	31.6	4.5	100.96	4.93
중국	–	–	0.6	0.9	0.5	0.3	27.5	3.9	228.38	11.15
한국	–	–	–	–	0.1	–	18.2	2.6	80.58	3.93
싱가포르	–	–	–	–	–	–	–	–	137.30	6.70
버뮤다	–	–	–	–	–	–	–	–	60.41	2.95
10대 주요국의 선대	–	–	–	–	108.3	74	441	63	1,415.34	69.11
세계 합계	49.1	100	66.7	100	145.9	100	694.6	100	2,047.98	100

주: 2020년의 선복량은 2020년 1월 기준이며 단위는 백만 DWT임.
자료: Harlaftis(2008), p. 82. 및 UNCTAD(2020), p. 41.

<표 5-20>은 1958년부터 1974년까지 그리스 소유 상선의 선형별 선복량을 보고하고 있는데, 그리스는 건화물선과 유조선에 집중하고 있는 것을 알 수 있다. 이러한 흐름은 21세기 들어와서도 지속되고 있다[16]. 우리가 잘 알고 있듯이 그리스는 전형적으로 벌크시장과 탱커시장을 주도하고 있고, 상대적으로 정기선 시장에서는 그 비중이 약한 것으로 알려져 있는데, 이러한 사실을 이 표에서도 확인할 수 있다.

표 **5-20** 선형별 그리스 상선의 구성

(단위: 천 GRT, %)

	건화물선(dry cargo)				유조선		혼합선(mixed)		여객선		총 선복량 (5)
	Tramp*	Bulk carrier	건화물 소계 (1)	구성비 (1/5)	선복량 (2)	구성비 (2/5)	선복량 (3)	구성비 (3/5)	선복량 (4)	구성비	
1958	6,096		6,096	51	5,545	47			202	2	11,899
1960	6,637		6,637	54	5,246	43			253	2	12,201
1965	10,020		10,020	54	8,252	44			562	3	18,575
1968	8,213	4,256	12,468	52	10,541	44			632	3	23,897
1970	7,993	5,929	13,922	45	14,682	48	1,324	4	682	2	30,899
1971	8,548	6,442	14,990	44	15,918	47	2,053	6	817	2	34,102
1972	9,302	7,661	16,963	43	18,606	46	2,686	7	893	2	39,068
1973	9,448	9,062	18,510	43	19,751	46	3,059	7	900	2	42,625
1974	9,277	9,822	19,010	42	21,761	48	3,195	7	871	2	45,368

주: * 냉동선, Ro-Ro 등 특수선을 포함하고 있고 Liberties 내지 anti-Liberties는 제외.
자료: Halraftis(1993), p. 190.

또한 <표 5-21>에서는 1958년과 1975년에 있어 그리스 해운기업의 특성을 규모 측면에서 보고하고 있다. 즉, 그리스 해운기업의 선복량 규모별 기업의 수와 해당 구간별 총선복량 그리고 각 구간별 기업의 비율 및 선복량 비율 등을 나타내고 있다. 가장 먼저 드러나고 있는 것은 그리스 해운기업의 절반 가까이가 1만 GRT 이하의 선복량을 보유하고 있다는 점이다. 50만 GRT 이상 보유하고 있는 기업의 수는 그 비율이 2~3%에 그치고 있다. 그런데 선복량 구간별 총선복량의 비중을 보면 기업 수와는 아주 대조적으로 나타나고 있다. 즉 1만 GRT 이하 구

---

16) 자세한 내용은 '제8장 그리스 선대분석'을 참고하기 바랍니다.

표 **5-21** 그리스 해운기업의 규모별 추이(1958년 및 1975)

1958년						
선복량 크기 (천 GRT)	구간별 기업 수	구간별 기업 수 비율(%)	구간별 선복량 (GRT)	구간별 선복량 비율(%)	구간별 기업수 누적 비율(%)	구간별 선복량 누적 비율(%)
0-10	94	47	347,200	3	47	3
10-20	27	13	417,654	4	60	7
20-50	30	15	905317	8	75	15
50-100	27	13	2,041,234	20	89	34
100-200	10	5	1,424,597	13	93	48
200-500	8	4	2,208,745	20	97	68
500 이상	5	3	3,460,893	32	100	100
합계	201	100	10,805,640	100		

1975년						
선복량 구분	구간별 기업 수	구간별 기업 수 비율(%)	구간별 선복량 (GRT)	구간별 선복량 비율(%)	구간별 기업수 누적 비율(%)	구간별 선복량 누적 비율(%)
0-10	344	53	1,064,351	3	53	3
10-20	79	12	1,081,447	5	65	5
20-50	95	15	3,142,247	8	79	13
50-100	52	8	3,572,902	9	87	22
100-200	40	6	5,586,166	13	93	35
200-500	29	4	8,911,439	22	98	57
500 이상	15	2	17,565,331	43	100	100
합계	654	100	40,923,883	100		

자료: Halraftis(1993), p. 37.

간의 총선복량은 3%로 기업 수 비율이 50% 정도인 것에 비하면 매우 낮은 것이다. 그리스에는 선박 한 두 척을 보유하고 있는 소규모 해운기업이 많은 것은 최근의 그리스 해운기업의 분포에서 비슷한 흐름을 보이고 있다[17]. 1990년 말 무렵 그리스 해운기업 수가 900여 개를 넘었으나, 그 이후 부침을 거듭하면서 최근에는 600개에 못 미치는 수를 보이고 있다.

그리스 해운기업의 경우 해외에 본사를 두는 경우가 상당한 비중을 차지하고 있는 것으로 알려져 있다. <표 5-22>는 1914년부터 1990년 사이 그리스 소유

17) 최근 그리스 해운기업의 규모별 분포에 대해서 제9장에 자세히 보고되고 있으니 참고 바랍니다.

해운기업의 본사 소재지를 보고하고 있는데, 아테네 근교의 피레우스항에 본사를 두고 있는 비중이 전반적으로 가장 높고 다음으로는 런던, 뉴욕 등으로 나타나고 있다. 특히 1958년의 경우 런던에 본사를 둔 비율이 45%로 그리스에 본사를 둔 비율에 비해 2.5배나 많고, 이 시기에는 뉴욕에 본사를 둔 비율도 37%로 조사되고 있다. 이처럼 피레우스에 본사를 두었던 해운기업이 해외로 이전한 것은 세제 등 정부정책이 해운기업에 불리하게 작용하였기 때문으로 풀이된다.

표 5-22 그리스 소유 해운기업의 본사 소재지(1914~1990)

소재지	1914	1938	1958	1975	1990
피레우스	62%	96%	18%	34%	66%
런던	9%(28%)	1%(45%)	45%	39%	22%
이스탄불	14%	–	–	–	–
뉴욕	–	–	37%	18%	7%
기타	15%	3%	–	9%	5%

주: ( )의 수치는 2차 대전 전 런던에서 실질적으로 관리된 비율을 포함한 것임.
자료: Harlaftis(2008), p. 97.

이후 전개될 제9장에서 최근 그리스 해운기업에 대해 자세히 살펴보고 있어 여기서는 독립 후 2000년까지 10대 주요 선주그룹의 순위와 10대 선주그룹의 선복량 비중을 간략히 살펴보고 있다. <표 5-23>에서 보는 것처럼 1938년에 10대 그룹에 속했던 선주 중 2000년에도 10대 선주 그룹에 드는 선주는 하나도 없는 것으로 나타나고 있다. 20년이 지난 1958년에 이르러 거의 절반이 10대 선주에서 탈락하고 있는 것으로 드러나고 있다. 특히 20년 전에는 10위 그룹에 속하지 않았던 S. Niarchos와 Sons of Peter Goulandris 선주 그룹이 각각 1위와 2위로 올라왔다. 반면에 1938년에 1위였던 Kulukundis Bros는 3위로 밀려난 것으로 조사되고 있다.

특히 1975년에 이르러서는 1938년에 10위권에 속한 선주그룹 중 3개 그룹만이 10위권에 남아 있고, 나머지는 10위권 밖으로 밀려난 것을 알 수 있다. 그리고 1958년 기준 10위권 안에 들지 않았던 2개 기업이 10위권에 진입한 것으로 보고되고 있다. 1981년을 기준으로 하였을 때는 4개 그룹이 10위권으로 새롭게 진입하였다. 1990년 기준으로 보면 1938년에 10위권 속했던 그룹 중 오직 하나만 10

표 **5-23** 그리스 10대 선주그룹의 순위 변동 및 선복량 비중

선주 그룹	1938		1958		1975		1981		1990		2000	
	순위	천 GRT	순위	천 GRT	순위	천 GRT	순위	천 GRT	순위	천 GRT	순위	천 GRT
Kulukundis Bros	1	145	3	652	10	712						
Goulandris Bros	2	74	9	238								
S.G. Livanos	3	57	4	636	7	1,219	5	1,370	10	858		
P. Nomikos	4	40										
Chandris Bros	5	38	10	200	9	791						
N.D. Lyklardopulo	6	36										
Rethymnis－Pnevmatics	7	35										
N. Nicolaou	8	35										
Yannoulatos Bros(ELMES)	9	32										
S.G. Embricos	10	28	8	290								
S. Niarchos			1	1,003	4	1,786	4	1,605				
Sons of Peter Goulandris			2	661	1	2,578	3	1,810				
Aristotle Onassis			5	624	2	2,562	2	1,991				
Sons of N. Goulandris			6	417	6	1,333	8	1,073				
C.M. Lemos			7	316	3	2,274	1	2,001				
M. Kolokotronis					5	1,581						
N. Coulouthros					8	817						
Vardinoyannis Bros							6	1,264				
P. Tavoulareas							7	1,177	5	1,181		
V. Papachristidis							9	977	4	1,847		
L. Hadjioannou							10	898	1	2,772		
G.R. Livanos									2	2,683	1	4,777
I. Latsis									3	2,003		
E.G. Embiricos									5	1,160		
G. Callimanopoulos									7	987		
A & S Polemis									8	974	4	3,189
Martinos Bros									9	937		
D. Martinos											2	4,501
P. Tsakos											3	3,651
A & Th.& I. Alafouzos											5	3,154
G. Prokoplou											6	2,878
A & S Karnesis											7	2,827
A. Martinos											8	2,735
I & A Angelicoussis											9	2,524
N. Frangos－N. Moundreas											10	2,312
상위 10대 선주 선복량		520		5,037		15,653		14,169		15,402		32,548
선대 합계		1,889		10,425		45,392		54,319		52,041		162,740
상위 10그룹의 비율(%)		28.0		48.3		34.5		26.1		29.6		20.0

자료: Theotokas and Harlaftis(2009), pp. 33~34.

위권에 속하고 있고 나머지 9개는 밀려난 것으로 드러나고 있으며, 6개 선주 그룹이 상위 10위권에 새롭게 진입하였다. 다시 10년이 지난 시점인 2000년에는 8개 선주 그룹이 상위 10위권에 새로이 진입한 것으로 보고되고 있다. 여기서 그리스 10대 선주 그룹은 시간의 경과와 더불어 지속적으로 변화하고 있는 것을 알 수 있다. 해운시장의 변동 못지않게 그리스 주요 선주 그룹의 순위도 상당히 큰 폭으로 변동하고 있는 것을 알 수 있다. 2021년 현재는 2000년 10대 선주 그룹에 속한 선주 중 Angelicoussis(Maran Gas 등 소유, 1위), Frangos(Navios 그룹 소유, 2위), Tsakos(7위) 등의 선주가 상위 10위권에 머물며 그리스 해운업을 주도하고 있다.

1980년대 그리스 선원 수와 선원의 실업률에 대한 자료를 <표 5-24>에서 정리하고 있는데, 1982년의 선원 수가 47,819명에 달하였다. 그 후 점차 감소하여 1990년에 이르러서는 27,180명으로 크게 감소한 것을 알 수 있다. 그런데 선원 수가 많았던 1982년에는 실업률이 15.0%에 이르렀으나 1990년에는 1.3%에 그치고 있기도 하다.

표 5-24 연도별 그리스 선원 추이

연도	선원 수	비고용 선원	실업률(%)
1982	47,819	7,172	15.0
1984	44,212	3,492	7.9
1986	35,755	3,415	9.6
1988	29,961	1,226	4.1
1990	27,180	414	1.5

자료: Theotokas and Harlaftis(2009), p. 63.

이상에서 2차 세계 대전 후 현재까지의 그리스 해운력을 선대규모, 해운기업 수 그리고 해상인력 중심으로 그 성장 추이를 고찰하였다. 1832년 독립이 승인된 후 그리스의 선대는 많은 우여 곡절 가운데 눈부신 발전을 거듭하여 현재는 선복량 기준으로 세계 1위의 해운강국에 올라 있다. 이러한 그리스 해운의 현주소를 <표 5-25>의 최근의 그리스 선대 현황에서 확인할 수 있는데, 2021년 현재 그리스 소유 선박은 5,055척으로 현존선이 4,898척이며 건조 중인 선박이 157척이다. 그리고 이들 선박의 총선복량은 3억 9,147만 DWT이며, 현존신의 선복량은 3억 7,124만 DWT이고, 건조중인 선복량은 2,023만 DWT이다. [그림 5-1]에서 그리스 소유 선박의 구성을 보면 벌크선이 1억 8,286만 DWT로 46.7%를 차지하고 있다. 이어 탱커선은 1억 7,165만 DWT로 43.8%를 점유하고 있으며, 세 번째로는 컨테이너선인데 이의 선복량은 2,284만 DWT로 5.8%를 시현하고 있다. 이 들 세 종류의 선형에 이어 LNG, LPG 등이 각각 2.5%와 0.5%의 비중을 보이고 있다. 그리스 선대에 대한 보다 자세한 분석은 제8장 그리스 선대 분석을 참고하기 바 란다.

표 5-25 그리스 선대 현황(2021.4)

	척수	DWT
전체선대 규모	5,055	391,473,439
현존선	4,898	371,242,339
Oderbook	157	20,231,100

자료: VesselsValue 내부자료 (2021).

그림 5-1 그리스 선대의 선종별 구성 내역(2021.4)

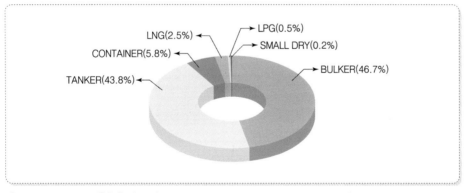

자료: VesselsValue 내부자료(2021).

한편 [그림 5-2]는 그리스 해운기업들이 그들의 선박을 어느 나라의 조선소에 서 건조를 하였는지를 분석하고 있는 것으로 우리나라에서 건조한 비율이 44.6%(1억 7,457만DWT)로 가장 높다. 다음으로는 중국과 일본이 각각 26.9%(1억 530만 DWT)와 24.0%(9,407만 DWT)를 시현하여 이들 3개국에서 총보유선복량의 95.5%를 건조하였다. 그리스 보유 선복량의 나머지 4.5%는 루마니아, 필리핀, 독 일 등에서 건조된 것으로 조사되고 있다.

그림 **5-2** 그리스 선대의 건조국가별 구성비(2021.4)

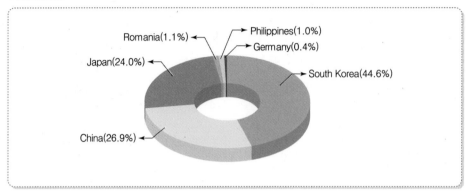

자료: VesselsValue 내부자료(2021).

2018년 기준으로 그리스에는 588개의 외항 해운기업이 있는 것으로 보고되고 있다. 이들 해운기업 중 마란 탱커사 등 주요 선사의 선복량을 [그림 5-3]에서

그림 **5-3** 그리스 주요 선사의 선복량 규모(2021.4)

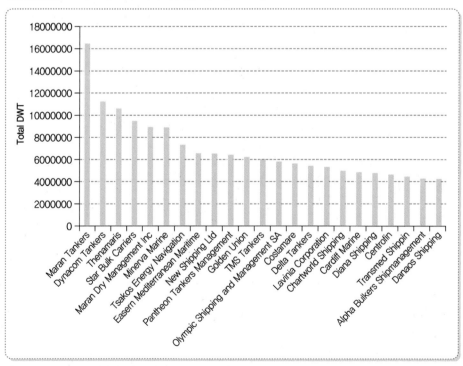

자료: VesselsValue 내부자료(2021).

보여주고 있다. 마란 탱커사의 선복량은 1,646만 DWT, 다이나콤 탱커사는 1,116 만 DWT, 테나마리스사는 1,046만 DWT를 각각 보유하고 있다. 특히 그리스의 해운기업에 대한 보다 자세한 내용은 제9장의 그리스 해운기업 분석을 참고하기 바란다.

이상에서 살펴본 그리스 해운역사를 간단히 정리하면 [그림 5-4]와 같은데, 고 대부터 현재까지 7개 시기로 구분하여 그 주요 내용을 요약하고 있다.

그림 5-4 그리스 해운의 역사

고대 그리스	• 그리스인들은 에게해에서 시작하여 점차 지중해와 흑해에서 무역을 함. • 미노아 문명과 같은 큰 바다 전통을 가진 문명
로마 왕국	• 그리스인에 의해 해상 무역의 대부분이 이루어짐.
비잔틴 제국	• 1,000년 이상 동안 Arab에 대한 방어 및 서방 세계와의 상업 및 문화 교류에서 촉매 역할

오스만 제국	• 16세기: 곡물에 대한 유럽의 수요 증가로 인해 그리스 해상 무역이 확산됨.
	• 18세기: 영국ㆍ프랑스 전쟁으로 공급 부족이 발생하여 그리스 해운업이 이를 충당함.
	• 가장 유명한 그리스 해운 지역
	  – 에게해: 히드라, 시로스, 안드로스, 키오스, 카소스, 프사라, 스페체스
	  – 이오니아해(이탈리아와의 무역으로 인해): 갈릭시디, 아르타, 프레베자, 코르푸
	• 독립 전쟁에 기여한 그리스 함대

19세기	• 계몽주의 기간 동안 그리스 선주들은 학교와 도서관을 설립 • 키오스 섬에서 온 가족의 분산은 나폴레옹 전쟁 동안 유럽에서 그리스 선박의 확산으로 이어짐
20세기	• 제2차 세계대전 이후 그리스 기국의 사용 증가 • 1970년 이후 제도적 틀이 경쟁력을 갖추게 되고 필요한 인프라가 구축되자 그리스 해운 회사들은 빠르게 본사와 활동을 그리스로 이전 • 그리스 기국도 빠른 속도로 발전하여 큰 해운 위기 직전인 1979년에 절정에 달함.
현재	• 그리스 해운(Greek Shipping): 전 세계 선단의 16%를 차지하며 그 규모면에서 글로벌 리더 • 3,700척 이상의 선박 보유

자료: https://www.ukessays.com/essays/economics/longterm-competitiveness-greek-1192.php (2021.5.15).

그리스의
해운산업 지원정책

그리스의 해운산업 지원정책 개황

이 장에서는 그리스정부의 해운정책에 대한 고찰에 초점을 두고 있다. 우선 그리스정부가 취한 각종 해운정책을 살펴보기 전에 해운정책의 의의에 대해 산업정책적 관점에서 간단히 살펴보고 있다. 각 나라가 해운정책을 산업정책의 일환으로 구사하고 있는 것은 결국 해운의 경쟁력 제고에 목적을 두고 있다고 보여진다. 그러한 점에서 Porter교수의 다이아몬드 모형을 간단히 소개하고 이를 해운산업의 경쟁우위 확보 시각에서 일별하고 있다.

이러한 해운정책 개괄에 이어 세계 2차 대전 후 그리스 정부가 입법적 조치를 통해 해운업의 발전을 도모한 것을 고찰하고 있다. 특히 1953년에 제정된 '외국자본의 투자와 보호법 2687'를 중심으로 짚어 보고 있다. 이 법은 외국인 투자의 유치와 해외 등록 선박의 그리스 자국으로의 치적을 유도하는 것을 목표로 하고 있다. 이 법 외에 그리스 해운과 관련한 법 일부도 분석하고 있다.

6.1   해운산업정책의 개요

6.1.1 산업정책의 의의

한 나라의 경제발전을 추구하기 위해 각 국의 경제부처가 중심이 되어 장단기 경제정책을 수립 · 실행하여 경제성장을 성공적으로 달성한 사례는 우리나라를 비롯해 다수가 있다. 특히 우리나라도 1962년부터 1996년까지 7차례에 걸쳐 경제개발 5개년 계획을 수립 · 집행하여 오늘날의 경제발전을 이룬 것으로 평가를 받고 있다. 특히 1970년대에 정부가 중화학 공업의 육성을 적극적으로 추진한 결과 우리경제가 상상을 초월하는 성과를 달성하고 현재 세계 상위권에 속하는 경제 강국이 되어 있다. 즉 현재 반도체산업, 자동차산업, 조선산업 등 제조업 분야에서는 글로벌 경쟁력을 확보하여 세계에서 수위권에 속하는 분야가 상당한 것으로 평가를 받고 있다. 그런데 서비스산업에서는 아직 제조업처럼 국제경쟁력을 확보한 산업이 거의 없는 것으로 알려져 있으나, 해운업이 그나마 세계 10위권 안에 위치하고 있다. 선복량이 약 8,900만 DWT로 세계 7위에 올라 있는 것으로 조사되고 있다(UNCTAD, 2020).

한 국가의 경제정책을 수립할 때 어떤 산업을 집중적으로 육성하기 위해 어떤 행·재정적 지원책을 강구할 것인지에 대한 논의도 이루어지고 있다. 이처럼 특정 산업을 육성하기 위해 수립하는 정책을 산업정책으로 볼 수 있을 것이다. Norman and Stigliz(2018)는 산업정책을 자원의 배분과 축적, 그리고 기술의 선택에 영향을 미치기 위해 취해지는 공공정책 수단으로 정의하고 있다. 또한 그들은 각국 정부가 실시하는 산업정책[1]은 학습과 기술향상을 촉진하는 정책들로 구성되어 있어 학습, 산업 및 기술(learning, industrial and technology, LIT)정책이라고도 하고 있기도 하다. 이러한 산업정책을 통해 한 나라의 기술역량을 제고하고 종국에는 산업구조의 고도화를 달성함과 동시에 경쟁우위를 확보하여 국제경쟁력을 제고하면서 지속적인 경제발전과 첨단 산업의 발전을 꾀할 수도 있을 것이다.

특히 한 산업이나 기업의 경쟁우위를 어떻게 확보할 것인지에 대해 논의를 할 때는 통상 포터(Poter, 1991)교수가 제시한 다이아몬드 모형을 기본으로 하여 접근하고 있다. [그림 6-1]에서 보는 것처럼 5가지 요소가 산업의 수익성과 경쟁우위를 결정하는데 결정적으로 영향을 미치고 있는 것으로 제시되어 있다. 다섯 가지 요소로는 새로운 경쟁자의 진입 용이성, 대체재의 위협, 구매자의 교섭력, 공급자의 교섭력 그리고 산업내 기존 경쟁자간의 경쟁강도 등이다. 이 다섯 가지의 각 요소를 결정하는 요인에 대한 자세한 사항은 [그림 6-1]에서 보듯이 진입의 용이성 여부는 원가우위, 규모의 경제, 정부정책 등이 크게 영향을 미칠 수 있다. 대체품 위협은 대체품의 상대적 가격, 교체비용 등이 중요한 결정요인이며, 그리고 구매자의 교섭력 결정요인은 교섭력 레버리지와 가격 민감성이 있다. 공급자의

---

1) KDB 미래전략연구소(역)(2018)을 참고하고 있다.

교섭력 결정 요인으로는 원가 또는 차별화에 대한 투입요소의 영향, 공급자의 집
중 정도 등이다. 그리고 산업내 기존 기업간의 경쟁강도 결정요인으로 산업성장
률, 고정비, 제품 차별화 등이 있다.

　포터 교수가 지적한 이러한 다섯 가지 요소는 제품의 가격, 원가, 투자수익률
(ROI) 등에 영향을 미쳐 결국에는 산업의 수익성을 좌우하게 될 것이다. 해운의
경우 벌크시장은 신규 진입이 상대적으로 용이하고 공급자의 교섭력도 약한 것으
로 볼 수 있으나, 컨테이너시장은 진입이 다소 어려우며 대체가 쉽게 이루어질
수 없기도 하다. 지금 형성되어 있는 정기선 시장, 부정기선 해운시장에서 활동하
는 해운기업의 수를 보더라도 확연히 드러나고 있는 것이 포터 교수의 모형에서
주장되고 있는 요소들이 작동하고 있는 것으로 생각된다. 이러한 측면에서 포터
(1991)의 모형을 우리 해운업계도 면밀히 검토하여 해운업 진출 등에 대한 의사
결정을 내릴 때 분석의 틀로 활용할 수 있을 것이다.

그림 6-1 5가지 경쟁 요인 및 산업구조의 구성요인

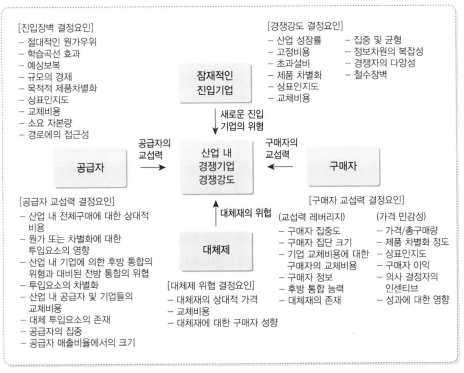

자료: Porter(조동성 역)(1991), p. 21.

6.1.2 해운산업정책

최근 우리나라가 정부주도 경제성장을 위해 1960년대나 1970년대 그리고 1980 년대까지 수립했던 경제개발 5개년 계획은 더 이상 수립되고 있지 않다. 그러나 최근에도 ICT산업을 기반으로 촉진되고 있는 4차 산업에 대한 정책을 관련된 각 부처에서 수립하고 있다. 2016년 한진해운의 부도 이후 해양수산부 등 관련 경제 부처는 해운재건을 위한 정책을 수립하여 실시하고 있기도 하다. 특히 부존자원 이 전무한 우리 경제는 무역에 의존하는 비중이 크기 때문에 국제운송을 담당하 는 해상운송업의 경쟁력 확보는 매우 중요한 과제이다.

일반적으로 볼 때 해운산업정책은 한 나라의 주요 산업의 하나인 해운업의 발 전을 위해 정부가 경제적 법률적 그리고 각종 행정적 수단을 강구하는 것으로 볼 수 있다. Frankel(1982)은 해운정책의 목표를 7가지로 분류하고 있다[2]. 첫째, 해상 운송서비스 비용의 국가경제적 측면에서 최소화하는 것이다. 둘째, 자국교역화물 을 자체적으로 수송하여 국제수지개선에 기여하는 것이다. 셋째, 해상운송선대의 공급과 함께 일자리를 창출하는 것이다. 넷째, 해운산업과 조선산업의 연계발전을 도모하는 것이다. 다섯째, 수출입화물의 국내연계 수송을 적절하게 하는 것이다. 여섯째, 국내외 거래질서의 정립과 자국해운기업의 국제적 위상에 기여하는 것이 다. 마지막으로 해운산업의 기술발전에 기여하는 것이다.

그런데 해상운송은 국경을 넘나들면서 영위하는 비즈니스이기도 하고 선박에 승선하는 선원도 자국 선원뿐만 아니라 외국 선원도 고용하기 때문에 자국 해운 기업에만 유리한 정책을 구사하는 것은 자칫 타국으로부터 자국의 해운사가 배척 당할 수 있는 여지가 있으므로 대내외적 균형을 갖춘 정책을 구사할 필요가 있는 것으로 논의되고 있다.

해운정책과 관련해 20세기에 가장 강한 해운국에서 그 지위를 잃은 영국의 경 우를 간단히 살펴보면 해운산업에 던지는 시사점이 있다. 영국은 19세기 말에서 20세기 초까지 세계 해운시장에서 가장 큰 역할을 하고 선복량이 가장 많았다. 그런데 20세기 중반을 넘어서면서 그리스에 그 자리를 내어 주게 되었다. 이처럼 영국이 왜 세계 해운 주도권을 잃게 되었는지를 Sturmey(1962)는 그의 저술에서

---

2) 방희석(1999, p. 613)을 참고 하여 정리하였음.

제시하고 있다. 그는 왜 영국의 선복량이 60년 사이 세계시장의 점유율이 29%포인트만큼 크게 감소했는지를 밝히고 있다. 즉 영국은 1900년에는 세계 선복량의 45%를 점유했으나 60년이 경과한 1960년에 이르러서는 16%로 감소하였다[3]. 그는 영국의 선대가 위축된 데는 크게 4가지 요인이 작용했음을 제시하고 있다[4]. 첫째, 경제적 요소의 변화로 일어난 경쟁환경의 변화를 제시하고 있다. 두 번째로는 다른 국가의 경쟁적 과정(competitive process)에 대한 개입을 들고 있다. 세 번째로는 전쟁, 영국의 저성장 무역, 조세제도, 정부의 무관심과 같은 무작위 요소(random factors)가 영향을 미쳤다고 주장하고 있다. 네 번째는 1890년부터 1960년 동안에 영국 선대의 성장률이 세계 선대 성장률에 비해 낮았다는 점을 지적하고 있다. 동기간 동안 세계 선대는 연간 2.3% 성장률을 보였으나 영국은 0.6%에 그쳤다.

Sturmey(1962)의 분석에서 해운정책적 측면에서 유념할 것은 영국 정부는 상대적으로 해운산업에 대한 정부의 정책이 많이 부족한 것으로 보여진다. 두 번째로 지적하고 있는 요소에서도 다른 해운 강국은 자국 해운의 경쟁력 제고를 위해 조세정책 등을 통해 지원함에도 영국은 상대적으로 해운계 자체에 맡기기도 하여 무작위 요소에서도 정책적 대응이 미흡했음이 제기되고 있다.

전통적으로 해운정책에 대한 흐름은 크게 정부 개입을 최소화해야 한다는 해운자유주의와 정부의 적극적 개입이 필요하다는 해운보호주의로 구분될 수 있다[5]. <표 6-1>은 주요국의 해운정책을 정리한 것으로 정부가 해운에 대해 완전히 손을 놓거나 개입을 하지 않는 완전해운자유주의 입장에 있는 경우는 거의 없는 것을 알 수 있다. 먼저 해운업에 대한 금융지원정책을 보면, EU, 중국, 일본 등은 해운업이 국가적으로 중요함을 인식하고 해운기업의 유동성 위기 극복이나 선박확보에 필요한 자금 등을 정책적으로 지원하고 있는 것으로 보고되고 있다. 둘째, 화물집하력 부문에서도 선화주의 상생협력, 자국선 우선제 등의 정책을 구사하고 있기도 하다. 셋째, 각국의 정책당국은 해운과 조선의 상생발전을 위해서도 여러 정책을 채택하고 있는 것으로 나타나고 있다. 끝으로 선사간 M&A 등을 통한 경쟁력 확보를 위해서도 지원을 하고 있기도 하고 해운업에 유리한 조세제

---

3) Sturmey(1962), p. 1.
4) 보다 자세한 논의는 Sturmey(1962, pp. 383~403)을 참고하기 바랍니다.
5) 이에 대한 보다 자세한 논의는 방희석(1999, pp. 614~624)를 참조하기 바랍니다.

도를 도입하고 있기도 하다. 한편 그리스의 경우는 정부 개입을 가능하면 줄이려고 노력해 온 것으로 알려져 있다.

한편 박종록(2019)은 국제수지 개선, 무역진흥, 연관 산업의 육성, 국방 등의 측면에서 해운정책이 마련되고 시행될 필요가 있는 것으로 주장하고 있다. 국제수지개선 측면의 경우를 보면 그리스 경우는 자국 화물이 거의 없다시피 한 관계로 제3국간 운송을 통해 외화가득을 올리고 있는데, 이는 그리스의 국제수지 개선에 크게 기여하고 있는 것으로 보고되고 있다[6]. 그리고 우리나라도 외항해운기업이 해상수송을 통해서 상당한 외화가득을 올리고 있어 국제수지 개선에 도움을 주고 있다[7]. 다음으로 무역진흥 차원에서 보면 우리나라가 대외교역에 크게 의존하고 있는 경제구조를 갖고 있어 원자재 및 가공 제품의 신속하고도 정확하게 수송할 수 있는 해상운송체계를 갖추는 것은 매우 중요한 것으로 확인되고 있다. 그래서 정책당국도 해운을 기간산업으로 간주하여 금융지원을 비롯해 각종 지원정책을 마련하여 시행하고 있다. 세 번째로 연관 산업의 육성 및 발전과 관련해서도 해운업은 큰 영향을 미치고 있다. 즉 조선업의 발전에 직접적으로 영향을 주고 있을 뿐만 아니라 항만물류, 해상보험, 해운중개업 등의 발전에도 크게 작용하고 있다. 끝으로 국방 차원에서의 해운정책은 유사시에 전략물자 및 인력의 수송에서 큰 역할을 할 수 있는 측면에서 '제4군'으로 여겨지기도 한다. 특히 우리나라의 경우 아직도 평화통일을 이루지 못하고 있는 상태에서 유사시 전략물자 등을 대량으로 수송할 수 있는 선대의 구축은 매우 중요한 것으로 보인다.

특히 해운이 우리에게 매우 중요하고도 긴요한 산업으로 정책 당국이 큰 관심을 갖고 육성해야 하는 당위성은 우리가 자원이 부족하고 육로가 막혀 있다 보니 해로를 충분히 활용하지 않으면 원자재 수급이 원활하지 못하여 경제발전에 큰 지장을 초래할 수 있기 때문이다.

---

6) 이에 대한 자세한 내용은 제1장을 참고하기 바랍니다.
7) 글로벌 금융위기 직전인 2007년에 우리나라 원양해운기업이 벌어들인 외화가득액이 475억 달러에 달하였으나, 해운경기의 침체로 최근에는 250억 달러 내외에 머물렀으나 2022년에는 그 규모가 거의 금융위기 이전의 수준으로 회복되었다.

표 **6-1** 주요국의 해운정책 비교

구분	우리나라	EU	중국	일본	시사점
해운 산업 중요성 인식	• 국가기간산업이자 서비스 수출산업으로 인식	• EU 위원회 차원의 해운산업 중요성 인식 - 관련정책들과 유기적 연계 확보	• 정부차원의 해운산업 중요성 인식 - 해운강국 건설이라는 상위 정책과 연계	• 2012년 아베 총리 집권 후 적극적 산업정책 대상에 포함	• 국가 산업 정책이라는 큰 틀에서 해운산업 위상 제고 필요
해운 금융	• 2.6조 원의 선박 신조 지원 프로그램 지원 계획 • 한국해양진흥공사를 통한 선사 경쟁력 확보 지원 • 캠코(KAMCO) 선박 펀드를 통한 중고선박 매입 후 재용선 프로그램 확대	• 덴마크 - Danish Ship Finance를 통한 지원 - 수출신용기관(EKF)을 통한 지원 • 독일 - 중앙정부 1.47조 원, 지방정부 1.35조 원 지원 • 프랑스 - 정부 금융지원 - 국부펀드(FSI) 지원 • EU차원의 녹색해운 보증프로그램 시행	• COSCO Shipping에 대한 금융 지원 - 수출입은행 20조 원 - 국가개발은행 30조 원 • 금융리스 기업 등 비전통적 해운금융 확대	• DIP(Debtor-in-Possession Finance) - 중앙은행이 구조조정 기업의 채무 보증 • 공적 채권 전환 정책 • 크라우딩 펀드 조성 - 화주의 적극적 참여 • 이자율 인하, 상환기간 연장 등 추진	• 해운금융 지원 정책의 적시성과 다양성 제고 필요
화물 집하력	• 화주와 선사의 자율적 협력 지원 계획 • 해운 - 조선 - 화주 상생 펀드를 통한 적취율 제고	• 제3국 해운시장 접근성 보장을 위한 노력	• 정부가 주도하는 COSCO Shipping의 화주 국유기업 간의 협력 - 우쾅발전, 바오우 그룹 등 국유기업 다수 • 국화국운 정책 • 대형화주의 해운산업 투자 제한	• 자국우선제	• 효과성 높은 정책 검토와 우리나라 상황에 맞는 정책 도입 필요
해운 - 조선 상생 발전	• 해운 - 조선 협력 네트워크 설치 계획	• Quality Shipping 전략으로 환경·보안 규제 강화를 경쟁력 차별화와 연계	• 폐선 보조금 정책 - 국내 조선업 활성화 - 선사의 선대 경쟁력 강화	• 폐선 보조금 정책	• 정책의 적시성과 전략적 검토 필요
선사 간 협력	• 한국해운연합(KSP)에 대한 항로 합리화, 선박 대형화, 신규노선 개설등에 대한 보조금 지원 계획	• 기업 자체적 M&A 활성화	• M&A등 정부의 인위적인 구조조정 시행	• NYK, MOL, K-LINE 컨테이너 사업부 통합 지원(ONE)	• 선사 간 협력에 대한 정책 지원 필요
기타	• 세제 지원 제도	• 선사들의 상시적이고 지속적인 구조조정	• 세제 지원제도	• 항로 보조금 정책 - 채산성 부족 항로 지원 • 각종 세제 지원 제도	• 글로벌 추세에 부합하는 정책 대응

자료: 고병욱 외(2017).

6.2 그리스정부의 해운지원 정책

그리스는 최근 우리가 알기로는 정부가 해운에 간섭하지 않는다고 알고 있다. 그러나 그리스가 세계 2차 대전 후 그리스 선대가 급성장하는데 정부의 해운에 대한 지원정책이 여러 방면에서 전개되었음을 문헌에서 찾아볼 수 있다. Harlaftis(1993)과 Goulielmos(1997, 2017) 그리고 武城正長(2012) 등은 그리스정부의 해운정책에 대해 자세히 고찰하고 있다. Goulielmos(1997, pp. 247~248)은 그리스 선주는 1950년대 정부가 해운관련 법령 등을 제정할 무렵에는 '정부가 해운에서 멀리 떨어져(to keep away from shipping)' 있기를 원했으나, 해운불황이 불어닥친 1981년에는 오히려 선주들이 그리스 해운이 경쟁력을 갖도록 도와 달라(to help Greek shipping become competitive)'는 입장으로 바뀌었고, 1990년대 후반에도 비슷한 요구를 하였다. 이 절에서는 그리스 해운정책에 대한 연구 문헌에서 논의되고 있는 내용을 중심으로 그리스의 주요 해운정책을 고찰하고자 한다.

6.2.1 그리스 정부의 해운관련 조직

2021년 현재 그리스의 해운정책 담당 정부 부처는 'Ministry of Maritime Affairs and Insular Policy'인데 이 조직은 1936년 창설된 'Mercantile Marine Ministry'를 기반으로 하고 있다[8]. 그런데 그리스 정부조직에서 이 부처의 경우 80여 년 이상의 시간이 경과하는 동안 몇 번의 조직 변화가 있었다. 그동안 해운은 'mercantile marine'의 차원에서 다루어져 오다가, 2009년 10월 7일에 정부 조직이 개편되면서 즉 'Ministry of the Economy, Competitiveness and Shipping'이 생기면서 'shipping'이 행정조직에 등장하게 된 후 '상선(mercantile marine)'이라는 용어 대신 행정부서에 자리매김하게 되었다. 그런데 1년 후인 2010년 9월 30일에 'Ministry of Maritime Affairs, Islands and Fisheries'로 개편되면서 'shipping'이 없어졌다. 그런데 1년도 경과하지 않은 시점인 2011년 6월 27일에 'Ministry of Development, Competitiveness and Shipping'으로 되면서 'shipping'

---

8) https://en.wikipedia.org/wiki/Ministry_of_Shipping_and_Island_Policy_(Greece)Wikipedia (2021.2.1.)

은 다시 살아났으나, 해사관련 업무가 상대적으로 비중이 낮아진 것으로 보인다.

한편, 2012년 6월 21일 'Ministry of Shipping and the Aegean Policy'로 또 다시 정부의 해운부서가 개편되었다. 그 후 2015년 1월 26일에는 이 부처가 없어지고 'Ministry of Economy, Infrastructure, Shipping and Tourism'으로 변경되면서 한 부처에서 관광 등 여러 업무를 취급하면서 해운관련 정책업무는 또 다시 간과되는 것으로 되었다. 그런데 2015년 9월 23일 그리스 정부는 'Ministry of Shipping and Island Policy'로 개편하여 해운의 비중을 제고하였다. 최근에는 'shipping'보다 넓은 의미를 갖는 'maritime affairs'의 용어가 들어가 있는데, 이는 해운뿐만 아니라 항만 등도 이 부처에서 다루기 때문으로 생각된다[9].

이상에서 그리스정부 조직에서 해운부서의 변천에 대해 간단히 살펴보았는데 그리스에서도 우리와 같이 해운부서가 때로는 타 부서에 통합되기도 하면서 부처 자체가 없어지는 경우도 몇 차례 있었다. 우리나라도 현재의 '해양수산부'가 한 때 다른 부처에 통합되기도 하였던 사실과 비슷한 경험을 하고 있어 '해운정책' 관련 업무가 다른 나라에서도 아주 긴요한 것으로 다루지 않고 있는 것을 알 수 있다.

그런데 [그림 6-2]에서 보는 것과 같이 그리스의 현재의 '해양 및 도서 정책부 (Ministry of Maritime Affairs and Insular Policy)'는 크게 '항만, 항만정책 및 해운투자'와 '도서 정책'으로 구분되어 있고, 이를 기반으로 관련국들이 자리잡고 있다. 특히 그리스 해운 관련 부처의 조직에서는 'shipping'이 들어간 조직이 전혀 보이지 않는다. 즉 'shipping' 관련 조직은 없고 단지 'maritime investment'가 해운과 관련되어 있는 것으로 보인다[10]. 그리스 해운관련 부처 조직도에서 보면 항만 관련 부서가 더 큰 비중을 차지하고 있고, 조선 및 수리조선 부서가 있다는 것이 특이하다. 이러한 그리스의 해양부처 조직은 우리 해양부처의 조직에 참고할 즉 조선 관련 부처를 해양부처에 포함되어 있다는 점이다. 그리고 이 부처의 한 축에서는 에게해 등에 산재해 있는 섬들에 대한 각종 현안과 정책도 다루어지고 있다.

---

9) 한편 Wikipedia 등 일부 문헌에서는 'Ministry of Shipping and Island Policy'로 부처명이 소개되고 있다.
10) 다소 오래 전이지만 Corres(2007, p. 224)의 해운 부처 조직도에는 'shipping policy' 담당국이 나와 있기도 하다.

그림 6-2 그리스의 해양 및 도서 정책부(Ministry of Maritime Affairs and Insular Policy) 조직도

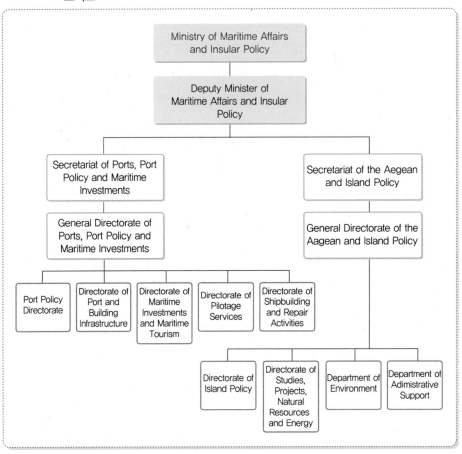

자료: 그리스 주재 한국대사관(2021).

특히 그리스의 해운담당 부처의 산하 기구에는 70개 가까운 항만공사(port authority)가 있는 것으로 나오고 있다[11]. 항만공사가 중앙항만공사(central port authority)와 지방항만공사(regional port authority)로 나누어져 있는데, 이처럼 많은 항만공사가 있는 것은 에게해와 이오니아해 등에 산재해 있는 섬 중 물동량이 많은 곳에는 항만공사를 설치하였기 때문으로 보인다.

앞에서 언급했듯이 일반적으로 그리스 정부는 해운에 대해 깊이 간여하지 않

---

11) https://www.gtp.gr/TDirectoryDetails.asp?id＝2220(2021.2.1.)

는 것으로 알려져 있다. 그런데 일부 학자는 해운계가 어려운 상황에 직면하면 정부의 정책적 지원을 요청하고 있다는 주장도 있다[12]. <표 6-2>는 그리스 정부가 원양, 연안, 국내여객, 크루즈, 국내화물 등에 대해 정부가 선원관리(manning), 조세, 시장규제, 보조금 등에 어떠한 입장을 견지하고 정책을 펼쳤는지를 보여주고 있다. 특히 우리가 관심을 두고 있는 원양해운의 경우 정부정책이 다른 영역에 비해 상대적으로 느슨한 것을 알 수 있다. 그런데 그 성과를 보면 크루즈, 국내여객 등과 같은 영역은 쇠퇴 내지 붕괴되었는데 비해 원양해운은 고성장의 결과를 보였다고 한다.

표 6-2 그리스 정부의 해운정책(1970년대 이후)

정책 분야	선원관리	조세	시장규제	보조금	결과
원양	덜 엄격	유연(soft)	없음	없음	고성장
연안	엄격	유연	없음	없음	쇠퇴
국내여객	엄격	유연	국가 간여	있음	정체
크루즈	엄격	유연	Cabotage 보호	없음	붕괴
국내화물	엄격	유연	배타적 시장	없음	쇠퇴

자료: Corres(2007), p. 227.

20세기 들어 그리스 정부가 해운산업과 관련해 정책을 수립하고 집행한 주요 영역을 보면 다음과 같다. ① 선박의 그리스 등록 및 치적 관련 정책 ② 의회의 입법과 강령 준비 ③ 국제정책 구상시 대표 역할 ④ 법 959/79 회사의 등록 유지 ⑤ 학생들의 항해직의 유도 ⑥ 해사 아카데미의 운영 ⑦ 해사 서비스종사자와 선원을 위한 해사법정 ⑧ 사관과 선원의 해사서비스를 위한 등록 유지 ⑨ 선원연금(NAT) 및 관련 기관의 감독 ⑩ 선박, 항만, 바다 공간 등에 경찰 감시 그리고 끝으로 그리스 항만 경영 감독 등이다[13]. 이러한 영역에 대해 그리스 정부는 필요하면 의회에서 입법을 통해 해운계를 지원하고 있다. 그러나 원양해운계는 대체로 정부의 간섭을 싫어하고 있는 것으로 알려져 있다. 이는 아마도 그리스 외항해운이 글로벌 시장에서 경쟁력을 확고히 확보했기 때문으로 풀이된다. 그리고 해운업 스스로 각종 현안을 극복할 수 있는 역량도 갖추었기 때문이기도

---

12) Goulielmos(1997), pp. 247~248.
13) Corres(2007), p. 225.

할 것이다.

6.2.2 미국의 전시표준선(Liberty) 확보 지원과 그리스 해운

그리스가 오스만 제국으로부터 독립을 쟁취한 후 세계 2차 대전이 종식되고 1940년대 후반에 이르기까지 그리스 정부가 해운관련 정책을 수립하고 실행한 경우는 문헌에서 거의 논의되고 있지 않다. 오늘날 그리스가 세계 최강의 해운강국으로 발돋움하는데 가장 큰 역할을 한 결정적 계기는 미국에서 2차 대전 중 건조한 전시표준선(Liberty)을 대량 구입한 것일 것이다. 즉 세계 2차 대전 중 군수 물자의 수송을 위해 미국에서 1940년대 들어 단기간에 대량으로 건조한 전시표준선인 'Liberty'선박들을 미국 정부가 매각할 때 그리스 정부는 자금지원 보증을 통해 그리스 해운계를 결정적으로 지원하였다. 특히 제2차 대전 당시 연합군에 참여한 그리스는 선대의 70% 가까이가 소실되어 어려움에 처해 있었다[14]. 이 무렵 미국 정부는 대량으로 보유하게 된 Liberty선을 연합국에 배정, 매각하기로 결정했는데, 이때 그리스에 배정된 Liberty선은 100척이었다.

그 당시 그리스 선주는 2차 대전에서 피해를 입은 선박에 대해 보상을 받은 보험금과 운임으로 4,750만 파운드를 보유하고 있었다[15]. 그런데 선박구입대금을 미국 달러로 지불해야 하는 문제에 직면해 해운계는 그리스 정부가 이 부분을 해결해 줄 것을 요청하였다. 그리스 정부는 해운계의 요청을 받아들여 미국 정부와 협상을 통하여 미국 달러 대신 영국 파운드로 지불하되 총 구입 자금 1,650만 파운드 중 25%인 410만 파운드는 현금으로 지불하고 나머지 1,240만 파운드는 연리 3.5%로 17년에 걸쳐 지불하는 조건으로 하여 성공적으로 'Liberty' 100척을 인도해왔다[16]. 또한 미국은 당시의 시장 거래 가격에 비해 아주 값싸게 즉 원가의 1/3에 해당하는 가격으로 매각하게 되어 그리스 해운계는 저렴한 가격을 지불하고 다수의 선박을 확보하게 되었다. 특히 그리스 해운계는 전시 중에 연합국의

---

14) 1939년부터 1944년 사이 그리스는 총 429척의 선박이 소실되었고 이들 선박의 총선복량은 1,372,353 GRT에 이르렀다(Harlaftis, 1996, p. 437).

15) 武城正長(2012), p. 84.

16) 武城正長(2012), p. 84. 그리고 武城正長(2012)에 의하면 당시 우리나라의 정주영 회장에게 처음으로 2척의 유조선을 발주한 Livanos가도 12척의 Liberty선을 매입한 것으로 알려져 있다. 그리고 이때 그리스는 또한 T2형 탱커선 7척도 확보하였다. 이렇게 확보한 107척의 총선복량은 785,000 GRT에 이르렀다.

편에서 군수 물자 등을 적극적으로 수송하며 대전의 승리에 기여한 점을 미국 정부는 인정을 하였던 것으로 보인다.

이렇게 미국으로부터 한꺼번에 많은 선박을 인수하면서 그리스의 선대는 급팽창을 한 것으로 보고되고 있다. 그리고 그리스 해운기업은 1947년에는 100척의 'Liberty'선의 운항으로 900만 파운드의 매출을 올리고 순이익 200만 파운드를 실현하여 추가로 277척의 선박을 매입할 수 있었다고 알려져 있다.[17] 특히 이 무렵 발발한 한국 전쟁과 수에즈 운하 사태로 세계 해운은 호황을 맞아 그리스 해운은 많은 수익을 달성할 수 있었던 것으로 평가되고 있다. <표 6-3>은 세계 2차 대전 이후 그리스 선대의 추이를 보고하고 있는데, 1949년 그리스는 세계 선대의 2.9%를 보유하고 있는 것으로 나타나고 있다. 그런데 그리스 선대는 이후 매년 두 자릿수의 증가율을 보이며 꾸준히 성장한 결과 1950년대 후반에 들어서는 세계 선복량의 10% 가까이를 점유하기 시작한 것을 알 수 있다.

표 6-3 2차 대전 직후 그리스 선대 보유 추이

(단위: 천 GRT, %)

	그리스 치적 선대 (Greek flag)	그리스 소유 선대 (Greek owned) (G)	증가율 (%)	세계 선복량 (W)	그리스 선대 비중 (G/W)(%)
1949	1,301	2,377	–	82,300	2.9
1950	1,265	2,930	23	84,600	3.5
1951	1,239	3,642	24	87,200	4.2
1952	1,176	4,030	11	90,200	4.5
1953	1,140	4,738	18	93,400	5.1
1954	1,242	5,945	25	97,400	6.1
1955	1,270	6,906	16	100,600	6.5
1956	1,444	8,533	24	105,200	8.1
1957	1,576	10,543	24	110,200	9.6
1958	2,275	11,899	12	118,000	10.1
1959	3,892	12,456	5	124,900	10.0
1960	5,575	12,201	– 2	129,800	9.4

자료: Harlaftis(1996), pp. 437~438.

---

17) Harlaftis(1996, p. 253)

6.2.3 법 2687/1953 등의 제정과 그리스 해운

오늘날 그리스가 세계 1위의 선복량을 보유할 수 있게 된 성과를 달성하게 된 계기는 무엇보다도 그리스 해운계의 독창적인 영업력 발휘가 가장 중요한 역할을 한 것으로 알려져 있다. 하지만 그리스 정부도 해운계의 요구를 적극 수용해 관련 제도의 입법화 등을 통해 지원한 것이 그리스 해운발전에 크게 영향을 미친 것으로 평가되고 있다. Goulielmos(2018)은 그리스 해운산업의 발전에 영향을 미친 요소를 몇 가지로 요약하고 있는데, 우선 정부가 해운계와 긴밀히 상의하며 그들의 의견을 청취하는 역할을 하였다는 점이다. 두 번째로는 해운계가 요구하는 행동의 자유(freedom of actions)가 상당히 보장되었다는 것이다. 세 번째로는 그리스 해운계는 해운과 관련된 법이 헌법에 의해 보호를 받으며 정권이 바뀌어도 영속성을 갖는 것이었는데[18], 이러한 측면에서 법 2687/1953과 선박등록승인조치(ship registration approval action: SRAA)는 중요한 의미를 갖는 것으로 생각된다.

■ 부유자세(LD 889/1949)[19]

1949년에 제정된 LD 889는 '부유자세'인데 해외에 있는 그리스인들을 본국으로의 복귀를 장려하는데 목적을 두고 있다. 이 법은 해외자산의 신고를 요구하고 있으며, 그리스 치적의 선박에 대해서는 1,500만 드라크마를 부과하고 편의치적선에 대해서는 4,000만 드라크마를 부과하는 것으로 하였다. 이 법은 결국 많은 그리스 선주들이 런던이나 뉴욕으로 떠나게 하는 부작용을 초래하였다고 한다. 그러면서 정부는 해운에 대한 통제력을 상실하면서 해운계와 불편한 관계가 형성되는 단초를 제공한 것으로 평가되고 있다(武城正長, 2012, p. 75).

---

18) 법 2687은 그리스 최고법원(Hellnic High Court)이 1952년 그리스 헌법의 112조에 근거한 명령의 실행에 대한 조치 단계라는 것을 결정했다(decision 8/1983). 이에 따라 1953년 이후 오늘날까지 이 법이 갖는 증가된 위력은 그리스 헌법으로부터 연유하고 있으며 또한 헌법에 의해 보호받고 있다. 특히 헌법 107조는 '외국 자본의 보호와 특별경제법 제정'에 대한 것으로 법 27/1975와 2687/1953의 효력이 보장되고 있음을 명기하고 있다. 이 법의 힘은 헌법으로부터 나오는 데 그리스 헌법이 2019년 개정될 예정이나, 법 2687은 여전히 유효할 것으로 보인다(Goulielmos, 2018, p. 1191).
19) LD: legislative decree(입법강령).

▌ 외국자본의 투자와 보호법(Law 2687/1953)

법 2687의 의의

그리스 정부는 외국자본의 도입을 하려는 목적으로 1953년에 '외국자본의 투자와 보호에 관한 법률(investment and insurance of capital from foreign)'을 제정하였는데 이 법은 현대 그리스의 해운정책에 대한 주요 내용을 담고 있다. 그리스 정부가 바뀔 때마다 이 법이 개정되거나 폐기되는 되는 문제를 극복하기 위하여 헌법(107조 및 112조)에 규정을 두어 보호를 하고 있기도 하다.

Goulielmos(2018)은 이 법이 외국자본의 유치와 보호에 목적을 두고 있지만 그리스인 소유 1,500 GRT 이상 되는 선박의 그리스 치적(Greek flag)을 유도하는 데도 큰 의의를 두고 있다고 주장하고 있다. 이 법 제정으로 그리스 치적의 선대 증대에도 기여했다고 주장하고 있다[20].

법 2687/1953은 17개 조항을 포함하고 있는데 궁극적인 목적이 그리스 경제의 발전과 경제 진척(economic progress)에 기여할 수 있는 생산적인 투자(productive investment)를 유치하는데 목적을 두고 있다. 이 법은 그리스 선주들의 투자를 촉진하는 계기를 제공한 것으로 평가되고 있다. 그들은 석유, 화학, 수송기기 등에 활발하게 투자를 하여 1961년부터 1975년 동안의 외국인 총투자규모의 36%를 차지하기도 하였다. 그리고 제조업의 고정자산의 19%를 그리스 선주들이 소유하고 있는 것으로 보고되고 있다. 그리스 선주들은 제조업에 이어 은행, 보험, 관광, 언론 등 3차 산업에 대한 투자도 크게 확대하였으며, 특히 은행에 대한 대규모 투자를 통해 지배력을 강화한 것으로 알려져 있다(Theokatos and Harlaftis, 2009, p. 95)[21].

---

20) 이 법에 이어 3,000 GRT 이상의 선박을 대상으로 한 법률이 1975년에 법률 27과 1983년에 법률 1376이 각각 제정되었다(Goulielmos, 2018, p. 1191).

21) Harlaftis(1993, p. 94)에 의하면 당시 해운계 유력인사인 Andreadis는 1950년대에 아테네은행, 이오니안대중은행, 피레우스은행을 지배하게 되어 그리스 저축의 30~50%를 점유해서 'Andreadis 제국'이라고도 하였다고도 한다.

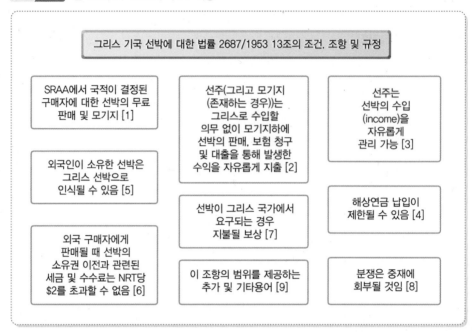

그림 6-3 법 2687의 13조의 주요 내용

자료: Goulielmos(2018)을 참고하여 재작성.

또한 법 2687의 13조는 그리스 치적 선박이 그리스에 등록되어 있는 전 기간 동안 준수해야 할 사항을 명기하고 있다. 우선 정부간행물에 SRAA의 공고를 요구하고 있다. 그리고 [그림 6-3]에서 보는 것처럼 13조는 9개 조건을 포함하고 있는데, 2018년에 이르러서는 28개로 늘어났다. 특히 이 법에서 외자유치를 위한 유인책은 그리스에 투자하는 외국자본에 대해 10년 동안 세금, 관세, 공적 부담금을 면제하고 또한 그 후 10년간은 소득세를 감세하고 있다. 그리고 런던, 뉴욕 등 외국에 있는 그리스 선주가 투자하는 자본도 '외국자본'으로 인정하고 있다. 이 법을 통해 그리스 선주들은 선박 외 제조업이나 서비스업에도 투자를 하였다.

먼저 법 2687에서 주어지고 있는 그리스 해운기업의 그리스 치적으로 얻는 9가지 자유를 살펴보면, 첫 3개 항은 행동의 자유(freedom of action)를 제공하고 있다[22]. 첫 번째 자유는 행정당국의 허가 없이도 선박을 외국인에게 매각할 수

---

22) 법 2687의 구체적 내용에 대해서는 Goulielmos(2018, pp. 1197~1198)을 참조하여 정리하고 있다.

있으며 또한 선박에 대한 저당권을 등록할 수 있다는 것이다. 둘째는 선박저당을 통한 대출금, 선박매각대금, 항해사고로 수령한 보험금 등의 수익금을 자유로이 사용할 수 있는 권한이 주어져 있다. 셋째는 외화 형태로 획득한 선박 운항 수입을 제약 없이 자유롭게 관리할 수 있는 권한이다.

앞의 세 가지 조항에 이어 그리스 선원연기금(Seamen Pension Fund)에 지불할 수 있는 기여내용이 4항에서 정해져 있었으나, 1986년 그리스 해운부 장관에 의해 지켜지지 않았는데, 즉 선주와 법 양측 모두 합의하지 않음에도 불구하고 기여금을 인상하였다. 법은 계약 당사간의 합의를 요구하고 있었으나 정부는 그것을 지키지 않았는데, 이는 법 2687에 어긋나는 사례로 해운계로서는 매우 충격적이었던 것으로 알려져 있다.

그리고 제5항은 외국인이 소유한 선박을 그리스 선박으로 인정하고 있기도 하다. 제6항은 선박의 매각에서 얻는 절대 금액이 상당할 경우 선주가 과도한 매매차익세금(transfer taxation)과 수수료를 내지 않도록 주의를 기울이고 있다. 즉 과거에는 주택에 대한 매매차익세금이 매매계약서에 명시된 가격의 11%를 부과했다. 그런데 선박을 외국인에게 매각할 경우 세금과 수수료는 NRT 당 미화 2달러를 초과하지 않는 것으로 규정하고 있다.

또한 제7항은 선박이 그리스 정부에 의해 징발될 경우의 보상을 지불할 것을 규정하고 있다. 이 조항은 세계 2차 대전 중 선박의 징발로부터 그리스 선주들이 막대한 선박의 소실을 경험한 것에서 연유하고 있는 것으로 보인다. 제8항은 SRAA의 실행에 분쟁이 있을 경우 중재로 해결한다는 것을 명시하고 있다.

한편 제9항은 13조의 적용 범위와 관련된 보충 조항으로 시간이 경과하면서 이 법의 유연성과 적응성을 정립하는데 기여하고 있다. 이 조항은 한편으로는 선주가 선도적 조치에 근거하고 있기도 하나 또 다른 한편으로는 정부가 선주의 요청을 승인하는 측면도 있다. 이 9항은 행정 당국이 명시적으로 언급된 9개 조항 외에도 13조의 목적에 부합하는 다른 조항을 포함할 수 있도록 하고 있어 슈퍼조항이라고 하기도 한다. 따라서 법률 2687의 13조 9개 항은 해운에 진정으로 기여하는 중요한 사항으로 볼 수 있으며, 이는 궁극적으로 해운활동에 대한 정부의 불개입정책을 제도화하는데 기여한 것으로도 평가되고 있다[23].

---

23) 武城正長(2012), p. 84.

법 2687과 그리스 치적 선박의 자유[24]

<표 6-4>는 1953년 법률 2687이 제정된 후 당초의 9개 항목 외에 19개 항목이 더 추가되어 총 28개 항을 정리하여 보여 주고 있다. 법 2687은 선박을 해외로부터 들어오는 외화와 같이 취급하는 것이 중요한 역할이다. 즉 이 법 13조는 달러나 파운드 기준의 외화의 일정규모가 40,000 DWT 이상의 선박에 투자되고 그리스 치적으로 등록하여 정부의 2개 부처 장관[25]에 의해 승인이 나면 그 투자금액은 법에 의해 그리스 경제에 투입된 해외 자본으로 간주하고 있다.

또한 SRAA는 2017년 3월 해운 및 도서정책부 장관과 경제부처 차관이 서명을 하였으며, 의회의 절차를 따를 필요가 없게 되었다. SRAA는 강력한 힘을 갖는 법으로 자리매김하였으며, 의회 밖에서 두 부처 이상의 장관에 의해 이행된 절차에 의해 공표되고 있다. 이러한 접근은 해운이 위기에 처했을 때 정책 당국이 빠른 조치를 취할 수 있게 할 수 있을 것으로 생각된다. 또한 SRAA는 국가가 선주에게 제공하는 피보증인이 되고 있는데, 이는 SRAA의 규정은 선박의 치적 기간 동안에는 영구적이고 변경할 수 없다는 것을 확정함으로써 이루어지고 있다. 선주의 승낙 없이는 SRAA의 조항(terms)과 조건(condition)은 변경될 수 없으며, SRAA는 헌법에 의해 보호를 받고 있는 법이다.

법 2687의 또 다른 하나의 큰 역할은 선박 대출의 부도 시에 선주와 선박 저당권자인 은행을 동등한 입장에 있게 하는 것이다. 최초의 우선저당권은 대출자가 선주의 후순위로 될 수 있도록 하며 또한 경영권을 인수할 수 있도록 하고 있다. 이 조항은 저당권자의 권리를 보장해 주고 또한 그리스 선주가 정직한 경영을 하고 있음을 확신시키는 역할을 하고 있다. 이러한 조치로 1960년대 이후 외국은행들이 그리스 치적의 선박에 자금을 제공하기 시작했으며 또한 피레우스(Piraeus)에 지점을 설치하기 시작했다.

---

24) Goulielmos(2017, pp. 1199~1202)을 참고로 정리하였다.
25) 이 법은 가장 적합한 2부처의 장관으로 경제부처(Ministry of Economy)의 장관과 해운부 (Ministry of Merchant Marine) 장관으로 하고 있다.

표 6-4 1953년 1월 이후 법 2687에 추가된 조항(terms)

기국의 자유로운 변경 – "최근 조항(recent term)" 1. "최근 조건(recent term)"1에도 그리스 국기의 변경은 특정 절차 필요	선박의 무료 용선 – "최근 조항" 1
무료 선박보험 – "최근 조항" 6. 전쟁 위험의 경우 – "최근 조항" 6	그리스 국가 등에 의한 선박의 압류는 허용 불가 – "최근 조항" 7
선체 및 기계 사양 – "최근 조항" 8 / 10–11 단락	노동 문제 – "최근 조항" 8
선박의 과세 – "최근 조항" 12 – 아래 제시	선박은 "우선 모기지"로 등록 "최근 조항 19 및 20"
선박회사에 관한 조항 – "최근 조항" 16	중재로 해결된 분쟁 – "최근 조항" 21
SRAA에 대한 수정이나 수정은 선주와 대주/모기지의 동의 없이 허용 불가 – "최근 조항" 22	그리스 기관 또는 은행의 그리스 모기지 대출 조항 – "최근 조항" 23
선박 소유권 이전 – "최근 조항" 24	VAT 제27조에 대한 "최근 조항" 25 법률 2859/2000의 허용 범위
선박 소유 회사의 주식은 지주 회사로 이전 가능 – 이것은 "상장 허가" – "최근 조항" 26 (이 용어는 "특정 해운 회사"를 지칭하는 용어와 함께 사용되어야 함)	SRAA 발효…(날짜) – 번호가 없는 "최근 조항" – 27?
정부 관보에 발표될 결정(SRAA) – "최근 조항" – 28?	날짜:
장관: 직위 및 이름	

자료: Goulielmos(2018), p. 1200.

법 2687과 피레우스의 해사클러스터

법 2687은 피레우스항이 그리스 선주들의 새로운 활동 공간으로 발돋움 하는 데도 그 목적을 두고 있기도 하다. 이 목적은 그리스선대와 그리스경제를 상호 연계하는 정책을 통해 이루어졌는데, 우선 해외에 있는 그리스 선주를 국내 특히 피레우스(Piraeus)로 유치하는 것이다. 1968년에 제정된 법 387에서는 뉴욕의 그리스인, 런던의 그리스인 등과 국내선주에게도 법89(1967)와 같은 특권이 주어졌다. 이 결과 1970년에는 300개사, 1974년에는 500개사 이상의 국외선주가 운항의 거점을 피레우스에 구축하였다(Harlaftis, 1993, p. 147).

이러한 정책을 수립하여 실천에 옮긴 결과 1980년대 후반 들어서는 그리스 본국에 해운기반을 두고 있는 소위 피레우스의 그리스선주들이 그리스 해운계의 주역으로 등장할 수 있었다고 평가를 받고 있다. 1968년 법 38의 제정과 피레우스 해사센터의 정비로, 1975년에는 전통적 선주가 운영하는 해운선사는 126개사였는데 비해 신흥선주 즉 비전통적 선주가 경영하는 해운기업은 639개사를 넘는 것으로 집계되었다. 이때 활동의 본거지를 피레우스에 설치한 선주는 전통적 선주가 운영하는 선사 41개사에 지나지 않으나, 신흥선주가 보유한 선사는 617사를 차지했다. 한편, 신규로 선사를 설립한 해운기업가의 경력을 보면, 사관(officer, 선박직원) 및 선사의 종업원·대리점이 각 34개사로 가장 많고 다음으로는 상인출신이 설립한 회사가 14개사로 조사되고 있다(Harlaftis, 1993, p. 34~38).

또한 이 법(2687)은 기업활동이 국외에서 이루어지고 있는 그리스 국내계 선주의 자본도 '외자'로 다루고 있다. 또한 Metaxas(1974, p. 169)는 그리스계(Greek origin)의 편의치적선 소유기업(예를 들어 파나마 소재)은 외국의 이익을 대표하고 있어서 선박을 그리스로 이전하여 등록하는 경우 외자로 취급하고 있다고 주장하고 있다.

법 2687과 선박소유자 국적 문제[26]

한편 법 2687의 13조는 선박이 반드시 그리스인에 의해 소유되어야만 하는 것을 요구하고 있지는 않다. 그러나 그리스인이 선사의 자본에 있어 과반 이상의 지분(majority interest)을 소유할 것을 요구하고 있다. SRAA의 치적(flag)행정은 그리스에서의 선박의 대표는 '선박의 소유회사는 회사의 자본에 있어 그리스인이 과반수(majority)의 지분을 보유하고 있음'을 밝혀서 그리스인의 이해를 보호하고 있다는 점을 분명히 할 것을 요구하고 있다. 즉 회사 자본에 있어 그리스인의 지분이 50% 이상일 것을 명기하고 있다.

또한 2018년 초에 도입된 SRAA의 24항은 기존의 SRAA는 선박의 소유권이 이전되는 경우에도 적용됨을 구체적으로 밝히고 있다. 즉 선박이 다른 그리스 자연인이나 법인 혹은 외국법인에게 이전하는 것을 허용하고 있는데, 단지 이 경우 이들 각각이 그리스인의 이해를 가장 큰 비중으로 할 것을 요구하고 있다. 이러한 그리스인의 이해는 선박등록에서도 반영되고 있는데, 즉 외국법인에 선박을 넘겨줄 때 보증인을 지명하고 또한 그리스인의 이해가 50% 이상임을 증명해야 한다. 만약 선박이 당해 선박에 저당권이 설정된 상태로 등록되어 있다면, 선박매각에 대한 법적 조치(legal action)는 그리스민간항해법(Greek Private Nautical

---

26) Goulielmos(2017, p. 1202) 참고하여 정리하였다.

Law, GNPL)의 202조(1958년의 법 3816)을 만족시켜야 한다.

법 2687의 정신은 선박의 소유자가 누구이든 상관없이 그리스 치적으로 등록하기 전의 외국 치적의 선박과 관련된 것이었다. 선박을 그리스 치적으로 등록할 경우 처음부터 그리스인의 지분이 선박소유 회사의 지분을 50% 이상이어야 함을 구체적으로 명시하는 것이 필요했다는 점이다.

■ 기타 해운관련법과 그리스 해운

법 3816, 입법강령 3899/1958과 그리스 해운

그리스민간항해법(Greek Private Nautical Law, GPNL)(3816/1958)은 그리스 치적으로 선박을 등록할 것을 요구하고 있다. 이 법은 선주의 이름과 국적 등을 비롯해 선박에 대해 자세한 내용을 요구하고 있다. 그리고 이 법에서는 선박의 담보(mortgage)에 대한 내용도 담고 있다[27].

또한 1958년 제정된 입법강령 3899(legislative decree 3899)는 선박우선 저당권(preferred ship mortgage)에 대한 것이다. 이 강령으로 해운에 자금을 제공하는 대출자의 신용을 보강할 수 있게 되었다. 즉 이 강령으로 그리스 해운에 대한 대출자의 신용을 회복하게 한 것은 이 선박우선저당권으로 인해 저당권자가 부도가 나더라도 선박의 관리를 허용하고 있는 점과 선박을 사적 계약에 의해 처분할 수 있는 점에서 일반 저당권과는 차이가 있다.

한편 SRAA의 16에서는 우선저당권(preferred mortgage)은 그리스민간 항해법(GPNL)의 205조로부터의 적용을 받지 않음과 또한 입법강령 3899에 의해 모든 다른 항해특권으로부터 우선권을 갖는 것으로 규정하고 있다.

법 1376/1983과 그리스 해운

1983년 제정된 법 1376은 선원의 근로시간 및 임금과 관련된 법으로 그리스 해운에 큰 영향을 미친 것으로 평가되고 있다. Goulielmos(1997, pp. 252~253)은 이 법이 선원의 임금을 삭감하는데 목적을 두고 있는 것으로 주장하고 있다. 특히 이 법 이전에는 외국인 선원도 그리스 선원과 동등한 대우를 받았으나, 이 법으로 인해 외국인 선원(EC회원국 제외)은 그 나라의 임금수준에 맞춰 지급할 수

---

27) Goulielmos(2017, p. 1194).

있도록 하였다. 따라서 외국인 선원에 지급하는 임금의 규모가 감소하면서 해운기업 입장에서는 비용을 절감하게 되어 결국 이익을 증대할 수 있는 조치였다[28]. 이 법의 시행으로 그리스 해운기업은 배 한 척당 연간 미화 124,188달러를 절약할 수 있었으며, 이는 하루에 미화 353달러에 해당하는 금액을 절약한 셈이 된다. 그런데 이 법에서는 그리스 선원에게는 그리스 화폐인 드라크마로 지불하도록 하였는데 이는 그리스 화폐의 평가절하로 1974년 이후 그리스 선원의 임금이 15%의 손실을 가져온 것으로도 추정되고 있다. 이로 인해 그리스 선원은 그리스 치적 선박의 승선을 기피하기도 하였다.

한편 Goulielmos(2018, pp. 1191~1192)에서는 이 법이 그리스 치적(Greek flag)의 수를 1/2로 후퇴하는 나쁜 영향을 미쳤다고도 지적하고 있다. 특히 이 법은 선원의 실업률을 줄이기 위해서 모든 선원의 근로기간은 최대 71/2개월까지 지속한다는 조항을 담아 해운계를 당혹케 하였다. 이로 인해 많은 선주들이 편의치적으로 전환하면서, 1981년의 그리스 치적 선복량이 4,300만 GRT에 이르렀으나 1989년에 가서는 2,000만 GRT으로 감소하여 8년 사이 절반 이상 줄어든 것으로 평가하고 있다.

이상에서 그리스 해운산업의 발전에 있어 중요한 역할을 수행한 것으로 평가받고 있는 그리스 정부의 입법을 통한 해운지원 정책을 중심으로 살펴보았다. 초기 그리스 해운이 세계적 위상에 달하지 않았던 시기에는 해운의 발전을 위한 정부 정책은 주요했던 것으로 보인다. 하지만 그리스 해운이 급격히 선복량이 증가하고 그 위상이 커지면서 해운계는 정부의 지원에 의존하기 보다는 자율에 맡겨줄 것을 요구하고 있기도 한 것으로 알려져 있다.

---

28) 이 조치는 'bilateral wage agreement'로 명명되고 있으며, 외국 선원의 임금이 20% 삭감되었는데, 그 금액이 1982년 기준으로 3억 2,140만 달러에 이르러 결국 해운기업은 그 만큼 비용을 절약할 수 있었다(Goulielmos, 1997, pp. 253~254).

7 그리스 정부의 조세 및 금융 지원정책

이 장에서는 그리스 정부의 해운에 대한 조세 및 금융 지원정책을 살펴보고 있다. 그리스는 1957년부터 자국 해운의 경쟁력 제고를 위해 해운기업의 경영을 통해 실현한 회계적 이익에 대해 과세를 하지 않고 해운기업이 보유하고 있는 선박의 크기와 선령을 기준으로 법인세를 부과하고 있는 톤세(tonnage tax)를 채택하고 있는 것이 특징이다. 그런데 1990년대 후반 들어 유럽의 해운국들 즉 네덜란드, 독일, 영국 등이 톤세를 도입하면서, 그리스 해운이 향유하던 세제상의 유리한 점은 사라지게 되기도 하였다.

그럼에도 불구하고 1975년부터 보다 체계적으로 시행된 그리스 세정 당국의 톤세는 그리스 해운기업에 혜택을 제공하는 것으로 생각된다. 따라서 이 장 제1절 및 제2절에서 그리스의 톤세에 대해 고찰하고 제3절에서는 금융지원에 대해 간단히 살펴보고 있다.

7.1 조세 및 금융 지원정책의 의의

7.1.1 조세정책의 의의

오늘날 국가가 구사할 수 있는 정책 수단으로 가장 강력한 것 중의 하나가 조세정책일 것으로 생각된다[1]. 국가가 국방 및 치안 그리고 복지향상 등을 위해 필요한 재정을 조세수입을 통해 조달하고 있다. 이때 정부가 세금을 어떻게 부과할

---

1) 정부가 강제로 징수하는 조세는 자원배분기능, 소득재분배기능, 경제안정화기능 등을 수행하는 것으로 평가되어 정부가 구사할 수 있는 주요 정책수단이 되고 있다.

것인지에 대한 정책 방향은 한 나라의 경제발전에 큰 영향을 미치고 있다. 정부가 부과하는 세금은 개인과 기업의 의사결정에 여러 측면에서 영향을 미치는 것으로 많은 연구에서 밝혀지고 있다. 이준구·조명환(2016, pp. 593~625)은 조세가 개인의 선택에 영향을 미치는 것을 잘 설명하고 있다. 즉 소득세는 노동공급, 저축, 위험부담행위, 인적자본형성 등에 영향을 미치고 있는 것으로 많은 이론적 실증적 연구에서 밝혀지고 있는 점을 지적하고 있다. 그리고 이준구·조명환(2016, pp. 629~660)은 조세가 기업의 재무전략에도 영향을 미치고 있는 점을 이론적 실증적 연구결과를 바탕으로 논의를 하고 있다. 특히 조세가 기업의 투자에 미치는 영향이 가장 중요함을 강조하고 있다. 기업관련 조세가 민간부문의 투자를 위축하지 않도록 하여야 할 뿐만 아니라 나아가서는 민간투자를 촉진하는 기능을 하도록 하는 방향으로 조세정책을 구사하는 경우가 많음을 지적하고 있다.

또한 투자촉진을 위해 다수의 국가에서 대규모 자금이 소요되는 자본재에 대해 가속상각을 인정하는 것이 있을 수 있을 것이며 그리고 자본재를 구입한 금액의 일부를 납부하여야 할 세금에서 공제해주는 투자세액공제(investment tax credit)는 좋은 예가 될 것이다. 그리고 특정 산업을 육성하기 위해 일정기간 동안 기업에게 조세감면의 혜택을 주는 특정기간조세감면(tax holidays)제도가 있다. 이러한 조세제도는 다수의 국가에서 특정산업의 육성을 도모하기 위해 도입하여 많은 효과를 거두고 있는 것으로 실증 연구에서 밝혀지고 있다. 기업재무론 측면에서 이미 이론적 실증적으로 규명되고 있는 부분이 기업에 부과하는 법인세가 기업의 재무정책에 미치는 영향이다. 즉 법인세와 개인소득세는 기업의 배당정책과 자본조달 전략에 영향을 주고 있다. 그리고 정부가 부과하는 세금은 개인과 기업의 투자 의사결정에도 여러 측면에서 영향을 미치는 것으로 많은 연구에서 밝혀지고 있다. 이처럼 조세정책은 특정산업의 육성과 발전에 영향을 미치고 있어 각 나라에서는 해운업의 육성을 위해서도 특별한 조세제도를 도입하고 있기도 하다.

해운산업과 관련한 각국의 조세정책을 PWC 회계법인은 [그림 7-1]에서 보는 것과 같이 크게 세 가지로 분류하고 있다[2].

---

2) https://www.pwc.ru/en/transportation-logistics/assets/choosing-your-course.pdf(2021.2.11.)

그림 **7-1** 해운 관련 세제 혜택

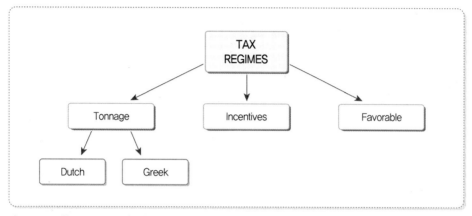

자료: https://www.pwc.ru/en/transportation-logistics/assets/choosing-your-course.pdf(2021.2.11.)

　첫째는 톤세제도(tonnage tax regimes)이다. 이는 세금부과(tax payable)가 해운기업이 벌어들이는 이익이 아니라 보유하고 있는 선박의 톤수(tonnage)에 기초하고 있는 제도로 1957년 그리스가 도입한 후 최근 유럽의 해운강국들인 독일, 영국 등 많은 국가들이 채택하고 있다[3]. 두 번째로는 해운장려제도(shipping incentives regimes)이다. 해운산업에 특별히 혜택이 주어지는 조항을 가진 조세제도이다. 그리고 세 번째로는 유리한 조세제도(favourable tax regimes)로 이는 해운산업에 대해 구체적인 감면 조항을 갖고 있지 않으나 낮은 실효세율(effective tax rate)을 갖는 특징이 있다.

　<표 7-1>은 그리스를 포함한 주요 해운 강국들의 해운에 대한 조세제도를 요약하고 있다. 여기서 보면 각 나라가 채택하고 있는 조세제도로는 크게 두 가지로 분류되고 있는데, 즉 톤세(tonnage tax)와 해운장려제도(shipping incentives)이다. 이 두 제도 외에 해운과세를 할 때 비거주자로 간주하여 세금을 부과하는 나라도 있는데, 즉 캐나다와 라이베리아가 여기에 해당한다. 특히 스웨덴, 네덜란드, 이태리, 프랑스 등은 톤세를 기본으로 하고 거기에다 해운장려제도를 함께 병행 시행하고 있기도 하다. 이처럼 다수의 국가가 해운산업 육성을 위해 조세 정책을 활용하고 있는 것을 알 수 있다.

---

3) 그리스가 톤세를 본격적으로 도입한 것은 1975년이나 그 전부터 해운기업은 선박의 톤수에 의해 세금을 납부할 수 있었던 것으로 알려져 있다(PWC, 2021, p. 11; Andrioti, 2017, p. 15).

표 7-1 주요국의 해운조세 제도

국가	조세제도
그리스	톤세: 그리스 모형
벨기에	톤세: 네덜란드 모형
버뮤다	유리한 조세 세도
브라질	해운장려제도(shipping incentives)
캐나다	비거주자 납세자 제도
중국	해운장려제도(shipping incentives)
사이프러스	톤세: 그리스 모형
덴마크	톤세: 네덜란드 모형
프랑스	톤세: 네덜란드 모형; 해운장려제도(shipping incentives)
독일	톤세: 네덜란드 모형
홍콩	해운장려제도(incentives)
인도	톤세: 네덜란드 모형
이태리	톤세: 네덜란드 모형; 해운장려제도(shipping incentives)
일본	톤세: 네덜란드 모형
라이베리아	비거주자 납세자 제도(non-resident tax payer regime)
마샬아일랜드	유리한 조세제도(favourable tax regime); 비거주자 납세자 제도
네덜란드	톤세: 네덜란드 모형; 해운장려제도(shipping incentives)
노르웨이	톤세: 네덜란드 모형
파나마	해운장려제도(shipping incentives)
한국	톤세: 네덜란드 모형
싱가포르	해운장려제도(shipping incentives)
남아공	톤세: 네덜란드 모형; 유리한 조세제도
스페인	톤세: 네덜란드 모형
스웨덴	해운장려제도;톤세: 네덜란드 모형(실시 가능성 검토)
대만	톤세: 네덜란드 모형
터키	해운장려제도(shipping incentives)
영국	톤세: 네덜란드 모형
미국	톤세: 네덜란드 모형

자료: https://www.pwc.ru/en/transportation-logistics/assets/choosing-your-course.pdf
(2021.2.11.)

7.1.2 톤세(tonnage tax)의 의의

■ 톤세의 의의

그리스가 처음으로 도입한 톤세는 과세 기준이 해운기업의 선박 운항 등을 통해 벌어들인 회계적 이익에 기초하지 않고 보유하고 있는 선박의 톤수에 기초하여 세금을 부과하고 있는 것이 특징이다. 이러한 톤세는 선박톤수의 기준에 따라 크게 두 가지 종류로 분류되고 있다. 그리스와 같이 총톤수(gross tonnage)를 기준으로 하여 과세톤수를 산출하고 거기에 선령의 계수값을 적용하여 최종 법인세(톤세)를 계산하는 '그리스 모형(Greek model)'이 그 하나로 사이프러스(Cyprus)와 몰타(Malta)가 이 모형을 채용하고 있다. 다른 하나는 1996년 네덜란드가 도입한 것으로 순톤수(net tonnage)기준으로 세금을 부과하는데 이 모형은 선박의 규모별 1일 납부금액과 이를 연간으로 환산하여 과세이익을 산출한 후 이 금액에 법인세율을 곱하여 법인세(톤세)를 결정하는 '네덜란드 모형(Dutch model)'이 있다. 유럽의 프랑스, 독일, 영국 등의 대부분의 나라들과 우리나라, 미국, 대만, 남아공 등 톤세를 도입하고 있는 세계 각국들 대부분이 네덜란드 모형을 채택하고 있다. 특히 1990년대 이후 유럽의 해운국들이 톤세제도를 도입한 것은 자국의 선박이 편의치적으로 다른 나라에 선박을 등록하는 것이 많아지면서 빠져 나간 선박을 자국으로 복귀하도록 하는데 목적을 두고 있었다고 평가하고 있다(Leggate and McConville, 2005).

Mastos(2009)는 톤세제도의 장점으로 네 가지 정도를 제시하고 있다. 첫째, 단순성(simplicity)을 들고 있는데, 즉 선박의 크기와 선령에 기초하여 과세하기 때문에 서류작업과 증빙이 복잡하지 않다는 것이다. 이로 인해 과세 당국은 톤세의 계산을 위해 자원을 투입할 필요가 없어 세정이 보다 용이하게 수행될 수 있다는 것이다. 둘째, 확실성(certainty)인데 이는 제도의 단순성으로 인해 통상적으로 과세 금액에 대한 분쟁의 여지가 거의 없고 또한 수입을 보고하지 않은 것에 대한 벌금을 부과할 근거도 궁극적으로 사라지고 있다. 셋째, 납부세액과 조세수입의 안정성이 확보된다는 것이다. 선주의 입장에서 볼 때 납부할 세금이 미리 정해지고 이를 운영비용으로 처리할 수 있다는 것이며, 세정당국의 입장에서는 시간의 경과에 따라 최소한 변화로 조세수입을 안정적으로 확보할 수 있다. 끝으로 동등한 경기장과 투명성을 제공하고 있다는 것이다. 톤세는 상이한 조세제도 사이의 세부담의 비교를 가능하게 하고 또한 전통적 기국의 조세제도와 공개된 선박등록국(편의치적국)의 조세제도 사이의 균형을 회복하기도 한다는 것이다.

그리고 Selkou and Roe(2002)는 영국의 톤세제도의 도입에 대한 연구에서 톤세의 이점을 제시하고 있다. 첫째, 과세표준이 확실하고, 둘째, 선사에게 선박투자에 대한 유연성을 제공하며, 셋째, 투자자 등 외부이해관계자에게 명확성을 주며 끝으로 양립성을 들고 있는데, 이로 인해 톤세를 도입한 다른 나라와의 조세제도가 양립하게 하고 나아가 경쟁력을 제공하기도 한다는 점이다.

한편 톤세제도가 갖는 여러 장점이 있는 반면 몇 가지 단점도 지적되고 있다(손원익, 2003). 첫째, 운항선박의 톤수를 기준으로 세금을 부과하기 때문에 회계상 손실이 발생하더라도 세금을 납부하게 되어 적자가 날 경우는 오히려 불리하게 된다. 둘째, 다른 산업과의 형평성에 있어 문제가 있고 또한 실제 발생한 이익이 아닌 추정 이익에 대한 과세로 조세정책의 원칙에 부합하지 않는다는 점이다. 결손 상각, 투자공제, 감가상각 등이 적용되지 않아 해운기업이 세금 절약을 위해 신규투자를 할 유인이 줄어 투자가 감소될 여지가 있을 수 있다는 점이 지적되고 있다.

선박을 소유하고 있는 선주나 해운기업의 경우 선박을 어디에 등록할 것인지를 결정할 때 영향을 미치는 요소 중의 하나가 조세제도라고 Bergantino and Marlow(1998)은 밝히고 있다. 그들은 세부담을 포함한 재정적 이유가 선원비, 행정관리비, 능숙한 노동력의 확보, 그리고 고충처리비용 다음으로 즉 다섯 번째로 중요한 요소라고 연구에서 밝히고 있다. 특히 세금은 결국 해운기업의 원가우위 추구와 연관이 있기 때문에 각 나라는 해운업의 경쟁력 제고를 위해 세제를 해운기업에 유리한 측면에서 법적으로 뒷받침 하고 있다.

[그림 7-2]는 톤세가 도입되까지의 해운정책변화를 요약하고 있는데, 톤세는 1990년대 말 들어 경제의 글로벌화가 심화됨과 아울러 편의치적으로 자국선의 비율이 감소하는 문제를 안고 있던 유럽의 해운강국들이 해운재건 정책을 구사하는 가운데 중요한 정책 수단으로 채택되었다고 볼 수 있을 것이다.

그림 **7-2** 톤세도입과 해운정책의 변동

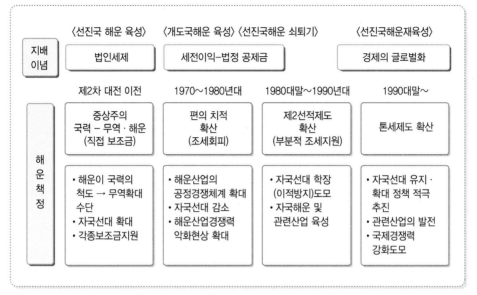

자료: 손원익(2003), p. 44.

■ 톤세 적용 요건[4]

일반적으로 톤세를 채택하고 있는 나라에서는 톤세의 적용을 받기 위해서는 일정한 요건을 갖출 것을 요구하고 있다. 다음에서는 그 요건에 대해 살펴보기로 한다.

① 인정되는 활동(qualifying activities): 톤세는 해운활동에 대해서만 적용을 하는데, 즉 톤세제도는 통상적으로 국제교통의 범주에서 바다를 통해 재화 및 여객을 수송하는 해상운송에 적용하고 있다. 일부 톤세제도에서는 예선, 케이블 및 파이프 매설, 준설, 선박관리활동도 적용을 받고 있다.

② 소유권(ownership): 톤세의 적용을 받기 위해서는 선박에 대한 소유의 형태 내지 소유 정도가 명확해야 한다. 소유와 관련한 요건을 보면, 우선 해운회사는 항해선박을 보유해야 하거나 나용선계약으로 선박을 이용할 수 있는 권리를 갖고 있어야 한다. 둘째, 해운회사는 정기용선으로 선박을 대선하는 것이 허용되고 그리고 어떤 경우에는 나용선 형태로 대선하는 것이 허용되고 있다. 셋째, 해운회사

---

4) PWC(2021, pp. 8~9)를 참고하여 정리하였다.

는 정기용선을 한 일부 선박에도 톤세제도를 적용할 수 있다.

③ 적용기간(lock-in period): 톤세의 경우 적용 기간이 정해져 있다(lock-in period). 법인세 납세 의무가 있는 해운기업이 톤세를 채택하면 일정기간 내에서는 다른 세제형태로 바꿀 수가 없고 톤세를 선택할 당시 정해진 기간 통상 10년은 톤세로 세금을 납부해야 한다.

④ 자본이득(capital gain): 국제해운활동과 관련된 선박과 장비의 매각에 대한 자본이득은 일반과세가 아닌 톤세제도의 적용을 받게 된다.

⑤ 치적요건(flag requirement): 대부분의 톤세제도는 선박의 기국과 선박을 소유하는 회사의 소재지 사이의 연결을 요구하고 있다. 즉 EU소재 해운기업의 경우는 원칙적으로 EU 및 EEA 치적의 선박이 톤세적용을 받을 수 있다는 것인데 많은 예외가 적용되고 있다.

⑥ 경영요건(management requirement): 톤세적용을 위한 경영요건은 국가에 따라 다른데, 일반적으로 네 가지형태의 경영이 있다. 첫째, 전략적 경영으로 선박의 투자와 회수에 대한 의사결정 그리고 다른 경영활동이 실행되는 방법에 대한 의사결정이다. 둘째, 상업적 경영으로 운송계약, 용선 및 화물운송에 대한 활동이 해당된다. 셋째, 기술적 항해 관리(technical-nautical management)로 선박의 실질적 운항을 유지하는 활동이 해당한다. 넷째, 선원관리(crew management)로 이는 선원을 고용하여 작업장에 배치하는 것을 의미한다. 대부분의 톤세제도의 경우 전략적 및 상업적 경영은 선박소유회사에 의해 직접적으로 톤세가 적용되고 있으며, 선박관리회사의 경우도 완전히 기술적 항해 관리와 선원관리에 대한 활동을 한 경우 톤세제도의 적용을 받는다.

7.1.3 그리스 모형의 톤세제도[5]

그리스 모형의 톤세에 의하면 과세표준(taxable base)은 해운기업의 실제 운영수익 대신에 선박들의 총톤수(gross tonnage:GRT)를 기초로 계산되고 있다. 선박의 과세톤수는 선박규모 그룹별로 고정된 계수에 기초하여 계산되고 있는데, 즉 그룹별 선박규모의 계수를 곱하여 과세금액을 일단 산출한다. 이어서 세액은 선령

---

5) PWC(2021, p. 11)을 참고하여 정리하였으며 그리스 톤세모형을 채택하고 있는 국가로는 사이프러스와 마샬아일랜드가 있다.

에 따른 세율을 적용하여 산출되고 있다. 일체의 다른 법인세 혹은 배당유보세가 해운수익에 부과되지 않고 있다.

예를 들어 그리스 소재의 해운기업이 총톤수 20,000(18,000 NRT)이고 선령이 5년인 선박을 운영할 때 납부해야 할 세금을 그리스 모형의 톤세제도에 따라 계산하면 다음과 같다. 우선 총톤수별 적용 계수를 이용하여 과세톤수(taxable tonnage)를 계산하면 23,000이 되고 여기에다 선령계수를 적용하는데 5년의 계수는 0.730이므로 이를 과세톤수에 곱하여 구하면 US \$16,790가 된다.

<과세톤수(taxable tonnage)계산>

$$10,000 \times 1.2 + 10,000 \times 1.1 = 23,000$$

<법인세(톤세) 계산>

$$23,000 \times 0.730 = \$16,790$$

이와 같이 톤세를 선박규모와 선령에 따라 적용하는 기준은 <표 7-2>와 <표 7-3>에 보고되고 있는 것과 같이 적용계수가 정해져 있다. 우선 선박크기에 따라 과세톤수를 계산하고 이를 다시 선령에 따라 계수를 적용하여 부과할 법인세 즉 톤세를 산출하고 있다.

표 **7-2** Category A 선박규모별 적용 계수 (2015년 기준)

Gross Tonnage	Rates
100~10,000	1.2
10,000~20,000	1.1
20,000~40,000	1
40,000~80,000	0.45
80,000 초과	0.20

자료: PWC(2021).

과세톤수의 계산을 보면 다음과 같은데, 즉 10,000 GRT 까지는 적용계수 1.2이고 나머지 10,000 GRT는 1.1의 계수가 적용되어 과세톤수가 산출되고 있다.

표 **7-3** Category A 선박의 선령별 적용 계수 (2015년 기준)

선 령	Rates($/ton)
0~4	0.407
5~9	0.730
10~19	0.714
20~29	0.676
30년 초과	0.522

자료: PWC(2021).

　최종적으로 해운기업에 부과되는 법인세(톤세)는 앞에서 계산된 과세톤수에 선령에 따른 계수가 적용되어 산출되고 있다. 우리의 예에서는 선령이 5년이라 0.730이 적용되고 있다.

7.1.4 네덜란드 모형[6]

　그리스형의 톤세와는 다소 달리 네덜란드형 톤세제도는 해운기업의 운영 수익 대신에 선박의 순톤수를 기초로 과세표준 톤수가 계산되고 있다(<표 7-4> 참조). 계산된 과세표준 톤수에 법인세율(corporate income tax rates)를 곱하여 법인세액을 산출하고 있는 것이 그리스 모형과 다른 점이다. 즉 두 가지 측면에서 다른데 먼저, 선박규모의 측정 톤수가 그리스 모형은 GRT이고 네덜란드 모형은 NRT를 기준으로 하고 있다는 것이다. 다음은 그리스는 선령을 할인계수로 활용하여 최종 법인세액을 계산하는 반면 네덜란드 모형은 법인세율을 적용하여 최종 법인세액을 산출하고 있어 그리스 모형에 비해 단순하기도 하다. 이 모형은 네덜란드가 1996년 가장 먼저 도입한 후 조금씩 발전되어 왔으며 톤세제도로서 가장 널리 알려져 톤세를 도입하여 시행하고 있는 나라 중 그리스, 사이프러스, 몰타 정도를 제외한 거의 모든 나라들에 의해 채택되고 있다.

　앞의 그리스 모형에 따른 해운기업의 톤세 기준 법인세를 네덜란드 모형에 의해 산출하면, 즉 선박의 선령은 5년, 총톤수 20,000(순톤수 18,000)의 선박을 1년 동안 운항할 경우 납부할 세금을 산출하면 다음과 같다.

---

6) PWC(2021, p. 10)을 참고하여 정리하고 있는데 네덜란드 모형을 채택하고 있는 국가는 독일과 영국이 대표적이다.

<과세수익 계산>

- 1일당 과세수익 $1 \times €8.00 + 9 \times €6.00 + 8 \times €4.00 = €94$
- 연간 과세수익 $€94 \times 365 = €34,310$

법인세(corporate income tax: CIT) 세율이 25%인 국가의 경우 최종 납부세액은 다음과 같이 산출된다.

- $€34,310 \times 0.25 = €8,578$

표 7-4 선박 규모에 따른 1,000 NRT 당 1일 부과 세액

Amount of taxable profit per day per 1,000 net tons	
up to 1,000 net tons	€8.00
for the excess up to 10,000	€6.00
for the excess up to 25,000	€4.00
for the excess over 25,000	€2.00

자료: PWC(2021).

이상에서 살펴본 것에서 알 수 있듯이 그리스형 톤세의 경우는 선박의 크기와 선령에 따라 법인세(톤세)가 결정되고 있는데 선령이 낮을수록 할인계수의 값이 작은데, 이는 선주들이 새로운 선박에 대한 투자를 선호하게 하는 요인이 될 수도 있을 것으로 생각된다. 반면 네덜란드형은 선박 크기와 더불어 그 나라의 법인세율의 수준이 결정적으로 영향을 미치고 있어 각 나라의 법인세율이 어느 정도인지에 따라 해운기업의 세부담의 규모가 좌우되고 있는 것으로 보인다. 그런데 간단히 예를 들어 추정한 톤세 규모가 그리스형의 경우가 조금 더 많이 부담할 가능성이 있는 것으로 나타나고 있다.

7.2 　그리스 해운에 대한 조세지원

7.2.1 톤세를 통한 해운지원

1949년 내전이 끝난 후 그리스의 중도연합정권은 1951년 법 1880의 제정을 통해 해운에 대한 감면세 정책을 실시하였다. 이 법으로 운임과 용선료수입에 대해 과세를 하였지만 다른 산업에 비해 세율이 낮았다. 즉 정기선은 1.5%, 용선의 경우는 2.5%에서 6%의 세율을 적용하였다[7]. 그런데 이 법에 따른 해운기업 과세에서 세정당국은 해운기업의 소득을 결정하는 데 실패하게 되어 정부는 해운에 대한 과세를 선박에 기초하여 부과하는데 초점을 두기 시작하였다.

또한 1960년에 그리스 정부는 편의치적선을 그리스 치적으로 이전할 경우 선령 7년 미만까지는 비과세를 하고 그 이상은 50%의 감세를 실시한다는 정책을 도입하며 해외에 등록된 선박의 본국 복귀를 독려하였다(LD 4094/1960). 그리고 1964년에는 10년까지 감면하는 것으로 확대하여 그리스 소유 선박의 본국 복귀에 대한 세제혜택을 부여했다.

특히 그리스정부는 그리스 소유 선박의 자국선 등록을 위해 해운기업에 대한 세제를 획기적으로 개편하였다. 즉 해운기업의 이익을 기준으로 하지 않고 보유한 선박의 톤수와 선령을 기준으로 과세하는 선박세제(taxation of ships)(법 465/1968, LD 509/1970, RD 800/1970)를 도입하여 편의치적국에서 받는 세제상의 혜택과 거의 동등한 수준으로 한 것이다[8]. 가령, 3,000 GRT 이상의 화물선은 선령 10년까지 비과세를 하고, 선령 10~20년까지는 NRT 당 연간 미화 0.2달러, 선령 20~25년은 0.3 달러, 선령 25년 이상은 0.4 달러의 세금을 내는 것으로 정하였다.

이처럼 그리스 정부의 해운에 대한 조세혜택정책을 실시하는 가운데 가장 획기적인 세제정책은 1975년에 법 27을 통해 톤세제도(tonnage tax regimes)를 도입한 것일 것이다. 이 톤세는 해운기업의 회계적 이익에 근거하여 세금을 부과하는 것이 아니라 소유 선박의 크기, 선령(age of ships) 그리고 인플레/통화 평가절하(inflation/currency devaluation)를 고려하여 세금을 결정하는 것으로 하였다[9].

---

7) 항해용선은 2.5%, 정기용선은 4%, 나용선은 6% (武城正長,2012, p. 83).
8) 武城正長(2012, p. 83).

1975년 개정된 그리스의 톤세제도는 그리스에 선박을 등록하는 그리스 혹은 해외 선박 소유 회사에 우선 적용하고 있다. 그리고 일정 기준을 충족하는 선박 관리 활동에만 관여하는 그리스 소재 선박관리회사를 유지하는 외국적의 선박을 가진 외국선박소유회사에도 적용되고 있다. 그리스형 톤세는 모든 선박과 모든 해운활동을 포함하고 있으며 해운기업의 이익(배당)을 배분받는 소유자(주주)와 중간지주회사에 대한 과세도 제외된다. 선박매매차익 등 해운과 관련된 활동에서 발생한 소득은 모두 톤세의 적용을 받아 개인소득세 등은 납부하지 않아도 된다 (법 4110/2013).

해운기업의 경우 선박의 등록국에 따라 부담하는 세금이 상이하여 해운기업의 입장에서는 치적을 어디에 하느냐는 매우 중요한 과제이다. <표 7-5>는 그리스 의 톤세 부과 기준을 보여 주고 있는데, 먼저 총톤수에 따라 과세톤수가 계산되고 다음으로 선령의 영역에 따른 적용 계수를 곱하여 최종 톤세를 결정하고 있다[10]. 2018년 기준 톤수 부과 계수에서 GRT 구간에 따른 계수는 2015년과 동일하나, 선령 구간에 따른 계수는 2015년에 비해 다소 높아져 세 부담이 늘어나게 되었다.

표 7-5 그리스의 톤세 부과 기준(2018년)

선박규모별 톤세 부과 기준		선령에 따른 톤세 부과 기준	
총톤수(GRT)	계수	선령	계수(USD/GRT)
100 − 10,000	1.2	0 − 4	0.458
10,000 − 20,000	1.1	5 − 9	0.821
20,000 − 40,000	1	10 − 19	0.804
40,000 − 80,000	0.45	20 − 29	0.760
80,000 초과	0.20	30년 초과	0.588

자료: Panagiotou and Thanopoulou(2019).

그런데 그리스 해운기업들이 선박을 많이 등록하는 가장 인기 있는 편의치적

---

9) 그리스 정부는 1957년부터 톤세제도(tonnage tax)를 채택했는데, 1975년 들어 이 제도를 크게 개편하였다(Andrioti(2017) 및 PWC(2021)참고).
10) 그리스 톤세의 적용을 받는 선박을 크게 두 가지로 분류하고 있는데, 즉 벌크선, 탱커 및 냉동선의 경우 3,000GRT 이상을 A그룹으로 하고, 범선 포함한 나머지는 B그룹으로 하고 있다.

국의 하나인 라이베리아의 경우를 <표 7-6>을 통해 간단히 살펴보기로 한다. <표 7-6>에서 보고하고 있는 것처럼 그리스의 톤세보다 매우 단순하여 순톤수에 0.1의 계수를 곱하여 납부할 톤세를 결정하고 여기에 추가로 미화 3,800달러의 고정 수수료를 부과하고 있다.

가령 40,000 GRT 선박을 건조하여 그리스에 등록할 경우 미화 18,320 달러를 세금으로 납부해야 한다. 그런데 이 선박을 라이베리아에 등록하는 경우 미화 7,800달러를 납부하면 된다[11]. 이렇게 볼 때 그리스 정책 당국이 채택하고 있는 톤세는 해운기업의 입장에서 보면 많이 불리한 조세제도인 것을 알 수 있다. 따라서 그리스 정부는 자국의 해운기업의 육성 및 발전을 위해서는 현재의 톤세에 대한 대폭적인 조정이 필요할 것으로 생각된다.

표 7-6 라이베리아의 톤세 부과 기준

순톤수(NRT)	Rates(USD/NRT)
순톤수*	0.10
부과	3,800 USD

주: 선박의 크기에 따라 적용되는 계수를 다르게 하지 않고 동일한 계수를 적용하고 있음.
자료: Panagiotou and Thanopoulou(2019).

7.2.2 그리스 톤세의 부과 기준 현황

<표 7-7>에서 <표 7-10>까지는 그리스 정부가 1975년부터 적용하고 있는 톤세의 과세 기준을 보여주고 있다. 이 들 표에서 보면 우선 선박 등록을 기준으로 1975년 4월 22일 이전과 이후로 구분하여 적용하는 선령계수가 다소 상이한 것을 알 수 있다[12]. 이 경우 1975년 4월 22일 이후 선령이 증가할수록 그 이전에 비해 더 높은 비율로 톤세를 부과하고 있는 것을 알 수 있다(<표 7-8> 참고). 다음으로 주목되는 것은 외국적선에 대한 톤세가 그리스 치적의 선박에 비해 더 낮다는 것이다. 즉 해외 등록 선박의 경우 대형 선박일수록 총톤수 부과율이 낮고 또한 선령의 계수도 낮아 그리스치적에 비해 톤세가 적게 부과되고 있는 것을 알

---

11) 라이베리아에 등록하면 적용 톤수가 순톤수로 바뀌니 톤수가 다소 줄어들어 세금도 조금 감소할 것이다.
12) 이러한 구분은 1970년 1월 시행된 법 800에 의해서 이루어지고 있다.

수 있다.

그런데 그리스 세정당국은 그리스 치적의 선박의 경우 세제상 불리한 부분을 1953년의 법 2687에 의해 상당히 보충하고 있다. 즉 <표 7-7>에서 보는 바와 같이 실제 적용 선령계수를 상당히 낮추고 있으며 또한 40,001-80,000 GRT의 선박에 대해서는 50%까지 과세톤수를 줄여주고 있고 그리고 80,000 GRT를 초과하는 경우는 75%까지 줄여주고 있다[13].

그리고 1975년 법 27은 그리스 치적 선박이 그리스와 해외 항만 간 그리고 외국 항만 간에만 운항을 하는 선박에 대해서는 납부할 톤세를 50%까지 경감 받을 수 있다. 또한 그리스에서 건조된 선박을 그리스에 등록할 경우 선령이 6년이 될 때까지 톤세가 면제되는 것으로 규정하고 있다.

표 **7-7** 1975년 4월 22일 이전 그리스에 등록한 선박에 대한 톤세부과 기준표*

선박규모별 톤세 부과 기준		선령에 따른 톤세 부과 기준		
총톤수(GRT)	계수	선령	계수(USD/GRT)	계수(USD/GRT)(2013)**
100 − 10,000	1.2	0 − 4	0.53	1.336
10,001 − 20,000	1.1	5 − 9	0.95	2.394
20,001 − 40,000	1	10 − 19	0.80	2.343
40,001 − 80,000	0.9	20 − 29	0.75	2.217
80,001 이상	0.8	30년 초과	0.50	1.713

주: * 법 27/1975의 10조.
　** 선령계수는 인플레를 고려하여 연간 4%씩 증가하는 것으로 하고 있는데, 2013년에 적용되는 선령계수임.
자료: Delloite(2013), *Shipping Tax Guide*.

<표 7-8>에서 보는 것처럼 1975년 4월 이후에 그리스 치적 선박에 대한 톤세는 앞에서도 지적했듯이 선령이 많은 선박에 대해서는 미세하나마 높아진 것으로 나타나고 있다.

13) Delloite(2013), p. 16.

표 7-8 1975년 4월 22일 이후 그리스에 등록한 선박에 대한 톤세부과 기준표

선박규모별 톤세 부과 기준		선령에 따른 톤세 부과 기준	
총톤수(GRT)	계수	선령	계수(USD/GRT)
100 − 10,000	1.2	0 − 4	0.53
10,000 − 20,000	1.1	5 − 9	0.95
20,000 − 40,000	1	10 − 19	0.93
40,000 − 80,000	0.9	20 − 29	0.88
80,000 초과	0.8	30년 초과	0.68

자료: Delloite(2013), *Shipping Tax Guide.*

<표 7-9>는 그리스 정부가 외국자본 유치를 위해 선령에 따른 톤세 적용계수를 대폭 인하하여 조정한 것으로 보고되고 있다. 이는 그리스 치적의 선박 수를 증가하기 위한 조치로 보인다.

표 7-9 1953년 법 2687의 정부 합동 부처의 결정에 따른 적용 톤세 부과 기준(2013년)

선 령	Rates($/ton)
0~4	0.382
5~9	0.684
10~19	0.670
20~29	0.634
30년 초과	0.490

주: 그리스 정부는 1953년 외국 자본유치를 위한 법(2687)에 따라 재무부와 해양부가 함께 1975년의 법 27에 의해 결정된 톤세를 40%까지 할인하여 적용할 수 있게 하여 실질적으로 그리스 치적 선박에 대한 혜택을 더 제공하고 있다.
자료: Delloite(2013), *Shipping Tax Guide.*

또한 <표 7-10>은 해외등록 선박에 대한 톤세 부과 기준을 보여주고 있는데, 선령에 따른 계수는 동일하나, 선박규모가 클수록 GRT 적용계수가 크게 낮아지고 있는 것을 알 수 있다.

표 **7-10** 해외 등록 선박에 대한 톤세 부과 기준

선박규모별 톤세 부과 기준		선령에 따른 톤세 부과 기준	
총톤수(GRT)	계수	선령	계수(USD/GRT)
100 − 10,000	1.2	0 − 4	0.382
10,000 − 20,000	1.1	5 − 9	0.684
20,000 − 40,000	1	10 − 19	0.670
40,000 − 80,000	0.45	20 − 29	0.634
80,000 초과	0.20	30년 초과	0.490

주: 1953년의 법 2687에 의해 그리스 치적 선박에 비해 할인하여 적용.
자료: Delloite(2013), *Shipping Tax Guide*.

7.2.3 그리스 톤세의 경쟁력 상실

<표 7-11>은 1994년에 30,000GRT의 선박이 선주들이 치적을 선호하는 6개의 국가에 등록한 경우와 그리스에 등록한 경우 각각 지불한 세금의 규모와 2002년의 각 국가별 톤세 규모를 비교하여 보여주고 있다[14]. 이 표에서 보면 그리스

표 **7-11** 선박 치적 국별 납부세액 및 톤세 규모

등록국	1994년의 납부 세액	2002년 연간 톤세
그리스	61,380	61,380*
사이프러스	6,000	6,510
파나마	3,000	3,000
라이베리아	1,200	6,123
St. Vincent	3,550	2,323
바하마	−	4,437
몰타	−	4,467
마샬아일랜드	−	7,356
케이만군도	−	4,654
캄보디아	−	2,323
벨리즈(Belize)	−	3,500

주: * 법에서 정하고 있는 인플레 증가에 따른 상승을 고려하지 않고 있으며, 인플레율을 고려해 매년
　4%씩 증가하는 것으로 하면 훨씬 더 많은 세금이 부과될 것임.
자료: Goulielmos(2018), p. 1204.

---

14) 2002년의 경우는 36,781GRT 기준으로 톤세가 산출되었다(Goulielmos, 2018, p. 1204).

치적의 선박은 6개국에서의 편의치적에 비해 몇 배 더 많은 세금을 부담하고 있는 것을 알 수 있다. 1990년 후반 이후 많은 국가들이 톤세를 도입한 후인 2002년의 톤세 부담액을 보면 그리스의 톤세액이 역시 다른 나라에 등록하는 경우보다 많은 것을 알 수 있다. 특히 그리스 톤세가 선령 계수는 연간 4%씩 증가하는 인플레 요인으로 인해 30년이 경과하게 되면 납부해야 할 톤세가 배로 증가할 수도 있다. 이러한 측면에서 보면 1996년 유럽의 많은 국가들 그리고 다른 국가에서 톤세를 도입함으로써 그리스는 세제면에서 다른 국가에 비해 상대적인 경쟁력을 갖고 있다고는 볼 수 없을 것으로 생각된다.

특히 그리스가 자국 등록 선박의 경쟁력을 높이려는 차원에서 그리고 해외 등록 선박의 자국 유치를 위해 톤세를 다른 나라에 비해 약 40여년이나 앞서 도입했으나 지금은 과세톤수를 구하기 위한 총톤수규모별 계수와 인플레를 반영한 선령별 계수로 인해 다른 나라에 비해 그리스에 선박을 등록하는 경우 더 많은 톤세를 납부해야 하는 것으로 밝혀지고 있다. Panagiotou and Thanopoulou(2019)의 연구에서도 그리스가 선박종류 및 선령에 관계없이 거의 가장 많은 톤세를 부담하고 있는 것으로 보고되고 있다. <표 7-12>에서 보고되고 있는 것처럼 단지 선령 4년 컨테이너선은 7위로 독일과 네덜란드에 비해 톤세를 다소 적게 납부하고 있는 것으로 조사되고 있다. 나머지 선종에서는 거의 꼴지 수준인 것을 알 수

표 7-12 선령 4년 선박의 톤세부담 순위

등록국	벌크	탱커	컨테이너	LNG	LPG
파나마	1	2	1	2	2
라이베리아	3	3	3	3	3
마샬아일랜드	4	5	4	5	5
몰타	2	1	2	1	1
사이프러스	5	4	5	4	4
영국	6	6	6	6	7
네덜란드	7	7	8	7	6
독일	8	8	9	8	9
그리스	9	9	7	9	8

주: 1=가장 낮은 세 부담; 9=가장 높은 세 부담.
자료: Panagiotou and Thanopoulou(2019), p. 22.

있다. 이러한 결과는 Goulielmos(2018)의 연구결과와 비슷한 것으로 그리스의 해운경쟁력 제고를 위해서 근본적으로 현행의 톤세를 개편하는 것이 필요할 것으로 생각된다.

<표 7-13>은 Panagiotou and Thanopoulou(2019)의 연구에서 선령이 15년에 도달한 선박의 종류별 톤세 부담 정도를 국가별로 비교하고 있는데 컨테이너선을 제외한 거의 모든 선종에서 그리스는 부담이 가장 높은 것으로 조사되고 있다.

표 **7-13** 선령 15년 선박의 톤세부담 순위

등록국	벌크	탱커	컨테이너	LNG	LPG
파나마	1	1	1	1	2
라이베리아	2	2	2	2	3
마샬아일랜드	3	5	3	5	5
몰타	5	3	5	3	1
사이프러스	4	4	4	4	4
영국	6	6	6	6	7
네덜란드	7	7	7	7	6
독일	8	8	9	8	8
그리스	9	9	8	9	9

주: 1= 가장 낮은 세 부담; 9= 가장 높은 세 부담.
자료: Panagiotou and Thanopoulou(2019), p. 22.

또한 Panagiotou and Thanopoulou(2019)는 세 부담 순위를 기준으로 하였을 때 그리스의 톤세가 다른 국가에 비해 매우 불리한 것으로 밝혔다. 나아가 그들은 실제 톤세 부담 금액을 기준으로도 조사를 하여 보고하고 있다. [그림 7-3]은 선령 4년의 각종 선박의 톤세 부담액을 국가별로 비교하고 있는데 VLCC의 경우를 제외하고는 모든 선종에서 그리스가 가장 많은 세금을 부담하는 것으로 조사되었다.

그림 7-3 선령 4년의 선종별 톤세 부담의 국가별 비교

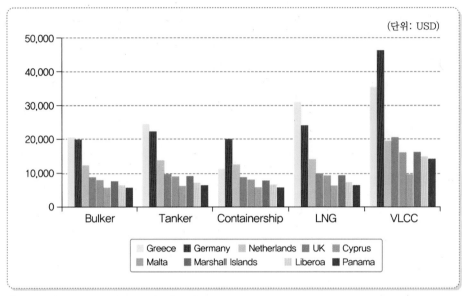

자료: Panagiotou and Thanopoulou(2019), p. 22.

그림 7-4 선령 15년의 선종별 톤세 부담의 국가별 비교

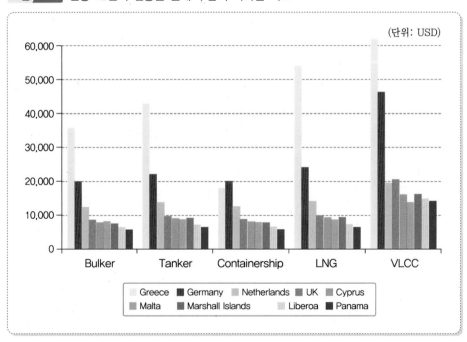

자료: Panagiotou and Thanopoulou(2019), p. 22.

또한 [그림 7-4]는 선령 15년에 이른 각 선종별 톤세 부담을 국가별로 비교하여 보여주고 있는데 모든 선종에서 그리스가 다른 국가에 비해 톤세가 매우 큰 것으로 밝혀지고 있다.

7.2.4 그리스 톤세의 왜곡(distortion)현상의 시정[15]

Goulelmos(2018)은 1990년 상선부 장관(Minister of Merchant Marine)이 그리스 치적 40,001 GRT이상부터 80,000 GRT 까지의 선박에 대해 세금을 1/2로 줄인 것과 80,000 GRT 초과의 선박에 대해서는 75%를 경감한 것은 상대적으로 적은 선박에는 불리한 조치라고 주장하고 있다. 즉 이 조치는 3,000 GRT와 40,000 GRT 사이의 선박에 대해서는 매우 불공평한 것으로 선령이 낮은 선박이 5년 차에 도달하기까지는 더 많은 세금을 내는 것으로 되어 있고, 30년이 지나면 더 적게 내는 것으로 되어 있다.

일반적으로 선령이 늘어나면 세금이 줄어들고 선박 크기가 크면 세금이 증가해야 하는데 현재의 선박에 대한 톤세제도는 이와는 반대로 되어 있는 왜곡 현상을 보이고 있어 시정할 필요가 있다고 Goulielmos(2018)은 주장하고 있다. 또한 그는 과세가능이익의 계산은 GRT/NRT 대신에 DWT의 95%로 하는 것이 바람직하다고 보고 있다.

특히 Goulielmos(2018)는 앞에서 지적한 선령과 선박규모에 대한 계수(coefficient)의 왜곡 현상을 시정하기 위하여 <표 7-14>에서 보는 것처럼 수정된 계수를 제안하고 있다. 이는 선령이 늘어날수록 세금을 적게 내고 선박 규모가 클수록 더 많이 납부하는 것으로 되어 있다. 또한 1975년의 법 27은 선령의 계수가 인플레이션과 화폐가치(national currency, 현재는 €)의 평가절하를 고려해 매년 4%씩 증가하는 것으로 하고 있다. 이 조항으로 인해 납부할 세금이 상당히 증가하는데, 즉 15년 된 25,000GRT 선박의 경우 1976년부터 약 30년이 경과한 2007년에 있어 납부액이 상당히 차이가 나고 있다. 즉 1976년에는 세금이 미화 14,000 달러였으나 2007년에는 60,000달러에 달하여 세금이 4.3배 이상 증가한 것을 알 수 있다.

이러한 점을 고려하여 인플레를 고려한 연간 4%씩 선령 계수를 증가하도록 한

---

15) Goulielmos(2018, pp. 1206~1207)을 참고하여 정리하였음.

것도 수정할 필요가 있을 것으로 보인다. 즉 Goulielmos(2018)는 4%로 고정하는
대신 국제통화기금 등이 제시하는 그 전 해의 글로벌 실질 인플레율에 기초하는
것이 바람직하다고 주장하고 있다. 특히 최근의 해운경기 불황과 2001년 이후 화
폐의 평가절하를 고려하면 4%의 증가율은 다소 높은 수치라고 주장하고 있다.

이상에서 살펴본 바와 같이 최근 그리스의 톤세는 다른 나라의 톤세에 비해
그 부담이 높을 뿐만 아니라 선령이 증가할수록 더 높은 세부담을 부과하고 있는
문제점 등이 Goulielmos(2018)와 Panagiotou and Thanopoulou(2019)의 연구에서
밝혀지고 있다. 따라서 그리스 정부 당국은 그리스 해운의 경쟁력 제고를 위해
톤세의 부과기준에서 특히 선령에 대한 계수의 조정과 인플레에 따른 선령 계수
의 증가율 등에 대해 합리적으로 조정할 필요가 있을 것으로 생각된다.

표 **7-14** 현행 그리스 치적의 톤세 부과 기준의 공평성 제고를 위한 제안

선박규모별 톤세 부과 기준			선령에 따른 톤세 부과 기준(USD/GRT)		
총톤수(GRT)	1975년 계수	제안 계수	선령	1975년 계수	제안 계수
100 − 10,000	1.2	0.80	0 − 4	0.53	0.95
10,000 − 20,000	1.1	0.90	5 − 9	0.95	0.93
20,000 − 40,000	1	1.00	10 − 19	0.93	0.88
40,000 − 80,000	0.45	1.10	20 − 29	0.88	0.68
80,000 초과	0.20	1.20	30년 초과	0.68	0.53

자료: Goulielmos(2018), p. 1206.

7.3 그리스 해운에 대한 금융지원

그리스 해운산업의 육성을 위한 금융적 측면에서의 정부 지원에 대한 문헌은
거의 없는 것으로 보인다. 현대 그리스 해운의 성공적 성장의 초석은 1949년 그
리스 해운의 주요 선주들이 2차 대전 후의 미국에서 매각하는 전시표준선(Liberty)
100척을 구입하면서 구축되게 되었다고 평가되고 있다. 이 당시 그리스 해운계는
미국이 요구하는 달러 지불 조건을 충족할 수 있는 자금을 확보하지 못하고 있었
다. 이에 해운계는 정부에 요청하여 그리스 해운계는 그리스 정부로부터 보증을

획득하게 된다. 즉 해운계의 요청을 받은 정부는 미국 정부와 협상을 통해 그리스 해운계가 보유하고 있던 영국 파운드로 일부(25%) 지불하고 나머지는 그리스 정부의 보증을 제공하면서 17년 동안에 걸쳐 갚아 가는 것으로 하여 성공적으로 100척의 전시표준선을 확보할 수 있었다. 이 사례도 정부의 직접적 금융지원은 없었고 단지 100척 선박의 구입에 대한 일종의 지급보증을 해준 것으로 보인다.

앞에서 비교적 자세히 살펴보았듯이 그리스 정부는 해운에 유리한 조세제도인 톤세의 도입과 시행으로 해운기업의 재투자에 도움을 주고 있는 반면 금융지원책은 거의 시행되지 않은 것으로 보인다. 이러한 것은 그리스의 해운기업의 자금조달이 국내금융시장에서 이루어지기보다는 자금이 풍부하고 자금조달조건이 유리한 런던, 뉴욕 등 해외금융시장에서 더 많은 자금을 조달하고 있기 때문으로 풀이된다. 이처럼 그리스 정부 차원의 금융지원이 부족했던 것은 그리스 정부 당국에서 금융지원을 할 수 있는 충분한 자금을 확보하지 못하고 있었기 때문으로 보인다.

특히 초기 그리스 해운은 영국 런던을 기점으로 하여 출범하다 보니 영국계 은행을 통해 자금을 조달한 경우가 많았을 것으로 생각된다. 그리고 그리스 해운의 규모에 비해 그리스 경제 규모가 상대적으로 적고 또한 금융시장이 발달하지 못하였기 때문에 선박 확보에 소요되는 대규모 자금을 조달하기 위해서 해운기업은 자연스레 영국, 독일, 프랑스 등의 금융권을 활용하였다. 이러한 사실은 최근 그리스 해운기업의 은행으로부터의 자금 대출을 분석한 Petrofin Research(2020)에서도 잘 드러나고 있다. 이 보고서에 의하면 그리스 해운은 선박확보에 필요한 자금 중 국내에서는 약 30% 정도 조달하고, 나머지 70%는 런던, 뉴욕, 파리, 중국, 한국 등에서 조달하고 있는 것으로 보고되고 있다[16]. 특히 2008년 글로벌 금융위기 이후 해운경기가 침체 상태로 진입하면서 유럽 상업은행은 해운에 신규대출을 기피하고 기존의 대출을 회수하는 정책을 구사하였다. 이로 인해 그리스 은행은 중국금융권으로부터 많은 자금을 조달하기 시작하였다. 최근 중국은 은행계열의 리스사를 통해 선박금융을 대규모로 제공하고 있는데 그리스 선사들도 중국

---

16) Petrofin Research(2020)의 조사에 의하면 그리스 해운기업은 2019년 12월 기준으로 국내외의 55개 은행으로부터의 총대출규모가 531억 달러에 이르고 있는 것으로 나타나고 있다. 이 중 18.6%에 해당하는 99억 달러는 국내 8개 은행으로부터의 조달하였고, 나머지 432억 달러는 47개의 해외은행으로부터 조달한 것으로 보고되고 있다.

조선소에 많은 선박을 발주할 때 중국 금융기관 등으로부터 건조 자금의 대부분을 좋은 조건으로 조달하고 있는 것으로 알려져 있다[17].

　그리스 해운의 자금조달에 대한 보다 자세한 논의는 제13장과 제14장에서 자세히 다루고 있으니 참고하기 바란다.

---

17) 일간조선해양(2013.10.7.)에 의하면 2013년 9월 말 기준, 그리스 선주들이 중국조선소에 발주한 선박은 188척(발주잔량 기준)에 달하고 있으며, 이들 선박의 건조에 소요되는 자금의 대부분을 중국 국영은행으로부터 지원을 받고 있다고 한다. 즉 그리스 선주협회의 Theodore E. Veniamis 회장은 '그리스 해운기업의 선박금융의 70%는 중국은행으로부터 지원을 받고 나머지는 유럽, 미국 등의 은행으로부터 조달하고 있다'고 주장하고 있다.

제4부

그리스 해운기업
특성 고찰

8 그리스의 선대 분석

이 장은 그리스 선대를 분석하고 있다. 그리스는 총보유 선복량이 4억 2,690만 DWT로 세계시장의 18% 내외를 점유하고 있어 세계 제1의 선대 보유국이다.

그리스 선대에 대해 자세히 살펴보기 전에 우선 세계 선대의 선형별 현황 그리고 주요 국가별 선박 보유 규모 등을 먼저 간단히 살펴보고 있다. 이어서 그리스 선대를 조사하여 보고하고 있다. 즉 그리스의 연도별 선복량 추이 및 선령, 연도별 건조량 추이, 선박의 유형별 현황, 등록국가별 치적 통계 그리고 대형선박의 특성에 대해 살펴보고 있다.

8.1 세계 선대 개황

8.1.1 선형별 선대 현황

오늘날 교통수단 등의 발달로 지구촌이 상호 교류를 하며 사는 세계가 펼쳐지고 있으며, 이에 따라 세계 각국은 교역을 하며 상생하는 시대가 도래해 있다. 지구촌의 교역이 원활하게 이루어진 것은 선박이 바다를 이용해 해로를 개척하면서 대륙을 뛰어넘는 무역이 가능하게 되면서 시작된 것으로 알려져 있다.

최근 세계 교역의 90% 이상을 해상을 통해 이루어지고 있는 것으로 통계는 말해 주고 있는데, 이 절에서는 이러한 해상교역을 가능하게 하는 선박이 얼마나 되는지를 그리고 그러한 선박을 어느 나라가 많이 소유하고 있는지 그리고 어떠한 선박이 어느 정도 되는지 등을 간단히 살펴보고 있다.

우선 선박 종류별로 그 규모를 최근 연도의 통계를 중심으로 살펴보기로 하자. <표 8-1>에 의하면 2020년 초 기준으로 세계의 선대를 보면 100 GRT 이상 선박이 98,140척으로 총선복량은 20.6억 DWT로 보고되고 있다. 이중 벌크선이 총선대의 43.0%를 차지하고 있으며, 그 선복량은 8억 7,933만 DWT에 이르고 있다. 그 다음으로는 유조선이 6억 116만 DWT로 총선대의 29.0%를 점유하고 있는 것으로 나타나고 있다. 그리고 세 번째로 큰 비중을 보이고 있는 선형은 컨테이너선으로 2억 7,486만 DWT에 도달해 있으며, 그 비율은 13%에 이르고 있다. 이렇게 우리가 일반적으로 주요 해운시장으로 분류하는 시장에서 운항하는 세 가지 종류의 선박이 총선대의 85%를 차지하고 있는 것으로 나타나고 있다. 이 세 종류 외의 선박이 차지하는 비중은 15%로 일반화물선, 가스선, 케미컬탱커 등이 각각 총선대의 4%, 4%, 2% 등을 차지하고 있는 것으로 보고되고 있다.

표 8-1 세계 선대의 선형별 구성비

선종	2019		2020	
	선복량(천 DWT)	구성비(%)	선복량(천 DWT)	구성비(%)
벌크선	846,418	43.0	879,330	43.0
유조선	568,244	29.0	601,163	29.0
컨테이너	266,087	13.0	274,856	13.0
기타 선형	226,568	11.0	232,012	11.0
(기타선박)	(80,262)	(4.0)	(79,862)	(4.0)
(가스선)	(69,081)	(3.0)	(73,586)	(4.0)
(케미칼탱커)	(46,157)	(2.0)	(47,474)	(2.0)
(여객선)	(7,090)	(0.0)	(7,289)	(0.0)
(분류미상)	(23,972)	(1.0)	(23,082)	(1.0)
일반화물선	74,192	4.0	74,583	4.0
힙계	1,981,510	100.0	2,061,944	100.0

주: 2019년 1월 및 2020년 1월 기준으로 100톤 이상의 선박을 집계한 것임.
자료: UNCTAD(2020), p. 37.

<표 8-2>는 세계 선대의 선형별 선령을 분석하고 있는데, UNCTAD(2020)의 보고서에 의하면 2020년 초 세계 선대의 평균 선령을 선박 척수를 기준으로 했을 때는 20.83년에 이르고 있으며, 선복량(DWT)을 기준으로 하면 10.43년인 것으로

조사되고 있다. 선복량(DWT) 기준으로 선령을 살펴보면 벌크의 평균 선령이 8.87년으로 가장 낮으며, 다음으로는 컨테이너가 9.43년, 그리고 유조선이 10.11년으로 나타나 이들 세 종류의 선박이 평균 선령보다 낮아 비교적 최근에 건조된 선박이 많은 것으로 보인다. 특히 일반화물선의 평균 선령은 26.30년(척수 기준)과 18.89년(선복량 기준)으로 각각 조사되어 건조된 지 상당한 시간이 경과한 선박이 많은 것으로 보인다.

이 표에서 선령의 그룹별 비중을 보면 5~9년 사이에 속하는 선복량이 33.4%로 가장 높고, 다음으로는 0~4년 해당하는 선복량이 23.1%로 높게 나타나고 있다. 그리고 10~14년 사이에 속하는 선복량은 21.9%에 이르고, 그 다음으로는 15~19년 사이에 있는 선복량이 11.7%로 조사되고 있다. 또한 선박 수를 기준으로 보면 20년 이상 된 선박이 41.9%로 가장 비중이 크고 다음으로는 5~9년 사이의 선박 수가 20.1%, 10~14년 사이의 선박이 17.4%를 각각 시현하고 있다. 그리고 선령그룹별 평균선박규모(DWT 기준)를 보면 0~4년 사이의 선박이 47,901 DWT로 가장 크며, 그 다음으로는 5~9년 사이의 선박이 40,986 DWT로 큰데 이는 최근에 건조된 선박일수록 대형 선박인 것을 알 수 있다.

표 8-2 세계 선대의 선형별 선령 현황

선종	구성비 등	선령					평균선령 2019	평균선령 2020
		0~4	5~9	10~14	15~19	20년 이상		
벌크	총선박수기준 구성비	20.22	42.17	18.70	8.99	9.93	10.18	9.69
	선복량기준 구성비	23.30	44.80	16.73	8.22	6.89	9.28	8.87
	평균선박규모 (DWT)	84,714	78,169	65,767	67,246	50,973		
컨테이너	총선박수기준 구성비	15.60	20.39	32.79	14.67	16.55	12.72	12.29
	선복량기준 구성비	24.41	29.14	28.19	11.74	6.53	9.91	9.43
	평균선박규모 (DWT)	80,070	73,137	43,993	40,934	20,186		
일반 화물선	총선박수기준 구성비	4.64	12.34	15.67	7.99	59.36	26.93	26.30
	선복량기준 구성비	8.52	23.16	19.76	9.88	38.69	19.46	18.89

	평균선박규모 (DWT)	7,933	8,029	5,455	5,902	2,772		
유조선	총선박수기준 구성비	14.45	18.95	20.19	11.11	35.32	19.12	18.77
	선복량기준 구성비	24.73	24.99	26.57	17.52	6.20	10.38	10.11
	평균선박규모 (DWT)	93,311	72,952	71,391	86,251	9,924		
기타	총선박수기준 구성비	11.21	18.05	15.53	8.28	46.93	23.18	22.70
	선복량기준 구성비	21.56	16.94	22.22	10.57	28.71	15.59	15.42
	평균선박규모 (DWT)	11,613	6,267	8,682	8,034	4,304		
총선박	총선박수기준 구성비	11.64	20.11	17.42	8.98	41.85	21.29	20.83
	선복량기준 구성비	23.14	33.04	21.85	11.72	10.25	10.76	10.43
	평균선박규모 (DWT)	47,901	40,986	30,290	32,742	6,661		

주: 2019년 1월 및 2020년 1월 기준임.
자료: UNCTAD(2020), p. 39.

한편 <표 8-2>에서 보면 가장 최근에 건조된 즉 0~4년에 해당하는 선박이 가장 많은 선형은 유조선이며, 그 다음으로 벌크선 그리고 컨테이너선 순인 것을 알 수 있다. 각 선형별 건조 시기 즉 선령에 대한 분포는 이 표에서 비교적 자세히 분석되고 있으니 참고하기 바란다.

8.1.2 선박의 국가별 보유 현황

다음의 <표 8-3>은 세계 선대의 국가별 보유 현황을 보여주고 있다. 이 표에 의하면 그리스가 가장 많은 선박을 보유하고 있는 것으로 나타나고 있다. 그리스는 2020년 초 기준으로 4,648척을 보유하고 있으며 이 중 자국에 등록한 선박은 671척이고 나머지 3,977척은 라이베리아 등의 국가에 등록을 하고 있는 것으로 알려져 있다. 그리스가 보유하고 있는 선복량은 총 363,027천 DWT로 세계 선대의 17.8%를 차지하고 있으며, 해외에 등록한 선박이 83%를 넘고 있는 것으표 8-3 세계 선대의 국가별 보유 현황(2020.1.1.)

순위	국가	보유 선박 수			선복량(천 DWT)			외국적 비율 (%)	세계시장 점유율 (%)
		자국적	외국적	계	자국적	외국적	계		
1	그리스	671	3,977	4,648	60,827	303,028	363,027	83.28	17.77
2	일본	909	3,001	3,910	36,805	196,330,	233,135	84.21	11.38
3	중국	4,569	2,300	6,869	99,484	128,393	228,377	56.44	11.15
4	싱가포르	1,493	1,368	2,861	74,754	62,546	137,300	45.55	6.70
5	홍콩	883	807	1,690	72,505	28,452	100,957	28.18	4.93
6	독일	205	2,299	2,504	8,341	81,062	89,403	90.67	4.37
7	한국	778	837	1,615	14,403	66,180	80,583	82.13	3.93
8	노르웨이	383	1,660	2,043	1,885	62,051	63,936	97.05	3.12
9	버뮤다	13	529	542	324	60,089	60,414	99.46	2.95
10	미국	799	1,131	1,930	10,238	46,979	57,217	82.11	2.79
11	영국	317	1,027	1,344	6,836	46,355	53,191	87.15	2.60
12	타이완	140	850	990	6,636	44,255	50,891	86.96	2.48
13	모나코	–	473	473	–	43,832	43,832	100.0	2.14
14	덴마크	25	921	946	31	42,683	42,714	99.93	2.09
15	벨기에	113	188	301	10,040	20,658	30,698	67.29	1.50
16	터키	449	1,079	1,528	6,657	21,433	28,090	76.30	1.37
17	스위스	26	401	427	1,113	25,365	26,479	95.80	1.29
18	인도	859	183	1,042	16,800	9,035	25,836	34.97	1.26
19	인도네시아	2,132	76	2,208	22,301	1,604	23,906	6.71	1.17
20	러시아	1,403	339	1,742	8,293	14,813	23,106	64.11	1.13
상위 35국 소계		20,338	26,571	46,909	540,428	1,411,830	1,952,258	72.32	95.33
나머지 국가		3,037	3,015	6,052	36,513	59,204	95,718	61.85	4.67
전 세계		23,375	29,586	52,961	576,941	1,471,035	2,047,975	71.8	100.0

주: 1,000 GT 이상의 선박을 기준으로 하고 있음.
자료: UNCTAD(2020), p. 41.

로 보고되고 있다. 두 번째로 많은 선박을 보유하고 있는 국가는 일본으로 보유 선박이 3,910척이며, 선복량은 233,135천 DWT로 세계시장의 11.4%를 차지하고 있다. 세 번째로는 중국인데 보유 선박이 6,869척이며 선복량은 228,377천 DWT

로 세계 선복량의 11.2%를 점유하고 있다. 특이한 점은 그리스나 일본에 비해 자국에 등록한 선박이 44% 가까이 되고 있다는 점이다.

중국에 이어 네 번째로 선복량이 많은 국가는 싱가포르로 그 보유 선박이 2,861척이며 선복량은 137,300천 DWT로 세계시장의 8.7%를 점유하고 있다. 특히 싱가포르의 선박은 대부분 자국에 등록을 하고 있어 중국보다도 자국선 비율이 10% 포인트 더 높은 약 54%에 이르고 있다. 아직 UNCTAD는 홍콩 보유 선박을 중국에 통합해서 집계를 하지 않고 있는데 홍콩이 보유하고 있는 선복량은 세계에서 다섯 번째로 많은데 100,957천 DWT에 이르러 5대 억대 선복량 보유국에 속하고 있다. 홍콩이 보유하고 있는 선박은 1,690척으로 외국에 등록한 선박은 28%에 그치고 있다.

우리나라는 독일에 이어 7위의 선박 보유국으로 보고되고 있는데, 선박 척수는 1,615척이며 선복량은 80,503천 DWT로 세계 시장의 3.9% 정도를 점유하고 있는 것으로 나타나고 있다. 이 표에서 보고하고 있듯이 상위 35개국이 세계 선복량의 95.3%를 차지하고 있으며, 그 외 나머지 국가가 보유하고 있는 선복량은 4.7%에

표 8-4   세계 주요국의 선형별 보유 현황(선가기준)

(단위: 미화 백만 달러)

순위	국가	벌크	유조선	해양 플랜트	여객선	컨테이너	가스선	일반 화물선	케미컬 탱커	기타	합계
1	그리스	34,426	37,873	187	2,404	7,936	12,238	189	1,064	468	96,785
2	일본	34,027	9,981	4,713	3,030	11,805	15,173	3,482	4,937	9,150	96,298
3	중국	30,108	13,278	10,189	5,089	17,243	4,267	5,244	3,126	3,008	91,553
4	미국	3,352	6,308	20,392	52,130	1,190	1,458	1,122	1,971	732	88,655
5	노르웨이	4,213	6,217	23,156	3,088	1,852	7,847	950	2,423	3,002	52,748
6	싱가포르	12,860	13,975	5,189	25	6,845	4,428,	1,043	4,695	566	49,626
7	독일	5,857	2,121	630	9,630	17,211	1,966	3,429	791	360	41,966
8	영국	3,760	4,106	13,226	4,575	4,592	5,318	920	1,457	2,581	40,535
9	홍콩	10,209	7,239	601	2,723	10,082	1,173	898	282	1,027	34,234
10	버뮤다	4,826	5,896	5,779		2,079	8,431		375	62	27,447
11	한국	7,319	5,999	264	366	2,400	4,914	710	1,595	2,816	26,383
	전 세계	186,622	164,511	163,232	120,413	116,998	96,568	38,894	33,258	37,718	952,213

주: 1,000 GT 이상의 상선을 기준으로 하고 있음.
자료: UNCTAD(2020), p. 42.

불과한 것으로 보고되고 있다.

<표 8-4>는 주요 국가별 선형별 보유현황을 선박가치를 기준으로 보여주고 있는데, 세계 1위 선박 보유국인 그리스는 총 선박가치가 96,785백만 달러에 이르고 있다. 유조선과 벌크선을 많이 보유하고 있는 것을 알 수 있고, 세 번째로 보유 가치가 높은 선박은 가스선이며, 컨테이너선은 네 번째로 그 가치가 높은 것으로 보고되고 있다. 두 번째로 보유 선박의 가치가 큰 일본은 선복량에서는 1억 DWT 이상 적으나 선박가치(금액)에서는 거의 대등한 96,298백만 달러를 시현하고 있다. 이는 일본이 해양플랜트 등 고가의 선박을 많이 보유하고 있는 것을 의미하고 있다. 일본에 이어 중국이 세 번째로 보유한 선박의 가액이 큰 것으로 나타나고 있으며, 그 가액은 91,563백만 달러에 이르고 있다.

그런데 해운시장에서 평가되는 선박가격을 중심으로 한 선박보유 상위국에서 두드러진 국가는 미국으로 선복량 기준으로 10위이나 선박가치 기준으로는 4위로 그 가치가 88,655백만 달러에 이르고 있다. 한편 그 내역을 보면 값비싼 크루즈선과 해양플랜트를 많이 보유하고 있기 때문인 것을 알 수 있다. 크루즈선의 경우 전 세계의 43% 정도를 차지하고 있는데 그 가치가 52,130백만 달러에 이르고 있다. 우리가 잘 알다시피 크루즈선은 건조가격이 가장 높은 선박으로 알려져 있고, 조선강국인 우리나라나 일본, 중국 등이 아직 이 분야에 진입을 하지 못하고 있는 현실에서 유럽이 이 크루즈선 건조를 주도하고 있기도 하다. 노르웨이도 미국과 같이 선복량의 순위에 비해 선박가액면에서는 상대적으로 높게 나타나고 있는데 이는 값비싼 해양플랜트를 많이 보유하고 있기 때문으로 풀이된다.

8.2   그리스 선대 분석

8.2.1 그리스 선대 개요

앞 절에서 세계 선대를 개략적으로 살펴보는 가운데 그리스가 가장 많은 선복량을 확보하고 있는 것을 확인하였는데, 그 보유선박의 가액 기준으로도 가장 큰 비중을 차지하고 있는 것을 알 수 있었다.

<표 8-5>는 그리스가 보유하고 있는 선박의 선형별 내역을 보여주고 있는데, Bulk선의 선복량(DWT 기준)이 가장 많은 47.4%를 차지하고 있다. 그 다음으로는 탱커선으로 42.9%를 점하고 있다. 그리고 나머지 선종이 차지하는 비중은 9.7%로 42,933천 DWT에 그치고 있어, 그리스가 집중하고 있는 해운분야는 벌크화물시장과 탱커화물시장인 것을 알 수 있다. 이러한 추이는 최근 그리스가 인도하고 있는 선박의 척수와 선복량에서도 확연히 드러나고 있다.

표 8-5 그리스 선대의 선형별 현황

선형	선박 정보				2020 인도	
	척수	천 GRT	천 DWT	평균 건조 연도	척수	DWT
Bulk Carrier	2,535	112,9371	207,945	2010	33	2,824
Cargo Ship	107	894	1,331	1999		
Cement Carrier	16	70	107	1990		
Ore Carrier	2	268	506	1998		
소계(Dry)	2,660	114,170	209,889	1997	33	2,824
Product/Chemical Tanker	964	28,918	49,613	2008	11	673
Crude Oil Tanker	787	73,487	140,313	2010	15	2,769
소계(Wet)	1,751	102,4052	189,926	2009	26	3,442,
Container Ship	529	25,024	28,588	2007	3	82
Reefer Ship	41	405	439	1993		
Liquefied Natural Gas	96	10,327	8	2014	7	646
Liquefied Petroleum Gas	158	3,240	3,722	2010	3	107
Ferry/Pass/CRV	136	1,293	291	1993		
RoRo/Vehicle Carrier	86	3,811	1,313	2005		
Other Types	51	135	119	1997		
총계	5,505	260,809	442,748	2008	72	7,102

주: 2020년 2/4 분기 기준으로 1,000GRT 이상의 선박을 집계한 것임.
자료: Marine Information Services(2020), "Greek shipping at a glance"(2nd Quarter).

[그림 8-1]은 그리스 선대의 선형별 가액을 기준으로 한 구성비와 주요 선박의 세계 선대와의 비교를 보여주고 있다. 벌크와 탱커의 경우 선복량 기준에 비해 그 비중이 낮은 것을 알 수 있다. 그리고 이 그림의 우측은 탱커선, 벌크선,

가스선 분야에서 그리스의 비중을 나타내고 있는데, 각각 22%, 19%, 15%를 첨유하고 있다.

그림 **8-1** 그리스 선대 비중(선대가액기준 2021.1.)

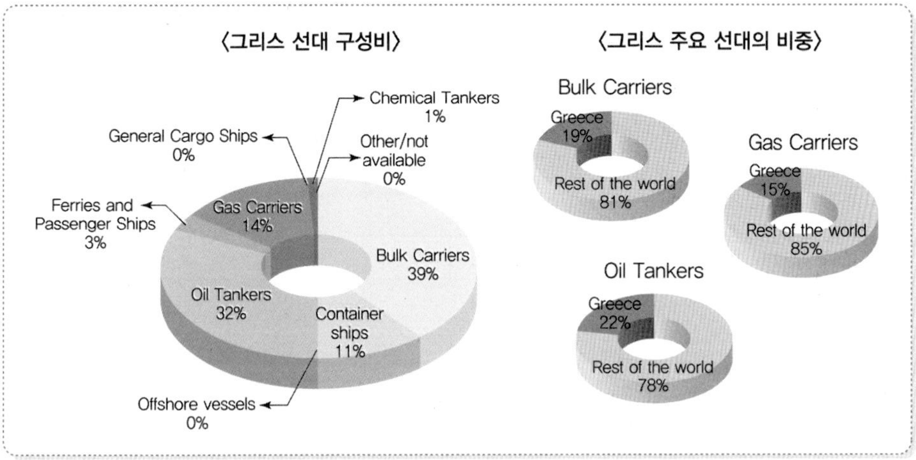

자료: UNCTAD(2021), p. 35.

<표 8-6>은 2001년 이후 그리스 선대의 추이를 선박 척수, 선복량, 평균선령 그리고 평균선박규모를 보여주고 있는데, 2000년대 초부터 선박 보유수가 꾸준히 증가하면서 선복량도 증가하고 있는 것을 알 수 있다. 먼저 보유 선박 척수를 보면 2001년에 4,110척이던 것이 2008년에 이르러 4,500척을 넘긴 후 2016년에는 5,000척으로 늘어나고 그 이후 3년이 경과한 2019년에는 5,623척을 넘어서고 있다.

또한 선복량의 연도별 변동 추이를 보면 2001년에는 1억5,100만 DWT로 집계되었으나, 2007년에 이르러 2억 DWT 이상으로 증가하였다. 7년이 경과한 2014년에는 3억 DWT를 넘고 있으며, 그리고 4년이 경과한 2019년에는 4억2,700만 DWT로 확대된 것으로 나타나고 있다.

그리고 선대의 선박 평균규모도 점차 증가하여 2019년에는 약 76천 DWT에 이르고 있는데, 이는 2001년에 비해 2배 이상 커져 그리스의 선대에서 대형 선박이 점차 더 많이 확보되었기 때문으로 풀이된다. 그리스가 보유하고 있는 선박의 평균 선령도 2000년대 초에는 21년이 넘었으나, 2019년에는 9년이 줄어든 12년

으로 보고되고 있다. 이처럼 그리스 선대가 그동안 상당히 세대교체를 한 것으로
보이는데 이는 신조 건조가 늘어났기 때문이기도 하지만 중고선을 구입할 때도
선령이 낮은 선박을 중심으로 확보했기 때문으로 풀이된다.

표 8-6 연도별 그리스 선대 추이

연도	선박수	선복량 (백만 DWT)	평균선령 (년)	평균선박규모 (천 DWT)
2001	4,110	151	21.4	36.7
2002	4,142	167	20.6	40.3
2003	4,085	171	20.5	41.9
2004	4,184	184	20.1	44.0
2005	3,970	176	19.9	44.4
2006	4,164	194	19.1	46.7
2007	4,346	208	18.7	47.8
2008	4,545	222	18.4	48.9
2009	4,763	237	17.6	49.8
2010	4,655	242	16.4	52.1
2011	4,714	256	15.9	54.3
2012	4,577	263	14.7	57.6
2013	4,573	281	14.1	61.6
2014	4,707	303	13.3	64.5
2015	4,909	328	12.7	66.9
2016	5,230	361	12.2	69.2
2017	5,281	387	11.8	73.3
2018	5,508	412	12.1	74.9
2019	5,623	427	12.2	75.9

자료: Petrofin Research(2019), "Greek fleet statistics".

<표 8-7>은 그리스 선박의 연도별 건조량 변동 추이를 보여주고 있다. 1980
년대까지만 해도 신조가 미미한 것으로 나타나고 있고, 1990년대 들어 매년 40척
정도 건조되다, 2001년부터는 매년 100척이 넘는 선박이 확보된 것을 알 수 있
다. 해운경기가 좋아지는 시기에 그리스도 선박 확보를 계속 확대한 것을 알 수
있으며, 그런데 2008년 글로벌 금융위기 후에도 선박 확보가 지속적으로 증가하

고 있는데 금융위기 이전보다도 더 많은 선복량을 늘리고 있는 것으로 나타나고 있다. 그러나 그리스도 2013년 이후부터는 선박확보를 줄이고 있는 것으로 나타나 2010년대 후반부터는 더욱 감소하고 있는데 이는 해운경기가 장기침체에 접어들면서 선박확보에 대한 투자를 줄였기 때문으로 생각된다.

표 **8-7** 그리스 선박의 연도별 건조량 추이

제작 연도	척수	천 DWT
~1980	70	231
1981~90	93	924
1991~00	409	18,493
2001	123	9,005
2002	142	10,395
2003	160	15,203
2004	226	20,332
2005	264	22,392
2006	298	23,096
2007	304	20,564
2008	310	19,505
2009	384	36,407
2010	436	36,861
2011	443	40,007
2012	355	31,462
2013	250	21,261
2014	201	18,198
2015	250	19,372
2016	234	24,181
2017	191	20,954
2018	135	13,527
2019	158	19,277
2020*	72	7,102

주: * 2020년 전반기까지 통계치임.
자료: Marine Information Services(2020), "Greek shipping at a glance"(2nd Quarter).

<표 8-8>은 그리스 선박이 등록한 국가별 현황을 보여 주고 있는데, 라이베리아에 가장 많은 선박을 등록하였으며, 다음으로는 마샬아일랜드 그리고 몰타로 보고되고 있다. 한편 그리스에 등록된 선박은 680척으로 총 등록 선박 중 12.5%만이 자국에 등록하고 있는 것으로 나타나고 있다. 그리스 해운기업들이 선박을 등록하고 있는 나라는 총 19개국으로 조사되고 있으며, 200척 이상 등록하고 있는 국가도 7개국에 이르고 있다. 사실 그리스 정부는 자국 치적을 위한 정책을 구사했으나, 정부의 해운정책에 대한 선주들의 불만과 세제상의 혜택 등으로 인하여 그리스 선사들은 편의치적을 선호하고 있는 관계로 1950년 중반에 비해 자국치적이 매우 낮은 것으로 보고되고 있다. 이러한 현상이 나타나고 있는 것은

표 8-8 그리스 선대의 등록국가별 현황

등록국(Flag)	척수	천 DWT	평균 제작 연도
라이베리아	1,286	113,136	2009
마샬아일랜드	1,193	90,605	2010
몰타	810	68,875	2010
그리스	680	67,400	2006
파나마	533	31,897	2006
사이프러스	322	21,883	2008
바하마	298	21,785	2009
싱가포르	75	3,702	2012
케이만군도	32	2,825	2010
버뮤다	30	2,540	2013
홍콩	30	4,013	2005
Isle of Man	27	3,156	2008
바베이도스	23	1,106	2010
포르투갈 마데이라	21	679	2005
벨기에	20	3,700	2010
지브롤타	13	231	2005
St. Vincent	13	379	1996
이태리	12	368	2007
베네수엘라	11	276	2007

주: 2020년 2/4 분기 기준임.
자료: Marine Information Services(2020), "Greek shipping at a glance"(2nd Quarter).

그리스 선주들이 자금을 해외에서 조달하는 비중이 큰 것에서 그 이유를 찾을 수 있을 것이다. 자금을 제공하는 해외금융기관이 그리스보다 세제 등에서 유리한 국가에 선박을 등록하는 것을 원할 수 있기 때문이다. 그리고 실제 그리스의 톤세는 많은 편의치적이 이루어지는 국가들의 톤세에 비해 더 높은 것도 그리스 선주들이 자국 치적을 기피하는 이유가 되었을 것으로 생각된다.

앞에서 그리스의 선대의 선령이 2000년대 초 이후 점차적으로 낮아지고 있는 것을 살펴보았다. <표 8-9>와 <표 8-10>은 그리스 선대의 선령대별 분포를 2013년부터 간단히 보고하고 있다. <표 8-9>는 0~9년군부터 20년 이상 대까지 4구간으로 구분하여 각 구간별 선복량과 그 구성비를 보여주고 있다. 0~9년 사이에 있는 선복량이 전체에서 차지하는 비중이 2013년 이후 점차 높아져 2018년 현재는 60.7%에 이르고 있다. 한편 20년 이상된 선박의 비중은 점차 감소하여 2018년 현재 1.4%에 그치고 있다.

표 8-9 그리스 선대의 선령대별 분포

구분	선령대별 구성비(DWT 기준)				선령대별 선복량(DWT)			
	0~9년	10~14년	15~19년	20년 이상	0~9년	10~14년	15~19년	20년 이상
2018	60.66%	34.33%	3.66%	1.35%	250,092,028	141,529,689	15,109,738	5,578,950
2017	71.81%	23.22%	3.43%	1.54%	278,082,826	89,929,627	13,271,719	5,972,444
2016	73.56%	22.30%	2.50%	1.63%	266,255,740	80,721,967	9,064,884	5,891,456
2015	73.47%	20.10%	4.23%	2.20%	241,156,799	65,989,794	13,891,639	7,216,263
2014	65.93%	27.11%	4.47%	2.50%	200,134,897	82,291,171	13,572,804	7,580,304
2013	58.62%	27.43%	9.02%	4.94%	164,989,480	77,203,529	25,376,563	13,898,411

자료: Petrofin Research(2019), "Greek shipping companies".

특히 20년 이상된 선박 중에서 30년이 넘는 선령을 가진 선박의 경우 선박척수 기준으로는 2018년 현재 6%에 달하고 있다(<표 8-10> 참고). 그런데 선복량 기준으로는 그 비중이 0.2%에 지나지 않고 있는 것으로 드러나고 있는데, 이는 오래된 배일수록 그 규모가 작기 때문으로 나타나는 현상으로 보인다. 그런데 2013년만 하더라도 보유 선박 척수 기준으로 30년 이상된 선박의 비중이 11.7% 그리고 선복량 기준으로 1%까지 점유하고 있었는데, 5년이 경과하면서 노후 선박은 그 비중이 급격히 줄어든 것을 알 수 있다.

표 8-10 그리스 선대의 30년 이상된 선박의 현황

	선박 척수	선복량(DWT)	비중(척수)	비중(선복량)
2018	355	914,315	6%	0.22%
2017	359	1,039,197	6%	0.27%
2016	441	1,307,701	8.43%	0.36%
2015	469	1,729,744	9.55%	0.53%
2014	512	2,592,493	10.88%	0.85%
2013	534	2,778,276	11.68%	0.99%

자료: Petrofin Research(2019), "Greek fleet statistics".

8.2.2 그리스 대형선박의 특성 분석

Petrofin(2019)이 보고하고 있는 그리스의 대형 선박에 대한 조사에 의하면, 아래 표들에서 보는 것처럼 우선 10,000DWT 이상의 선박과 20,000DWT 이상의 선박으로 나누어 그 현황을 보고하고 있다. 즉 이 두 기준에 따라 해당 선박을 보유하고 있는 회사 수, 해당 선박 척수, 이들 선박의 선복량, 그리고 선령을 조사해 보여주고 있다. 먼저 그리스 전체 선대 중 대형선박을 기준으로 <표 8-11>에 정리한 것을 중심으로 우선 10,000DWT 이상의 선박을 기준으로 보면 당해 선박을 보유하고 있는 회사 수가 400개 정도로 유지되고 있다. 그리고 여기에 해당하는 선박의 수는 2005년 2,629척이었으나 2018년에 이르러서는 4,555척으로 13년이 경과하면서 1,926척이 증가하여 그리스 선대가 점차 대형화된 것을 알 수 있다. 이들 선박의 총선복량은 2005년 173백만 DWT에서 2018년에는 410백만 DWT를 시현해 그 사이 2.4배가 증가하였으며, 여기에 해당하는 선박의 선복량이 그리스 전체 선복량의 95% 이상을 차지하고 있다. 또한 이들 대형선박의 평균 선령도 동기간 동안 19.6년에서 9.3년으로 줄어들어 선박이 그만큼 최근에 건조되어 그 성능이 더 향상되고 있는 것으로 생각된다.

한편 20,000 DWT 이상의 선박을 기준으로 조사한 내용도 <표 8-11>에서 보고하고 있다. 우선 이 규모에 해당하는 선박을 보유하고 있는 회사 수가 2005년 382개 사에서 2018년에는 376개사로 6개사가 줄어들었는데 그 사이 글로벌

금융위기 등을 거치면서 몇 개 기업이 퇴출된 것으로 생각된다. 20,000 DWT 이상의 선박 수를 보면 2005년 2,338척에서 2018년 4,320척으로 1,982척이 늘어나 동 기간 동안 약 1.8배가 증가하였다. 해당 선박의 총선복량은 169백만 DWT에서 407백만 DWT로 증가하여 동 기간 동안 2.4배 확대된 것을 알 수 있으며, 그리스 선대가 거의 20,000 DWT 이상의 선박으로 구성되어 있음을 보여주고 있다. 이 범주에 해당하는 선박들의 선령도 동기간 동안 6년 이상 낮아진 것으로 나타나고 있는데, 즉 2005년에는 이들 선박의 평균선령이 15.2년에서 2018년에는 9.0년으로 크게 줄어들었다.

표 8-11 그리스 전체 선대 증 대형 선박에 대한 현황

연도	10,000 DWT 이상				20,000 DWT 이상			
	보유회사수	선박수	선복량 (백만DWT)	평균 선령	보유회사수	선박수	선복량 (백만DWT)	평균 선령
2005	420	2,629	173	19.6	382	2,338	169	15.2
2010	448	3,148	239	12.9	402	2,823	234	12.4
2011	460	3,271	252	12.1	426	2,982	248	11.6
2012	449	3,275	260	11.1	412	3,015	257	10.7
2013	440	3,347	278	10.2	408	3,122	275	9.82
2014	424	3,533	300	9.5	398	3,307	297	9.1
2015	415	3,759	325	9.0	389	3,524	322	8.7
2016	414	4,106	359	8.6	389	3,884	356	8.4
2017	400	4,327	385	8.9	380	4,097	381	8.6
2018	395	4,555	410	9.3	376	4,320	407	9.0

자료: Petrofin(2019), "Greek fleet statistics".

<표 8-12>에서는 대형벌크선에 대한 현황을 보여주고 있는데, 우선 10,000 DWT 이상 선박을 기준으로 보면 2005년에 당해 선박을 보유한 회사가 326개에서 2018년에는 318개사로 8개사가 감소하였다. 당해 선박 보유회사는 줄었으나 선박 수는 동기간 동안 1,417척에서 2,189척으로 늘었고 또한 선복량도 같은 기간 동안 82백만 DWT에서 176백만 DWT로 두 배 이상 증가하였다. 특히 선령도 10년 이상 젊어져 그리스 벌크선대가 최신형의 선박으로 교체되고 있는 것을 알 수 있다. 그리고 20,000DWT 이상의 대형 벌크선박에 대한 현황도 10,000DWT

이상 벌크선박과 거의 유사한 흐름을 보이고 있다. 즉 2018년 기준, 동형의 선박을 보유한 회사 수는 2005년에 비해 5개밖에 증가하지 않았으나 선박 척수는 1,010척이, 선복량은 2.4배 증가하였다. 또한 선령도 2005년에는 19.0년으로 건조된 지 상당히 오래된 배가 많았으나, 2018년에는 8.8년으로 13년 전에 비해 10.2년이 낮아져 그리스의 대형벌크선은 최근에 건조된 것이 많은 것을 알 수 있다.

표 8-12 대형 벌크선의 분석

연도	10,000 DWT 이상 벌크선				20,000 DWT 이상 벌크선			
	보유회사수	선박수	총선복량 (백만DWT)	평균 선령	보유회사수	선박수	총선복량 (백만DWT)	평균 선령
2005	326	1,417	82	19.4	310	1,351	81	19.0
2010	326	1,557	108	14.4	315	1,508	107	14.3
2011	347	1,732	120	13.3	339	1,687	119	13.1
2012	337	1,727	125	11.8	330	1,693	125	11.7
2013	330	1,736	130	10.3	325	1,707	129	10.2
2014	323	1,788	136	8.6	319	1,766	136	9.2
2015	318	1,951	156	9.2	313	1,929	155	8.6
2016	316	2,053	163	8.2	313	2,040	163	8.1
2017	316	2,189	176	8.4	313	2,169	175	8.3
2018	318	2,383	191	8.9	315	2,361	191	8.8

자료: Petrofin(2019), "Greek fleet statistics".

그리스 선대 중 벌크선 다음으로 많은 선복량을 확보하고 있는 탱커선 중 대형선을 중심으로 앞의 벌크선과 같이 분류하여 조사한 것이 <표 8-13>에 보고되고 있다. 벌크선과는 달리 대형 탱커선을 보유한 회사 수가 많지는 않은 약 90개 사 내외이다. 그리고 선박 척수는 2005년에 700척이 되지 않았으나, 2018년에는 1,000척을 넘기고 있다. 선복량은 동 기간 동안 두 배 이상 증가하고 있고 선령은 6년 가까이 낮아지고 있다.

표 **8-13** 대형 탱커선의 분석

연도	10,000 DWT 이상 탱커선				20,000 DWT 이상 탱커선			
	보유회사수	선박수	총선복량 (백만DWT)	평균 선령	보유회사수	선박수	총선복량 (백만DWT)	평균 선령
2005	94	689	81	15.7	84	676	71	15.1
2010	91	782	97	9.4	88	771	97	9.3
2011	95	751	97	9.1	93	737	97	9.0
2012	92	754	98	8.9	90	740	98	8.7
2013	92	823	111	9.0	89	814	111	9.0
2014	92	816	117	9.7	89	805	117	9.7
2015	90	817	117	9.5	88	808	117	9.5
2016	86	857	132	9.3	85	851	132	9.4
2017	94	1,015	150	9.1	92	1,004	149	9.1
2018	91	1,054	159	9.3	91	1,048	159	9.2

자료: Petrofin(2019), "Greek fleet statistics".

우리가 잘 알다시피 전통적으로 그리스는 벌크와 탱커시장에서 주로 많은 영업을 하고 있어 정기선 시장에서의 위상은 상대적으로 미약한 것으로 알려져 있다. <표 8-14>는 이러한 것에 대한 자료를 어느 정도 제공하고 있는데, 즉 대형 컨테이너선을 보유한 회사 수도 적을 뿐만 아니라 선박 수도 벌크선과 탱커선에 비해 상대적으로 적고 선복량도 많지 않은 것으로 나타나고 있다. 그리고 선박의 선령도 부정기선에 비해 조금 높은 11년 정도를 시현하고 있다.

표 **8-14** 대형 컨테이너선의 분석

연도	10,000 DWT 이상 컨테이너선				20,000 DWT 이상 컨테이너선			
	보유회사수	선박수	총선복량 (백만DWT)	평균 선령	보유회사수	선박수	총선복량 (백만DWT)	평균 선령
2005	19	148	6	17.80	14	123	6	18.0
2010	24	207	11	14.13	20	189	10	13.6
2011	23	204	11	12.37	22	189	11	12.1
2012	25	243	13	12.55	23	224	12	12.1
2013	24	254	14	12.24	22	235	13	12.1
2014	28	269	15	10.15	27	244	15	9.9

2015	32	297	18	9.71	31	274	18	9.4
2016	34	414	26	9.75	32	381	25	9.3
2017	32	406	24	10.57	30	363	23	10.1
2018	37	420	24	11.50	34	367	23	10.8

자료: Petrofin(2019), "Greek fleet statistics".

한편 그리스는 대형 LPG선의 보유는 그렇게 많지 않은 것으로 <표 8-15>에서 나타나고 있다. 10,000 DWT 이상의 선박을 보유하고 있는 회사가 2013년에는 6개사에 지나지 않았으나, 2018년에는 15개사로 증가하였다. 선박 수는 동 기간 동안 29척에서 93척으로 늘어났으며, 선복량은 같은 기간 동안 약 3배 가까이 증가하였고, 선령은 3년 정도 낮아지고 있는 것으로 나타나고 있다. 20,000 DWT 이상의 LPG선박의 경우도 10,000 DWT 이상의 선박과 유사한 흐름을 보이고 있는데, 단지 선박 수에서 2018년 현재 65척으로 보고되고 있으며, 이들 선박의 평균선령은 7.7년으로 10,000 DWT 이상의 선박에 비해 다소 선령이 낮은 것으로 조사되고 있다. 그런데 2017년에는 6.7년의 평균선령이 1년 정도 더 늘어난 것으로 보고되고 있는데, 이는 그리스 선사들이 최근에 건조한 LPG선을 몇 척 매각하였기 때문으로 풀이된다.

표 8-15 대형 LPG선의 분석

| 연도 | 10,000 DWT 이상 LPG | | | | 20,000 DWT 이상 LPG | | | |
	보유회사수	선박수	총선복량 (백만DWT)	평균 선령	보유회사수	선박수	총선복량 (백만DWT)	평균 선령
2013	6	29	1.2	11.31	6	23	1.1	11.0
2014	7	31	1.2	11.37	7	23	1.0	11.20
2015	9	48	1.5	11.50	9	26	1.2	13.69
2016	13	89	3.3	5.19	13	66	2.9	4.33
2017	13	104	4.1	7.26	13	76	3.7	6.71
2018	15	93	3.3	8.32	15	65	2.8	7.71

자료: Petrofin(2019), "Greek fleet statistics".

이상에서 그리스 선대에 대한 분석에서 얻을 수 있는 중요한 정보는 그리스는 벌크와 탱커시장에 주력을 하며, 이 시장에서의 영업을 위해 선박을 확보하고 있는 것을 알 수 있다. 그리고 2008년 글로벌금융위기 후에도 지속적으로 선대를 확대하고 있는 것으로 나타나고 있다. 그리고 점차 선박이 대형화 되고 있고 선령도 낮아지고 있어 그리스는 꾸준히 선대를 교체하고 있는 것으로 보인다. 최근에는 LPG분야로도 영역을 넓히고 있는 것으로 보인다.

9 그리스 해운기업의 현황 분석

이 장은 그리스 해운기업에 대한 현황을 고찰하고 있다. 그리스 해운기업에 대한 분석에 앞서 해운기업의 개념과 그 의의에 대해서 간단히 살펴보고 있다. 이어서 그리스 해운기업의 현황을 우선 살펴보고 다음으로는 그 규모에 따라서 그리고 그리스 해운기업의 집중도에 대해 논의하고자 한다. 또한 그리스 해운기업의 선대보유와 치적현황 등에 대해 고찰하고 있다.

9.1 해운기업의 개념

현대 자본주의 사회에서는 경제 주체가 크게 가계, 기업, 정부로 구분되고 있다. 그런데 이 세 주체 중에서 우리 일반 시민들의 경제활동에 가장 큰 영향을 주며 한 나라의 경제활동에서 가장 핵심적인 역할을 하는 경제주체는 기업일 것이다.

그러면 기업은 어떻게 정의할 수 있을까? 일반적으로 기업은 소비자가 필요로하는 재화인 제품이나 서비스를 제공하고 이익을 창출하는 조직체로 정의할 수있을 것이다. 이런 접근은 통상 영리기업을 두고 하는 정의일 것이며, 영리추구기업과 유사한 조직과 경영원리를 활용하나 영리를 추구하지 않은 조직체도 다수존재한다. 특히 기업의 주인인 주주가 일반 국민 개개인이냐 아니면 정부이냐에따라 민간기업과 공기업으로도 나눌 수 있다. 이 외에도 소유형태에 따라 기업의종류를 구분하기도 한다. 오늘날 우리가 일상생활을 영위하는 데는 하루도 기업이 생산하는 제품이나 서비스를 이용하지 않고 지내기는 거의 불가능할 것이다, 그런 면에서 기업은 우리의 삶을 윤택하고 편리하게 하고 있으며, 또한 우리에게

일할 수 있는 공간도 제공하고 있어 우리 사회의 필수 조직으로 생각된다.

한편 이 장에서 우리는 그리스 해운기업의 현황을 고찰하려고 한다. 그러면 해운기업은 어떻게 정의할 수 있을까? 해운기업은 앞에서 잠시 살펴본 기업의 한 범주에 속하는데, 정의를 간단히 내려 보면 '해운기업은 선박이라는 서비스 제공 수단을 확보하여 화물을 해상으로 운송하거나 여객을 수송하는 조직체'라 할 수 있을 것이다. 이처럼 다소 덜 엄밀한 접근에 따라 이러한 서비스를 제공하는 해운기업을 우리는 그 기업이 취급하는 화물에 따라 벌크화물의 수송을 담당하는 부정기선 운항의 해운기업, 컨테이너화물 수송에 전념하는 정기선 운항의 해운기업, 원유 수송에 전념하는 탱커선 운항의 해운기업 등등으로 분류될 수 있다. 이들 각 부문의 해운기업은 다양한 형태로 해상운송 서비스에 종사하며 국제교역을 촉진하는 역할을 하고 있다[1].

그런데 해운기업에 대한 개념을 좀 더 엄밀하게 살펴보면 Theotokas(2018, p. 10)는 '해상운송서비스의 생산과 제공을 위해 생산요소를 이용하는 경제단위'로 정의하고 있다. 그리고 Metaxas(1988)는 '해운기업은 해운세계에서 생산요소의 이용에 대한 의사결정을 내리는 회사(company), 개인(individual) 혹은 개인들의 소집단(small group of individuals)이다'라고 주장하고 있다[2]. 해운기업의 주요 과업은 해상운송 서비스의 공급을 위해 선박을 관리 내지 운영하는 것일 것이다. 이러한 과업을 수행하는 해운기업은 두 가지의 기본적인 부분으로 구성되어 있는 조직체이다. 즉 생산 단위인 선박과 육지의 하부구조(infrastructure)로서 선박의 관리를 수행하는 해운사무실(shipping office)이다.

일반적으로 해상운송업에 참여하는 해운기업을 분류할 때 가장 널리 알려진 것은 그들이 참여하는 시장에 따라 나누는 것이다. 이 기준에 의하면 네 가지로 분류할 수 있는데[3], 첫째, 건화물과 액체화물의 운송을 하는 배를 관리하며 벌크해운에 전문화한 해운회사이다. 둘째는 정해진 항로로 서로 다른 항구를 연결하며 정기적으로 통일된 화물을 운송하는 선박을 관리하며 정기선해운에 전문화한 해운회사이다. 셋째는 여객의 수송을 위해 선박을 관리하며 여객 수송에 전문화

---

1) 우리나라 해운업에서는 해운업의 범위로 해상여객 운송사업, 해상화물 운송사업, 해운중개업, 해운대리점업, 선박대여업 그리고 선박관리업 등으로 규정하고 있다.

2) Theotokas(2018, p. 10)에서 재인용하였다.

3) Theotokas(2018, pp. 13~14)를 참고하였다.

한 해운회사이다. 그리고 넷째는 많은 전문화된 선박을 관리하며 하나 이상의 시장에 참여하는 해운회사 등이다.

한편 Svendsen(1978)은 해운기업의 소유형태와 해운기업 활동의 통합 정도에 따라 해운기업을 네 가지로 구분하고 있다. 첫째는 원유, 철강 회사 등과 같은 주요 제조업이나 상사 그룹의 자회사형태의 해운기업을 들고 있다. 이 경우 해운회사는 모회사에 해상운송 서비스를 제공하는 것이 일반적이다. 두 번째로는 조선, 선박브로커링, 포워딩 등과 결합된 해운회사인데, 여기에 해당하는 대표적 사례로는 Wallenius Wihelmsen Logistics가 있다. 셋째로는 오로지 해상운송서비스의 제공에만 전념하는 순수 해운회사가 있다. 네 번째로는 해운뿐만 아니라 중국의 COSCO와 같이 비해운 영역에도 참여하는 다변화된 해운회사가 있다.

이처럼 해운기업을 참여하는 해운시장에 따라 아니면 소유형태에 따라 나누든 해운기업은 보유하고 있는 서비스 제공 수단인 선박을 통해 해상운송 서비스를 제공하며 이익을 창출하고 있는데, 이익을 추구하는 면에서는 일반 기업과 다를 것이 없다. 그런데 최근 선박의 대규모화로 인해 배 한 척의 가격이 중소기업의 자본금을 능가하기도 하여 어떻게 보면 배 한 척이 하나의 회사로 보아도 무리가 없을 것이다. 그러다 보니 선박 한 척을 운항하는데도 운항기술을 갖춘 해기사 확보, 화물확보를 위한 마케팅, 선박확보 및 기업경영에 소요되는 자금조달 등등 상당히 복잡한 활동이 일어나게 된다. 이러한 활동을 효율적으로 관리하여 원가를 절감하며 많은 이익을 창출하기 위해서는 일반 기업과는 다소 다른 접근이 필요한 것이 사실이다. 여기서는 그러한 자세한 내용에 대한 논의에 초점을 두고 있지 않기 때문에 생략을 하기로 하고 그리스 해운기업에 대한 이해를 위해 각종 통계 자료를 활용해 그 현황을 파악하고자 한다.

한편 우리나라와 같이 부존자원이 빈약한 국가는 무역으로 경제발전을 추구하여야 하는데, 그런 면에서 해상운송을 담당하고 있는 해운기업은 국가경제에 크게 기여하고 있다고 평가되고 있다. 해양수산부(2021)의 '제5차 해운산업 장기발전계획(2021~2025)'에 의하면 우리나라의 해운산업의 2020년 외화가득액은 약 190억 달러에 이르러 전체 운수업이 벌어들이는 외화가득액의 75.5%를 차지하는 것으로 보고되고 있다. 또한 2020년 우리나라 해운업의 매출액은 36조원을 시현하였고 특히 항만, 조선 등 전후방 산업을 포함할 경우 100조 원에 이르는 것으로 조사되고 있다. 그리고 해운업의 종사자 수는 약 60,000명에 이르고, 해운산업

관련 전후방산업의 종사자까지 포함하면 약 270,000명으로 고용창출에도 크게 기여하고 있다. 특히 해운업의 발달은 철강업, 조선업의 발달에도 영향을 주고 있을 뿐만 아니라 금융업의 발전에도 영향을 미치는 것으로 알려져 있다.

<표 9-1>은 세계 주요 정기선사의 선복량을 보고하고 있는데, 인구 500만 정도밖에 되지 않고 자국의 화물도 많지 않은 덴마크가 가장 큰 컨테이너 해운기업인 Maersk를 보유하고 있다. 두 번째로 큰 정기선사는 MSC로 이는 바다도 없는 스위스가 보유하고 있는데 현재 발주량이 1백만 TEU를 상회하고 있어 머지않은 미래에 257,386 TEU의 발주량에 머물고 있는 Maersk를 능가하여 세계 1위의 정기선사로 등장할 것으로 보인다. 세 번째로 큰 정기선사는 프랑스의 CMA-CGM으로 최근 COSCO를 추월하였고 발주량도 516,187 TEU에 이르고 있다. 최근까지 세계 3위의 정기선사의 위상을 지녔던 중국의 COSCO는 선대 확대가 다소 주춤하면서 4위로 밀려났는데, 현재 발주량은 585,272 TEU로 당분간 CMA-CGM을 따라잡기에는 쉽지 않을 것으로 전망된다.

그런데 그동안 10위권 밖에 머물던 우리나라의 HMM이 최근 대형 선박을 인도하면서 선복량이 2배 가까이 증대하여 826,792 TEU에 달해 세계 8위로 부상하였다. 우리나라 정기선사 중 고려해운(KMTC)와 장금상선(Sinokor)이 각각 13위와 19위에 올라와 있다. 특히 HMM이 이렇게 짧은 시일 내에 많은 선복량을 확보한 것은, 2017년 한진해운이 파산된 후 우리 해운업의 재건을 위해 정부가 많은 정책적 지원을 하였기 때문으로 풀이된다.

우리가 잘 알고 있듯이 그리스는 벌크와 탱커에 주력하다 보니 그리스 선사중 세계 상위에 속하는 정기선사는 보유하고 있지 않은 것으로 나타나고 있다. 그리고 그리스의 해운기업은 소수의 대규모 기업이 주도하기보다는 다수의 중소선사들이 치열하게 경쟁을 하며 세계 해운시장에서 그 입지를 확보하고 있는 것으로 생각된다. 그리스 해운기업에 대해서는 이후 보다 자세히 다루고 있으니 참고하기 바란다.

표 9-1 세계 주요 해운기업(정기선사)*

순위	해운기업	천 TEU	시장 점유율(%)	보유 선박
1	APM-Maersk	4,250	17.0	730(321)
2	MSC (Mediterranean Shipping Co.)	4,194	16.8	626(235)
3	CMA-CGM Group	3,107	12.4	550(158)
4	Cosco	2,951	11.8	485(175)
5	Hapag-Lloyd	1,780	7.1	258(110)
6	ONE (Ocean Network Express)	1,572	6.3	215(84)
7	EVERGREEN MARINE CORP.	1,455	5.8	207(120)
8	HMM Co. Ltd.	827	3.3	79(34)
9	Yang Ming Marine Transport Corp.	638	2.6	88(50)
10	Wan Hai Lines	420	1.7	150(86)
11	Zim	394	1.6	102(1)
12	PIL(Pacific Int. Line)	263	1.1	83(56)
13	KMTC	168	0.7	70(32)
14	IRISL Group	150	0.6	33(30)
15	X-Press Feeders Group	145	0.6	87(36)
16	SITC	141	0.6	94(76)
17	Zhonggu Logistics Corp.	134	0.5	103(34)
18	UnFeeder	132	0.5	91(14)
19	Sinokor Merchant Marine	108	0.4	74(52)
20	TS Lines	101	0.4	47(25)

주: * 2021.11.7. 기준임. 보유선박의 ( )의 수치는 선사별 소유선박 척수임.
자료: https://alphaliner.axsmarine.com/PublicTop100(2021.11.7.).

9.2 그리스 소유 해운기업 개요[4]

그리스는 현재 세계에서 가장 많은 선복량을 보유하고 있는 해운강국이다. 그리스는 기원전 12세기경 트로이 전쟁을 수행하는 과정에서 많은 선박을 동원하여 병력을 이동시킴으로써 해양민족임을 드러냈다[5]. 이 당시 그리스 도시 국가중 주로 펠로폰네소스 반도에 속하였던 도시국가인 미케네가 주축이 되어 출정을 준비하였다. 수많은 병력의 이동과 군수물자의 운송을 위해서는 그리스의 산악지대의 험난한 육로보다는 바다를 이용하는 것이 훨씬 수월하였던 것으로 알려져 있다. 따라서 그 당시에도 도시국가들이 많은 배를 건조하여 해로를 통해 트로이로 진군한 것으로 전해져 내려오고 있다. 이 전쟁을 기반으로 호메로스는 그리스의 위대한 문학작품인 '일리아스'와 '오디세이아'를 남기게 되었는데, 이 작품들을 통해 당시의 그리스의 해양력을 어느 정도 이해할 수 있기도 하다. 트로이 전쟁 후 많은 세월이 흘러 기원전 5세기 말에 페르시아와의 전쟁에 대비하여 선박을 다량 건조하고 그 배를 해전에서 민첩하게 움직이기 위한 훈련을 실시해 원시 항해술을 익히는 기회를 가졌다[6]. 이처럼 그리스는 오늘날의 세계 1위의 해운강국으로 발전하는데 필요한 비전과 기술을 어느 정도 습득하였고 이를 지속적으로 계승·발전시켜 온 결과 현재의 위치에 이르게 된 것으로 생각된다.

그리스는 동으로는 에게해, 남으로는 지중해, 서쪽으로는 이오니아해가 있어 삼면이 바다로 둘러싸여 있다. 이 들 바다에는 수 천 개의 섬이 산재해 있다. 대부분의 섬은 무인도로 사람이 거주하기에는 여건이 적합하지 않은 것으로 알려져

---

4) 그리스 소유 해운기업(Greek-owned shipping companies)라는 용어를 그리스 학자들은 많이 사용하고 있는데, 그리스 선주들의 해운경영활동이 그리스를 기점으로 펼쳐지기도 하지만 런던이나 뉴욕 등에서 거주하는 그리스인들에 의해서도 전개되기 때문에 그리스 소유라는 말을 사용하는 것 같다. 즉 그리스인의 이해관계로 소유된 외항선을 관리하고 운항하는 기업을 말하고 있다(Theotokas and Harlaftis, 2009, p. 29). 이 책에서는 특별하게 구별할 필요가 있을 경우를 제외하고는 '그리스 해운기업'으로 표기하고자 한다.

5) 전통적으로 트로이 전쟁은 BC 1194~1184 사이 전개되었다고 하나 최근에는 그 보다 더 빠른 BC 1260~1180 사이에 벌어졌다는 주장도 있다(위키백과).

6) BC 480년 살라미스 해전에서 그리스 연합군은 아테네의 테미스토클레스 장군의 철저한 준비와 지략으로 대승을 거두었다. 이때 그리스 연합군은 약 300척의 배를 확보했는데 그 중 200척은 아테네가 제공한 것으로 알려져 있다. 이와 관련한 보다 자세한 내용은 제3장을 참고하기 바랍니다.

있다. 역사적으로 보면 그리스는 기원전 146년부터 1832년 독립이 될 때까지 약 2,000여 년을 다른 나라의 지배를 받는 수난을 겪었다. 기원전 5세기 아테네는 찬란한 문화를 창달하여 그 유산을 남겨 세계 각국으로부터 많은 관광객들이 몰려오게 하여 많은 수입을 얻게 하고 있다. 즉 관광업은 그리스의 가장 중요한 산업으로 오늘날 그리스 경제에 가장 큰 효자 노릇을 하고 있다.

21세기 초반 그리스 인구는 1천 만 명에 머물고 있으며, 게다가 국토는 70% 가까이 산악지대로 사람이 살기에는 매우 좋지 않은 환경을 갖고 있는 나라이다. 이러한 척박한 환경에서 고대 그리스는 인구가 증가하자 식민지를 개척하여 새로운 도시에 이주시키기도 하였으며, 그 개척 도시를 기점으로 하여 부족한 식량을 확보하여 바다를 통해 운송해 왔다. 이처럼 도도히 내려오는 해양전통 덕분에 오늘날의 그리스 국가경제는 아주 허약하나 해운은 승승장구하며 글로벌 해운시장에서 주도적인 역할을 담당하고 있다.

[그림 9-1]에서 보는 것처럼 그리스 해운기업의 형태를 보면 선박소유회사 (shipowning company)가 한 척의 배를 소유하고 선박의 관리는 관리회사(management company)에 맡기고 있다. 선박소유회사와 선박관리회사는 주인-대리인 관계를 기초로 행동하는 두 개의 독립된 단위이다. 하지만 두 회사는 동일한 이해관계로 연계되어 있다. 그리스 해운의 경우, 관리회사는 선박소유회사와는 공식적

그림 9-1 그리스 소유 해운기업의 조직구조 모형

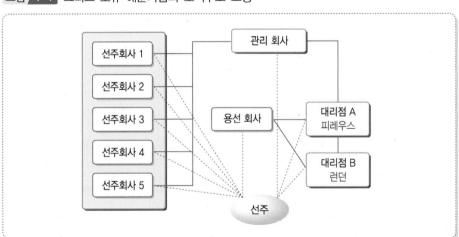

자료: Theotokas and Harlaftis(2009).

으로 독립성을 유지하나 생산단위인 선박의 이용에 대한 의사결정을 할 때 선박 소유회사를 대신할 수 있는 실체(entity)이다(Theotokas and Harlaftis, 2009, pp. 29~30).

그리스 해운기업의 대다수는 해상운송서비스업에만 전념하고 있다. 대체로 순수 운송회사로 창업을 한 후 회사가 발전해 가는 가운데 해운관련 다른 영역으로 활동을 넓히거나 제조업, 관광 등과 같은 분야로의 진출도 하고 있는 경우가 간혹 있는 것으로 알려져 있다. 그리스의 경우 다른 산업영역에서 축적된 자본이 미약하다 보니 오래 전부터 해외에 거주하는 그리스 선주들은 그들이 소유한 자본을 해운업 외에 다른 영역에도 투자한 사례가 있는 것으로 보고되고 있다. 우리에게 널리 알려진 그리스 선박왕 Onasis는 해운 외에 항공업에 진출하기도 하였다[7].

20세기 중반 이후 급성장을 거듭하며 오늘날 세계 해운에서 가장 앞서고 있는 그리스 해운의 주체인 원양해운기업이 많은 선복량을 확보하고 글로벌 해운시장에서 그 진가를 발휘하고 있는 것은 여러 각도에서 분석되고 있다. [그림 9-2]는 현재 글로벌 해운시장에서 주도적인 역할을 하며 세계 교역의 신장에 기여하고 있는 그리스 해운기업의 성공적 경영에 영향을 미치는 요소를 정리해 보여주고 있다.

[그림 9-2]에서 보듯이 그리스 해운기업은 풍부한 우수 인력을 확보하고 있고, 해운기업의 경영혁신에 필요한 기업가 정신이 풍부하며 또한 여러 세대에 걸쳐 내려오는 해운관련 암묵지를 비롯해 풍부한 해운노하우를 보유하고 있다(Theotokas, 2007, p. 65). 이러한 풍부한 자원을 보유하고 있는 그리스 해운기업의 구조적 특징으로 우선 가족경영을 들 수 있을 것이다. 이는 때로는 선주들 집안 사이의 혼인관계를 통해 확대되고 있기도 하다. 이러한 혼인관계로 강화된 유대를 통해 선박확보 등에 필요한 자금을 공동으로 조달하기도 하는 것으로 알려져 있다. 이로인해 키오스(Chios)섬 출신 선주가 많이 나오고 현대 그리스 해운을 주도하고 있는데, 키오스섬 출신 선주가 그리스 선대 40% 이상을 보유하고 있는 것으로 알려져 있다.

---

7) Onasis 외에 사업 다각화를 한 선주로는 Angelopoulos, Vardinoyannis, Latsis, Niarchos 등이 있다 (Theotokas and Harlaftis, 2009, p. 31).

그림 9-2 그리스 해운기업의 자원과 구조적 특징

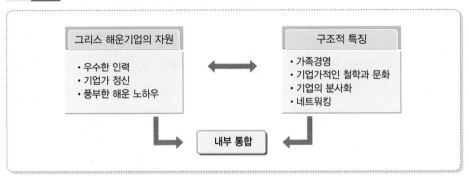

자료: Theotokas(2007).

두 번째의 구조적 특징은 해운기업 창업자의 철학(entrepreneurial philosophy)과 해운기업의 문화로 해운기업을 영위하는 사람들은 해운을 그들의 전문성을 발휘할 수 있는 영역으로 생각하고 이 분야에서 활동하고 있다고 평가하고 있다. 특히 단순히 소득을 더 많이 올리겠다는 생각으로 해운업을 영위하는 것은 아니라고 한다. 이러한 정신은 선주들이 오랜 시간 승선을 하며 다방면에 걸쳐 쌓은 경험에서 연유하고 있기도 하다[8]. 선주가 되기 전 선원으로 활동할 당시 익힌 근면성(hard work), 상호신뢰(trust), 끈기(persistence), 충성심(loyalty) 등은 그리스 해운기업의 문화로 자리 잡아 그리스 해운기업의 경영에 영향을 미치고 있기도 하다.

세 번째의 구조적 특성은 기존 해운기업을 경영하는 가족 구성원 간에 경영에 대한 의견 불일치로 구성원 중 일부가 떨어져 나와 새로운 기업을 설립하는 분사화(fragmentation)이다. 이는 그리스 해운기업에 역동성을 불어 넣고 혁신이나 새로운 영역으로 진출을 촉진하는 역할도 한 것으로 평가되고 있다.

네 번째 구조적 특징은 네트워크이다. 오늘날 그리스의 유력 선주 가운데 많은 선주들이 영국 런던이나 뉴욕 등에서 해운업을 창업한 경우가 많은 것으로 알려져 있다. 이는 일종의 그리스인 디아스포라(diaspora, 그리스어 διασπορα)네트워크가 기반이 되어 그리스해운이 제3자 교역(cross trading)에 탁월한 능력을 발휘하는데 매우 중요한 역할을 한 것으로 보인다. 또한 같은 섬 출신 선원이 선주가 되면 선장과 협력하여 선박을 공동으로 구매하는 등 오래 기간 동안 상호 협력하

---

8) Theotokas(2007, p. 77).

는 정신을 구현해 오기도 하였다. 특히 앞의 가족경영에서도 언급했듯이 그리스의 선주 가문 간의 혼인은 또 다른 형태의 네트워크가 될 수도 있을 것이다. 이러한 네트워크를 통해 해운기업은 거래비용의 절감, 외부경제효과, 정보공유, 해운업의 지식기반 제고, 그리고 외부환경변화에 잘 대응할 수 있는 역량을 가질 수 있을 것이다.

이상에서 살펴 본 그리스 해운기업의 자원과 구조적 특징을 내부적으로 잘 결합하여 경영 활동을 전개하면 그리스 해운기업은 꾸준히 이익을 창출하며 그리스의 경제발전에도 많은 도움이 될 것이다. 특히 앞에서도 살펴보았듯이 그리스 해운은 그리스가 만성적으로 겪는 국제수지 적자 해결에도 기여할 뿐만 아니라 많은 일자리를 창출하며 그리스 경제에 큰 버팀목이 되고 있다[9]. 이러한 그리스 해운기업의 자원과 구조적 특성에 대해서는 제10장과 제11장에서 보다 자세히 논의할 것이다.

9.3 그리스 해운기업의 규모

<표 9-2>는 선박보유 규모를 중심으로 6개 그룹으로 나누어서 연도별 당 해그룹의 기업수 변동 추이를 보고하고 있다. 25척 이상의 선박을 보유하고 있는 기업 수가 1998년에는 19개에 불과했으나, 시간이 경과하면서 점차 그 수가 늘어 2018년에는 49개에 이르고 있다. 특히 1~2척 정도 보유하고 있는 기업 수는 동기간 동안 483개 사에서 218개 사로 절반 이상 줄어든 것을 알 수 있다. 16~25척 사이 소유하고 있는 기업의 수도 1998년에는 11개에 지나지 않았으나, 2018년 현재 29개로 늘어나 있다. 여기서 우리가 알 수 있는 것은 그리스 해운기업의 규모가 점차 대규모화 되고 있고, 이로 인해 이들의 시장 점유율이 지속적으로 높아지고 있는 것으로 보고되고 있다.

<표 9-2>에서 확연히 드러나는 것은 소규모의 기업이 상당히 많이 감소하고 있다는 것이다. 그러면서 2018년 기준 그리스 해운기업 수는 588개 사로 1998년

---

9) 그리스 해운이 그리스 경제에 대한 기여는 제1장의 3절 '그리스 해운과 그리스 경제'에서 더 자세히 다루고 있으니 참고하기 바랍니다.

의 926개 사에 비해 63% 정도에 머물고 있는 것을 알 수 있다[10]. 그리스는 문명
이 크레타 섬에서 먼저 발달하고 그 문명이 본토로 넘어 오는 과정 그리고 페르
시아 등과의 전쟁에서 바다를 활용하는 지혜를 배운 민족으로 생각된다. 그러다
보니 그들이 2,000년 가까이 주권을 상실하였음에도 해양성을 잃지 않고 그들의

표 9-2 도별 선박보유규모 그룹별 해운기업 수 추이

연도	A(25척 이상)	B(16~25척)	C(9~15척)	D(5~8척)	E(3~4척)	F(1~2척)	전체
1998	19	11	68	149	196	483	926
1999	19	25	76	143	166	325	754
2000	23	22	85	140	189	376	835
2001	19	29	82	134	172	349	785
2002	24	25	84	128	170	318	749
2003	25	31	69	138	158	308	729
2004	31	36	59	141	155	311	733
2005	26	36	52	131	157	288	690
2006	28	30	64	137	146	288	693
2007	29	35	63	126	165	307	725
2008	32	32	70	125	159	340	758
2009	31	35	80	123	161	343	773
2010	31	33	80	103	171	340	758
2011	34	37	65	111	165	350	762
2012	35	37	54	113	167	312	718
2013	35	29	60	117	154	297	692
2014	40	26	55	107	166	274	668
2015	41	30	51	110	154	262	648
2016	46	26	63	109	129	265	638
2017	50	26	60	108	120	233	597
2018	49	29	70	110	112	218	588

주: 1969년 기준으로 보면 369개의 해운기업이 있었으며, 16척 이상의 선박을 소유한 기업은 전체의
6.3%에 불과한 23개사였으며, 5~15척을 보유한 기업은 78개사였고, 1~4척 사이 보유한 기업의 수
는 전체 기업의 72.6%에 해당하는 268개사 있었음(Theotokas, 2007).
자료: Petrofin Research(2018, 2019), "Greek shipping companies."

10) 그리스가 축적된 자본이 빈약하다 보니 대개 처음에는 소자본으로 중고선을 하나 구입해 해
운업을 창업하다 보니 소규모 해운기업이 많은 것으로 보인다.

몸속에 귀중한 DNA로 남아 있었을 것으로 생각된다. 이러한 것이 바탕이 되어 그리스에서는 해운업이 가장 인기 있는 직종이 되었을 것으로 추정된다. 따라서 이 분야에 소자본으로 기업을 창업하는 사례가 많다 보니 소규모 기업이 많이 존재했는데, 최근 들어서는 선박의 대형화로 이전보다는 더 많은 자금이 소요되게 되어 소규모 해운기업의 수가 줄어들고 있는 것으로 보인다.

<표 9-3>은 선박보유 규모 각 그룹별 선박의 보유 척수의 비중을 보고하고 있다. 2000년에는 25척 이상 보유한 A그룹의 보유 비율이 2.8%였으나, 2018년에 이르러서는 8.3%로 증가하여 점차 대규모 해운기업이 그리스 해운에서 차지하는 비중이 커지고 있음을 알 수 있다. 대형 해운기업의 비중이 커지는 반면 4척 이하를 보유한 해운기업이 소유한 선박의 비중은 2000년 67.6%에서 10%포인트 정도 줄어든 56.1%를 시현하고 있다. 이러한 추이는 <표 9-2>의 선박소유 척수 그룹별 기업수의 변화 추이와 비슷한 것으로 보인다.

표 9-3 선박보유 규모 그룹별 선박척수 보유 비중

연도	E(1~4척)	D(5~8척)	C(9~15척)	B(16~24척)	A(25척 이상)
2000	67.6%	16.8%	10.2%	2.6%	2.8%
2005	64.5	19.0	7.5	5.2	3.8
2010	67.4	13.6	10.6	4.4	4.1
2015	64.1	17.0	7.9	4.6	6.3
2016	61.7	17.1	9.9	4.1	7.2
2017	59.1	18.1	10.1	4.4	8.4
2018	56.1	18.7	11.9	4.9	8.3

주: 각 그룹이 보유하고 있는 선박의 척수만을 기준으로 하고 있음.
자료: Petrofin Research(2019), "Greek shipping companies."

그런데 그리스 해운기업의 대형화가 점차 진행되는 것과 더불어 선복량의 집중도 높아지고 있는 것을 <표 9-4>에서 확인할 수 있다. 2018년 기준으로 가장 작은 그룹인 E 그룹이 보유한 선박은 전체 선박 중 56.1%에 이르렀으나, 선복량은 4.8%에 그치고 있다. 이는 이 그룹은 아주 작은 선박을 소유하고 있는 것으로 추정된다. 가장 대규모 그룹인 A에 속하는 기업이 보유한 선박 척수는 2018년 현재 8.3%이나 선복량 기준으로는 66.8%를 보여 이 그룹에 속하는 기업은 대형

표 9-4 선박보유규모 그룹별 선복량 구성비

연도	E(1~4척)	D(5~8척)	C(9~15척)	B(16~24척)	A(25척 이상)
2010	11.67%	10.15%	16.96%	18.96%	42.27%
2011	11.17%	10.35%	12.76%	20.68%	45.04%
2012	10.67%	12.19%	12.17%	18.37%	46.60%
2013	9.27%	13.50%	13.70%	14.60%	49.00%
2014	9.46%	10.11%	13.62%	11.72%	55.00%
2015	8.24%	10.03%	10.70%	12.62%	58.38%
2016	6.75%	8.35%	10.91%	8.16%	65.38%
2017	5.62%	9.20%	9.50%	8.62%	67.07%
2018	4.80%	8.67%	10.57%	9.17%	66.79%

주: DWT 기준임.
자료: Petrofin Research(2019), "Greek shipping companies."

선박을 주로 소유하고 있는 것으로 추정된다. 이 표는 그리스 해운을 선복량 기준으로 보면 A그룹의 집중도가 매우 높음을 알 수 있다.

<표 9-5>는 그리스 해운기업을 상위 30대 기업, 상위 50대 그리고 상위 70대 기업으로 나누어 그들 그룹이 보유하고 있는 선복량을 보고하고 있다. 이 표

표 9-5 상위 30, 상위 50 및 상위 70 기업군의 선복량 추이

(단위: 천 DWT)

연도	상위 30 선대 선복량	상위 50 선대 선복량	상위 70 선대 선복량	총선복량
2007	104,050(50.2%)	106,551(51.2%)	147,430(70.9%)	208,001
2010	123,196(50.7%)	157,247(64.8%)	175,831(72.4%)	242,802
2011	133,219(52.0%)	164,584(64.3%)	185,664(72.5%)	256,174
2012	139,088(52.8%)	172,621(65.5%)	193,408(73.4%)	263,635
2013	155,067(55.1%)	188,919(67.1%)	209,510(74.3%)	281,468
2014	170,145(56.1%)	207,717(68.4%)	231,301(76.2%)	303,579
2015	189,561(57.8%)	230,549(70.2%)	253,689(77.3%)	328,254
2016	213,201(58.9%)	257,195(71.1%)	280,378(77.5%)	361,934
2017	227,809(58.8%)	276,022(71.3%)	302,752(78.2%)	387,257
2018	248,695(60.3%)	294,994(71.6%)	322,179(78.1%)	412,310
2019	251,369(58.8%)	302,909(71.0%)	330,733(77.5%)	426,909

자료: Petrofin Research(2019), "Greek shipping companies."

에서 보는 바와 같이 상위 30대 기업들의 선복량은 2007년 이후 50% 이상 점유하고 있는 것을 알 수 있다. 여기서 출발하여 50대 기업으로 까지 확대하면 최근에는 70%를 다소 상회하고 있다. 그런데 여기서 70대 기업까지로 확장하는 경우 그 비중이 78%로 나타나고 있는데, 그 점유율이 크게 증가하지는 않고 있다.

<표 9-6>은 1백만 DWT이상 보유하고 있는 기업의 선복량을 조사한 것이다. 이 표에서 보고하고 있는 것처럼 1백만 DWT이상의 선복량을 보유한 기업이 2011년에는 62개였으나 2019년에는 81개 기업으로 늘어났다. 그리고 이들 기업이 보유한 선박의 척수도 2011년에는 1,764척이었으나 2019년에는 1.8배 증가한 3,263척에 이르고 있다. 그리고 이들 기업이 보유한 선복량을 보면 2011년 1억 7,850만 DWT였으나, 2019년에는 1.9배 가까이 증가한 3억 4,265만 DWT를 시현해 총선대의 80.3%를 차지하고 있는 것으로 조사되고 있다. 이들 기업이 보유한 선박의 평균 선령은 2018년까지는 8년이 좀 지난 것으로 나타나고 있으나 2019년에는 9.3년에 이르고 있어 그 사이 다소 오래 된 중고 선박을 다수 구입한 것으로 보인다.

표 9-6 백만 DWT 이상 선복량 기업 현황

연도	해당 기업수	선박 수	추가 선박수	해당기업의 선복량 (천 DWT)	추가선복량 (천 DWT)	선박의 평균선복량 (천DWT)	평균 선령	총선대 대비 비중 (%)
2011	62	1,764	–	178,495	–	101	8.6	69.7
2012	60	1,769	5	184,693	6,197	104	8.7	70.0
2013	61	1,848	79	201,305	16,612	109	8.6	71.3
2014	63	2,121	273	224,539	23,236	104	8.6	74.0
2015	68	2,434	313	251,757	27,218	103	8.3	76.7
2016	68	2,715	281	280,378	28,612	103	7.9	77.5
2017	75	2,986	271	308,139	27,761	103	8.2	79.6
2018	77	3,131	145	329,818	21,679	105	8.8	80.0
2019	81	3,263	132	342,653	12,835	105	9.3	80.3

자료: Petrofin Research(2019), "Greek shipping companies."

[그림 9-3]은 1998년 이후 그리스 선대의 연령 그룹별 해운기업의 분포를 보여주고 있는데, 1998년에는 20년 이상 된 선대를 운영하는 기업의 수가 841개로

조사되고 있다. 그런데 20년이 지난 2018년에는 20년 이상 된 선대를 구성하고 있는 기업의 수는 198개사로 크게 감소하였다. 한편 9년 이하의 선령의 선박으로 구성된 선대를 보유한 기업이 1998년에는 30개사에 불과했으나 2019년에는 146 개사에 이르고 있다. 이러한 추이에서 보듯이 그리스 해운기업은 그동안 선박의 교체를 꾸준히 추진하여 비교적 성능이 좋은 최신의 선박을 확보하고 있는 것을 알 수 있다. 이러한 그리스 해운기업의 새로운 선박을 확보하려는 노력은 결국 글로벌 해운시장에서 경쟁력을 확보하고 유지하는데도 큰 도움이 될 것으로 보인다.

그림 9-3 선령그룹별 그리스 해운기업 수 분포

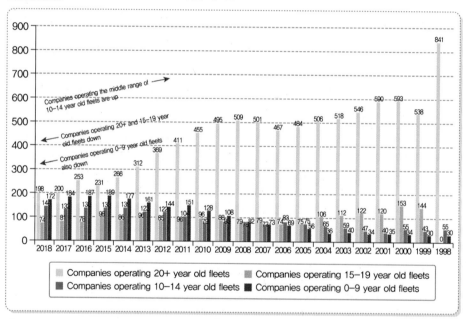

자료: Petrofin Research(2019), "Greek shipping companies."

9.4 그리스 해운기업의 선대구성 분석

9.4.1 해운기업별 보유 선박과 선복량

그리스 해운기업은 앞에서 살펴보았듯이 기업이 보유하는 자원과 구조적 특징을 잘 결합하여 효율적으로 경영활동을 영위한 결과 오늘날 세계 해운시장을 주도하는 위치에 이르게 되었다. 특히 그리스 해운기업은 전통적으로 벌크와 탱커 부문에 집중하고 있으며, 최근에는 LNG, LPG 운송에도 진출하고 있는 것으로 보고되고 있다.

<표 9-7>은 선박보유 척수와 보유 선복량(DWT) 기준으로 상위 50개 기업의 선대의 구성과 치적 그리고 선령 등을 보고하고 있다. 먼저 선박보유 척수 기준으로는 Navios사가 178척으로 가장 많고, 두 번째로는 138척을 보유하고 있는 Star Bulk/Product사이다. 세 번째로 많이 보유하고 있는 선사는 Maran Dry 등을 소유하고 있는 Angelicoussis 그룹으로 137척을 보유하고 있다. 네 번째는 Dynacom 해운그룹으로 122척을 그리고 다섯 번째는 120척을 보유하고 있는 TMS/Cardiff사이다. 이 상위 5개 해운기업은 100척 이상의 선박을 보유하고 있는 초대형 그리스 해운기업들이다.

그런데 선복량 기준으로 보면 137척을 보유하고 있는 Angelicoussis 해운그룹이 2,629만 DWT로 가장 많은 선복량을 보유하고 있고, 그 다음으로는 1,676만 DWT를 보유한 Navios가 잇고 있다. 세 번째로는 1,610만 DWT를 보유하고 있는 Dynacom 해운그룹이며, 네 번째로는 TMS/Cardiff사로 1,562만 DWT를 보유하고 있다. 다섯 번째로 많은 선복량을 보유하고 있는 선사는 선박척수 면에서 2위를 보인 Star Bulk사로 1,516만 DWT를 보유하고 있는 것으로 나타나고 있다. 특히 상위 해운기업 중 Euronav사는 1,191만 DWT를 보유하여 선복량 기준으로 6위로 올라 있으나 보유 선박은 50척으로 24위에 머물고 있는데, 이는 선박의 규모가 상대적으로 큼을 시사하고 있다.

한편 이러한 상위 5대 기업에 이어 Tsakos, Thenamaris, Technomar, Laskaridis, Eastern Mediterranean Maritime, Minerva Marine, Capital Ship Mgt., Chartworld,

표 9-7 그리스 상위 30대 해운기업의 선대 분석(보유 선박 척수 기준)

순위	회사	보유 선대 정보						WET	DRY	컨테이너	REF	LPG	LNG	기타
		척수	국적선	외국적선	총DWT(만)	평균DWT(천)	선령							
1	Navios	178		178	1,676	94.2	10.6	43	89	46				
2	Star Bulk	138		138	1,518	110	8.5	19	117	2				
3	Angelicoussis	137	122	15	2,629	192	8.0	54	49				33	1
4	Dynacom	122		122	1,610	121	8.8	67	38	2			15	
5	TMS	120	2	118	1,562	130		50	55	1			8	6
6	Tsakos	93	17	76	927	99.7	11.1	74	10	7			2	
7	TRenamaris	90	2	88	984	109	10.0	61	18	4		4	3	
8	Technomar	90		90	570	63.3	12.3		36	54				
9	Laskaridis	86		86	490	57.0	14.0	12	45		28			1
10	Eastern Mediterranean	77	5	72	649	84.3	10.8	28	39	10				
11	Minerva Marine	74	40	34	892	120.5	11.2	66	8					
12	Capital Ship Mgt.	71		71	804	113.2	7.4	48	5	18				
13	Chartworld	70		70	427	61.0	15.3	9	23	25	13			
14	Vafias	70		70	266	38.0		18	7			45		
15	Costamare	68	1	67	559	82.2	12.9			68				
16	Marmaras	65	35	30	977	86.0	10.1	32	33					
17	Alpha Bulkers	63	33	30	981	155.7	8.3	30	32				1	
18	Danaos Shipping	63	3	60	452	71.7	13.6			63				
19	Optimum	61		61	421	69.0		24	37					
20	Lomar Shipping	55		55	174	31.6	10.0	1	2	51				1
21	Stamco Ship Mgt.	55		55	104	18.9								55
22	Nomikos	52		52	283	54.4	10.2		46	6				
23	Cyprus Sea Lines	51		51	533	104.5		18	20	13				
24	Euronav Ship Mgt.	50	17	33	1,191	338.2		50						
25	Diana Shipping	47	2	45	564	120		4	42	1				
26	Safety Bulkers	47		47	424	90.2	9.6		47					
27	Golden Union	46	1	45	567	123.3	8.1		46					
28	MM Marine*	40		40	—	—		40						5
29	Contships Mgt.	40		40	54.9	13.7	12.9			40				
30	Prime Marine	39		39	276	70.7	11.7	34				5		

주: 1) 선령은 Clarkson Research Service(2020.5)에 보고된 자료를 이용하고 있음.
 2) *의 경우, bunkering tanker 회사로 선복량의 톤수가 MT(metrix ton)으로 제시되고 있으며 2023년 6월 기준 총 보유선대는 총 19.30만MT이고 평균은 4.1천MT인 것으로 나타나고 있다 (https://mmships.com/our-fleet).
자료: Marine Information Services(2020).

Vafias, Costamare 등이 90~70여 척 사이의 선박을 보유하며, 그리스 해운업에서 중추적인 역할을 담당하고 있다. 보유 선박척수 면에서는 상위 30개사에 속하나 선복량 면에서는 30위 밖으로 밀려나는 선사도 일부 있는 것으로 조사되고 있다.

9.4.2 해운기업별 치적 현황

앞 장의 선대분석에서 보았듯이 그리스는 그리스 자국 치적은 2020년 2/4분기 기준 17%에 그치고 나머지 83%는 라이베리아, 마샬아일랜드, 몰타, 파나마 등에 선박을 많이 등록하고 있는 것으로 나타나고 있다. 전통적으로 그리스 선주(해운기업)은 조세특혜 그리고 자금제공 금융기관의 권고 등으로 인해 그리스에 선박을 등록하는 것보다는 편의치적(flag of convenience)을 선호하고 있는 것으로 알려져 있다.

이러한 그리스 해운기업의 선박 치적의 현황도 <표 9-7>에 잘 드러나고 있다. Navios사, Star Bulk사, Dynacom사는 그들의 소유 선박을 그리스에는 한 척도 등록하지 않고 모두 해외에 등록을 하고 있다. 또한 TMS사도 120척 중 단 2척만 그리스 치적을 하고 있는데 그치고 있다. 그런데 이처럼 상위 해운기업들의 대부분이 그들의 선박을 거의 모두 외국 치적을 하고 있는 가운데 Maran Tankers 등을 소유하고 있는 Angelicoussis 해운그룹의 선박 치적은 상당히 다른 양상을 보이고 있다. 즉 137척 중 단지 15척만 해외에 등록하고 나머지 122척을 그리스 자국에 등록하고 있어 흥미롭다. Angelicoussis 해운그룹이 유달리 그리스 자국에 치적을 하는 것은 1947년 처음으로 해운업을 시작한 창업자인 Antonis Angelicoussis (1918~1989)때부터 이어져 오는 특징으로 그의 아들 John Angelicoussis(1948~2021)도 이 정책을 계승·유지해 온 것으로 보인다[11]. 그리고 창업 2세의 유일한 자녀인 Anna에 의해서 그 정책이 계승될 것으로 전망된다[12].

9.4.3 해운기업의 선대 선령

앞 장에서 2019년 기준 그리스 선대의 평균 선령은 12.2년인 것을 보았다(<표

---

11) Theotokas and Harlaftis(2009, pp. 110~111)를 참고하였다. 그런데 2021년 봄 Angelicoussis 회장은 지병으로 유명을 달리하였다.

12) John Angelicoussis의 자녀로는 Anna가 유일한데 이 딸은 원래 의사였으나, 2008년부터 그녀의 남편인 Christos Kanellakis와 함께 경영에 참여하고 있다.

8-6> 참고). 그런데 상위 5개사의 평균선령을 <표 9-7>에서 보면, Navios사가 10.6년으로 평균보다는 1.7년 낮으나 다른 상위 선사보다는 다소 오래된 선박을 많이 소유하고 있는 것을 알 수 있다. Star Bulk, Angelicoussis, Dynacom 등의 선대 평균 선령은 모두 9년 미만으로 나타나고 있는데, 이는 2008년 글로벌 금융 위기 이후에도 그리스 해운기업은 신조 선박을 확보거나 상대적으로 선령이 낮은 중고선을 구매하여 오래 된 선박을 교체한 결과로 볼 수 있을 것이다. 상위 30대 해운기업 중 절반 이상이 10년 이상의 평균 선령을 보이고, 그 중 가장 높은 선령을 보인 기업은 Chartworld사로 15.3년으로 조사되고 있다. 그리스 해운기업의 선령은 2000년 이후 그 추이를 보면 매년 조금씩 낮아지고 있는데, 이는 그만큼 그리스 해운기업이 새로운 선박의 비중을 늘렸기 때문으로 풀이된다. 특히 그리스 해운기업이 대규모 자금이 소요되는 신조를 확보할 수 있다는 것은 경영활동에서 꾸준히 이익을 달성하고 좋은 신용도를 유지한 결과 소요자금을 국내외 금융시장에서 원활하게 조달할 수 있었기 때문으로 생각된다.

9.4.4 해운기업별의 선대 구성

먼저 상위 5개 해운기업의 선대 구성을 보면 이들 해운기업이 보유한 총선박 수는 695척으로 그 중 건화물벌크선이 348척으로 50.1%를 차지하고 있어, 그리스 해운은 건화물 운송 분야에 상당히 집중하고 있음을 알 수 있다. 다음으로는 탱커선이 238척으로 34.2%를 차지하고 있어, 그리스 해운은 또한 이 분야에서도 왕성한 활동을 하고 있는 것으로 보인다. 한편, 컨테이너는 51척밖에 보유하고 있지 않아 정기선 영업에는 큰 비중을 두고 있지 않는 것으로 나타나고 있다. 그런데 최근 그리스선주들이 LNG선 분야로 영역을 확대하고 있다는 소문이 어느 정도 확인되고 있다.

특히 Angelicoussis 해운그룹이 LNG선을 가장 많이 보유하고 있고(33척), 그 다음으로는 Dynacom사가 15척을 보유하고 있다. Laskaridis사는 건화물 영역과 더불어 냉동선을 다수 보유하면서 이 분야에서 가장 주도적인 역할을 수행하고 있지 않나 하는 생각이 든다. 또한 Vafias사는 LPG 운반선을 45척 보유하며 이 시장에서는 영향력이 가장 큰 것으로 드러나고 있다.

한편 그리스 해운기업의 대부분이 벌크화물 운송에 집중하고 있는 것으로 나타나고 있다. 결국 그리스 해운은 부정기선 시장에서 대활약을 펼치면서 글로벌 해운에서 수위에 올라섰다. 이러한 그리스 해운의 집중화 전략과는 다소 다른 양상을 Danaos와 Costmare는 보이고 있는데, 즉 이 두 회사는 컨테이너선만을 보유하거나 보유 선박의 절대 다수가 컨테이너선으로 보고되고 있다.

<표 9-8>과 <표 9-9>는 그리스 200대 해운기업별 선박 보유 척수, 선대의 치적, 선박종류, 선복량 등을 조사한 것으로 그리스 해운기업의 현황을 이해하는데 참고가 될 것으로 생각된다. 사실 우리는 그리스가 세계 최고의 해운국가로 알고 있으나 그리스 해운에 대한 연구는 아직 본격적으로 이루어지지 않고 있다. 또한 그리스 해운기업에 대한 이해도 그렇게 높은 편이 아니라 이러한 정보를 통해 우리 해운계가 그리스 해운에 대한 이해를 도모하고 나아가 그들로부터 배울 수 있는 점이 무엇인지를 파악하는데 기본이 될 것으로 생각된다.

표 9-8 그리스 200대 해운기업의 선종별 보유 척수 현황

	COMPANY	TOTAL	GR Flag	Oth. Flag	WET	DRY	CN	REF	LPG	LNG	OTHER
1	NAVIOS	178		178	44	88	46				
2	STAR BULK / PRODUCT	138		138	19	117	2				
3	MARAN DRY / TANKERS / GAS	137	122	15	54	49				33	1
4	DYNACOM / DYNAGAS / SEA TRADERS	122		122	67	38	2			15	
5	TMS / CARDIFF	120	2	118	50	55	1			8	6
6	TSAKOS / TEN	93	17	76	74	10	7			2	
7	THENAMARIS	90	2	88	61	18	4	4	3		
8	TECHNOMAR SHIPPING INC	90		90		36	54				
9	LASKARIDIS	86		86	12	45		28			1
10	EASTERN MEDITERRANEAN MARITIME (EASTMED)	77	5	72	28	39	10				
11	MINERVA MARINE INC	75	40	34	66	8					
12	CAPITAL SHIP MANAGEMENT	71		71	48	5	18				
13	CHARTWORLD / CHARTERWELL	70		70	9	23	25	13			
14	VAFIAS GROUP	70		70	18	7			45		
15	COSTAMARE	68	1	67			68				

	COMPANY	TOTAL	GR Flag	Oth. Flag	WET	DRY	CN	REF	LPG	LNG	OTHER
16	MARMARAS / DELTA TANKERS	65	35	30	32	33					
17	ALPHA BULKERS / PANTHEON TANKERS/ ALPHA GAS	63	33	30	30	32				1	
18	DANAOS SHIPPING CO LTD	63	3	60			63				
19	OPTIMUM	61		61	24	37					
20	LOMAR SHIPPING LTD (AS AGENTS)	55		55	1	2	51				1
21	STAMCO SHIP MANAGEMENT CO LTD	55		55							55
22	NOMIKOS A.M. TRANSWORLD MARITIME AGENCIES SA	52		52		46	6				
23	CYPRUS SEA LINES / HELLENIC TANKERS	51		51	18	20	13				
24	EURONAV SHIP MANAGEMENT (HELLAS) LTD	50	17	33	50						
25	DIANA SHIPPING / CONTAINERS	47	2	45	4	42	1				
26	SAFETY / SAFE BULKERS	47		47		47					
27	GOLDEN UNION / WORLD MANAGEMENT	46	1	45		46					
28	MM MARINE	45	2	43	40						5
29	CONTSHIPS MANAGEMENT INC	40		40			40				
30	PRIME MARINE GROUP	39		39	34				5		
31	V. SHIPS GREECE LTD	39		39		19	20				
32	NEW SHIPPING LTD	36	1	35	21	15					
33	C TRANSPORT MARITIME SAM	37		37		37					
34	LATSCO / MARLA	37	3	34	22	4			11		
35	EVALEND SHIPPING/TANKERS	37		37	8	29					
36	CHANDRIS / CENTURY BULK / IMM	36	8	28	16	18				2	
37	ELETSON CORPORATION	36	30	6	22				14		
38	NGM ENERGY / MOUNDREAS N.G.	34		34	22	12					
39	AVIN	34	16	18	33	1					

	COMPANY	TOTAL	GR Flag	Oth. Flag	WET	DRY	CN	REF	LPG	LNG	OTHER
40	EMPIRE / ALMA	34		34	20	14					
41	ENTERPRISES / GOLDEN ENERGY	33		33	11	22					
42	AEGEAN SHIPPING	32	14	18	22	6					4
43	SPRINGFIELD / OLYMPIC	31	11	20	21	10					
44	GASLOG LNG SERVICES LTD	31	1	30						31	
45	GOLDENPORT / OCEANGOLD	30		30	13	12	5				
46	AEOLOS / ANDROS / IME	29		29	8	6	15				
47	CENTROFIN / MARINE TRUST	29		29	21	8					
48	TRANSMED	27		27	1	26					
49	BYZANTINE MARITIME	27		27	12	11			4		
50	COSMOSHIP MANAGEMENT SA	27		27		18	9				
51	EUROBULK / EUROSEAS	26		26		10	16				
52	SEA WORLD / SEA GLOBE	25		25	19	6					
53	NAVARONE SA	25		25		25					
54	POLEMBROS	24	12	12	13	11					
55	ARCADIA / AEGEAN BULK	23	19	4	13	10					
56	IONIC SHIPPING (MGT) INC	23		23	7	16					
57	DORIAN HELLAS / LPG	23		23	1				22		
58	UNISEA SHIPPING	22		22	9	13					
59	EUROPEAN NAVIGATION/PRODUCT	22	8	14	22						
60	NEDA MARITIME AGENCY CO LTD	21	13	8	8	13					
61	SAMOS STEAMSHIPS CO	21		21	10	11					
62	ERASMUS CORP	21		21		21					
63	HELIKON SHIPPING ENTERPRISES LTD	21		21		21					
64	EUROTANKERS INC	20		20	17	3					
65	ANDRIAKI / N.J.GOULANDRIS	20	9	11	9	11					
66	ANGELAKOS GROUP	20		20	2	18					
67	ATLANTIC BULK CARRIERS MANAGEMENT LTD	20	9	11		20					

	COMPANY	TOTAL	GR Flag	Oth. Flag	WET	DRY	CN	REF	LPG	LNG	OTHER
68	BERNHARD SCHULTE	20	3	17	10		3		7		
69	KYKLADES MARITIME CORP	19	6	13	19						
70	TARGET / HORIZON TANKERS	19		19	9	10					
71	ENESEL	18		18	8		10				
72	SUN ENTERPRISES / ALIOS	18	2	16	15	3					
73	ADK MARITIME PTE LTD	18		18		18					
74	PALERMO / DELFI / OPERA	18		18	18						
75	INTERUNITY	18		18	7	8			3		
76	DALEX SHIPPING CO SA	18		18		18					
77	IOLCOS HELLENIC MARITIME ENTERPRISES CO LTD	17		17		17					
78	POLYAR SHIPPING CO LTD	17		17	17						
79	ALLOCEANS SHIPPING CO LTD	7		17		17					
80	NAFTOMAR SHIPPING & TRADING CO LTD	17		17					17		
81	PAVIMAR SA	16		16		16					
82	SEASTAR CHARTERING/SHIPMANAGEMENT	16		16		16					
83	DILIGENT HOLDINGS SA	16		16		16					
84	SUPER-ECO TANKERS / BULKERS	16		16	10	6					
85	ALMI TANKERS	15		15	15						
86	LARUS / LL ENERGY / KON-QUEST	11		11	3	8					
87	BLUE PLANET SHIPPING LTD	15	1	14		15					
88	CENTRAL MARE / TOPSHIPS	15		15	15						
89	M/MARITIME CORP	15		15		15					
90	CORAL SHIPPING CORP	15		15	15						
91	HELLAS CONFIDENCE SHIPMANAGEMENT SA	15		15		15					
92	NEREUS SHIPPING SA	14	14		8	6					

	COMPANY	TOTAL	GR Flag	Oth. Flag	WET	DRY	CN	REF	LPG	LNG	OTHER
93	EFNAV CO LTD	14		14		14					
94	PLEIADES SHIPPING AGENTS SA LIBERIA	14	2	12	14						
95	CHIOS NAVIGATION (HELLAS) LTD	14	3	11	3	11					
96	BENETECH SHIPPING SA	14		14	14						
97	CONBULK SHIPMANAGEMENT CORP	14		14		1	13				
98	UNIBROS SHIPPING CORP	14		14	13						1
99	CARRAS (HELLAS) SA	13	5	8		13					
100	ROXANA / KRISTEN	13		13	10	3					
101	UNION COMMERCIAL INC	13		13		13					
102	NEPTUNE LINES SHIPPING	13	2	11							13
103	SIRIOS SHIPMANAGEMENT CORP	13	7	6		9					4
104	GLEAMRAY MARITIME INC	12		12		12					
105	W MARINE INC	12		12		12					
106	WORLD CARRIER CORPORATION	12		12	7						5
107	CAPE SHIPPING	12		12		3	9				
108	BENELUX OVERSEAS INC	12		12					12		
109	SEANERGY MARITIME HOLDINGS CORP	11		11		11					
110	ALASSIA NEWSHIPS MANAGEMENT INC	11		11		11					
111	SEAMAR MANAGEMENT SA	11		11		11					
112	FRANCO COMPANIA / FCN	11		11		11					
113	ALLSEAS / PARAGON	11		11		7	4				
114	ANCORA INVESTMENT TRUST INC	11		11	11						
115	NORTHSOUTH MARITIME CO LTD	11		11		11					
116	SEAVEN	11	10	1	7	4					
117	MODION MARITIME MANAGEMENT SA	10		10		10					
118	EMPROS LINES	10		10		10					
119	EQUINOX MARITIME LTD	10		10		10					

	COMPANY	TOTAL	GR Flag	Oth. Flag	WET	DRY	CN	REF	LPG	LNG	OTHER
120	ASTRA SHIPMANAGEMENT INC	10		10	3	5	2				
121	NEWPORT SA	10		10		10					
122	FORTIUS SHIP MANAGEMENT LTD	10		10		10					
123	PARADISE NAVIGATION SA	10		10	4				6		
124	DIORYX / LIQUIMAR	9		9	5		4				
125	KYLA SHIPPING & TRADING CORP	9		9		9					
126	PRIMEROSE SHIPPING CO LTD	9		9		9					
127	VIRONO UNION MARITIME SA	9		9	6	3					
128	PYXIS / KONKAR	9		9	6	3					
129	LOAD LINE MARINE SA	9		9		9					
130	ROSWELL	9	1	8	8	1					
131	LOTUS SHIPPING CO LTD	9		9	9						
132	QUEENSWAY NAVIGATION CO LTD	9		9	9						
133	POWDERMILL NAVIGATION INC	9		9	9						
134	KASSIAN MARITIME LTD	8		8		8					
135	BULKSEAS MARINE MANAGEMENT SA	8		8		8					
136	HELLESPONT	8		8	7						1
137	MAGNA MARINE INC	8		8		8					
138	NIOVIS SHIPPING CO SA	8	4	4	1	7					
139	SEA PIONEER SHIPPING CORP	8		8	4	4					
140	STALWART / S−BULKERS	8		8	3	5					
141	COMMON PROGRESS COMPANIA NAVIERA SA	8	6	2		8					
142	ALBERTA SHIPMANAGEMENT LTD	8		8	5	3					
143	HALKIDON SHIPPING CORPORATION	8		8	6	2					
144	ARISTON NAVIGATION CORP	8		8		8					
145	MILLENIA MARITIME INC	8		8	8						

	COMPANY	TOTAL	GR Flag	Oth. Flag	WET	DRY	CN	REF	LPG	LNG	OTHER
146	CENTRAL SHIP MANAGEMENT LTD	8		8	6	2					
147	SPRING MARINE MANAGEMENT SA	8		8	8						
148	KARLOG / SUNBERRY	8		8		8					
149	LYDIA MAR SHIPPING CO SA	8		8		8					
150	SEA VISION SHIPPING INC	8		8		8					
151	STALLION MARINE SERVICES LTD	8		8		8					
152	ALCYON SHIPPING CO LTD	7		7		7					
153	SMART TANKERS INC	7		7	7						
154	NAVITAS COMPANIA MARITIMA SA	7		7		7					
155	MONTE NERO MARITIME SA	7		7	6	1					
156	ORPHEUS MARINE TRANSPORT CORP	7		7	3	4					
157	TEO SHIPPING CORPORATION	7		7		7					
158	CHRONOS SHIPPING CO LTD	7	6	1	1	6					
159	CHEMNAV SHIPMANAGEMENT LTD	7		7	7						
160	HELLENIC STAR / BLUE LINE	7		7	4	3					
161	AIMS SHIPPING CORPORATION	7		7		6	1				
162	ALMI MARINE MANAGEMENT SA	7		7		7					
163	A.B. MARITIME INC (SHIPPING AGENTS)	7		7		7					
164	SEALINK NAVIGATION LTD	7		7		7					
165	IKAROS SHIPPING & BROKERAGE CO LTD	7		7		7					
166	ELEMENT SHIPMANAGEMENT SA	7	1	6			7				
167	SKY MARE NAVIGATION CO	7		7		7					

	COMPANY	TOTAL	GR Flag	Oth. Flag	WET	DRY	CN	REF	LPG	LNG	OTHER
168	ATHENIAN SEA CARRIERS LTD	6		6	6						
169	GOLDEN FLAME SHIPPING SA	6		6		6					
170	BRIGHT NAVIGATION INC	6		6		6					
171	TIMES NAVIGATION INC	6		6		6					
172	SEA GATE NAVIGATION LTD	6		6		6					
173	MINOA MARINE LIMITED	6		6		6					
174	OMICRON SHIP MANAGEMENT INC	6		6		6					
175	VITA MANAGEMENT SA	6		6		6					
176	SPRING MARINE BULK SA	6		6		6					
177	HALCOUSSIS Z.& G. CO LTD	6	4	2		6					
178	GOURDOMICHALIS MARITIME SA	6		6		6					
179	WHITE SEA	6		6		6					
180	PRIMEBULK SHIPMANAGEMENT LTD	6		6		6					
181	MEADWAY SHIPPING & TRADING INC	6		6		6					
182	NAVINA MARITIME SA	6		6		6					
183	SEALESTIAL NAVIGATION CO	6		6		6					
184	FOMENTOS ARMADORA SA	6		6		6					
185	SAMIOS SHIPPING CO SA PANAMA	6		6		6					
186	HARBOR SHIPPING & TRADING SA	6	3	3		6					
187	GLOBAL CARRIERS LTD	6		6		6					
188	VANTAGE SHIPPING LINES SA	6		6		6					
189	TIDE LINE INC	6		6		6					
190	ALMA SHIPMANAGEMENT & TRADING SA	6		6		6					
191	SALMAR SHIPPING LTD	6		6	6						
192	SAN NIKOLLA SHIPMANAGEMENT SA	6		6		6					

	COMPANY	TOTAL	GR Flag	Oth. Flag	WET	DRY	CN	REF	LPG	LNG	OTHER
193	ALTAIR SHIPPING & TRADING CORP	6		6		6					
194	OKEANOS TANKERS MARITIME CO	6	6		6						
195	ASTRON SHIPMANAGEMENT SA	5		5	2	3					
196	ATLAS MARITIME/BULK	5		5	4	1					
197	EFSHIPPING CO SA PANAMA	5		5		5					
198	AXIS BULK CARRIERS INC	5		5		5					
199	ANOSIS MARITIME SA	5		5		5					
200	TITAN MARITIME LTD	5		5		5					

자료: Marine Information Services(2020).

앞의 <표 9-8>에서는 주요 그리스 해운기업별 보유선박의 종류별 현황을 보여주었다. 그런데 <표 9-9>에서는 주요 그리스 선사별 선복량과 총 보유 선박 수를 보고하고 있다. 이러한 자료는 그리스의 해운기업을 이해하는 데 있어 기초 자료가 될 것으로 사료되어 제공하고 있으니 참고가 되었으면 한다.

표 9-9 그리스 200대 해운기업의 선복량 및 보유선박 수

구 분	COMPANY	DWT	보유 척수
1	MARAN DRY/TANKERS/GAS	26,287,840	137
2	NAVIOS	16,758,045	178
3	DYNACOM / DYNAGAS / SEA TRADERS	16,102,607	122
4	TMS / CARDIFF	15,621,047	120
5	STAR BULK / PRODUCT	15,176,741	138
6	EURONAV SHIP MANAGEMENT (HELLAS) LTD	11,908,363	50
7	THENAMARIS	9,842,970	90
8	ALPHA BULKERS / PANTHEON TANKERS/ ALPHA GAS	9,814,793	63
9	MARMARAS / DELTA TANKERS	9,774,279	65
10	TSAKOS / TEN	9,270,148	93
11	MINERVA MARINE INC	8,917,301	74
12	CAPITAL SHIP MANAGEMENT	8,040,568	71
13	NEW SHIPPING LTD	6,759,505	37
14	EASTERN MEDITERRANEAN MARITIME (EASTMED)	6,485,724	77

구 분	COMPANY	DWT	보유 척수
15	SPRINGFIELD / OLYMPIC	6,422,828	31
16	C TRANSPORT MARITIME SAM	5,805,579	37
17	TECHNOMAR SHIPPING INC	5,696,218	90
18	GOLDEN UNION / WORLD MANAGEMENT	5,671,168	46
19	DIANA SHIPPING / CONTAINERS	5,644,116	47
20	COSTAMARE	5,594,549	68
21	CYPRUS SEA LINES / HELLENIC TANKERS	5,332,426	51
22	LASKARIDIS	4,902,797	86
23	DANAOS SHIPPING CO LTD	4,516,446	63
24	CHARTWORLD / CHARTERWELL	4,270,425	70
25	SAFETY / SAFE BULKERS	4,244,282	47
26	OPTIMUM	4,205,207	61
27	AEOLOS / ANDROS / IME	4,147,027	29
28	CHANDRIS / CENTURY BULK / IMM	4,103,446	36
29	NGM ENERGY / MOUNDREAS N.G.	4,100,057	34
30	KYKLADES MARITIME CORP	3,988,342	19
31	TRANSMED	3,572,700	27
32	NEDA MARITIME AGENCY CO LTD	3,515,609	21
33	CENTROFIN / MARINE TRUST	3,491,694	29
34	POLEMBROS	3,364,124	24
35	ENTERPRISES / GOLDEN ENERGY	3,311,503	33
36	ENESEL	3,258,983	18
37	ALMI TANKERS	2,893,961	15
38	NOMIKOS A.M. TRANSWORLD MARITIME	2,827,550	52
39	PRIME MARINE GROUP	2,756,637	39
40	VAFIAS GROUP	2,659,812	70
41	V. SHIPS GREECE LTD	2,639,573	39
42	GASLOG LNG SERVICES LTD	2,632,920	31
43	EUROTANKERS INC	2,589,529	20
44	AVIN	2,517,561	34
45	SAMOS STEAMSHIPS CO	2,514,383	21
46	ARCADIA / AEGEAN BULK	2,507,034	23
47	LATSCO / MARLA	2,467,810	37
48	EMPIRE / ALMA	2,318,920	34
49	UNISEA SHIPPING	2,233,971	22

구 분	COMPANY	DWT	보유 척수
50	ANDRIAKI / N.J.GOULANDRIS	2,169,524	20
51	ELETSON CORPORATION	1,961,677	36
52	SUN ENTERPRISES / ALIOS	1,937,470	18
53	SEANERGY MARITIME HOLDINGS CORP	1,926,867	11
54	ADK MARITIME PTE LTD	1,878,677	18
55	NEREUS SHIPPING SA	1,870,167	14
56	IONIC SHIPPING (MGT) INC	1,838,379	23
57	ATHENIAN SEA CARRIERS LTD	1,833,480	6
58	LOMAR SHIPPING LTD (AS AGENTS)	1,741,202	55
59	BYZANTINE MARITIME	1,719,012	27
60	GOLDENPORT / OCEANGOLD	1,681,683	30
61	SEA WORLD / SEA GLOBE	1,648,397	25
62	EVALEND SHIPPING/TANKERS	1,636,069	37
63	ANGELAKOS GROUP	1,618,304	20
64	ERASMUS CORP	1,421,180	21
65	IOLCOS HELLENIC MARITIME ENT'S CO LTD	1,387,064	17
66	CARRAS (HELLAS) SA	1,342,417	13
67	EUROBULK / EUROSEAS	1,338,747	26
68	EUROPEAN NAVIGATION/PRODUCT	1,318,910	22
69	HELIKON SHIPPING ENTERPRISES LTD	1,316,600	21
70	DORIAN HELLAS / LPG	1,316,224	23
71	PAVIMAR SA	1,303,715	16
72	TARGET / HORIZON TANKERS	1,250,189	19
73	ALCYON SHIPPING CO LTD	1,240,749	7
74	GOLDEN FLAME SHIPPING SA	1,194,167	6
75	ATLANTIC BULK CARRIERS MANAGEMENT LTD	1,188,754	20
76	EFNAV CO LTD	1,123,533	14
77	LARUS / LL ENERGY / KON−QUEST	1,072,698	15
78	BLUE PLANET SHIPPING LTD	1,056,212	15
79	GLEAMRAY MARITIME INC	1,046,317	12
80	POLYAR SHIPPING CO LTD	1,043,847	17
81	STAMCO SHIP MANAGEMENT CO LTD	1,042,262	55
82	W MARINE INC	1,038,815	12
83	SMART TANKERS INC	980,780	7
84	PLEIADES SHIPPING AGENTS SA LIBERIA	954,254	14

구 분	COMPANY	DWT	보유 척수
85	AEGEAN SHIPPING	942,837	32
86	CENTRAL MARE / TOPSHIPS	942,072	15
87	DIORYX / LIQUIMAR	940,429	9
88	KYLA SHIPPING & TRADING CORP	910,661	9
89	KASSIAN MARITIME LTD	903,882	8
90	CHIOS NAVIGATION (HELLAS) LTD	890,981	14
91	WORLD CARRIER CORPORATION	841,653	12
92	ALASSIA NEWSHIPS MANAGEMENT INC	822,461	11
93	NAVARONE SA	817,624	25
94	BULKSEAS MARINE MANAGEMENT SA	787,442	8
95	M/MARITIME CORP	783,487	15
96	MODION MARITIME MANAGEMENT SA	760,313	10
97	HELLESPONT	757,481	8
98	PALERMO / DELFI / OPERA	735,136	18
99	COSMOSHIP MANAGEMENT SA	752,464	27
100	ASTRON SHIPMANAGEMENT SA	739,771	5
101	NAVITAS COMPANIA MARITIMA SA	727,800	7
102	SEASTAR CHARTERING/SHIPMANAGEMENT	721,654	16
103	DILIGENT HOLDINGS SA	720,278	16
104	BENETECH SHIPPING SA	703,184	14
105	SUPER−ECO TANKERS / BULKERS	679,884	16
106	MONTE NERO MARITIME SA	678,083	7
107	PRIMEROSE SHIPPING CO LTD	675,969	9
108	ROXANA / KRISTEN	660,790	13
109	ALLOCEANS SHIPPING CO LTD	660,563	17
110	EMPROS LINES	656,044	10
111	BRIGHT NAVIGATION INC	655,269	6
112	SEAMAR MANAGEMENT SA	652,701	11
113	ORPHEUS MARINE TRANSPORT CORP	650,304	7
114	INTERUNITY	637,905	18
115	ALTOMARE SA (AS MANAGERS)	629,563	2
116	TEO SHIPPING CORPORATION	617,233	7
117	VIRONO UNION MARITIME SA	610,371	9
118	TIMES NAVIGATION INC	594,840	6
119	CAPE SHIPPING	591,619	12

구 분	COMPANY	DWT	보유 척수
120	MAGNA MARINE INC	586,750	8
121	UNION COMMERCIAL INC	580,963	13
122	DALEX SHIPPING CO SA	580,117	18
123	EQUINOX MARITIME LTD	564,822	10
124	FRANCO COMPANIA / FCN	562,559	11
125	NIOVIS SHIPPING CO SA	561,592	8
126	ALLSEAS / PARAGON	556,825	11
127	SEA GATE NAVIGATION LTD	554,174	6
128	CONTSHIPS MANAGEMENT INC	552,396	4
129	ASTRA SHIPMANAGEMENT INC	536,582	10
130	CORAL SHIPPING CORP	526,129	15
131	ATLAS MARITIME/BULK	525,625	5
132	SEA PIONEER SHIPPING CORP	524,796	8
133	CHRONOS SHIPPING CO LTD	523,761	7
134	STALWART / S-BULKERS	497,637	8
135	HELLAS CONFIDENCE SHIPMANAGEMENT SA	490,687	15
136	CHEMNAV SHIPMANAGEMENT LTD	489,361	7
137	EDGE MARITIME INC	477,723	3
138	COMMON PROGRESS COMPANIA NAVIERA SA	468,952	8
139	MINOA MARINE LIMITED	466,025	6
140	METROSTAR MANAGEMENT CORP	462,572	4
141	ALBERTA SHIPMANAGEMENT LTD	459,706	8
142	OMICRON SHIP MANAGEMENT INC	459,346	6
143	VITA MANAGEMENT SA	453,171	6
144	ANCORA INVESTMENT TRUST INC	450,466	11
145	CONBULK SHIPMANAGEMENT CORP	446,147	14
146	SPRING MARINE BULK SA	445,045	6
147	ESTORIL NAVIGATION LTD	431,315	4
148	HELLENIC STAR / BLUE LINE	430,784	7
149	AIMS SHIPPING CORPORATION	424,850	7
150	PYXIS / KONKAR	423,913	9
151	OCEAN FREIGHTERS LTD	421,261	4
152	HALCOUSSIS Z.& G. CO LTD	415,840	6
153	UNIBROS SHIPPING CORP	411,662	14
154	BERNHARD SCHULTE SHIPMANAGEMENT (HELLAS)	404,175	20

구 분	COMPANY	DWT	보유 척수
155	LOAD LINE MARINE SA	402,259	9
156	GOURDOMICHALIS MARITIME SA	401,907	6
157	EFSHIPPING CO SA PANAMA	396,839	5
158	ALMI MARINE MANAGEMENT SA	394,153	7
159	AXIS BULK CARRIERS INC	391,636	5
160	HALKIDON SHIPPING CORPORATION	389,779	8
161	NEWPORT SA	389,194	10
162	ANOSIS MARITIME SA	385,941	5
163	TITAN MARITIME LTD	385,357	5
164	ILIOS SHIPPING CO SA	381,865	5
165	NORTHSOUTH MARITIME CO LTD	380,521	11
166	NIRIIS SHIPPING SA	378,713	5
167	ARISTON NAVIGATION CORP	374,739	8
168	DALNAVE NAVIGATION INC − LIBERIA	372,166	5
169	SWISSMARINE INC	368,673	5
170	FORTIUS SHIP MANAGEMENT LTD	366,572	10
171	MYKONOS SHIPPING CO LTD	363,130	5
172	A.B. MARITIME INC (SHIPPING AGENTS)	359,965	7
173	SEALINK NAVIGATION LTD	351,249	7
174	WHITE SEA	350,822	6
175	PRIMEBULK SHIPMANAGEMENT LTD	350,119	6
176	FAFALIOS SHIPPING SA	341,282	5
177	VRONTADOS SA	339,823	5
178	PARADISE NAVIGATION SA	336,071	10
179	IKAROS SHIPPING & BROKERAGE CO LTD	328,566	7
180	MEADWAY SHIPPING & TRADING INC	327,272	6
181	NAVINA MARITIME SA	324,756	6
182	MM MARINE	321,631	45
183	SEALESTIAL NAVIGATION CO	320,948	6
184	FOMENTOS ARMADORA SA	320,507	6
185	HERMES MARINE MANAGEMENT SA	320,261	1
186	TANK VENTURES LTD	319,247	1
187	PALOMA SHIPPING CORP	316,396	5
188	BENELUX OVERSEAS INC	312,139	12
189	NOMIKOS A.E. SHIPPING INVESTMENTS LTD	311,304	5

구 분	COMPANY	DWT	보유 척수
190	IASON HELLENIC	308,307	4
191	MARVIN SHIPPING SERVICES INC	307,077	4
192	ROSWELL	306,830	9
193	MILLENIA MARITIME INC	305,736	8
194	GLOBUS MARITIME	300,571	5
195	MEGA SHIPPING LIMITED	299,675	5
196	VELOS TANKERS LTD	297,280	5
197	NEPTUNE DRY MANAGEMENT CO	294,667	5
198	DIAMLEMOS SHIPPING CORP − LIBERIA	294,059	4
199	CENTRAL SHIP MANAGEMENT LTD	290,052	8
200	ADELFIA NAVIGATION SA	289,652	4

자료: Marine Information Services(2020).

10 그리스 해운기업의 자원 분석

이 장은 그리스 해운이 오늘날 세계 1위의 해운강국으로 발돋움하는데 중추적인 역할을 한 해운기업의 특성과 이들 해운기업이 보유한 자원의 우수성을 중점적으로 살펴보고 있다. 먼저 그리스 해운기업의 특성을 주요 해운기업의 선복량, 전통선주 여부, 계승 세대, 출신 지역 등으로 구분하여 간략히 고찰하고 있다. 오늘날 그리스 해운이 세계 해운에서 가장 높은 경쟁력을 유지하며 또한 글로벌 해운시장의 그리스의 선복량은 약 18%를 점유하고 있는 최대의 선박 보유국가로 발돋움하게 된 이유를 몇 가지 측면에서 분석하고 있다. 우선 그리스 해운은 그리스에서 가장 매력있는 산업으로 그리스의 우수한 인적자원이 이 분야에서 경력을 쌓고 있는 점을 들 수 있다. 다음으로 그리스 사회의 유능한 인재들이 기업가 정신을 발휘하여 해운업의 창업에 열정을 쏟고 있는 점도 그리스 해운의 지속적 발전에 기여한 것으로 보인다. 세 번째로 주목되는 점은 그리스 해운계 종사자들 중 1세대 즉 해운기업의 창업자들은 오랜 승선 경험에서 얻은 체화된 해운지식을 기반으로 해운업을 성공적으로 영위한 것이 오늘날 그리스의 해운이 세계에서 경쟁우위를 확보하는데 많은 도움이 된 것으로 평가를 받고 있다.

10.1 그리스 해운기업의 특성

그리스는 자국의 해상물동량이 아주 미미함에도 세계에서 가장 많은 선복량을 보유하고 있는데, 이는 그리스 해운기업의 선박을 보유하고 경영하는 선주들이 탁월한 역량을 발휘했기 때문으로 풀이된다. Theotokas(2007)는 그리스가 세계 선대의 수위에 있는 것은 '역설적(paradox)'인 것으로 보인다고 하고 있기도 하다. 그는 그리스 해운기업은 자국의 해상물동량이 아주 적고, 해운서비스나 해운관련 지원 산업에 대한 자국의 수요가 없는 환경 아래서 그리고 선박 확보 등에 필요한 자본이 부족한 가운데 국제적 경쟁우위를 확보하였다고 주장하고 있다. 우리가 익히 알고 있듯이 해운시장은 지속적으로 변화하는 속성을 갖고 있는데 그리스 해운기업은 이러한 변화를 잘 수용하고 적응하는데 유연성을 발휘하는 한편 가족중심의 경영과 같은 그들의 구조적 특성은 변함없이 유지하고 있기도 한 것으로 평가되고 있다.

<표 10-1>은 그리스 해운기업 중 상위 74개 기업에 대한 특성을 정리한 것인데, 여기에는 선복량, 보유 선박 수, 선주의 형태(전통 혹은 비전통), 계승 세대 횟수, 선주의 출신지, 창업 연도 등이 조사, 정리되어 있다. 특히 이들 74개 해운기업 중 적어도 2세대 이상 걸쳐 이어져 온 역사를 가진 전통적 해운기업 수가 36개사로 48.6%를 차지하고 있으며, 이들 해운기업의 총선복량은 1억 4,615만 DWT에 이르고 있다. 나머지 38개 해운기업 즉 51.4%는 비전통적 해운기업에 속하는 것으로 창업 후 역사가 길지 않은 기업들이다.

표 10-1 그리스 주요 해운기업의 특성 (2016년말 기준)

(단위: 백만 DWT)

기업 및 소유주 이름	DWT 및 순위	선박 수	전통 여부	계승 세대	출신지	분사 시기
Aeolos/Andros/IME Epam. Embiricos	3.72 (25)	27	T	4	Andros	1969
Alcyon Sh.Co.Ltd. Dampasis Bros (1840s: George D)	1.13 (72)	7	T	3	Andros	—
Almi tankers. Fairsky K Fostiropoulos(1960−) −Alkyon?	2.26 (42)	13	—	1	Pella	—
Altomare SA Giannopoulos Fotis	1.30 (65)	10	—	1	Pelop?	—
Anangel−Maran tankers/Gas Angelicoussis J	22.3 (1)	115	T	3	Pelop/Chios	1968;1971; 2000
Andriaki(1953) Goulandris N J	2.02 (46)	15	T	4	Andros	1939;1946; 1952

기업 및 소유주 이름	DWT 및 순위	선박 수	전통 여부	계승 세대	출신지	분사 시기
Angelicoussis Anna(남편의 Alpha Tankers 포함) (1950)Amethyst Co. Pantheon Co.	8.10 (8)	48	T	2	Pelop/Chios	2000
Angelopoulos Co.(1961)(Arcadia Co.) Aegean bulk Co.	3.12 (34)	30	—	4	Pelop/Arkadia	1998
Athenian Sea Carriers Minos X. Kyriakou—1917	1.91 (49)	6	T	3	Constantinople	—
Atlantic Bulk Carriers Ltd.(1995) George Kumantaros	1.14 (70)	19	T	4	Pelop(Sparta)	—
Atlas Maritime Ltd. 2004년 Leon Patitsas 설립 1905년 원설립자: Christos M. Lemos	1.15 (69)	8	T	4	Oinousses	1972;1996; 1951;1959
Byzantine Maritime (1970) M. Stafylopatis(1930)	1.67 (52)	28	T	2	Sifnos/Constant-inople	—
Cardiff Marine/TMS, Ocean Rig, Gleamray, Poseidon Sh.Co.Ltd, Dry Ships, Kalani Investments G. Economou	12.99 (5)	109	—	1	Chios/Athens	—
Carras(Hellas SA) John J. Carras(1852—1927), John Michalis Carras	1.07 (73)	9	T	3	Chios	—
Centrofin/Marine Trust Dimitris Prokopiou	3.94 (22)	27	—	2	Athens?	1996
Chandris(Hellas) Inc.	3.97 (21)	30	T	3	Chios	—
Consolidated Marine J.S. Latsis(4자녀) 및 선장	1.50 (59)	23	—	2	Pelop. (Katakolo)	—
Costamare Constantakopoulos Vas	4.90 (19)	65	—	2	Pelop.	—
Coustas/Danaos	4.20 (20)	59—	—	2	Fokida	1970
Cyprus Maritime/Hellenic Tankers/Sea Lines Hadjiyiannis Andr.	3.36 (29)	37	—	1	Cyprus	—
Diamantidis/Marmaras Nav./Delta tanker Diamantis D.	7.31 (12)	52	—	1	Pontos	—
Diana Palios Simos	6.42 (13)	60	T	4	Chios	—

기업 및 소유주 이름	DWT 및 순위	선박 수	전통 여부	계승 세대	출신지	분사 시기
Dorian John Hadjipateras	1.42 (60)	24	T	4	Oinousses	—
Dynacom/Dynagas Procopiou G.	13.18 (4)	104	—	1	Athens?	1996
Eletson	1.77 (50)	33	—	2	Piraeus?	—
Empire Navigation Stamatis Molaris	3.23 (32)	40	—	1	?	—
Enesel	2.89 (36)	18	—	1	Oinousses	—
Enterprises Shipping & Trading /Golden Energy Victor Restis	3.22 (33)	37	—	1	?	—
Eurobulk Pittas Family	1.35 (63)	30	T	3	Chios	—
Eurotankers Inc. Ilias and Michalis Gotsis	1.35 (62)	13	—	1	?	—
Euronav Hellas/Gaslog LNG P. Livanos	16.80 (2)	95	T	3	Chios	—
Eurtopean Product Carriers/Navigation Karnessis Fam.	1.32 (64)	22	—	1	?	—
Navios Angeliki Frangou	14.55 (3)	142	T	5	Chios	2001
General Maritime P.C.Georgiopoulos	9.38 (9)	40	—	1	Pelop.	—
Gleamray Maritime A.G. Economou	1.20 (67)	14	—	1	Chios	—
Goldenport/Oceangold Paris Dragnis	1.92 (48)	39	—	1	?	—
Hellespont Papachristidis Phr.	1.61 (56)	24	—	3	Kavalla	—
Samos Steamship Co. Igglessis family	2.50 (40)	24	T	4	Samos	1963; 1991
Iolcos Hellenic Marine Themis Petrakis	1.39 (61)	17	—	1	?	—
Chartworld/Charterwell L. Kollakis	2.94 (35)	64	T	3	Oinousses	1974
Kyklades Maritime Corp: Alafouzos family/Ermis Mar. Corp: Themistoklis Fam.	1.65 (55)	13	T	3	Santorini	—

기업 및 소유주 이름	DWT 및 순위	선박 수	전통 여부	계승 세대	출신지	분사 시기
Odysseus Laskaridis/Alison	3.77 (24)	72	–	1	Crete	–
Lemos Michallis/Nereus Sh. SA C.M. Lemos	1.66 (54)	11	T	5	Oinousses	–
Lomar Sh. Ltd. Logothetis fam./Karlog	2.04 (45)	65	T	2	Andros	–
Capital Ship Mgt., Poduct Carrier, Crude Carrier Marinskis	5.75 (16)	60	–	1	Crete	–
Marine Management Services Callimanopoulos	2.16 (43)	20	T	2	Pelop./Achaia	–
Minerva Andro Martinos	7.32 (11)	63	–	1	Pelop./Stemnitsa	1997
Eastern Med. Ath. Martinos	6.00 (15)	65	–	1	Pelop./Stemnitsa	1991
Thenamaris C. Martinos	7.42 (10)	74	–	1	Pelop./Stemnitsa	–
NGM Energy N.G. Moundreas	3.28 (30)	29	T	3	Pelop./Mani	–
Navarone SA Michalis Giokas	1.14 (74)	34	–	1	?	–
Neda Lykiardopoulos family	3.80 (23)	23	T	4	Cephalonia	–
New Shipping Ltd. Ad. Polemis	6.13 (14)	35	T	3	Andros	2015
Nomikos A.M. Transworld Markos Nomikos	2.53 (39)	42	T	4	Santorini	–
Springfield Sh. Co. Aristotle Onassis	5.27 (17)	27	–	3	Smynar	–
Optimum Ships/Marine G. Vassilakis	3.24 (31)	45	–	1	Crete	–
Dioryx/Liquimar D.N. Papadimitriou	1.20 (66)	14	T	4	Kassos/Egypt	–
Phoenix Energy nav SA N. Xylas	1.06 (74)	8	T	3	Chios	–
Polemis Spyros(Polembros)	3.59 (26)	21	T	3	Andros	1970년대 초 2015
Polyar Shi.Co.Ltd. Polys Hadjioannou	1.17 (68)	20	–	2	Cyprus	–

기업 및 소유주 이름	DWT 및 순위	선박 수	전통 여부	계승 세대	출신지	분사 시기
Prime Mar. Group Topouzoglou Sta. /Chalkias /Pouleris	2.11 (44)	31	−	1	−	−
Quintana Ship Mgt.	1.76 (51)	14	−	1	−	−
Safe bulkers/Safety/Safety Man Polys, Nikos, Troodos, Alassia Hadjioannou	3.49 (28)	39	−	3	Cyprus	1965
Sea World Mgt./Sea Globe Laliotis group	1.54 (57)	24	−	1	−	−
Seanergy Maritime Holdings Corp. Al. Comninos, Ilias Kulukundis 등 5명	1.50 (58)	10	T	5	Syra/Kassos	1980년대 말
Star Bulk Car./Product Ship/Oceanbulk Cont. Oaktree Cap. Mgt. Pappas Petros	8.60 (7)	92	−	1	Constantinople	−
Sun Enterprises/Allios/S Livanos Hellas SA George Livanos	1.96 (47)	22	T	2	Chios	−
Target/Horizon Tankers Ant. Comninos	1.67 (53)	21	T	3	Syra	1980년대 말
Technomar Sh. Inc. G. Youroukos	3.52 (27)	59	−	1	−	−
Transmed Sh. Ltd. Har. Mylonas	2.75 (37)	21	−	1	Cyprus	
TEN Panagand Nicos Tsakos	7.90 (9)	81	T	2	Chios	−
Vafias Group	2.63 (38)	83	−	2	Athens	−
Varnima/Avin Int. SA Vardinoyiannis	2.33 (41)	37	T	2	Crete	−
Golden Union/World Mgt. Veniamis/Gabriel	5.20 (18)	40	T	3	Chios	1976; 1980
전통선주: 선복량−146.15 m. DWT(49.6%), 회사 수:36개	298.64	2,892				

자료: Goulielmos(2017).

특히 그리스 해운기업을 분석할 때 관심을 갖고 살펴야 하는 부분이 가족경영
이 갖는 특성인데 이 경우 동일한 섬 출신 선주 사이에 이루어지는 혼맥도 중요

한 요인으로 그리스 해운기업의 경영에 영향을 미치고 있다. 특히 키오스(Chios) 등 에게해 섬 출신 선주가 많은데 이는 여러 요소가 이 섬의 사람들이 해운업에 종사하게 하였을 것으로 생각된다. 그리스 본토가 척박한 산악지대로 식량의 자급자족이 여의치 못했듯이 에게해의 다수의 섬들은 또한 바다에서 나는 자원 외에는 생활에 필요한 자원이 거의 나오지 않는 척박한 산악지대로 알려져 있다. 따라서 이들 섬의 사람들은 생존 차원에서 바다를 활용하여 물고기 등을 낚고 그리고 멀리 식량이 풍부한 곳에서 곡물을 수입해 오는 길을 택할 수밖에 없었던 것으로 보인다. 이러한 환경이 일부 섬에서 집중적으로 많은 선주가 배출되는 계기가 된 것으로 알려져 있다. 즉 터키 서부지역에 오히려 더 가까이 접해 있는 키오스(Chios) 섬에서 많은 선주가 배출되고 있는데 매우 흥미롭다. 키오스 섬 외에 안드로스(Andros) 섬, 오누시스(Oinousses) 섬, 게팔로니아(Cephalonia) 섬[1], 사모스(Samos) 섬, 크레타(Crete) 섬, 산토리니(Santorini) 섬 등에서 선주가 다수 배출된 것으로 조사되고 있다.

그리고 74개 그리스의 주요 해운기업 중 가장 많은 세대를 이어 내려오는 경우는 5세대까지로 조사되고 있고, 창업 연도가 알려진 기업 중 가장 오래된 기업은 1939년으로 보고되고 있다. 선복량이 가장 많은 Angelicoussis 그룹의 경우는 2016년 말 기준으로 약 2,300만 DWT를 보유하고 있으며, 3대에 걸쳐 가업이 이어져 오고 있는 키오스 섬 출신 선주가문의 기업이다. Navios 그룹과 Tsakos 그룹의 선주도 키오스 섬 출신으로 이 섬 출신 선주가 그리스 총선복량의 40% 이상을 보유하고 있는 것으로 보고되고 있다[2]

이상에서 Goulielmos(2017)의 연구에서 조사된 주요 그리스 해운기업의 몇 가지 특성을 요약하면, 그리스 해운기업은 창업 세대로부터 3~4세대 이상 가업이 계승되고 있는 기업이 많다는 점이다. 또 한 가지의 특징은 에게해 섬 그 중에서도 키오스 섬 출신 선주들이 그리스의 주요 해운기업의 소유자가 많다는 것이다. 이 섬은 산악지대가 많고 평지가 거의 없어 밀 등 주식을 재배할 수 있는 토지가 거의 없고 마스틱나무에서 채취되는 진액을 수출하고 그 대금으로 곡물을 수입하면서 일찍부터 해상무역에 종사하게 되었다. 그리고 이 섬 주민 중 많은 사람들

---

1) 펠로폰네소스 반도의 서쪽에 위치한 이타카(Ithaka) 섬 출신 선주도 몇 명 있는데, 이 섬은 트로이 전쟁의 영웅이며 오디세이아의 주인공인 오디세우스(Odysseus)의 고향이기도 하다.
2) 키오섬 출신 선주에 대한 보다 자세한 내용은 Los(2012)를 참고하기 바랍니다.

이 자연스레 선원이 되어 승선생활로 생계를 유지하게 되었다. 오랫동안 승선하면서 번 자금 중에서 생활비로 사용하고 남은 자금을 저축하여 자금이 확보되면 선주가 되는 길을 택하다 보니 이 섬사람들이 그리스의 해운업에서 탁월한 역량을 발휘하고 있는 것으로 사료된다.[3]

이러한 특성 외에도 그리스 해운기업은 그동안 벌크와 탱커에 집중하였으며 최근에는 LPG, LNG 영역에도 진출하기 시작했다. 그리고 자국의 화물이 부족한 것을 극복하는 방법으로 제3자 수송에 탁월한 역량을 발휘하며 해운업의 성장을 도모하였다는 것이다. 그리고 그리스에는 다른 매력적인 산업이 많지 않다 보니 우수한 인재들이 해운업에 진출하여 그들이 보유한 역량을 마음껏 발휘하고 있는 것으로 판단된다. 이처럼 그리스 사회의 우수한 인재들이 그리스 해운계로 진출함으로써 그리스의 해운기업 종사자들은 어느 나라의 해운 종사자들보다도 복잡한 해운업의 작동원리를 잘 이해하면서 해운기업을 경영할 수 있게 된 것으로 보인다. 이러한 우수한 자원 덕분에 그리스의 해운업은 성공을 거두어 오늘날 세계에서 가장 많은 선복량을 보유하며 세계 교역의 발달에 기여하고 있는 것으로 생각된다.

10.2 그리스 해운기업 자원의 우수성

그리스의 해운업이 세계 해운시장에서 경쟁우위를 확보하고 있는 것은 무엇보다도 그리스 해운기업이 효율적 경영을 통해 좋은 성과를 달성하였기에 가능한 것으로 생각된다. 따라서 여기서는 이처럼 그리스 해운기업의 성공적 경영에 어떤 자원이 투입되고 있는지를 자세히 살펴보기로 한다.

Barney(1991)는 기업의 자원을 크게 3가지로 구분하고 있는데, 즉 첫째, 공장, 장비, 자금 등과 같은 물적자본자원(physical capital resources), 둘째, 조직구조, 통제, 인적자원시스템 등과 같은 조직자본자원(organizational capital resources), 셋째, 종업원의 기술, 판단력, 지력 등과 같은 인적자본자원(human capital resources)이다. 특히 기업의 지속적 경쟁우위는 기업이 효과적으로 활용할 수 있는 가치가

---

3) 그리스 해운에서 차지하는 키오섬 출신 선주들에 대한 보다 자세한 것은 이기환(2018, pp. 90~95)을 참고하기 바랍니다.

있고 귀하며 모방할 수 없는 자원으로부터 나온다고 Barney(2001)는 주장하고 있다. [그림 9-2]에서 살펴본 것과 같이 그리스 해운기업의 성공적 경영에는 우수한 인력, 뛰어난 기업가 정신, 풍부한 해운 노하우 등의 자원이 중요한 역할을 한 것으로 평가되고 있다. 이러한 자원은 Barney의 분류에 의하면 인적자본자원에 해당하는 것으로 다른 나라의 해운기업이 모방하기 쉽지 않은 특성을 갖고 있다. 그리고 이를 기반으로 그리스 해운은 성장을 거듭하며 물적 자본이 부족함에도 세계 1위의 해운국가로 발돋움한 것은 거의 기적에 가까운 성공으로 볼 수 있을 것이다.

또한 그리스 해운기업의 성공적 경영에는 가족경영, 기업가적 철학과 문화, 가족기업에서의 활발한 분사 그리고 네트워킹 등의 특성이 중요하게 작용한 것으로 밝혀지고 있다. 이러한 요소는 Barney의 분류에 의할 경우 조직자본자원에 해당될 수 있을 것이다. 특히 해운가문간의 혼인을 통한 선대의 확장과 노하우의 전수 그리고 역사적으로 약 2,000년 동안 나라의 주권을 상실한 역경 가운데 형성된 그리스민족의 국제네트워크 등은 그리스 해운기업이 갖는 구조적 특성으로 그리스 해운의 성공에 기여한 것으로 볼 수 있을 것이다.

그리스 해운기업의 성공적 경영에 대한 논의는 제9장의 [그림 9-2]에서 Theotokas(2007)가 제시한 모형에 기초하고 있다. 그리스 선사의 특성에 대한 분석은 이 모형에 기초하되 자원과 구조적 특징에 대한 구체적 내용은 관련 문헌 등을 참고하여 보다 구체적으로 고찰할 것이다. 특히 이 장에서는 그리스 해운기업이 세계에서 가장 경쟁력 있는 위치에 이르게 되는데 동력이 되고 있는 자원을 중점적으로 살펴볼 것이다.

국가의 경제적 위상이 상대적으로 취약한 그리스의 해운기업들이 치열한 글로벌 해운시장에서 경쟁력을 유지하며 이익을 창출하기 위해서는 무엇보다도 해운기업이 갖는 자원의 특성상 육상과 해상에서 선박의 안전운항 및 화물확보 그리고 자금조달 등을 수행할 우수한 인재를 확보하는 것이 무엇보다도 중요할 것이다. <표 10-2>는 해운기업의 주요 직책과 각 직책의 직무 내용을 보고하고 있는데, 일반 기업과는 달리 선박의 안정한 운항과 관련한 직책이 많은 것을 알 수 있다. 이러한 직책은 대부분 승선 경험을 가진 자를 고용하는 경향이 있고 나머지 주요 직책으로는 재무담당자, 보험담당자, 화물확보담당자 그리고 인적자원담당자 등이 있다. 해운기업의 성공적인 경영을 위해서는 각 직책에 가장 유능한 인재를 확보할 수 있는 환경이 조성되어 있어야 할 것이다.

그리스의 경우 Thanapoulou(2014)에 의하면 그리스는 유능한 젊은 인재들을 끌어드릴 수 있는 매력적인 산업과 관련 기업이 적어서 유능한 인재들이 해운 분야로 진출하기도 한다고 주장하고 있다. 그리스의 해운은 세계 1위로 그리스인들이 가장 일하고 싶은 산업으로 입지를 굳히고 있다. 이는 우리나라의 반도체가 세계 1위를 차지하며 젊은 인재들이 가장 일하고 싶은 곳으로 여겨지는 현상과 비슷한 것으로 생각된다. 이러한 그리스 해운이 갖는 위상으로 인하여 그리스의 유능한 인재들이 해운업에 종사하게 되고 이들을 통해 보다 혁신적이고 창의적인 경영으로 해운기업이 거듭나면서 그리스 해운이 글로벌 수위에 오른 것으로 보인다.

표 10-2 해운기업의 주요 직책 및 직무내용

직책	직무내용
안전 및 품질 이사	해운업계에서의 경험 의사 소통 능력 안전 및 환경 문제에 대한 지식 의사결정 능력
안전 및 품질 코디네이터	사전 관리 경험 커뮤니케이션 및 관리 경력 분석 능력, 세부 사항에 대한 관심 조직적이고 근면
기술 관리자	검사관으로서의 대학학위 및 경험 / 엔지니어로서의 항해 및 검사관 경험 조직화 및 계획 능력, 세부 사항에 대한 관심 멀티태스킹 능력 영어 및 컴퓨터 사용에 대한 고급 지식
해양 운영 관리	선장 및 오퍼레이터로서의 경험 다양한 사람들을 관리할 수 있는 커뮤니케이션 기술 및 능력 조직적이고 멀티태스킹 기술
오퍼레이터	선장으로서의 경험 다양한 사람들을 관리할 수 있는 커뮤니케이션 기술 및 능력 조직적이고 멀티태스킹 기술
선주 감독 기사	대학 학위 및 항해사, 엔지니어, 그리고 검사원 경력 의사 소통 능력 및 영어 구사력 세부 사항에 대한 관심, 수많은 여행을 기꺼이 수행
해사감독관	선장으로서의 경험 의사 소통 능력 및 영어 구사력 세부 사항에 대한 관심, 자주 여행할 의향

선원 관리자	선장으로서의 경험 조직 및 기획 능력
예비 부품 관리자	항해 및 엔지니어 경험 또는 유사한 경험 의사 소통 능력 및 영어 구사력 멀티태스킹 능력 협상 능력, 컴퓨터 능력
공급 관리자	동분야 유경험자 의사 소통 능력 및 영어 구사력 멀티태스킹 능력 협상 능력 컴퓨터 능력
선박 브로커	학사 학위, 가급적 해운분야에서 선박 브로커로서 경험 해운 및 무역에 대한 일반 지식 세부 사항에 대한 관심과 문서를 빠르고 정확하게 분석하는 능력 협상 능력, 구두 및 서면 의사 소통 능력 우수한 영어 구사력
재무 관리자	학사 학위, 가급적 경영분야에서 금융 또는 은행 부문에서의 경험 우수한 행정 및 조직 능력 해운 금융 및 은행 시스템에 대한 지식 우수한 영어 구사력
회계사	회계 학사학위 회계사무소 유경험자 세부 사항에 대한 관심과 우수한 계량 분석 능력
보험 관리자	학사학위 및 해상 보험과 분쟁에서의 경험 우수한 영어 구사력 조직적이고 근면
화물 집화 관리자	유사분야 학사 학위 선박, 화물 작업 및 송장 시스템에 대한 지식 계량 지식
회계 감사자	경영 학사 학위 세부 사항에 대한 관심과 우수한 계량 지식 컴퓨터 능력
인적 자원 관리자	학사 학위, 가급적 경영분야에서 스태프 매니저로서의 경험 조직적이고 체계적

자료: Theotokas(2018), p. 202.

10.2.1 우수한 인적자원

한 조직이 발전하고 그 기조를 지속적으로 유지하기 위해서는 끊임없는 혁신과 창의를 추구하며 새로운 제품과 서비스를 창출하여야 할 것이다. 이처럼 혁신과 창의는 도전정신과 관련 기술 등을 충분히 이해하고 익힌 인력이 풍부할 때 발현될 수 있을 것이다. 특히 그리스의 해운업은 관광산업 다음으로 그리스 경제에서 큰 비중을 차지하고 있고 또한 글로벌 1위의 선복량을 확보하고 탁월한 해운서비스를 제공하는 능력을 발휘하고 있다. 따라서 그리스의 유능한 젊은 인재들이 해운업으로 눈을 돌리고 이 분야에서 경력을 쌓고 머지않은 미래에 선주가되는 꿈을 갖게 되는 것으로 알려져 있다. 앞에서도 살펴보았듯이 시기별 그리스의 유력 선주그룹은 큰 폭으로 부침을 겪고 있는 것으로 나타나고 있는데 여기서해운에서 쌓은 경험을 바탕으로 얼마든지 유력 선주로 거듭날 수 있는 기회가 있는 것으로 여겨진다. 제9장에서도 보았듯이 그리스의 해운기업의 순위는 시기별로 큰 변동이 있는 것으로 보고되고 있다. 이러한 역동성은 그리스의 해운에 활기를 불어넣고 있는 것으로 판단된다.

한편 해운기업의 인적자원은 크게 두 그룹으로 나누어지는데, 즉 육상의 조직구조에서 근무하는 인력(육상인력)과 해운기업이 보유한 선박에서 근무하는 인력(해상인력)으로 구분된다. 전자는 선박에서 근무한 경력자를 채용하는 경우도 있을수 있고 또한 대학에서 경영학 등을 이수한 자를 신입 사원으로 채용하여 관련업무를 담당하게 할 수 있을 것이다. 이들은 근무 경험 그리고 교육 및 훈련을통해 재무전문가, 마케팅전문가, 인적자원관리 전문가 등으로 성장하여 끊임없이변화하는 해운시장에 대처하며 해운기업의 성공적 경영에 기여할 것이다. 그러나후자에서 선박운항의 핵심적 업무를 수행하는 사관들은 선박운항 등과 관련한 전문교육을 이수하고 관련 자격을 취득한 자를 채용하고 있다. 특히 가족과 친구등과 장기간 만나지 못하는 장거리 항해를 하는 점과 항상 파도와 마주하는 힘든점을 고려한 인적자원관리가 이루어질 때 우수한 해기인력의 확보가 가능하고 선박의 효율적 운영도 가능할 것이다. 이러한 과정이 합리적이고 과학적으로 이행되는 것은 해운기업의 성공적 경영을 위해서는 필수적인 과제로 보인다.

[그림 10-1]은 일본 해운기업의 인적자원관리 부서의 구성 내용을 보여주고있는데, 여기서 우선 크게 육상인력 담당 부서와 해상인력 담당 부서로 구분되어있고, 글로벌 국적 소유 선원 등으로 인한 부서가 설치되어 있는 것을 알 수 있다. 다문화에 대한 이해를 바탕으로 선원에 대한 관리 방안을 수립하고 집행하는것이 필요한 것으로 보인다. 이러한 추세는 그리스 해운기업도 유사할 것으로 생각된다. 특히 하급 선원을 개도국 출신 선원으로 고용하고 있는 것이 국제적 추

세라 그리스 해운기업도 다문화적 이해가 필수적일 것이다. 다문화이해가 부족한 경우 선박의 안전 운행 등에도 장애를 초래할 수 있어 해운기업은 이러한 점을 충분히 인식하고 대처할 필요가 있을 것으로 판단된다.

그림 10-1 해운기업의 인적 자원 부서 사례

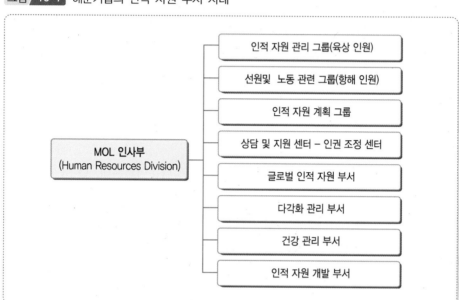

MOL 인사부
(Human Resources Division)

- 인적 자원 관리 그룹(육상 인원)
- 선원및 노동 관련 그룹(항해 인원)
- 인적 자원 계획 그룹
- 상담 및 지원 센터 – 인권 조정 센터
- 글로벌 인적 자원 부서
- 다각화 관리 부서
- 건강 관리 부서
- 인적 자원 개발 부서

자료: Theotokas(2018), p. 194.

특히 해운기업의 경쟁력 확보에 있어 어떠한 경영자원이 가장 중요한지를 연구한 Progoulaki and Theotokas(2010)에서는 인적자원이 가장 중요한 것으로 조사되었다. 그들은 그리스 해운기업을 대상으로 해운기업의 경쟁력에 영향을 미치는 기업의 자원의 중요도를 조사하였는데, 그 결과가 <표 10-3>에 정리되어 있다. 이들의 조사결과에서 표본 전체로 볼 때는 해운기업의 경쟁력에 있어서 종업원의 기술과 자질 등을 포함하는 인적자원이 가장 중요한 것으로 조사되었다. 다음으로는 기업이 보유하는 자금의 여력 등을 포함하는 재무자원이 중요한 것으로 밝혀지고 있다. 이들 두 중요 자원 다음으로는 기업문화와 네트워크 등 조직자원이, 네 번째로는 선대규모 등을 포함하는 물적 자원이 그리고 마지막으로는 기업의 명성과 브랜드를 포함하는 무형자산이 중요한 것으로 밝혀졌다.

그런데 기업규모별로 구분하여 이 들 다섯 가지의 자원의 중요도를 보면 다소 차이가 있는 것으로 조사되고 있다. 대형 해운기업은 인적 및 조직 자원이 상대적으로 중요하고, 소규모 해운기업은 재무자원을 가장 중요한 것으로 보고 있다. 또한 중형 해운기업은 인적자원을 가장 중요한 자원으로 보고 있고 다음으로는 재무자원을 중요시 하고 있다.

표 10-3 해운기업의 경쟁력에 공헌하는 자원의 중요도[1]

자원의 종류	총표본[2]	대형해운기업	중형해운기업	소규모 해운기업
재무자원	2.66(2)	3.26(3)	2.67(2)	2.10(1)
물적자원	3.34(4)	3.67(5)	3.00(4)	3.33(4)
인적자원	2.12(1)	2.00(1)	2.26(1)	2.13(2)
조직자원	2.79(3)	2.67(2)	2.77(3)	2.96(3)
무형자원 (명성, 브랜드 등)	3.69(5)	3.41(4)	4.99(5)	3.70(5)

주: 1) 4점 척도로 측정하였는데, 1을 가장 중요, 4를 가장 덜 중요한 것으로 하여 평균값 산출.
  2) 96개 그리스 해운기업을 대상으로 조사한 것으로 대형은 16척 이상의 선박을 소유, 중형은 5~15척 사이의 선박을 소유, 소형은 1~4척 사이의 선박을 소유한 기업으로 하고 있음.
자료: Progoulaki and Theotokas(2010), p. 578.

Theotokas(2007)는 그리스 해운기업의 인적자원이 보유하고 있는 특수한 기술력, 지식, 경험 그리고 헌신 등은 경쟁우위의 원천이 되고 있다고 주장하고 있다. 특히 그리스 해운기업이 2차 대전 후 오래된 중고선을 구입하여 해상운송을 하며 이익을 창출하기 위해서는 선박조종술에 능하고 운항 중인 선박에서 발생하는 예기치 못한 문제의 해결 능력을 갖춘 해기인력을 확보하는 것이 절대적으로 필요했다. 특히 신조 건조에 대한 자금조달이 취약했던 그리스 해운기업은 중고선을 시장에서 많이 구입하였고 이들 중고선은 아무래도 고장이 나기 쉬웠다. 이러한 문제는 당시 해운강국이었던 영국의 해운기업 소유 선박에서 수년간 승선하며 많은 현장 경험과 노하우를 보유한 그리스 선원을 다수 고용할 수 있어 해결되었고, 이는 그리스 해운의 발전에 큰 도움이 되었다고 논의되고 있다.

이러한 주장은 최근 그리스 해운기업의 인적자원관리와 경쟁우위에 대한 Progoulaki and Theotokas(2010)의 연구에서도 보고되고 있다. 즉 91개의 그리스 해운기업을 대상으로 수행한 이들의 연구에서 출신 국가별 사관에 대한 그리스 해운기업의 평가가 <표 10-4>에 정리되어 있다. 이 조사에서 나타나고 있듯이 그리스 출신 사관이 필리핀, 러시아, 폴란드, 루마니아, 우크라이나 등의 사관에 비해 우수한 평가를 받고 있는 것으로 확인되고 있다. 특히 어떤 일을 주도하는 면에서, 리더십과 훈련 기술 그리고 작업 성과에서 뛰어난 것으로 평가되고 있다. 그런데 부사관들(ratings)에 대한 평가에서는 폴란드 출신이 그리스 출신 부원보다 더 우수한 것으로 조사되고 있는데, 폴란드 출신 부사관들은 신뢰성 외의 항목에 서는 만점을 받고 있다[4].

표 10-4 사관의 출신국가별 우수성 평가

사관의 특성	그리스	필리핀	러시아	폴란드	루마니아	우크라이나
작업 성과	3.84	3.45	3.40	3.30	3.38	3.52
팀워크	3.53	3.46	3.07	3.00	3.14	3.38
소통기술	3.79	3.45	3.20	3.10	3.33	3.45
주도성	3.89	2.86	3.00	2.60	3.14	3.36
훈련기술	3.86	3.11	3.53	3.30	3.48	3.55
리더십	3.86	2.93	3.20	2.90	3.33	3.48
신뢰성	3.58	3.29	2.67	2.60	2.38	2.88
다국성 관리	3.67	3.19	2.62	2.70	2.86	3.16
회사의 정책과 국제 규제에 대한 수용	3.75	3.46	3.00	3.00	3.00	3.31
총 평균점	3.80	3.20	3.10	2.90	3.10	3.30

주: 가장 우수를 4점으로 하고 그 정도가 낮을수록 더 낮은 점수를 부여하고 최저는 0점으로 하여 평가 하였음.
자료: Progoulaki and Theotokas(2010), p. 578.

한편 그리스 해운기업의 육상에서의 종사자를 보면 승선을 성공적으로 수행한 전직 사관을 채용하는 비율이 1990년대까지는 상당히 높은 비중을 차지하고 있다 (Theotokas, 2007, p. 71). 이러한 추세는 많은 선주들 또한 이전에 승선 경험이 있는 사관 출신들로 승선을 통해 체득한 해기문화와 개성을 몸에 지닌 선주들은 같은 문화와 가치관을 가진 해기사에 대한 신뢰를 많이 하고 있기 때문이기도 한 것으로 논의되고 있다. 이러한 승선 경험이 풍부한 인력이 육상 근무를 하며 해

---

4) 폴란드 출신 부원에 대한 각 항목별 평균 점수는 3.9로 그리스 출신 부원의 3.7보다 0.2점 이 더 높게 나타나고 있고, 다음으로는 필리핀 출신 부원이 3.2로 세 번째로 좋은 점수를 받고 있다(Progoulaki and Theotokas, 2010, p. 578.).

운기업의 지식 기반을 계속 혁신하기도 하고 선박의 기술적 관리에 탁월한 능력을 보이기도 한 것으로 알려져 있다.

최근 들어서는 전직 해기사 대신 대학교육을 받은 사람들이 많이 채용되고 있다. 특히 젊은 층에 속하는 선주들이 운영하는 상대적으로 대형 해운기업이 이러한 시도를 하며 그들 기업의 지식 기반을 확대하려고 하고 있다. 하지만 여전히 선박의 기술 및 운항관리 영역에서는 전직 사관들이 핵심을 이루고 있다.

그림 10-2 해운기업의 인적 자원 관리의 통합모형

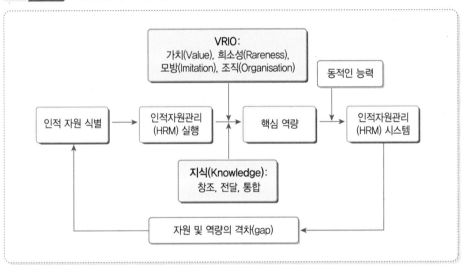

자료: Progoulaki and Theotokas(2010), p. 581.

[그림 10-2]는 해운기업의 인적자원의 통합관리모형을 보여주고 있는데 이는 종국에는 해운기업의 인적자원이 핵심역량이 되어 기업의 경쟁력을 제고하는 것을 목표로 하고 있는 것으로 볼 수 있다. 먼저 종업원에 대한 평가를 통해 인적자원의 구성과 역량을 확인하는 것이 선행되어야 할 것이다. 다음으로는 해운기업의 인적자원관리의 실행에 대해 면밀한 검토가 이루어져야 할 것이다. HRM 실행에서 VRIO모형이 작동하고 또한 지식의 창조, 전수 및 통합을 통해 인적자원의 핵심역량이 기업의 역동적 특성과 결합하면서 해운기업의 인적자원관리 시스템이 작동되도록 할 것이다.

10.2.2 기업가정신과 그리스 해운

기업가정신(entrepreneurship)은 한 나라의 산업구조를 바꾸기도 하고 새로운 기업의 창업을 통해 경제발전과 특정 산업의 발전을 도모하기도 한다. 세계에서 가장 활발하게 기업가정신이 구현되고 있는 나라는 미국으로 알려져 있다. 특히 실리콘밸리가 첨단기업의 중심지로 자리를 잡는 데는 우수한 기업가들이 마음껏 자신의 역량을 발휘할 수 있는 공간을 제공했기 때문으로 평가되고 있다.

특히 미국의 서부는 동부에 비해 늦게 개발되기 시작했고 그러다 보니 서부에 소재한 대학을 졸업한 우수한 인재들은 동부로 가서 직장을 구하다 보니 서부의 발전은 더 어려운 국면에, 처했다. 그런데 스탠포드 대학을 중심으로 졸업생들이 오늘날 실리콘밸리서 창업을 할 수 있는 여건을 조성하여 많은 성공한 기업이 이곳에 자리를 잡으며 지금의 위상을 확보하게 되었다[5].

새로운 영역에서 기업을 창업하는 것은 기존의 기업에 취업하는 것에 비해 많은 위험을 감수해야 하는 것이 큰 특징으로 볼 수 있다. 즉 기업가 정신은 위험을 어느 정도 감내하고 그것을 극복하는 것이 필수적일 것이다. 해운 역사에서 고위험을 감수하며 높은 보상을 기대하며 바다로 나간 사례를 콜럼버스의 신대륙 발견에서 찾을 수 있을 것이다[6]. 그 후 포르투갈의 바스코 다가마 등의 새로운 항로 개척과 미지의 세계로의 진출 및 향신료와 차 등을 확보하기 위한 모험이 이어지면서 대항해 시대가 열리게 되었다. 15~16세기 포르투갈, 스페인, 영국, 네덜란드 등의 국가에 의해 주도된 대항해시대의 새로운 항로개척과 향신료, 차 등의 확보를 위한 도전은 전형적인 고위험 고수익을 추구하는 오늘날의 벤처창업과 일맥상통하는 것으로 볼 수 있을 것이다.

그리스 해운기업의 창업을 보면 승선경험을 한 사관(ship officers)이나 해운기

---

5) Saxenian(1994)은 서부에 위치한 실리콘밸리가 동부 보스턴의 첨단산업 단지인 Route 128을 어떻게 하여 능가할 수 있게 되었는지를 분석하고 있다. 특히 서부의 기업문화는 개방적이고 상호 협력적인데 비해 동부는 폐쇄적이어서 기술개발과정에서 직면하는 각종 장애를 상호 협의하는 문화가 형성되어 있지 않아 1980년대부터는 첨단기업의 위상을 실리콘밸리에 내어주게 되었다고 분석하고 있다.

6) 바람에 의지하는 범선으로 신대륙으로 향하는 해상항로를 개척하기 위하여 스페인의 이사벨라 여왕의 재정적 지원을 받고 신대륙 발견에서 얻을 수 있는 성과를 상당한 부분 나눠 갖는 조건으로 1492년 8월 3일 먼 항해를 떠난 콜럼버스는 해상 분야에서 큰 위험을 감수하고 큰 이익을 추구한 기업가 정신을 구현한 선구자로 볼 수 있을 것이다(이춘우 외, 2014).

업의 육상직에서 경력을 쌓은 사례가 다수 있다. 그런데 Schumpeter(1934)가 주장하는 '기업가는 혁신가(innovator)'라는 정의에 따르면 그리스 선주들 중 이 범주에 해당하는 경우는 많지 않을 것으로 생각된다. 왜냐하면 그리스에서 선장으로 승선을 하다 해운기업을 창업하는 경우 대게 이전에 근무한 해운기업의 경영방법 등을 모방하거나 추종하는 경우가 대부분이기 때문이다.

그런데 새로운 형태의 선박을 도입하거나 받아들이면서 새로운 사업 영역을 개척하는 선주들도 있는데, 이는 위험을 감수하면서 혁신을 주도하는 것으로 볼 수 있어 기업가정신이 발휘되고 있는 것으로 볼 수 있을 것이다. 여기에 해당하는 대표적인 선주로는 1960년대에 소형 벌크선을 도입한 G.P. Livanos, 초대형 유조선을 처음 도입한 A. Onasis, 1990년 처음으로 2중 선체의 VLCC를 건조한 Lykiardopoulos, 컨테이너선의 최대 독립 선주가 된 V. Constantacopoulos 등을 들 수 있을 것이다[7].

Theotokas(2007)는 Casson(1990)이 '기업가정신은 판단적인 의사결정(judgemental decision)을 하는 능력과 관련이 있다'는 주장에 근거하여 그리스 해운기업에서 기업가정신이 발휘되고 있는 것을 분석하고 있다. 이러한 범주에 속하는 그리스 해운기업의 선주들은 주로 해운산업에서 종업원으로 고용되어 있던 사람들이 많은 것으로 조사되고 있다. 선박의 사관이나 해운기업의 종업원들은 해운산업에 종사하면서 자원배분 능력을 배양하고 있고 또한 기업가적 지식과 판단적인 의사결정으로 그들 스스로 사업벤처(business venture)를 창업하는 것은 그리스 소유 선대의 눈부신 발전의 원동력으로 볼 수 있을 것이라고 한다(Theotokas, 2007, p. 68). 1960년대 이후 해운업을 창업한 79명의 1세대 선주의 조사에서 39%는 사관(ship officer) 출신이며, 28%는 해운기업 종사자로 밝혀지고 있다. 이 두 그룹 외를 보면 상인(merchant) 출신이 6%, 제조업자(industrialist)가 8%, 나머지 19%는 토목기술자, 변호사, 의사 등인 것으로 밝혀졌다.

10.2.3 풍부한 해운 지식

전통적으로 기업의 생산요소로 토지(혹은 천연자원), 노동(종업원), 자본이 3대 요소로 여겨졌으나, 최근에는 이들 3요소를 결합하여 제품과 서비스를 창출하는

---

7) Theotokas(2007), p. 67.

비즈니스를 시도하는 기업가정신과 더불어 지식까지 합쳐 5대 생산요소로 보고 있다. 특히 피터 드러커(Peter Drucker, 2001)는 "지식이 새로운 경제사회에서 토지, 노동, 자본 등과 같은 종류의 자원일 뿐만 아니라 유일하고 의미 있는 가장 중요한 생산요소"라고 주장하고 있다. 앨빈 토플러도 "지식은 향후 최고의 힘의 원천이 되어 급변하는 경제 환경 아래에서 지속적인 경쟁우위를 가져다는 주는 유일한 원천으로 성공하는 기업은 새로운 지식을 지속적으로 창출하고 창출된 지식을 전사적으로 확산시키며, 지식을 바탕으로 새로운 제품과 기술을 지속적으로 만들어 내는 기업"이라는 견해를 피력하고 있다[8]. 또한 레스터 서로우(Lester Thurow)는 "21세기 최고의 경쟁무기는 기업 구성원의 지식이다"라고 설파하고 있다[9].

지식은 노동인력의 총체적인 재능과 기술을 의미하는 것으로 기업환경의 불확실성이 커지고 업무의 성격과 조직구성, 경영기법 등이 급속히 변화하면서 지식과 학습의 중요성이 점차 증대되고 있다[10]. 고대 그리스 철학자 플라톤은 테아이테토스(Theaitetos)에서 지식은 '정당화된 참인 믿음(justified true belief, JTB)'으로 정의하고 어떤 명제가 지식이기 위한 필요조건 등을 논하고 있다[11]. 최근 들어 Edmund Gettier(1963)는 플라톤이 주장한 지식의 정의 JTB는 필요조건으로 충분조건은 되지 않는다고 주장하며 지식에 대한 논의에 의문을 던졌다. 홍덕표(2002)는 '지식은 단순한 정보가 아니라 경험과 추론을 통해 가치가 있다고 여기는 축적된 정보 즉 고도화된 정보를 의미한다'고 주장하고 있다.

우리에게 지식경영의 권위자로 널리 알려진 일본의 경영학자인 노나카 이쿠지로와 곤노 노보루(1998)는 유일하게 확신할 수 있는 것은 불확실한 환경에서 지속적인 경쟁우위의 분명한 원천은 지식이라고 주장하고 있다. 그는 시장이 급변

---

8) 홍덕표(2002, P. 44)에서 재인용하였다.

9) Thurow(1997), p. 228.

10) Gitman and McDaniel(정재영 외 역)(2006), p. 47. 찰스 밴 도렌(박중서 역)(2010)의 「지식의 역사」는 고대 이집트, 중국 등을 거쳐 고대 그리스와 로마 등을 거치며 현대에 이르기까지 인간이 생각하고, 발명하고, 창조하고, 고민하고, 완성한 모든 지식이 어떻게 시작되어 어떤 모습으로 발전되어 왔는지를 총정리하고 있다. 이 책은 인류의 모든 위대한 발견과 그 탄생의 역사적 배경과 다가올 미래 지식의 전망까지 포함하고 있다. 그리고 위대한 사상가에 대한 이야기, 고대 그리스와 로마 그리고 중국 및 인도 등 동서양 핵심 사상을 정리하고 있다.

11) 이 저서는 플라톤이 소크라테스와 테아이테토스가 지식에 대해 대화하는 것을 정리한 것으로 소크라테스는 궁극적으로 지식을 '설명이 수반된 참된 판단'으로 보고 있다(플라톤(천병희 역)(2016), pp. 116~117).

하고 많은 기술이 개발되고 하루 밤 사이 제품이 진부화되는 불확실성 시대에서 성공적인 기업은 끊임없이 새로운 지식을 창조하고 기업 내에서 지식을 널리 확산시키고 새로운 지식을 새로운 기술이나 제품에 구현하는 기업으로 보고 있다. 그는 이러한 활동을 '지식창조기업(the knowledge-creating company)'으로 정의하고 이 기업의 유일한 일은 지속적인 혁신이라고 주장하고 있다. Nonaka(1990)는 지식을 기억하고 있는 것에서부터 개념, 법칙, 이론, 가치관, 세계관에 이르기까지 추상적인 것을 포함하는 것으로 주장하고 특허, 프로세스, 종업원 능력, 기술, 고객정보, 공급자 정보, 경험도 지식에 속하는 것으로 보고 있다(이순철, 1999, p. 45).

오늘날 기업의 경영환경이 점차 글로벌화 되고 또한 새로운 기술의 개발로 기술의 진부화 속도가 빨라지면서 기업이 지속적으로 성장하고 발전하기 위해서는 우수한 인력확보가 핵심적인 것으로 보인다. 특히 기업은 확보한 인력의 역량을 극대화하기 위해 훈련 및 교육을 실시하여 구성원들이 기업에 필요한 기술과 정보를 최고 수준으로 보유할 수 있도록 하여야 할 것이다. 최근 기업 구성원이 보유한 지적자산을 경영에 활용하려는 지식경영(knowledge management)이 주요 과제가 되기도 하였다. 지식경영은 기업의 생산성 제고, 업무혁신 촉진, 경쟁우위 확보 등을 목표로 사내 전 부문의 지식을 조사, 수집, 재구성, 공유하는 절차와 방법을 말하는 것으로 기업의 경쟁력 확보에 도움이 되는 것으로 평가되고 있다[12].

특히 기업의 지식영영에 있어 지식의 종류를 파악하고 이들을 조직의 지속적 성장과 발전을 위해 어떻게 구성원들이 활용하게 하는 것이 중요할 것이다. 이런 점에서 지식창조기업의 개념을 처음으로 주장한 Nonaka(1991)의 지식에 대한 분류와 변환과정을 이해하는 것은 그리스 해운기업이 보유한 해운 지식을 활용하여 오늘날 세계 1위 해운국가로 성장했는지를 이해하는데 다소 도움이 될 것으로 생각된다. Nonaka and Takekuchi(1995)는 [그림 10-3]에서 보는 것처럼 지식을 크게 암묵지(tacit knowledge)와 형식지(explicit knowledge)로 구분하고 이 개념을 활용하여 지식창출의 방법론을 도출하고 있다. 암묵지는 주관적이고 형태화하기 어려운 지식으로 경험을 통해 습득되기 때문에 상호 작용을 통해서만 공유될 수 있

---

12) Gitman and McDaniel(정재영 외 역)(2006), pp. 459~460.

다. 암묵지는 개인, 집단, 조직의 경험, 이미지, 숙련된 기능, 조직문화, 풍토 등으로 존재한다. 반면에 형식지는 체계화된 언어 또는 형태로 표현된 것으로 객관적이어서 상호 전달이 용이하다. 형식지의 예를 들면 제품의 모양, 문서, 데이터베이스, 매뉴얼, 컴퓨터 프로그램 등을 들 수 있다[13].

그림 / 10-3 / 지식변환의 유형

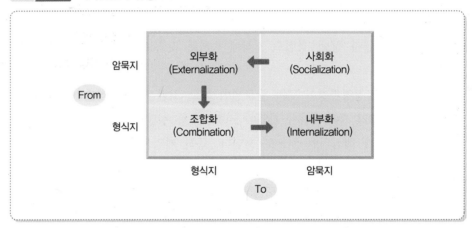

자료: Nonaka and Takekuchi(1995)(홍덕표(2002, P. 44)에서 재인용).

그런데 한 조직이 축적한 지식을 효율적으로 활용하기 위해서는 조직내에 있는 암묵지와 형식지가 상호작용을 통해 지식이 창출되는데 Nonaka는 이를 지식의 변환으로 정의하고 있다. 노나카 이쿠지로와 곤노 노부로(1998)는 "지식창조는 암묵지와 형식지의 일회적인 순차적 과정으로 일어나지 않고 개인의 지식창조에서 시작하여 집단, 조직의 차원으로 나선형으로 회전하면서 공유되고 발전해 나가는 프로세스에서 이루어진다"고 주장하고 있다. 그가 주장하는 지식변환 과정은 사회화(socialization), 외부화(externalization), 조합화(combination), 내부화(internalization)로 구분되고 있다. 먼저 사회화를 보면 이는 암묵지를 암묵지로 변환하는 것으로 한 개인이 보유한 암묵지를 다른 조직 구성원이 경험함으로써 공유하게 되는 과정인데, 이는 주로 도제제도를 통해 지식이 전수될 수 있을 것이다. 이 과정에서는 개인이 체험을 통해 '경험지'를 획득하게 되는데 언어를 통해 전이되는 것이 어려우므로 체험, 관찰, 모방 등을 통해 지식이 공유, 변환되어 가

---

13) 이순철(1999, pp. 49~50)을 참고하여 정리하였다.

며 기업에 확산될 것이다. 특히 해운에서는 선박조종술의 경우 오랜 세월 승선을 하며 선장 등으로부터 직접 선박운항 관련 노하우를 전수받는 경우가 여기에 해당될 것으로 보인다.

둘째의 외부화는 암묵지를 형식지로 변환하는 과정으로 생각과 노하우 등을 언어의 형태로 전환하는 것으로 이미지, 아이디어, 생각, 노하우 등을 언어나 그림과 같은 시각적 형태로 구체화하는 것이다. 제품개발에 대한 개념의 창출, 최고경영자의 경영철학의 문서화, 숙련 노하우의 문서화, 고객의 보이지 않는 욕구의 구체화 등이 외부화의 사례가 될 수 있다(Nonaka and Konno, 1998). 해운업에 있어 선박운항, 선박관리 등과 관련해 매뉴얼화하여 문서로 만들고 있는데 이러한 영역이 해당될 것으로 생각된다. 셋째의 조합화는 형식지를 모아 새로운 형식지로 창출하는 과정으로 의사나 변호사 등 전문가들이 책이나 논문에서 전문지식을 습득하여 고객에게 적합한 지식으로 전환하여 제공하는 것이 조합화에 해당할 수 있을 것이다.

마지막은 내부화는 형식지에서 암묵지를 획득하는 과정으로 언어와 형태를 체득하여 새로운 지식을 만드는 과정이다. 형식지가 개인의 암묵지로 되기 위해서는 체험이 선행되어야 할 것이다. 서비스 업체의 종업원이 고객과의 체험을 통해 시행착오적 실험과 경험을 획득하여 기업의 전략을 숙지하는 것, 시뮬레이션 모델을 통해 의사결정의 영향을 파악하는 것 등이 사례가 될 것이다. 오랫동안 선박운항과 관련해 승선을 하며 숙지한 선박조종을 포함한 항해 노하우는 형식지를 거쳐 암묵지로 전환되면 선장에서 도선사로 역할을 수행할 수 있게 되는 것이 한 예가 될 수 있을 것이다.

Nonaka의 지식변환과정에서 보는 것처럼 한 조직 내에서 지식의 창조는 암묵지를 공유하고 이를 형식지로의 변환과 조합화를 한 후 다시 암묵지로 체화하는 절차를 통해 실현되고 있는 것을 알 수 있다. 기업의 구성원이 보유하고 있는 지식 그리고 미래에도 지속적으로 그들이 획득하고 습득하는 지식을 기업의 경영에 성공적으로 잘 활용하기 위해서는 지식의 획득, 창출, 축적, 공유, 활용에 대한 전략을 면밀히 수립하여 기업의 가치를 증대하는 노력을 지식경영으로 볼 수 있을 것이다.

또한 Brooking(1997)은 지식자산을 시장자산, 인간중심자산, 지적소유자산, 인프라자산으로 분류하고 있으며, Stewart(1997)는 인적자산, 구조적 자산, 고객자산

등으로 구분하고 있기도 하다.

이상에서 살펴본 것처럼 지식은 기업경영에 있어 매우 소중한 자산으로 그리스 해운기업 또한 선박관리기술 및 운항노하우 등 해운관련 지식을 잘 습득하고 관리하였기 때문에 오늘날 세계 수위의 해운강국으로 발돋움한 것으로 보여진다. 특히 그리스는 우리가 앞에서 살펴보았듯이 오랜 역사를 거치며 쌓아온 선박조종술, 해운투자시기 포착 능력[14] 등 해운노하우라는 암묵지를 풍부하게 보유하고 있는 것으로 판단된다. 특히 Theotokas(2007)는 그리스 선주의 대다수는 선박과 선박운항에 대해 아주 깊은 지식을 보유하고 있어 선박관리의 기술에 있어서 전문가로 여겨지고 있다고 주장하고 있다. 선주들이 보유하고 있는 이러한 암묵지(tacit knowledge)는 운항선박에서 사관으로서 승선하면서 획득하거나 해운기업의 종업원으로서 경력을 쌓는 가운데 습득된 것으로 알려져 있다. 특히 1960년대 이후 해운계에 진출한 첫 세대 선주들의 대부분은 이 사례에 해당하고 있는 것으로 알려져 있다.

특히 수년 동안 승선을 하며 경험을 쌓은 사관들의 경우 선박을 소유하며 선주가 되는 것은 그들의 경험(암묵지)에 근거하여 구축할 수 있는 유일한 기업가적 선택이기도 하다고 Theotokas(2007)는 주장하고 있다. 선박운항과 선원관리 등에 대한 암묵지는 사관이나 해운기업의 경영 경험자들이 기업 내에서 다른 종업원들과는 구별되는 역량을 개발하는데 기초가 된 것으로 평가되고 있다. 이러한 역량은 결국에는 선박의 운항에서 이익을 창출하는 기반이 되기도 하였다. 특히 그리스가 2차 세계 대전 후 신조선을 확보할 수 있는 자금조달이 어려운 시기에 선령이 오래되어 운영비용이 많이 소요되는 선박을 구입하여 성공적으로 운항한 기업에게는 선박운항과 관련한 암묵지는 결정적인 주요 성공요인이 되었다[15]. 이러한 암묵지를 보유한 선주들은 단순히 선박 매입에 자금을 투자하면서 선주가 된 상인(merchants), 제조업자, 토목기술자, 기타 등과는 차별화되는 요소이기도 하다.

한편 Theotokas(2007)는 기타 그룹에 속하는 많은 선주들이 성공보다는 실패한 사례가 더 많다고 주장하고 있다. 특히 운임이 하락하였을 때 해운에 대한 경

---

14) 특히 중고선 매매시장에서 선박의 가격이 최저인 시점에서 구입하여 최고 시점에 매각하는 선박매매차익거래(asset play)가 중요한 사례가 될 수 있을 것이다.
15) 승선 경험이 풍부한 선주들은 선박의 수리 등에 대한 기술을 확보하고 있어 운항 중에 기관 등에서 고장이 발생할 경우 수리할 수 있는 능력을 갖추고 있어 오래된 중고선을 효율적으로 운항하면서 이익을 창출할 수 있었던 것으로 보인다.

험의 부재로 인하여 용선시장에서 일어난 일련의 위기를 극복하는데 실패를 하면서 부도가 나고 해운계를 떠나게 되었다고 평가하고 있다. 그러나 해운계에서 종사하면서 경험을 쌓아 많은 암묵지를 보유한 선주들은 선대를 보다 효율적으로 조직하고 관리할 수 있었다고 평가하고 있다. 특히 이들의 선박의 기술적 관리역량을 활용하여 선박의 운항비를 통제할 수 있었다고 한다. 이러한 역량은 특히 불황기 때 극명하게 드러나 해운에 대한 암묵지의 중요성이 증명되기도 한 것으로 알려져 있다.

그리스 해운이 갖는 특징은 가족중심의 경영인데 선대 선주가 체득한 선박운항 등과 관련한 암묵지는 전통적으로 후손들이나 가까운 친척에게 전수되었다고 한다(Harlaftis, 1996). 최근 들어 그리스 선주들의 자녀들은 대게 국내나 해외 대학에서 경제학, 경영학, 기관공학(marine engineering) 등을 전공하고 가족이 경영하는 해운기업에 취업을 하는 과정을 밟고 있다[16]. 이들이 부모가 경영하는 기업에 취업한 후 선박운항에 대해 직접적으로 경험하면서 지식을 획득하고 또한 해상인력과 소통하는 방법(codes)을 배우기 위하여 때로는 승선을 하며 경험을 쌓기도 한다. 이처럼 그들이 승선을 통해 얻는 경험인 암묵지는 그들이 학교에서 배운 지식과 연계를 통해 기업의 지식을 새롭게 하는 능력을 배양하게 된다. 이러한 과정을 통해 선주의 자녀들은 부모들이 경영하는 기업을 성공적으로 물려받거나 그들 스스로 해운기업을 창업하는 위험을 감수하기도 한다(Theotokas, 2007).

이상으로 그리스 해운기업에서 지식이 어떻게 활용되는지를 간단히 살펴보았다. 그런데 그리스 해운기업이 지식경영에 대한 경영기법을 그리스 선주들이 체계적으로 도입하고 있는지에 대한 논의를 하고 있는 논문이나 보고서 등을 찾기는 어려워 더 깊은 논의는 전개하지 못하였다. 그럼에도 여기서 우리는 그리스소유 해운기업들의 창업 1세대들은 오랜 승선 경험으로 선박 관리와 운항에 대한 노하우를 깊이 있게 체득하여 그들이 보유한 선박을 효율적으로 관리하며 이익을 창출한 것으로 평가되고 있다. 이는 결국 그리스 해운기업의 성공적 발전에 기여하게 되었다고 그리스 일부 학자들에 의해 밝혀지고 있다. 우리나라도 오랜 승선

---

16) 그리스 선주들의 자녀들의 교육배경을 보면 그리스의 대학 뿐 아니라 미국이나 영국 등의 유수 대학에서 경제학이나 경영학 등을 이수하는 경우도 많은 것으로 알려져 있다. 특히 영국 런던시립대학의 베이즈 경영대학원의 해운금융관련 학과의 경우 그리스인 유학생이 큰 비중을 차지하고 있는 것으로 알려져 있다.

경험을 소유하고 기업가적 도전정신을 가진 우수한 해기 인재에 의해 창업된 다수의 중견 해운기업과 소수 대형 해운회사가 있기도 하다. 특히 기관학을 전공하고 오랜 승선을 가진 일부 연로한 해기사 중에는 그들이 보유한 선박에 대한 해박한 지식 즉 암묵지 덕분에 아직도 현역으로 해운업에 종사하고 있는 사례도 있는 것으로 알려져 있다.

11 그리스 해운기업의 구조적 특성

 이 장은 그리스 해운을 이끌고 있는 해운기업의 구조적 특성을 고찰하고 있다. 먼저 해운기업의 구조를 네 종류의 형태로 구분하여 살펴보고 있다. 그리스 해운기업은 한 척의 선박을 보유한 기업이 다수이고 이러한 기업의 선박을 관리하는 회사가 있다. 글로벌 해운시장에서 경쟁우위를 확보하며 해상운송을 주도하고 있는 그리스 해운기업의 구조적 특성으로는 가족경영, 분사(set-off), 국내외 네트워킹, 그리스 선주의 경영철학, 기업문화 등으로 구분하여 고찰할 것이다. 특히 그리스 해운은 가족경영이 많은데 이를 먼저 살펴볼 것이다. 두 번째로는 가족경영을 하는 가운데 그리스인들의 독특한 개성으로 인하여 가족경영을 잘 유지해 오다 결정적 순간에 의견 불일치로 가족 구성원 중 일부가 새롭게 기업을 창업하는 사례가 다수 있어 이를 간단히 분석하고 있다. 세 번째로는 그리스 해운의 성장에 결정적 역할을 한 그리스인들이 주요 해외 해사클러스터에서 구축하고 있는 네트워크를 한 번 짚어볼 것이다. 네 번째로는 현장의 경험을 중시하는 그리스 해운기업 소유자들의 경영철학을 간단히 살펴보고 있다. 끝으로 그리스 해운기업의 문화에 어떠한 특징이 있는지를 고찰하고 있다.

11.1 그리스 해운기업의 구조

 Svendsen(1978)은 해운기업의 소유권과 해운기업의 활동의 통합 정도를 기초로 하여 [그림 11-1]과 같이 해운기업을 분류하고 있다[1]. 첫 번째 형태는 해운

---

1) Theotokas(2018)을 참고하여 정리하였다.

기업이 정유, 철강업과 같은 주요 제조업 그룹의 자회사로 존재하는 경우로 통상 모회사에 해상운송서비스를 제공하게 된다. 두 번째 형태의 해운회사는 조선업, 선박브로커, 포워딩 등과 통합되거나 혹은 수직적으로 통합되는 경우로 자동차, 중장비, 특수 화물 등을 주로 운송하는 Wallenius Wilhelmsen Logistics사를 들 수 있을 것이다. 세 번째 형태의 해운회사는 오로지 해운과 관련된 순수운송회사로 해상운송서비스의 제공에만 참여하고 있다. 중소규모의 벌크해운기업은 이 분류의 해운기업에 해당하고 있으며 그리스 소유 해운기업도 대대수가 이런 형태의 해운기업의 특성을 지니고 있다. 네 번째 형태의 해운기업은 해운과 비해운 분야에서 동시에 사업을 전개하는 유형으로 중국의 COSCO가 대표적인 사례가 될 수 있다. 이러한 분류와는 달리 해운기업이 제공하는 해상운송 서비스의 종류에 따라 벌크해운기업, 정기선 해운기업, 여객해운기업, 특수화물 취급 해운기업 등으로 분류하기도 한다.

그림 11-1 해운기업의 분류

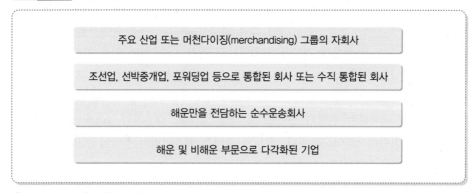

자료: Theotokas(2018), p. 16.

그리스 소유 해운기업(Greek-owned shipping companies)는 그리스 선주에 의해 통제되는 선박을 관리·운영하고 있는 회사로 정의할 수 있다. 선박은 기업의 자유와 세제 혜택을 제공하는 국가에 설립된 선박소유회사(shipowning companies)에 의해 소유되고 있다. 각 선박은 독립된 선박소유회사에 속하게 되고 선박소유회사는 제도적으로나 세제상으로 혜택을 제공하는 나라에 설립된 선박관리회사에 선박의 관리를 맡기고 있다. 선박소유회사는 주인으로서 행동을 하고 그리고 선박관리회사는 대리인(agent)으로서 행동을 하는데, 대부분의 경우 두 회사는 동일한 사람이나 가족에 의해 운영이 되고 있다. 선박관리회사는 피레우스, 런던 혹은 다른 해운센터에 대리점을 설치하고 있으며 대리점은 선박의 운항을 담당하게 된다[2]. 이상에서 설명한 그리스 소유 해운기업의 구조는 [그림 9-1]에 잘 정리되어 있으니 참고하기 바란다. 특히 [그림 9-1]과 같은 형태의 기업구조를 갖다 보니 그리스는 중소 선사가 다수 존재하고 있기도 하다. 하지만 최근에는 선박의 크기가 대형화 되면서 대규모 해운기업의 시장 지배력이 점차 증대되고 있기도 한 것으로 알려져 있다.

그리스 해운에서 가장 큰 비중을 차지하고 있는 영역이 벌크와 탱커 분야인데 [그림 11-2]는 이 분야에서 영업활동을 하는 부정기선사의 조직구조와 이들 기업의 경영활동에 대해 나타내고 있다.

그림 **11-2** 그리스 소유 부정기선사의 조직구조와 업무 및 기업가적 방법

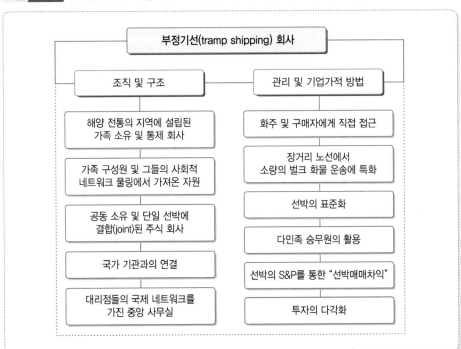

자료: Harlaftis and Theotokas(2004), p. 227.

---

2) 이절의 내용은 Theotokas(2007)을 참고하여 정리하였다.

여기서 부정기선사의 조직과 구조상의 첫 번째 특징이 가족(family)이 해운 전통 지역에 설립된 해운기업을 소유하고 통제하며 실질적으로 경영에 참여하고 있다는 것이다. 그리고 인적 물적 자원이 가족이나 그들의 사회적 서클에서 충당되고 있으며 또한 대리점의 국제적 네트워크를 가진 중앙 사무실을 갖고 있다. 또한 부정기선사의 경영특성을 보면 화주나 구매자에게 직접 접근하고 있으며 장거리 노선에서 몇 종류의 벌크화물의 운송에 특화하고 있다. 그리고 선박이 표준화되어 있으며, 선원들은 여러 나라에서 고용하고 있다. 또한 선박의 매매(S&P)를 통해 선박매매차익(asset play)실현과 투자의 다각화도 이행하고 있는 것으로 나타나고 있다.

11.2 가족경영

그리스 해운기업의 특성 가운데 가장 널리 알려진 것으로는 같은 섬이나 같은 지역 출신 선주 사이에 자녀들의 결혼 등을 통해 상호 협력하며 필요한 자금을 조달하고 경영에 대해 책임을 지고 있는 가족경영일 것이다. 가족기업은 적어도 가족의 한 구성원이 기업의 소유지분을 상당한 수준까지 보유하고 그 기업 내에서 여러 세대에 걸쳐 가족 구성원이 임원의 위치에 있는 기업으로 정의되고 있다[3]. 이러한 접근에 의하면 그리스의 해운기업들 중 가족기업에 속하는 경우 가족 구성원이 지분을 통제하며 기업의 경영에 참여하는 것으로 볼 수 있다. Theotokas and Harlaftis(2009)는 가족경영(family business)에 있어서 핵심적인 사항은 소유권과 기업의 통할권(control)이라 보고 있다. 그들은 그리스 해운기업의 다수는 독립적인 주주들에 의해 소유되거나 통합되는 것이 아니라 가족에 의해 소유되고 통제되고 있으며, 가족 구성원이 해운기업의 주요 직책을 맡아 기업의 경영에 직접 참여하고 있다고 주장하고 있다.

<표 11-1>은 그리스 선주 가문의 출신지역별 분포를 조사한 것으로 에게해의 섬 출신 선주들이 20세기 초부터 50% 이상을 차지하고 있는 것으로 나타나고 있다. 1938년에는 이 지역이 전체 선복량의 73%를 점유하기도 하였으나, 20세기

3) Zahra, Hayton and Savato(2004), p. 369.

후반 들어서는 55%로 줄어들고 대신 여타 지역 출신 선주들의 비중이 크게 증가
한 것으로 나타나고 있다. 20세기 초에는 펠레폰네소스 반도의 이오니아해 지역
의 섬 즉 이타카 등에서도 많은 선주들이 나온 것으로 조사되고 있다.

표 **11-1** 그리스 선주 가문의 출신지역별 분포(1)

출신지	1914			1938			1975		
	가문 수	천 DWT	구성비(%)	가문 수	천 DWT	구성비(%)	가문 수	천 DWT	구성비(%)
에게해 섬	74	416	51	113	1,309	73	124	22,589	55
이오니아해 섬	26	205	25	21	212	12	17	1,357	3
기타 지역	58	202	24	98	276	15	295	17,038	42
합계	158	823	100	232	1,797	100	436	40,984	100

주: 구성비는 선복량을 기준으로 계산하였음.
자료: Theotokas and Harlaftis(2009), p. 83.

<표 11-2>는 선주 가문의 출신지역에 대해 다소 자세히 조사·보고하고 있
다. 에게해 섬에서는 Andros, Chios, Kassos 등의 섬에서 많은 선주가 배출되고
있는 것을 알 수 있다. 그리고 이오니아 해에서 많은 선주를 배출하는 섬으로는
Cephalonia와 Ithaca로 조사되었다. 특히 1975년 기준으로 지역별 선주 가문의
수를 보면 Chios 출신 가문이 56 가문으로 전체 선주 가문 중에서 12.8%를 차지
하고 있고, 이 섬 출신 선주들이 보유한 선복량은 전체 선복량의 31.5%에 달하고
있는 것으로 조사되었다. 특히 21세기 들어서도 그리스 해운업을 주도하고 있는
많은 선주들이 이 섬 출신으로 알려져 있다. 즉 Maran Gas, Maran Tankers 등을
보유하고 있는 Angelicoussis 가문, Navios그룹의 Frangos 가문 그리고 Tsakos그
룹의 Tsakos 가문 그리고 현대중공업에 최초로 선박을 발주한 Livanos 가문도
Chios 섬 출신이다. 이 섬 출신 선주들이 운영하는 해운기업의 선복량이 그리스
선대의 약 40%를 보유하고 있는 것으로 알려져 있다[4].

---

4) Los(2013)는 그리스 해운의 중추적인 역할을 하는 키오섬의 해운업 발달에 대해 자세히 피력
하고 있다. Los 박사는 키오섬 출신 선주들이 그리스 해운을 주도하고 있는 이유로 여러 요
인을 지적하고 있다. 우선 키오스인들은 매우 주도면밀하며 시장을 존중한다는 점을 들고 있
다. 두 번째로는 시장이 상승하는 국면에서 매우 조심스럽게 대응하며 시장이 나쁠 때 인내
하는 정신을 보여주고 있다고 한다. 세 번째로는 가능한 한 선박과 선원을 매우 가까이 한다
는 점을 지적하고 있다. 네 번째로는 기술혁신에 대해 열린 마음을 갖고 지속적으로 주시하

표 **11-2** 그리스 선주 가문의 출신지역별 분포(2)

출신지	1914		1938		1958		1975	
	가문 수	천 GRT	가문 수	천 GRT	가문 수	천 GRT	가문 수	천 GRT
A.에게해 섬	74	416	113	1,309	83	6,908	124	22,589
Andros	16	151	46	341	14	2,085	12	5,530
Chios	18	114	32	577	27	3,051	56	12,903
Kassos	8	18	10	227	12	1,096	11	1,729
기타	32	133	25	146	30	676	45	2,427
B.이오니아해 섬	26	205	21	212	19	833	17	1,357
Cephalonia	20	152	14	169	14	715	11	889
Ithaca	6	53	7	43	5	118	6	468
C. 크레타	−	−	−	−	2	29	9	1,352
D. 펠로폰네소스	3	8	4	34	7	1,182	11	3,856
E. 기타 그리스 지역	43	115	87	191	82	843	257	6,677
F. 해외	12	79	7	51	6	989	18	5,153
선주가문 합계	158	823	232	1,797	199	10,784	436	40,984
해운기업 합계	256		308		?		765	

자료: Harlaftis(1996), pp. 294~295.

[그림 11-3]는 주요 그리스 해운가문이 소유하고 있는 기업을 주식시장에 상장한 경우 그들 가문이 보유하고 있는 가치를 보여주고 있다. 이 그림에 보고된 공개기업은 미국의 NYSE나 NASDAQ에 상장된 기업으로 2009년 글로벌 금융 위기 이후 주가가 크게 하락한 후 2014년 상당히 회복된 후 다시 하락한 것을 알 수 있다. 특히 DryShips의 창업자인 Economou의 시가총액이 급격히 감소한 것으로 드러나고 있다. 2017년 기준으로 미국 증시에서 시가총액이 가장 많은 가문은 GasLog사와 GasLog Partners를 NYSE에 상장한 Peter Livanos 가문으로 그 평가액이 미화 5억 6,600만 달러에 이르고 있다. 다음으로는 컨테이너선 용선업을 영위하는 Costamare사를 뉴욕증권시장에 상장한 Konstantakopoulos 가문의 주식 가치가 높은데 미화 3억 700만 달러를 시현하고 있다. 세 번째로 많은 시가총액을 보유하고 있는 가문은 Dynagas사를 뉴욕증시에 상장한 Prokopiou 가문

며 받아들일 준비를 한다는 점이 언급되고 있다. 다섯 번째로는 동료 선주들과 소통하며 협력하는 정신을 유지하며 해운업을 영위하고 있는 특징도 있다고 한다.

으로 미화 2억 5,900만 달러에 이르고 있다. 네 번째로는 컨테이너선 용선업을 영
위하는 Danaos사를 뉴욕증시에 상장한 Coustas 가문으로 시총이 미화 1억 8,100
만 달러에 달하고 있다. 다섯 번째로는 Tsakos Energy Navigation을 뉴욕증권시
장에 상장한 Tsakos 가문으로 시가총액은 미화 1억 4,000만 달러를 보이고 있다.
여섯번째는 Navios Holdings 등을 뉴욕증권시장에 상장한 Frangou 가문이다. 그
리고 이들 6개의 상위 가문에 이어 Palios 가문(미화 9,100만 달러), Hajioannou 가
문(미화 8,000만 달러), Marinarkis 가문(미화 7,000만 달러), Hadjipatras 가문(미화
6,980만 달러), Economou 가문(미화 6,970만 달러) 등의 순으로 시가 총액이 큰 것
으로 조사되고 있다[5]. 여기서 우리가 하나 주목할 사실은 현재 그리스 해운계에
서 가장 많은 선복량을 보유하고 있는 Maran Gas사 등을 보유하고 있는
Angelicoissis 가문은 기업을 아직 공개하지 않고 있어서 그 가문이 보유한 지분

그림 **11-3** 그리스 유수 해운 가문의 공개기업의 지분 가치 추이(2013~2017)

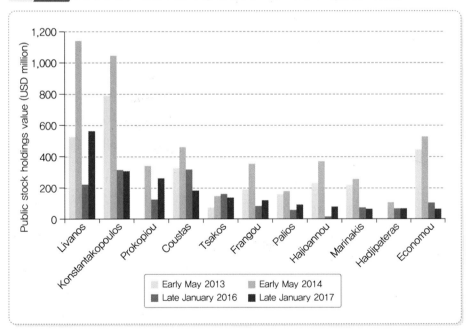

자료: IHS(2017) (https://www.portnet.gr/news-in-brief/8883-ranking-the-shareholdings-of-greek-
shipping-families.html)

---

5) 자세한 내용은 다음 사이트를 참고하기 바랍니다.(https://www.portnet.gr/news-in-brief/
8883-ranking-the-shareholdings-of-greek-shipping-families.html)

의 시장가치가 공개되지 않고 있다는 점이다. 그리고 이처럼 가족경영에 크게 의 존하는 그리스 해운기업의 경우 경영 실적이 좋지 않을 경우 시장에서 그들 기업의 주식 가격이 크게 하락하면서 그들의 보유 주식 가치도 큰 폭으로 감소하여 그들의 자산가치에 큰 영향을 미칠 수 있다는 것이다. 따라서 가족 구성원이 기업 경영에 참여하는 경우 기업을 합리적이고 효율적으로 잘 경영하여 이익을 많이 창출할 때 기업 가치를 높일 수 있다는 점을 충분히 고려하여야 할 것이다. 특히 가족 구성원 중 경영 일선에 참여를 하고 있는 경영자는 선견지명과 풍부한 해운기업 경영 경험을 바탕으로 급변하는 해운시장 환경에서 소유기업의 지속적인 발전을 위해 올바른 의사결정을 할 수 있어야 할 것이다.

한편 Theotokas and Harlaftis(2009)는 그리스 해운기업의 가족경영이 갖는 특성으로 우선 기업가적 유연성(entrepreneurial flexibility)을 제시하고 있다. 이러한 특성으로 인해 그리스 해운기업은 급변하는 해운시장에서의 위기와 기회에 신속하게 대응할 수 있다고 주장하고 있다. 특히 중고선 시장에서 선박매매에서 기회를 포착하는 전략적 접근에서 잘 발휘되고 있는데, 가족으로 경영에 참여하는 기업가는 기업의 전략과 운영의 모든 측면에서 책임을 져야 한다. 두 번째 특징으로는 가족이 기업에 참여하는 방법상의 특성으로는 무엇보다도 가족 구성원이 기업의 일상적인 운영과 경영에 참여하며 기업의 경쟁우위를 강화하고 있는 것으로 평가되고 있다는 점이다. 이처럼 가족 구성원의 경영 참여가 경쟁우위를 제고할수 있는 것은 가족 경영 참여자가 후계자 훈련을 통해 선박관리 기술 및 해운기업 경영 등에 대한 전문 지식을 습득하였기 때문으로 풀이되고 있다. 가족이 경영에 깊이 관여하는 그리스 해운기업의 경우 가족 구성원을 해운, 경영, 경제 등과 관련된 학위 과정을 고등교육기관에서 마친 후 우선 가족이 경영하는 기업에 취업을 시키고 있다. 그리고 취업 후 상당한 시간을 승선을 하며 선박관리와 운항에 대한 노하우를 습득하게 하고 있다. 또한 나머지 많은 기간 동안은 육상의 사무실에서 근무를 하며 해상인력관리, 자금조달, 화물확보 등에 대하여 선대로부터 내려오는 전통을 전수 받기 위해 많은 노력과 시간을 투자하는 것으로 알려져 있다.

득히 이러한 노하우는 매뉴얼화되어 있지도 않고 문서화되어 있지도 않기 때문에 같은 사무실에서 함께 근무하는 가운데 업무를 배우며 익힐 수밖에 없는 것으로 생각된다. 특히 창업 1세대는 선원에서 출발하여 선장에 이르기까지 수년간 해상에서 체험하면서 선박관리와 운항에 대한 노하우를 습득한 암묵지(tacit knowledge) 보유자들이다. 하지만 최근 그리스 해운기업의 가업을 계승하는 젊은 세대의 해운기업가들은 창업 세대와는 달리 국내외 유수 대학에서 교육을 받고 경영에 참여하고 있다. 그러다 보니 선박관련 암묵지를 충분히 습득하지 못한 단점도 갖고 있을 수 있는 것으로 알려져 있다. 반면에 새로운 경영 기법 등에 대해서는 충분한 지식을 습득하였으므로 선대에서 이룩한 해운기업을 이어 받아 그들이 획득한 형식지와 선대가 보유한 암묵지를 잘 결합하는 전략을 구사하여 그리스 해운기업의 경영 효율성을 증대하고 있기도 한 것으로 알려져 있다(Theotokas, 2007; Theotokas and Harlaftis, 2009).

그리스 해운기업의 가족경영이 갖는 세 번째 특징으로는 가족 구성원을 통한 사업의 운영관리에 대한 선주의 빈틈없는 통제로 더 높은 경쟁우위를 갖게 되었다는 것이다. 이처럼 가족 구성원의 경영 참여는 비용을 통제하는데 중점을 두었는데 이는 결국 선박의 경쟁력을 높이는 결과를 가져왔으며 또한 소규모 기업의 경우 추가적인 인력의 고용을 줄이기도 하는 것으로 알려져 있다(Theotokas and Harlaftis, 2009). 많은 소규모 해운기업의 경우 거의 가족 구성원들이 기업 운영에 참여하며 열과 성을 다하기 때문에 위기가 다가와도 생존 가능성이 더 높은 것으로 조사되고 있기도 한 것으로 밝혀지고 있다.

11.3 분사(set-off)

그리스인들은 자유로우며 또한 개성이 아주 강하여 부모나 형제 사이에도 의견이 나뉘는 경우가 많다고 한다. 이러한 그들의 민족적 특성은 그리스 해운기업에도 스며들어 종종 가족 구성원 간에 해운기업의 투자전략 등에 대해 의견이 다른 경우가 발생하기도 하는 것으로 밝혀지고 있다. <표 11-3>은 Theotokas and Harlaftis(2009)의 연구에서 그리스 해운기업의 분사(fragmentation)에 대해 자료를 보고하고 있다. 그들이 조사한 기업 144개 선주 가문 중 72개 가문이 분사를 경험한 것으로 조사되었다. 그리스 중소 해운선사에 주로 발생하는 이러한 분사는 공동소유권에서 지분을 정리하거나 혹은 해운기업 경영활동 중에 다른 해운

가문과 합작을 하거나 아니면 독립적으로 새로운 자신의 사업을 위해 가족기업의
경영참여에서 떠나는 경우에 일어나고 있다.

표 11-3 30년 이상 해운업 영위 선주 가문과 분사 사례 비율

총선주 가문 (A)	144
분사 사례가 있는 가문(B)	72
분사 사례 비율(B/A)	50%

주: 면접조사를 통해 확보한 것으로 그리스 선주 전체를 포함한 것으로 볼 수는 없음.
자료: Theotokas and Harlaftis(2009), p. 39.

그리스 다수 해운가문이 가족 단위로 해운기업을 창업을 할 때는 한 기업 내
에서 협업을 하는 것이 일반적이었다. 그런데 시간이 흐르면서 그리스 전통 해운
가문의 경우 차세대로 경영권을 이양하는 과정에서 가족 구성원 사이에 이해 충
돌이 발생하곤 한 것으로 알려져 있다. 이러한 경우 사업을 분리하면서 새로운
기업을 만드는 것이 매우 흔한 것으로 조사되고 있다. 한편 현재에도 해운기업의
경영에 적극 참여하고 있는 비전통적 선주들의 후계자들은 자신들의 기업을 창
업하기 위하여 가족기업을 떠나기도 하는 것으로 조사되고 있다. 이러한 가족 기
업의 분사는 한 가족에 의해 소유된 기업에서뿐만 아니라 복수의 가문이 통할하
는 해운기업에서도 일어나고 있는 것으로 보고되고 있다. 이처럼 그리스 해운기
업에 있어서 분사가 일어나는 주요 원인으로는 먼저 기업의 미래에 대한 견해 차
이를 들 수 있다. 두 번째로는 어느 파트너가 신뢰를 파괴하는 비윤리적 행동을
하였을 때이다. 세 번째로는 어느 한 쪽이 다른 상대를 지배하기 위해 쟁투를 벌
일 때 발생하기도 하는 것으로 조사되고 있다. 네 번째로는 이해충돌의 목표 등
이 상존할 때 일어나는 것으로 알려져 있다. 이러한 각 종 사유로 인해 가족이
경영하는 해운기업의 분사가 일어나 항상 적대적 감정을 품고 초래되고 있는
것은 아니기도 한데 즉 분사 후 상호 협력하는 사례도 아주 흔한 것으로 조사되
고 있다.

최근 그리스 해운기업의 분사 사례에 대한 조사는 Goulielmos(2017)가 비교적
자세히 조사하여 밝히고 있다. 그는 그리스 해운의 성장에 있어서 분사(set-off)의
역할과 그 기여에 대해 분석하고 있다. 그가 연구 대상으로 한 74개 해운기업 중
2009~2016 사이 14개 정도의 기업이 가족 경영을 하는 중 부모나 형제 사이에

의견 충돌이 있어 새롭게 창업을 한 것으로 보고하고 있다. 가족 구성원 간에 의견 충돌은 주로 기업의 미래에 대한 견해차이나 공동 소유자의 비윤리적 행동으로 인해 발생하고 있는 것으로 밝히고 있다. 이러한 분사는 결국 그리스 해운기업의 수를 증대하고 나아가 선복량의 확대에도 기여하는 긍정적 요소가 있는 것으로 보고되고 있다. <표 11-4>에 보고된 14개 가문에서 분사된 해운기업의 2016년 선복량이 약 1억 1,000만 DWT에 이르고 있는데서 이 주장이 뒷받침 되고 있다[6].

표 **11-4** 그리스 주요 선주가문의 분사 사례

분사 사례 가문	분사 기업
Aggelopoulos	Evron(Hellas) Agencies → Metrostar, Arcadia, Metrobulk, Aegean Bulk
Angeliccoussis	Agelef(Lon.) → Anangel Sh. Entrerpr. S A, Anangel American
Comninos C	Comninos Bro Sh. Co.→International Reefer Services, Target Marine
Coustas	Danaos(Roumeli Sh. Co.) → Set off(1970) by Dimitris
Empiricos	S G Embiricos → Buenamar Co Naviera
Fragkos N J	Good Faith → Seaways, Franser, Navios
Golden Union	Daina Shipping Agencies → Golden Union(1977)
Goulandris	N J Goulandris → Andriaki, Goulandris Bros, Goulandris Bros Hellas, United Sh. & Trad.
Igglessis	Andrianopoulos set off in 1985. Samos Steamship(1991)
Kollakis I.	Kappa(1974)
Lemos/Laimos	Lemos & Pateras(Lon.), Efploia → L.Chr. Lemos Ltd.(Lon), Geomar Co., Atlas Maritime, Avra Sh. Agencies, Oinoussian Maritime, N S Lemos & Co Ltd.
Martinos John	Thenamaris → Eastern(1991), Minerva(1997)
Polemis Sp. Mic.	Polembros Mar.→ New Shipping
Procopiou	Sea Traders SA → Centrofin Management/Marine Trust, Dynacom Tankers Mgt.
14 해운 가문의 분사 선사 총선복량	1억 1,000만 DWT(2016년 말), 74개 선사 총선복량의 37% 점유

자료: Goulielmos(2017).

---

6) 1990년 Martinos 가문은 형제가 함께 해운기업을 경영할 때는 47척(180만 dwt)의 선박을 보유했으나 세 형제가 분사를 한 2003년에는 110척(1000만 dwt)의 선박을 보유하고 있어 분사로 인해 선대가 크게 증대되었음을 보여주는 좋은 사례이다(Theotokas and Harlaftis, 2009).

특히 그리스 해운기업 가문에서 일어나는 분사(set-off)는 그리스의 전통적 해운선주 가문들 사이의 결혼을 통해 집중화(concentration)하는 전략과는 아주 상반된 행태로 평가되고 있다. 그런데 이러한 기업들의 성장 속도가 전통적인 전략을 구사하는 해운기업에 비해 훨씬 빠른 것으로 밝혀지고 있다. <표 11-4>는 그리스 해운기업 가문의 분사 사례와 분사된 기업을 간략히 보여주고 있다. 한편 이 표에 정리된 기업 외에도 분사 사례가 있는 해운가문으로는 S. Livanos Hellas를 창업한 Livanos 가문, Aran Shipping and Trading을 창업한 Peratikos 가문, Astron Maritime 등을 보유하였던 Xylas 가문 등이 있다(Theotokas and Harlaftis, 2009).

이처럼 그리스 해운기업 가문의 분사는 여러 세대에 걸쳐 해운기업을 경영해온 전통적 해운가문 뿐만 아니라 비전통적 선주들의 그룹에서도 일어나고 있는 것으로 드러나고 있다. 특히 비전통적 선주 가문에서 분사가 일어난 경우를 보면, Alafouzos가문의 Ermis Marine, Nikos Frangos 자녀들의 Seaway Shipping Enterprises와 Franser Shipping, Hadjioannou 가문의 Stelmar Tankers 등이 있다(Theotokas and Harlaftis, 2009).

그런데 이러한 분사로 오히려 기업의 규모가 줄어드는 사례도 있기도 하다. 이는 분사의 경우 역동성은 확보될 수 있으나, 규모의 경제의 이점을 활용할 수 없는 단점이 일어날 수도 있기 때문으로 보인다. 이러한 단점이 노출되고 있음에도 그리스 해운계에서 분사의 사례가 다수 일어나고 있는 것은 그리스인들이 가진 강한 개성과 누구로부터도 간섭을 받기 싫어하며 자유를 만끽하고 싶은 민족적 특성도 한몫을 하고 있는 것으로 판단된다. 이러한 분사로 그리스 해운은 보다 활기를 띠게 되고 이는 결국 그리스 해운의 경쟁력을 제고하고 있는 것으로 보인다.

11.4 네트워킹[7]

그리스 해운기업의 구조적 특징으로 네트워크를 들 수 있는데, 특히 경제규모가 크지 않아 해상운송 화물이 충분하지 못한 그리스 해운계는 화물확보와 해운시장에 대한 정보를 상호 협력하며 획득하는 것이 매우 중요한 것으로 알려져 있다. 특히 관계(relation)는 네트워크의 본질을 구성하고 있는 것으로 여겨진다. Knoke and Kuklinski(1982)는 네트워크를 특정한 그룹의 사람을 연결하는 '관계의 특별한 형태'로 정의하고 있는데, 관계에는 거래관계(transaction relations), 소통관계(communication relation), 그리고 혈연관계(kinship relation) 등이 있다고 제시하고 있다. 또한 Casson(1998)은 네트워크를 사회적 그룹에서 모든 사람을 직간접적으로 함께 연결하는 높은 신뢰관계의 집합으로서 정의하고 있기도 하다. 네트워크는 기업가적 위험을 최소화하고 그리고 정보흐름을 제공하는 제도적 틀을 형성하기도 하여 그리스 해운기업이 글로벌하게 활동하는데 있어서는 이 망을 잘 활용하는 것은 해운기업의 성공적 경영에 매우 중요할 것으로 생각된다.

그리스 해운역사의 가장 권위자인 Harlaftis(2002)는 그리스인의 네트워크의 응집력은 같은 지역 출신이거나 확대된 가족 집단의 혈연관계에서 형성되고 있다고 주장하고 있다. 그리스적인 것(Greekness)은 그리스어, 그리스 정교 및 그리스 가족과 밀접하게 접목되어 있는 것으로 보고 있다. 이러한 네트워크의 형성으로 그리스가 기원전 146년 로마에 점령을 당한 후 1832년 독립을 쟁취하기까지 약 2,000년 동안 유대인처럼 유럽 등 세계 각지로 흩어져 살면서도 선박조종술 등에서 뛰어난 능력을 발휘할 수 있었던 것으로 생각된다. 이처럼 항해술에 정통한 그리스 선원이나 선주들은 로마나 오스만 제국 시기에도 그들의 해상운송 역량은 인정을 받아 선박을 소유하며 해상무역 분야에서 많은 활약을 한 것으로 평가를 받고 있다[8]. 그리스가 국권을 상실한 상태로 장구한 역사가 흐르는 가운데 세계 주요 항구도시에 정착하며 해운업을 영위한 그리스인의 네트워크는 오늘날의 해운계에서도 잘 작동하여 그리스 해운이 글로벌 경쟁력을 확보하는데 기여한 것으

---

7) 20세기 그리스 해운네트워크에 대한 보다 자세한 내용은 Harlaftis(1996)의 제10장을 참고하기 바랍니다.
8) 자세한 내용은 로마이후 그리스 해운 역사에 대해 고찰하고 있는 제5장을 참고하기 바랍니다.

로 평가되고 있다. 특히 이 네트워크에 속하는 기업은 해상운임, 선박가격, 화물 등에 대한 정보를 교환하면서, 그리스인들은 해운업에 뛰어들어 성공적 발전을 이끌어온 것으로 보인다.

특히, 20세기 들어 그리스 해운기업들이 세계 주요 지역에 사무실이나 대리점 을 개설하면서 네트워크를 만들어간 것을 <표 11-5>를 통해 보고하고 있다.

표 11-5 그리스의 글로벌 해사 네트워크*(1914~1990)

항구/도시	1914	1938	1958	1975	1990
A.서유럽					
Piraeus(그리스)	155	283	58	652	815
London	13	17	105	177	150
Hamburg	−	−	1	3	4
Lausanne	−	−	1	1	1
Marseilles	4	−	4	1	−
Paris	−	2	4	3	−
기타	2	2	15	5	11
B. 동지중해/흑해					
Constantinople/Smyrna	47	2	−	−	−
South Russia	27	−	−	−	−
Galatz/Braila	8	7	−	−	−
Alexandria	−	6	2	−	−
Limassol	−	−	−	−	13
기타	−	−	1	1	3
C. 북미/남미					
New York	−	−	138	88	40
Buenos Aires	−	1	1	1	1
Montreal	−	−	12	3	1
기타	−	−	6	6	13
D. 아시아 등					
Tokyo	−	−	−	2	2
기타			4	2	3
합계	256	320	352	857	1,057

주: * number of shipping offices/agencies.
자료: Harlaftis(1996), pp. 289~290.

이 표는 1914년부터 1990년 사이 그리스의 해운기업의 사무실과 대리점이 입지한 항구 및 도시를 나타내고 있는데, 피레우스 외 다른 나라의 항구나 도시에도 그리스 해운관련 사무소가 위치한 것을 알 수 있다. 20세기 초반에는 콘스탄티노플, 남러시아 등 동지중해에 많은 사무실이 설치되어 있었던 것으로 조사되고 있다. 그리고 20세기 중반 이후에는 런던과 뉴욕에 많은 사무실이나 대리점을 설치한 것으로 드러나고 있다. 이 시기는 그리스 정부의 선박 등록 등과 관련한 해운정책이 과도한 세금 부과 등으로 매우 불리한 환경이 조성되어 해운기업이 해외로 사무실을 이전하였기 때문으로 풀이된다. 이처럼 그리스 해운기업들이 세계 경제 중심지와 교역 그리고 금융중심지에 사무실이나 대리점을 개설하여 현장에서 일어나는 해운 관련 각종 정보를 수집, 공유할 수 있었기 때문에 보다 유리한 위치에서 사업을 수행할 수 있었던 것으로 판단된다. 이러한 요소로 인해 그리스 해운업이 짧은 기간에 세계 수위의 선복량을 확보하면서 여러 불리한 여건을 극복하며 오늘날도 글로벌 1위의 해운강국의 입지를 유지하고 있지 않나 하는 생각이 든다.

또한 [그림 11-4]는 1990년 기준 그리스 해운기업의 사무실과 대리점이 설치된 곳을 보여주고 있다. 이 그림에서 보면 그리스 해운기업은 본국의 피레우스 항구에 많은 사무실을 개설한 것을 알 수 있고 또한 해외는 런던과 뉴욕에 많은 사무실을 설치한 것으로 나타나고 있다. 이러한 현상은 영국과 미국이 그리스 해운기업이 화물이나 자금을 확보하는 데 있어 유리한 점이 많았기 때문으로 풀이된다. 그리고 그리스의 해외 거주자들이 세계 주요 교역 지역에서 해운업을 창업한 것도 영향을 미쳤을 것으로 보인다.

그리스 해운기업 사이에 형성되는 네트워크는 대게 비공식적인 형태로 조성되고 있는데 해운기업은 지역 차원 혹은 국가적 차원 아니면 국제적 차원의 네트워크 중에 한 두 곳에 참여하고 있다. 네트워크에 참여하는 기업간의 신뢰(trust)에 기반을 두고 있는데 이러한 신뢰는 같은 고향 출신이거나 혈연관계에 의해 형성되고 있다. 현재 그리스 해운계에서 가장 영향력 있는 네트워크는 키오스(Chios) 섬 출신으로 런던에서 해운업을 영위하는 선주들이 소유한 해운기업간에 형성된 네트워크가 하나의 사례가 될 수 있을 것이다[9].

---

9) 예를 들면 Chios network of London, Chios network of Greek-owned shipping 그리고 London Greek network 등이 있다(Theotokas, 2007, p. 82).

그림 **11-4** 그리스 해사 네트워크(1990년)

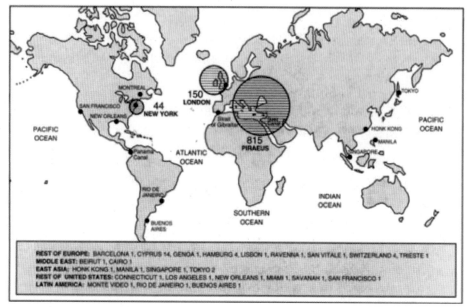

자료: Harlaftis(1996), p. 293.

한편 그리스 해운기업에 대한 저명한 학자인 Theotokas(2007)는 네트워크가 그리스 소유 해운기업에 제공한 이점을 여섯 가지로 정리하고 있다. 첫째, 중소해운기업들이 네트워킹을 통해 외부경제효과를 누릴 수 있다고 주장하고 있다. 중소해운선사는 내부경제의 부재로 인하여 화물확보나 정보 수집에서 불리할 수 있으나 네트워크를 활용하여 이러한 불리한 점을 상당히 극복할 수 있을 것이다. 두 번째로는 거래비용(transaction cost)의 절감을 들고 있다. 즉 해운기업의 경쟁력은 용선주, 공급자, 선급, 보험업자, 항만 등과의 거래에서 비용과 위험을 절감하는 것에 크게 좌우된다. 그런데 이러한 거래에서 협상력을 가지기 위해서는 다른 해운기업과 공조할 때 유리한 입장에서 접근할 수 있게 될 것이다. 세 번째의 이점으로는 정보 공유와 비용 절감인데, 해운은 정보집약적 산업으로 볼 수 있다. 즉 운임, 화물, 시장전망, 인력공급, 항만조건 등에 대한 정보는 거래 위험을 줄이는 데 있어서 중요한 요소가 되고 있다. 따라서 이러한 정보를 적기에 적절한 비용으로 획득하는 것은 해운기업의 경쟁력 제고에 도움이 될 것이다. 특히 중소선사 단독으로 해운관련 정보를 수집하는 데는 많은 비용이 소요되므로 여러 기업이 상호 협력하여 정보를 획득하는 전략을 구사하면 비용을 절감할 수 있을 것이다. 특히 경쟁이 치열한 벌크해운시장에 참여하는 중소 규모 해운기업간의 네트워크는 이들 기업의 성공적 운영에 있어 매우 중요한 역할을 할 것이다.

네 번째로는 산업의 지식 기반을 향상하는데 도움이 된다고 주장하고 있다. 선사 간 네트워크를 통해 암묵지의 기반을 구축하고 나아가 네트워크는 해운기업 사이에 암묵지를 확산하고 재생산하는 수단이 되고 있다고 보고 있다. 또한 네트워킹은 해운 산업 내에 암묵지를 보유하는 방안이 될 수도 있을 것이다. 다섯 번째로는 외부환경변화에 대해 공동 대응을 할 수 있는 조직으로서 역할을 할 수 있다는 이점이 있다. 부정기선 해운업은 운임 변동폭이 매우 크기도 하여 이 분야는 위험이 상대적으로 크므로 특히 중소부정기선사는 상호 네트워크를 형성하여 위기에 공동 대응하거나 좋은 기회를 공유하며 이익을 함께 창출할 수 있을 것이다. 해운경기의 특정 국면에서 선박을 대량으로 매매하는 것은 그리스 해운선사들의 네트워크 활용에 기반을 두고 있는 것으로 볼 수 있을 것이다.

여섯 번째로는 해운의 국가적 경쟁우위를 강화할 수 있는 이점이 있다는 것이다. 국가적 차원에서 볼 때 네트워크는 해운기업의 경쟁우위의 확산을 위한 수단이 되고 있으며 또한 이는 결국 국가의 경쟁우위 확보에도 도움이 될 것으로 보고 있다. 이러한 네트워크의 이점은 대응의 속도와 유연성에 기초하고 있고 또한 암묵지에도 기초하고 있다. 아테네 남동쪽에 위치한 피레우스 항구는 현재 그리스의 국제해운집적지로 발전하였는데 이는 해운기업과 해운관련 기업의 네트워크 형성을 통해 조성된 것으로 평가되고 있다.

11.5 그리스 선주의 경영철학

오늘날 경제적 측면에서 볼 때 그리스가 세계 경제에서 갖는 위상이 우리나라보다도 훨씬 못 미치는 수준이다. 그럼에도 불구하고 그리스 해운은 세계 선복량의 18% 정도를 점유하며 그 위력을 발휘하고 있다. 이처럼 해운에서 유독 그리스가 장기를 발산하고 있는 것을 제대로 파악하기 위해서는 해운업의 근간을 이루는 해운기업을 창업하고 경영하는 사람 소위 해운기업가(maritime entrepreneur)에 대해 이해를 도모하는 것은 중요한 것으로 생각된다. 특히 이들이 어떤 정신으로 그리스 해운을 개척하고 발전시켜 왔는지를 살펴보는 것은 그리스 해운을 이해하는 데 매우 중요한 요소로 생각된다. 그래서 여기서는 간단히 그리스 선주들이 해운업에 참여하는 동기를 포함하는 선주들의 (경영)철학을 살펴보고자 한다.

우리가 현재 사용하는 '철학(philosophy)'은 그리스어 'philosophia'에서 유래하고 있는데 이는 '사랑하다 혹은 좋아하다'라는 'philos'와 '지혜'라는 'sophia'의 합성이다. 그리스어 필로소피아는 결국 지혜를 좋아하거나 사랑한다는 의미를 갖고 있는데, 지혜는 세계에 대한 인식을 탐구함을 내포하고 있다. 이렇게 보면 철학은 세계에 대한 근본 인식과 근본 태도를 지칭하는 의미로 여기서의 세계는 '존재하는 모든 것'을 뜻하고 있다[10]. 결국 철학은 존재하는 모든 것에 대한 근본 인식과 근본 태도로 정의할 수 있고 존재하는 모든 것에는 자연, 사회 그리고 인간도 포함되고 있다. 따라서 철학은 자연과 사회 및 인간에 대한 근본 인식과 근본 태도를 추구하는 학문으로 볼 수 있다. 한편 존재하는 모든 것에 대한 인식과 태도는 세계관인데 이렇게 보면 철학은 세계관으로도 볼 수 있다. 세계관은 우리가 세계를 어떻게 보는지, 어떻게 생각하는지를 의미하기도 하므로 철학은 존재하는 것을 바라보고 그에 대해 사고하는 방법으로도 볼 수 있을 것이다.[11]

또한 중국 철학사를 정리한 Fung(1948)은 철학을 '생(life)에 대한 체계적·반성적 사색'이라고 말하고 있다. 이렇게 보면 철학은 우리 삶의 과정에 대해 탐구하고 사색하는 데서 출발하고 있다고 생각된다. 서양철학의 출발은 고대 그리스에 그 연원을 두고 있는데, 그 대표적인 인물인 소크라테스는 시장(아고라)에서 제자들과 끊임없는 문답으로 어떤 사안에 대해 생각의 틀을 만들어 가며 각자가 나름의 참된 사고를 하도록 도와주는 산파의 역할을 했던 것이다. 영국의 Whitehead(1985)는 서양철학은 '플라톤 철학의 주석(a series of footnotes to Plato)'이라는 말을 하였는데 이는 그만큼 플라톤이 이데아 사상을 추구하는 접근 방법이 서양철학의 개념 형성에 큰 영향을 끼쳤기 때문으로 풀이된다. [그림 11-6]은 이탈리아 화가 라파엘이 그린 아테네 학당[12]으로 이 그림 속에는 소크라테스, 플라톤, 아리

---

10) Fung(1948)은 존재하는 모든 것의 총체를 우주로 보고 있다.
11) 조성오(2009.9.27.)를 참고하고 있다.
12) 이 그림은 라파엘이 율리오 2세 교황의 주문으로 1509~1510년 사이 제작한 것으로 바티칸 사도 궁전의 '서명의 방'에 그린 프레스코화이다. 이 작품은 고대 대학자들을 모아 놓은 상상화로 등장인물의 생존 연대는 각기 다르기도 하다(https://namu.wiki/w/아테네학당).

스토텔레스, 디오게네스 등 고대 그리스 철학자들이 많이 포함되어 있으며, 피타고라스, 유클리드와 같은 수학자 그리고 알렉산더, 알키아비데스 등 정치가도 일부 포함되어 있다. 이 속에 속하는 철학자 중 소크라테스의 직속 제자인 플라톤과 플라톤의 제자인 아리스토텔레스의 경우 서로 다른 입장을 견지했다. 이러한 것이 반영되어 그림에서 나타나고 있는데 즉 그림 중앙에서 보면 플라톤은 손을 하늘을 향해 있는데 이는 이데아를 추구하는 그의 사상을 암시하고 있다. 반면에 아리스토텔레스는 손을 아래로 가리키고 있는데 이는 현실을 중시하는 그의 사상을 대변하는 것으로 볼 수 있다. 이처럼 같은 뿌리에서 나왔어도 견해를 달리하며 세상을 인식하고 있는 것을 알 수 있다. 여기에 등장하는 철학자들은 각기 나름의 학파를 형성하고 있는 것을 또한 알 수 있다.

그림 11-5 아테네 학당과 고대 그리스 철학자

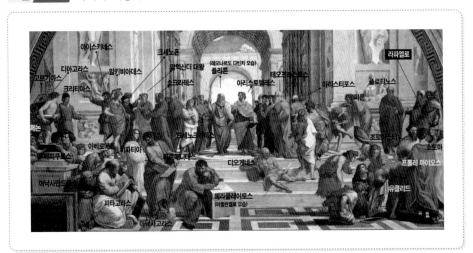

자료: http://jjong.info/Anything/37457(2021.5.12.)

특히 서양철학의 발생지인 그리스에서 해운업을 영위하는 기업가들은 어떤 정신과 사고(철학)으로 해운업에 참여하고 그들이 창업한 기업을 어떻게 운영해왔는지에 대해서는 많은 점이 궁금하기도 하다. 그런데 이 분야와 관련한 연구는 아직 매우 미미하여 문헌을 구하기 쉽지 않은 점이 있다.

여기서는 Theotokas and Harlaftis(2009)와 Theotokas(2007)을 중심으로 그리스 해운기업의 구조적 특징 중의 하나인 경영철학을 간략히 정리하기로 한다. 이들

의 주장에 의하면 그리스 선주들은 해운기업의 소유를 단순히 이익만을 추구하는 투자자로서 역할을 하기보다는 기업가적 자세로 임하고 있다는 것이다. 즉 해운을 단지 금전적 이득을 추구하는 원천으로만 생각하지 않고 그 이상으로 여기고 있다. 또한 그들은 해운을 전문가적 영역(professional area)으로 간주하고 그들이 승선이나 육상의 해운관련 업무를 수행하면서 몸소 체험한 노하우를 살려 그들의 꿈을 실현하는 기회로 보고 있는 것으로 생각된다. 이러한 그리스 해운기업가(선주)의 해운기업의 창업과 경영은 어떻게 보면 Maslow의 욕구 5단계 중 최고의 수준인 자아실현(self-actualization)으로 볼 수 있을 것이다[13]. 이러한 동기부여로 인해 그리스 해운은 많은 제약 요건이 있음에도 잘 극복하며 오늘날의 해운강국으로 발전하는데 있어 그들의 해운에 대한 철학 내지 시각은 중요한 역할을 한 것으로 판단된다.

특히 이러한 그리스 선주들의 특성이 형성되게 된 것은 많은 선주들이 이전에 선원으로 종사한 직업적 속성에서 비롯되고 있기도 한 것으로 생각된다. 해운관련 직업에 오랫동안 종사한 경험으로 인해 선주들은 해운기업 경영에 필요한 노하우를 보유하게 되었고 또한 이는 소유권과 기업의 경영 사이에 절대적 상관관계를 갖게 되었다(Theotokas and Harlaftis, 2009). <표 11-6>은 여러 세대에 걸쳐 해운업을 영위해 오고 있지 않는 해운기업 소유자 즉 비전통적 선주들의 해운기업을 창업하기 전에 가졌던 직업을 조사한 것이다. 여기서 보면 이전 직업이 파악되지 않는 선주 527명을 제외한 112명의 선주 중 74명이 상선의 사관(40명)과 해운기업의 종업원 또는 대리인(34) 출신으로 조사되고 있다. 나머지는 상인, 제조업자 그리고 토목기술자 등으로 나타나고 있다. 자료가 오래 된 것이지만 그리스 해운의 선주들이 이전에 경력을 쌓은 직종을 확인하는데 하나의 실마리가 될 수 있을 것으로 보인다. 이 통계에서도 알 수 있듯이 112명 중 약 66%를 차지하는 직업군이 상선의 사관과 해운업 종사자였던 것으로 조사되고 있다. 이러한 그리스 선주들의 이전에 가진 직업적 특성으로 인하여 그리스 해운이 비용 등에서 우위를 가지며 고속으로 성장할 수 있었던 것으로 평가되기도 한다.

---

13) Gitman and C. McDaniel(2005) (정재영 외 공역(2006), pp. 346~347).

표 **11-6** 비전통적 선주들의 직업 구성비(1975년)

경제적 직업 원천	경제활동 중심지	선주 수	선주 수의 비중(%)	총톤수(GT) (천)	GT 비중 (%)
A. 전통적 선주 (아버지 선주)	Piraeus	41	5.4	3,724	9.1
	London	69	9.0	11,083	27.0
	New York	14	1.8	6,145	15.0
	기타	2	0.3	414	1.0
	소계	126	16.5	21,366	52.1
B. 비전통적 선주	Piraeus	617	80.7	10,434	25.4
	London	7	0.9	4,970	12.1
	New York	10	1.3	1,365	3.3
	기타	5	0.7	2,949	7.2
	소계	639	83.6	19,718	48.0
1. Officer of Mercantile Marine	Piraeus	34		1,532	
	London	3		682	
	New York	3		411	
	기타	0		0	
	소계	40	5.2	2,626	6.4
2. Employee or agent of shipping firm	Piraeus	26		1,097	
	London	4		4,226	
	New York	3		236	
	기타	1		73	
	소계	34	4.4	5,632	13.7
3. Merchant	Piraeus	12		2,098	
	London	0		0	
	New York	0		0	
	기타	2		2,585	
	소계	14	1.8	4,682	11.4
4. Industrialist	Piraeus	7		495	
	London	1		62	
	New York	3		624	
	기타	1		224	
	소계	12	1.6	1,405	3.4
5. Civil Engineer	Piraeus	4		357	
	London	0		0	
	New York	0		0	
	기타	0		0	
	소계	4	0.5	357	0.9
6. 기타	Piraeus	7		359	
	London	0		0	
	New York	1		93	
	기타	0		0	
	소계	8	1.0	452	1.1
7. 미확인	Piraeus	527	68.9	4,497	11.0
	Paris	1		67	

자료: Harlaftis(1993), p. 31.

두 번째로 주목할 그리스 해운기업 소유자(선주)의 경영철학의 특징은 기업 경영에 대한 지배력이 매우 강력한 가운데 이해충돌이 발생할 때 새로운 기업을 창업한다는 점이다. Theotokas and Harlaftis(2009)는 그리스 선주들은 그들 소유 기업에 대해 절대적인 통할권을 보유하며 그들 스스로 전략 및 운영에 대한 의사결정권을 행사하고 있다고 주장하고 있다. 만약 이러한 통할권과 의사결정권 행사에 있어 침해를 받게 되면 그 기업을 떠나서 새로운 사업체를 설립하는 것이 빈번하게 발생하는 것으로 밝혀지고 있다(Goulielmos, 2017). 특히 이러한 현상은 그리스 해운업의 성공요인의 하나로 보고 있는 가족소유 기업의 형태에서 다음 세대로 경영권이 이양될 시점이나 새로운 사업 영역 등을 결정할 때 종종 발생하고 있는 것으로 알려져 있다. 즉 선대의 기업과 경영권을 물려받는 과정에서 가족 구성원 간의 의견 충돌로 구성원 중 한 두 사람이 기존의 기업을 떠나 새로운 기업을 창업하는 경우이다. 이는 그리스 소유 해운기업의 분사(fragmentation 혹은 set-off)로 볼 수 있고 이는 결국 그리스의 선대 증대에 크게 기여한 것으로 평가되고 있다.

이러한 그리스 선주들의 기업가적 도전정신의 발휘에서 그리스 선주들의 철학의 한 면을 읽을 수 있다. 이러한 그리스 선주들의 행동은 앞에서도 지적했듯이 해운을 통해 금전적 이익만을 추구하는 것을 넘어 그들의 비전을 실현하는 전략으로 보고 있기도 하다. 따라서 그리스의 가족 중심의 해운기업의 승계 과정에서 일탈한 선주는 위험을 감수하고서 분사를 하는 경우가 종종 일어나고 있다. 이러한 길을 택한 선주들은 분사된 기업의 성공을 위해 그들이 보유한 노하우를 최대한 활용하고 있는 것이다. 한편 소유주가 한 명 이상인 가족기업에서 구성원 사이 의견 충돌로 발생하는 분사를 극복하는 한 방법으로 일상 경영에 대해 책임을 지는 전문경영자에게 기업경영에 대한 전권을 부여하기도 한다. 이렇게 하여 전문경영자가 중간에서 완충 역할을 하며 가족 구성원간의 갈등의 소지를 없애거나 조정자로서 역할을 수행할 수도 있을 것이다. 이 경우는 사업을 통합하는 가족 구성원의 참여를 제한하는 것을 전제로 하거나 아니면 여러 소유자 중 전략과 정책에만 관여하도록 하는 장치를 마련하는 것이 필요할 것이다.

세 번째의 그리스 해운기업의 경영철학으로 볼 수 있는 것은 그리스 소유 해운기업에서 경영에 대해 책임을 지는 전문경영자가 있는 경우는 소수의 몇몇 대기업에 불과하다는 것이다. 이런 대기업은 해운업 외에 다른 분야에서도 경영활동을 전개하고 있기도 하다. 광범위한 사업 그룹의 자회사를 가진 소수의 사업체가 해운기업의 경영은 전문경영자에 주로 의지하고, 한편 소유자들은 전략적 과제에만 한정해서 참여를 하고 있는 것으로 조사되고 있다(Theotokas and Harlaftis, 2009). 즉, 사업범위가 광범위한 기업그룹의 자회사들의 경우 선주는 사업의 전략에만 관여하고 나머지 일반적 기업 업무는 다년간의 경험을 가진 전문경영자가 맡아 처리하고 있는 것으로 조사되었다. 특히 중소 해운기업의 경우는 업무가 비교적 단순하여 선주가 기업 경영 전반에 대해 주도권을 쥐고 운영을 하는 것으로 조사되고 있는데, 이는 일반 중소기업의 경영과 비슷한 현상으로 보인다. 그런데 그리스 선주의 전문경영자 고용과 경영자에게의 권한이양에 대한 부정적인 시각은 선주가 다른 업종으로 사업의 영역을 확대하고 또한 그들의 자녀가 해운을 계속 영위하는 데 관심을 갖지 않을 때 주로 발생하는 경우로 조사되었다.

네 번째로 들 수 있는 그리스 선주의 경영철학의 특징은 그리스 선주들은 다른 분야로 진출하여 사업을 하더라도 어느 정도의 선대를 보유하며 해운업에 종사하는 것을 가족의 일(family job)로 생각하고 있으며, 나아가 해운 관련 전문적인 일의 수행을 통해 인정을 받으려고 한다는 것이다(Theotokas and Harlaftis, 2009). 그리고 해운을 투자기회 부문으로 받아들이고 있기도 하나, 해운사업의 선주-창업자(shipowner-founder)는 그들 후계자들을 투자자로 전환할 의향이 없었고 또한 해운업을 순수한 소득의 원천으로 전환할 의지도 없는 것으로 조사되었다. 반면에 선주-창업자는 해운업에 대한 경영활동을 중단할 것을 선언하고 그들의 후계자들이 개인적 관심을 갖는 활동에 참여하고 있는 경우도 있는 것으로 밝혀졌다(Theotokas, 1997, 2009)[14].

이상에서 살펴본 그리스 해운기업 소유자인 선주들의 경영철학은 해운을 단순히 부를 추구하는 방편으로 생각하는 것에 머물고 있지 않다. 즉, 선주들이 해운 분야에서 경력을 쌓는 가운데 체득한 노하우를 실현하는 소위 기업가적 정신을 발휘하는 사업 영역으로 보고 있다는 것이다. 어떻게 보면 영리 추구를 하는 기업임에도 오로지 이익 추구에 초점을 두기보다는 해운업을 통해 그들의 기업가적 창업정신을 구현하며 국가 경제 발전에 기여하고 나아가 3국간 해상운송 서비스를 통해 글로벌 교역의 확대에 이바지하려는 세계관을 발휘하고 있는 것으로 보

---

14) Theotokas and Harlaftis(2009, p. 45)에서 재인용하였다.

인다. 이러한 관점으로 볼 때 Maslow의 욕구 5단계에서 가장 높은 단계인 자아실현의 과정이 그리스가 글로벌 경쟁력을 확보한 해운이라는 분야에서 그리스의 선주들에 의해 성취되고 있다.

<표 11-7>은 그리스 해운기업 중 컨테이너선에 주력하고 있는 Danaos의 경영철학을 요약하고 있는데 이 기업은 가장 높은 수준의 효율성, 안전, 신뢰를 실현하는 목표를 갖고 있다. 이를 위해 5가지 방안을 갖고 있는데, 우선 육상 근무자와 해상 근무자의 훈련을 향상시키고, 둘째는 조직 내에 모든 선박을 통합하는 것이다. 셋째는 연구개발 프로젝트에 적극적으로 참여하고 주도하도록 하고 있다. 네 번째로는 회사문화를 진작하고 승선하고 있는 모든 선원을 단합하게 하고 있다. 끝으로 Danaos는 컨테이너 부문에서 리더가 되기 위해 Danaos가 보유하고 있는 강력한 비교우위 요소에 의해 성장을 추구하는 것으로 하고 있다.

표 11-7 그리스 해운기업의 경영철학 사례(Danaos)

경영철학(Philosophy) 우리의 비전, 우리의 가치
우리는 다음에 의해 가장 높은 수준의 효율성, 안전, 신뢰를 실현하는 목표를 지향한다. • 육상 근무자와 해상 근무자의 훈련을 강화한다. • 조직 내에 모든 선박을 통합한다. • 연구개발 프로젝트에 적극적으로 참여하고 주도한다. • 회사문화를 진작하고 승선하고 있는 모든 선원을 단합하게 한다. • 컨테이너 부문에서 리더가 되기 위해 보유하고 있는 강력한 비교우위 요소로 성장을 추구한다.

자료: https://www.danaosshipping.gr/uk/the-company-philosophy/(2021.5.15.)

Danaos는 이러한 철학이 담긴 비전을 실현하기 위해 사명선언(mission statement)을 하고 있다. 즉 Danaos는 안전하고 효율적이며 비용효과적인 해상컨테이너 운송을 제공하며 그리고 컨테이너선 소유자들의 최우선적인 선택을 유지하여 기업의 모든 이해관계자들을 위해 가치를 창출하는 것으로 하고 있다. 이러한 목적을 달성하기 위해 Danaos는 지속적이고 환경 친화적인 해결방안을 추구하면서 지속적으로 운항기술(operational technic)과 재무인프라 구축에 상당한 투자를 하고 있다[15].

---

15) https://www.danaosshipping.gr(2021.5.15.)

11.6 기업문화

　현대 사회에서 가장 핵심적인 역할을 하고 있는 기업은 다양한 인재를 고용하여 재화와 서비스를 고객에게 제공하며 이익을 추구하는 조직이다. 이러한 목적을 갖고 구성원들이 한 조직에서 활동하다 보면 자연스레 어떤 특색을 갖게 되고 이는 그 기업의 고유한 특성으로 자리를 잡게 될 것이다. 이처럼 한 기업이 다른 기업과는 차별화되는 특성은 구성원의 가치관이나 그 기업이 속한 산업의 종류 등에 따라 상이할 수 있을 것이고 그 기업이 속한 국가에 따라서도 다를 수 있을 것이다. 구성원의 가치관이나 행동준거는 그 기업의 소유자나 최고경영자의 세계를 보는 시각인 가치관에 의해 큰 영향을 받을 수도 있다. 기업 창업의 동기, 리더들의 종교, 업종, 사회적 관습, 법률과 규제 등도 기업문화에 영향을 미칠 수 있을 것이고 또한 기업문화는 구성원들의 일하는 방식이나 조직에 대한 충성도 등에도 영향을 미쳐 결국 기업의 경영성과를 좌우하기도 할 것이다.

　한편 기업문화(corporate culture)에 대한 개념은 다양하게 소개되고 있는데 Gitman and McDaniel(2005, p. 237)은 '어떤 조직(기업)을 다른 조직(기업)과 구별되게 만드는 구성원들의 태도, 가치관, 행동기준의 집합'을 기업문화로 정의하고 있다. 이들은 기업문화는 기업의 창업 후 성장하는 과정에서 보다 나은 형태로 전개되며 창업자의 비전을 포함한 조직이 걸어온 역사에 기반을 두고 있다고 주장한다. 특히 기업의 경영에 지배적인 행사를 하는 리더의 스타일에 의해 많은 영향을 받으며, 기업문화의 징표는 회사의 영웅(애플의 스티브 잡스), 신화(회사 내에 전해내려 오는 성공담), 상징(로고) 등에서 나타나고 있는 것으로 보고 있다. 이학종(2008, p. 15)은 기업문화를 기업체의 구성원들이 공유하고 있고 구성원 행동과 전체 기업행동에 기본전제로 작용하는 기업체 고유의 가치관(value)과 신념(belief), 관습(habit)과 규범(norm), 그리고 행동패턴 등의 총체로 보고 있다. 유필화·신재준(2002, p. 20)은 '기업의 모든 구성원이 인정하고 공유하는 당해 기업의 가치관 및 목표체계'를 기업문화로 정의하고 있다. 이상에서 간략히 기업문화에 대한 개념을 살펴보았는데 여기서 공통적인 요소는 '구성원의 가치관'으로 앞에서 고찰한 기업가의 경영철학과도 일맥상통하는 면이 있는 것으로 생각된다.

최근 기업문화에 대해 관심이 높아지고 있는 것은 기업문화를 구성하는 요소들이 상호 잘 작동되어 구성원들로 하여금 그들이 보유하고 있는 역량을 최대한 발휘하는데 도움을 주고 있기 때문일 것이다. 종업원의 역량이 잘 발휘되면 우선 기업의 생산성이 높아질 것이고 나아가 매출도 증대되어 결국 이익의 극대화도 달성할 수 있을 것이다. [그림 11-6]은 기업구성원의 역량 발휘에 있어 중요한 기업문화를 구성하는 7가지 요소를 보여주고 있다.[16] 그 첫째는 기업의 구성원들이 공통으로 갖는 가치관이나 이념 혹은 기업의 존립 목적 등 기업의 공유가치 (shared value)이다. 둘째는 기업의 장기적 방향과 기본성격을 결정하는 전략으로 기업의 계획 및 이를 달성하기 위한 자원배분 정책을 포함하고 있다. 셋째는 구조인데 이는 기업체의 전략을 수행하는 데 필요한 틀로 조직구조, 직무설계, 권한 관계 및 방침 등의 기업의 공식 요소로 이는 구성원의 일상 업무수행과 행동에 영향을 미치고 있다. 넷째는 제도로 이는 경영의 의사결정과 일상운영에 틀이 되는 각종 시스템을 포함하고 있다. 다섯째는 구성원으로서 이는 기업문화를 형성하는데 가장 주체적인 역할을 수행하고 있는데, 구성원의 가치관, 능력, 전문성,

그림 11-6 기업문화 구성 요소(7S)

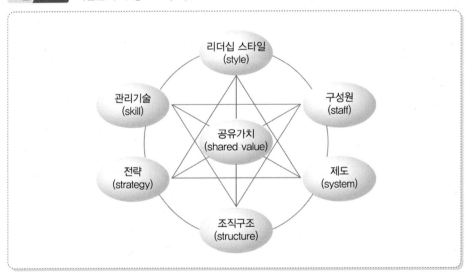

자료: Pascale and Athos(1991, p. 203); Peters and Waterman(1993, p. 10) (이학종(2008, p. 21)에서 재인용)

---

16) 이학종(2008, pp. 20~21)을 참고하여 정리하고 있다.

욕구와 동기, 지각과 태도, 행동패턴 등을 포함한다. 여섯째는 전략의 실행방법을 의미하는 관리기술로 하드웨어 및 소프트웨어 기술과 경영기술을 통해 구현되고 있다. 마지막으로 구성원들을 이끌어 가는 전반적인 조직관리 스타일로 구성원 행동과 상호관계 그리고 조직분위기에 큰 영향을 주고 있다.

이상에서 간략히 살펴본 기업문화의 각 요소는 상호 밀접하게 연계되어 작동하면서 기업의 고유한 성격을 만들어 나갈 것이며, 이는 기업문화의 형태로 형성되어 기업의 특성을 나타내는 색깔이 될 것이다. 각 요소 간에 연결성이 긴밀하고 의존성이 높을수록 강하고 뚜렷한 기업문화를 형성하여 기업의 성과에도 긍정적인 영향을 주는 것으로 알려져 있다. 그렇지 않고 상호연결성과 의존성이 느슨하면 약하고 일관성 없는 기업문화가 형성되어 기업의 성과에도 부정적인 영향을 미칠 것이다.

최근 세계 해운업계에서 가장 대대적인 기업문화의 혁신을 추진한 기업이 세계 1위의 정기선사인 덴마크의 A. P. Moller-Maersk 회사일 것이다. 이 기업은 2008년 글로벌 금융위기 이후 커다란 위기에 직면한 다른 해운기업과 거의 유사하게 경영에 많은 어려움을 겪게 되었다. 이러한 위기에 처한 머스크선사는 100년 이상 유지되어온 가족적 기업문화를 효율성과 생산성을 중요시 하는 기업문화로 탈바꿈한 것으로 알려져 있다. 머스크라인은 [그림 11-7]에서 보고하고 있는 바와 같이 직원존중, 강직, 겸손, 지속적 관리, 명예 등 5대 핵심가치는 유지하되 이의 실현을 위한 일하는 방식은 송두리째 바꾼 것으로 보고되고 있다.[17] 경영악화로 많은 직원을 해고하면서 종신 직장의 개념이 없어지기 시작하였고, 이제는 종업원은 업무에 대해 보다 전문성을 갖추고 기업의 수익성을 최우선으로 고려하는 문화로 변화하고 있다고 평가하고 있다. 라스 옌센(2014, p. 230)에 의하면 머스크 종업원들의 회사에 대한 충성도는 약해지고 대신에 전문성을 보유한 고용인과 피고용인 관계가 자리를 잡고 있다고 평가하고 있다. 또한 머스크사는 업무추진이나 외부환경의 변화에 대해 이전보다 더 빠르게 행동하고 반응하는 기업으로 자리매김하고 있다고 한다. 그리고 철저한 비용관리를 통한 원가절감과 효율적 비즈니스 관리방법에 중점을 둔 성과중시 문화가 정착되기 시작한 것으로 알려져 있다. 머스크선사의 소통이 보다 개방적이고 적극적으로 변모하였고 이제 종업원

---

17) 자세한 내용은 라스 옌센(보컨설팅그룹 서울오피스 역, 2014)을 참고하기 바랍니다.

들은 회사일과 개인의 삶에 있어 균형을 유지하는 입장으로 변한 것으로 알려져
있다.

그림 11-7 머스크선사의 5대 핵심가치

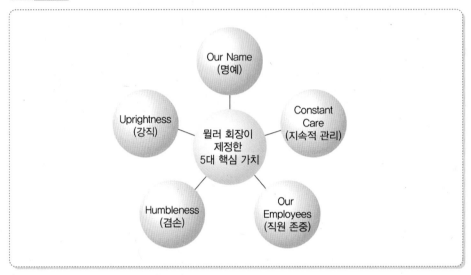

자료: 라스 옌센(2014), p. 22.

[그림 11-8]에서 보는 것처럼 머스크의 문화는 4개의 동심원으로 구성되어 있
는데, 가장자리에 5대 핵심가치가 있고, 그 다음에는 이 핵심가치를 실천하는데
원동력이 되는 지지가치가 자리하고 있다. 세 번째 원은 종업원의 행동방식으로
핵심가치와 지지가치가 실천되는 방식이며, 가장 바깥에 있는 것으로는 기업문화
가 시각적으로 표현되는 구체적 사물인데 이들은 주로 매니저의 집무실 인테리
어, 직원에 대한 보상 방법, 회사와 관련한 스토리 등이다. 머스크의 기업문화는
핵심가치의 정신은 유지하되 접근 방법 등은 이전과는 다른 상당히 혁신적 접근
으로 이전의 가족적이고 종신 고용적 문화를 보다 전문적이고 성과위주의 문화로
의 변혁을 추구하고 있는 것으로 평가되고 있다.

특히 세계 최고의 경쟁력을 확보한 그리스 해운기업에 대한 연구를 많이 수행
하고 있는 Theotokas(2007, pp. 77~78)는 기업의 구조와 문화에 대한 기업가의 장
기의사결정이 기업의 성공에 있어서 중요한 요소라고 보고 있다. 그는 기업의 구
조와 문화를 결정하는 기업가적 철학은 분명히 그리스 해운기업의 발전을 위해서

그림 **11-8** 머스크의 기업문화 구성 요소

직원의 행동방식 · 가치가 실천되는 방식

5대 핵심 가치

지지 가치

기업 문화가 시각적으로 표현되는 구체화된 사물

자료: 라스 옌센(보컨설팅그룹 서울오피스 역)(2014), p. 28.

는 중요한 요소였을 것이라고 주장하고 있다. 특히 그리스 해운기업의 소유자들 (선주)이 이전에 선원이나 해운기업의 종업원으로 종사한 직업적 배경(professional origin)에서 연유하는 기업가적 철학은 독특한 기업문화를 형성하는데 영향을 미친 것으로 알려져 있다. Theotokas(2007)는 그리스 해운기업의 핵심가치(core values)는 일에 대한 열정(hard work), 신뢰(trust), 불굴의 인내력(persistence), 충성 (loyalty) 등을 제시하고 있다. 이러한 가치(values)는 선원이나 해운계 종사 경험이 있는 선주들이 창업한 해운기업의 문화를 형성하는데 기반이 되었을 뿐만 아니라 경영스타일에도 영향을 미친 것으로 평가되고 있다.

특히 Theotokas(2007)는 그리스 해운기업을 지배하는 문화는 힘의 문화(power culture)라고 주장하며, 이러한 문화에서는 조직의 구조는 거미집(web)형태로 나타나고 있다고 주장하고 있다. 이러한 경우 중앙집권적 힘의 원천에 의존하는데, 이때 중앙집권적 힘의 원천은 강력한 힘을 보유하고 있으며 또한 중앙으로부터 뻗어져 나와 강력한 영향력을 갖게 될 것이다. 그리고 중앙의 힘은 통상 거미집형태의 조직구조의 정중앙에서 직위를 보유하고 있는 기업의 창업자나 전략적 리더로부터 나오기도 한다. 이러한 힘의 문화에 기반한 기업은 신속하게 움직일 수 있으며 또한 위협이나 위험에 잘 대응할 수도 있다고 한다.

또한 Theotokas(2007)는 이러한 힘의 문화는 벌크해운업의 끊임없이 변화하는 경영환경에 적절히 적응하기 위해 노력하는 가운데 형성된 문화이기도 하다고 주장하고 있다. 그리스 해운기업의 기업가적 철학과 해운기업의 핵심가치는 유연성

(flexibility), 적기의 의사결정(timely decision-making), 기회(opportunities) 내지 도전(challenges)에 대한 빠른 적응(fast adaptation)으로 특징되는 중앙집권적 경영스타일이 형성되게 한 것으로 알려져 있다. 신조 건조계약이나 중고선 매매 계약 심지어 전체 선대의 매매계약이 즉각적으로 이루지는 경우도 있다. 이러한 그리스 해운계의 신속성은 중앙집권적 힘의 문화를 보유한 그리스 해운기업의 경영스타일의 한 사례가 되고 있다. 유연성과 시기선택 능력은 그리스인들이 지금까지 변화하는 해운환경에 적응할 수 있게 하였고 또한 그리스 소유 선대의 확대와 발전을 가능하게 한 것으로 평가되고 있다.

Theotokas(2007)에 의하면 그리스 선주의 기업가적 철학은 해운업을 영위해 온 전통모델의 적용을 설명하는 한 요인이 되고 있는 것으로 알려져 있다. 이러한 힘을 바탕으로 한 기업문화는 전략적 운영적 수준에서의 기업에 대한 절대적 통할권을 보유하게 하고 있다. 그리고 이 문화는 선주들이 핵심역량(core competency)과 경쟁우위의 원천 즉 선박의 기술적 관리에 대해 외부자원을 활용하는 것을 용인하지 않고 있기도 한 것으로 알려져 있다. 이로 인하여 그리스의 해운에서는 제3자의 선박관리 분야가 잘 발달하지 않고 있기도 하다고 주장하고 있다. 그리스 해운기업이 독립적 선박관리 기업과 계약을 한 경우 주로 선원관리에 관해서만 맡기고 있다고 그는 주장하고 있다.

이상에서 살펴본 것처럼 어떤 기업 고유 특성을 반영하고 있는 기업문화는 경영형태나 경영성과에 많은 영향을 미치고 있는 것을 알 수 있다. 특히 오늘날 그리스 해운은 자국의 경제적 위상에 비해 아주 뛰어난 글로벌 경쟁력을 확보하고 세계 해운시장에 그 능력을 발휘하고 있다. 이러한 그리스 해운의 우수성은 그리스 해운기업의 소유자들이 풍부한 승선경험에서 체득한 현장 지식에 근거하여 급변하는 해운환경에 신속하게 대응하였기 때문으로 풀이된다. 특히 신조를 발주하든 중고선을 매입하든 선박확보 등과 관련한 의사결정을 신속하고 합리적으로 수행하는 중앙집권적 기업문화가 작동하고 있는 것으로 보인다. 그런데 최근의 그리스 해운기업의 선주들은 창업 세대와는 다른 경로로 경력을 쌓고 있어 머지않은 미래에 이러한 중앙집권적 기업문화는 변화를 가져올 여지가 있는 것으로 생각된다.

제5부

그리스 해운기업의 자금조달

12 은행대출과 그리스 해운기업의 자금조달

이 장에서는 그리스 해운기업의 자금조달 중 간접금융시장을 통한 자금조달 즉 은행대출을 중심으로 분석하고 있다. 먼저 해운기업의 자금원천에 대해 고찰하고 있는데, 해운기업은 전통적으로 은행에서 차입하는 비중이 약 60%에 이르고 있어 부채비율이 높은 자본구조를 취하게 되어 재무적 곤경(financial distress)에 노출되기가 쉬운 것으로 알려져 있다. 이어 그리스 해운기업이 글로벌 은행과 자국 은행을 통해 어느 정도 자금을 조달하고 있는지를 분석하고 있다. 그리스 해운기업은 선박 확보에 필요한 자금을 자국 금융기관에서 조달하는 비중이 30% 내외이고 나머지는 영국, 독일, 프랑스, 스칸디나비아 국가 등의 은행과 최근에는 중국의 은행이나 리스회사로부터 상당히 조달하고 있는 것으로 알려져 있다.

12.1 해운기업의 자금원천

12.1.1 금융과 해운

금융이 경제발전에 도움을 주는지 실물경제의 발전이 금융의 발전에 영향을 주는지를 놓고 학계에서 오래 동안 서로 다른 두 시각으로 나누어 논쟁이 이어져 왔다. 첫 번째 견해는 금융이 경제발전을 유도한다는 것으로 Schumpeter(1934)와 Goldsmith(1969)가 대표적 학자들이다. 이와는 달리 실물경제가 금융발전에 영향을 주고 있다고 주장하는 견해로, 이 그룹에 속하는 대표적 학자는 시카고대학의 Lucas(1988)교수가 대표적 학자이다. 첫 번째 견해에 따르면 금융은 경제성장에 영향을 주는 채널로 ① 저축의 동원과 모집 ② 재화와 서비스 교환의 원활화 ③ 리스크 관리의 다변화 ④ 기업의 모니터링과 기업 지배권 행사 ⑤ 투자기회와 자본배분에 관한 정보 생산 등을 제시하고 있다(Levine, 2014). 금융의 이러한 역할을 통해 실물경제의 발전을 촉진하고 자금이 수익이 나는 곳으로 흘러가게 하는 등 자본배분의 효율화에도 기여하고 있다.

그리고 한 나라의 금융시스템이 은행중심의 간접금융 위주인지 아니면 자본시장중심의 직접금융 위주인지에 따라 산업발전에 미치는 영향이 다름을 실증적으로 규명되기도 하였다. 그 한 예로 1990년대 말 Black and Gilson(1998)의 연구를 들 수 있다. 두 교수는 벤처캐피탈과 같은 위험을 어느 정도 감수하고 투자할 수 있는 제도를 가진 제도가 첨단 산업의 촉진을 유발했다고 주장하고 있다. 즉 그들의 연구에서 기업의 창업초기에 위험을 감수하고 투자한 자본의 회수가 용이한 자본시장(NASDAQ)을 가진 미국이 정보통신, 바이오 등 첨단산업이 발전하게 되었음을 규명하고 있다. 그런데 독일이나 일본과 같이 은행중심의 금융제도를 채택하고 있는 나라에서는 위험이 내포되어 있는 첨단산업의 발전이 미미하다는 점을 밝히며, 큰 위험이 수반되는 첨단산업의 창업 및 발전에는 자본시장중심의 금융제도가 더 유리한 제도라고 주장하였다.

특히 해운은 선박 확보에 대규모의 자금이 소요되는 특징으로 인해 자금조달이 원활하지 못하면 해운기업은 급변하는 해운시장과 최근 대두되는 환경보호 등과 관련하여 적기에 성능이 뛰어난 선박을 확보하지 못하면 시장에서 도태할 수밖에 없을 것이다. 따라서 자본집약적 해운산업의 지속적 발전을 위해서는 금융계가 해운업의 특성을 잘 이해하고 해운계 또한 금융의 속성을 충분히 이해하여 상호 원원하는 해운금융시스템을 체계적으로 형성해 가는 것이 필요할 것이다. 해운금융은 전통적으로 은행대출에 의존하는 비중이 60%내외로 유지되고 있는데 이처럼 타인자본에 크게 의존하다 보니 해운경기가 불황에 접어들어 현금흐름이 원활하지 못할 경우 부도 위기에 직면하는 재무적 취약성을 가질 수 있다. 따라서 지금까지의 자금조달 형태인 은행위주의 간접금융에서 자본시장을 적극 활용하는 방법으로의 전환도 필요한 것으로 생각된다.

12.1.2 해운금융의 원천

[그림 12-1]은 해운기업이 선박확보에 소요되는 자금을 어디서 조달할 수 있는지를 보여주고 있다. 먼저 해운기업은 영업활동으로 사내에 유보된 이익을 활용할 수 있음을 보여주고 있고, 이 유보이익만으로 선박확보에 필요한 자금을 충당하지 못할 경우 외부의 자금을 이용해야 한다. 이 경우 이용할 수 있는 외부자금은 은행, 보험 등 금융기관으로부터의 차입과 자본시장을 통한 채권발행 및 주식발행을 통한 자금조달 등의 형태로 조달 가능할 것이다. 이러한 전통적 금융조달원천 외에 최근에는 리스금융을 통한 자금확보, 비상장주식발행을 통한 자금조달(private equity)이 이루어지고 있기도 하다.

이 그림에서는 자금제공자, 자금이 유통되는 시장 그리고 이들 자금을 취급하는 금융기관 등을 보여주고 있기도 하다. 상업은행은 주로 협조융자형태로 해운기업의 선박확보에 필요한 자금을 제공하고 있고, 투자은행은 채권발행이나 주식발행 등에 참여하며 해운기업의 자금확보에 도움을 주고 있다.

[그림 12-2]는 해운기업이 선박확보를 위해 선택할 수 있는 자금조달방법을 구체적으로 제시하고 있는데, 크게는 사모펀드, 은행자금, 자본시장에서의 조달, 특수목적회사를 통한 조달 등으로 구분되고 있다. 여기서 은행시장을 통한 자금조달 방법이 담보대출 등 5 가지로 가장 많고, 자본시장을 통한 자금조달 방법은 주식발행과 채권발행의 두 가지로 나와 있으나 실제로는 주식도 보통주와 우선주가 있고 채권의 경우도 전환사채, 노르웨이형 채권 등으로 구분되고 있어 기업이 이들 상품에 대해 보다 많은 이해를 할 경우 자금조달이 보다 용이해 질 수 있을 것이다. 특히 해운기업의 자본구조의 건전화 차원에서 주식시장을 통한 자기자본의 조달 비중을 확대하는 것이 필요하다고 볼 때 해운기업의 자금조달 행태를 기존의 은행자금 위주에서 자본시장에서 주식발행을 통한 조달 비중을 높이는 것이 필요할 것이다.

그림 12-1 해운기업의 자금조달 원천

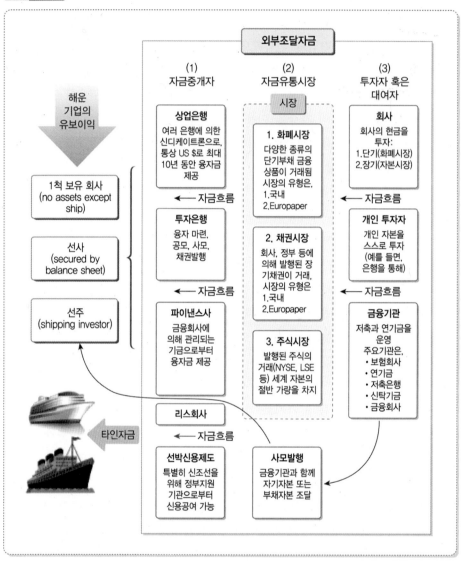

자료: Stopford(2009), p. 277(이기환 외(2016)에서 재인용).

그림 12-2 해운기업 자금조달 방법

자금조달 방안	자금구조	자금구조의 특징
사모 펀드	자기 자금	비공개 회사의 주식에 대한 수익을 위해 소유주 또는 개인투자자가 자기자본을 제공
	민간투자	가족, 동료, 많은 여유자금을 보유하고 있는 개인들에 의해 비공개적으로 제공되는 자기자본 또는 융자금
은행 자금	담보대출	선박을 담보로 은행이 융자금 제공. 대규모 융자금의 경우 여러 은행에 의한 신디케이션 형태로 제공
	기업대출	기업의 재무제표에 나타나는 융자금
	선박신용대출	수주받은 국내 조선소를 지원하기 위한 정부나 기관에 의해 융자금 또는 보증 제공
	Mezzanine finance	부채와 자기자본의 요소를 같이 갖는 자금, e.g. debt with an equity warrant
	사모발행	하나 또는 여러 투자기관에 회사채 또는 주식의 판매, 오랜 기간이 소요되는 공모과정을 피할 수 있음
자본 시장	기업공개	거래소 공모를 통한 주식의 공개, 판매 그리고 유통시장에서의 거래
	채권발행	자본시장에서 장기 증권발행. 일반적으로 6개월마다 이자를 지급하고 만기에 원금을 상환
특수 목적 회사	특수목적회사	특수목적회사의 주식은 거래소 상장 또는 개인에 의해 판매
	합자회사	선박자금조달을 위해 설립된 합자회사 자기자본은 개인투자자에 의해 제공되고 부채지금은 은행에 의해 제공됨 e.g. K/S and KG
	금융리스	회사는 세액공제를 목적으로 선박을 매매하고 그 선박을 리스하는 것을 기초로 한 장기적 세금혜택 금융
	운용리스	단기 리스, 일반적으로 7년 이하. 임차인의 재무제표에 나타낼 필요 없음
	증권화	회사 경영으로부터 자산을 분리하기 위한 자금조달구조

자료: Stopford(2009), p. 277(이기환 외(2016)에서 재인용).

<표 12-1>은 2007년부터 2019년 사이 해운기업이 금융시장에서 활용한 선박금융의 원천별 구성을 개략적으로 보여주고 있는데. 2008년 글로벌 금융위기 후 은행의 대출이 크게 축소되었다가 다시 최근에는 그 비중이 높아지고 있다. 통상 은행의 대출이 해운금융에서 차지하는 비중은 60% 전후로 유지되고 있는 것을 알 수 있다([그림 12-3] 참조). 두 번째로 중요한 자금원은 회사채이며 다음은 IPO 및 유상증자와 같은 주식공모 그리고 비상장주식(private equity)발행으로 자금을 조달하고 최근에는 중국의 리스금융이 확대되면서 리스금융의 비중이 점차 높아지고 있는 것으로 알려져 있다.

표 12-1 해운기업의 자금원천별 규모 추이

(단위: 십억 달러)

연도＼원천	은행대출	채권	주식공모	비상장주식	합계
2007	91.9	10.5	21.0	0.0	123.4
2008	83.6	4.2	5.0	1.1	93.9
2009	33.0	5.7	3.4	0.6	42.7
2010	37.6	21.6	9.5	1.9	70.6
2011	51.5	14.1	6.0	4.1	75.7
2012	40.8	13.1	3.7	2.7	60.3
2013	56.3	8.0	11.1	7.5	82.9
2014	61.8	11.7	6.9	3.3	83.7
2015	49.1	5.0	4.7	1.0	59.8
2016	50.3	4.9	4.8	4.4	64.4
2017	45.9	8.8	5.4	1.7	61.8
2018	59.1	4.1	3.7	0.3	67.2
2019	57.7	3.7	3.0	0.3	64.7

자료: Marine Money(2020.1) 및 수출입은행 내부자료.

앞에서 보고하고 있는 것을 좀 더 자세히 구분하여 글로벌해운금융의 원천별 구성을 보면 [그림 12-3]에서 보는 바와 같이 협조융자로 이루어지는 은행대출이 절대적으로 큰 비중을 차지하고 있는 것을 알 수 있다. 그리고 해운금융시장에서 큰 비중을 차지하는 것은 해운기업의 인수합병에 소요되는 M&A금융, 중국 리스금융, 미국 회사채 시장, 비상장주식 사모발행시장, 노르웨이 회사채 시장, 유상증자, 우선주 발행 등으로 나타나고 있다.

그림 **12-3** 해운금융 원천별 구성비(2018년 기준)

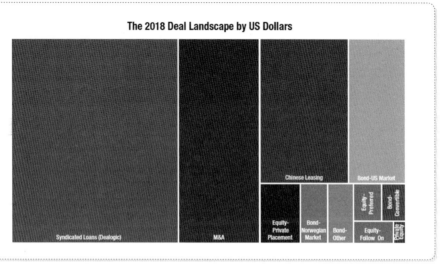

주: US Dollars 기준으로 집계한 것임.
자료: Marine Money(Jan.2019).

12.2 그리스 해운기업의 자금조달원의 변천 고찰

그리스의 선박금융의 연원은 역사적으로 볼 때 에게해의 섬출신의 유력 선주 가문들이 선박 확보에 필요한 자금을 자신들의 개별자금(private funds)을 활용하면서 시작되었다. 그리고 유력 선주들은 더 많은 자금이 필요한 경우 선장이나 다른 가문과 협력하여 공동으로 필요한 자금을 조달하는 것이 일반적이었다 (Alexandropoulou, 2015).

그리스는 1832년 독립 후 선대를 확대하였는데, 독립 무렵 약 700척의 범선이 20년이 경과하는 사이 두 배로 늘어난 1,450척으로 증대되었다[1]. 1870년 무렵이 되어 그리스 선주들은 그리스 해운의 경쟁력 유지를 위해 50년 전에 등장한 증기

---

1) 이때 확보한 선박은 그리스 내에 있는 주요 조선소에서 건조되었다(Alexandropoulou, 2015, p. 185).

선의 확보가 필요함을 깨달았다. 그런데 증기선의 경우 많은 자금이 소요되어 주로 중고선을 구입하였다. 이 당시 그리스는 우수한 해기인력을 확보하고 있어서 이들 중고선을 효율적으로 운항할 수 있었다. 1901년에 이르러 그리스는 범선 1,150척과 증기선 150척에 이르게 되었다(Alexandropoulou, 2015).

특히 그리스가 독립 후 얼마 되지 않은 시기인 19세기 말에서 20세기 초까지는 축적된 국내 자본이 미약하여, 상대적으로 많은 자금이 소요되는 증기선의 경우 해외에 거주하는 그리스의 사업가로부터 자금을 조달하기도 한 것으로 알려져 있다. <표 12-2>는 19세기 말에서 20세기 초 그리스 선주들이 증기선을 확보할 때의 자금원천을 보여주고 있다(Harlaftis, 1994). 여기서 1880~1910년 사이 확보된 그리스의 증기선들에 소요된 자금 중 약 32%는 남러시아의 그리스 상인과 선주, 다뉴브 지역의 그리스 상인 및 선주 그리고 콘스탄티노플의 그리스 상인 및 선주로부터 조달된 것을 알 수 있다. 그리고 아테네 은행으로부터도 16.3% 정도 조달한 것으로 나타나고 있다. 특히 주목할 점은 시로스섬의 상인과 은행가로부터 조달된 비중이 31.7%에 이르고 있다는 점이며, 또한 선주 개인 자금도 15.0%를 차지하고 있는 것으로 조사되고 있다.

표 12-2 그리스인 소유 증기선에 대한 투자 그룹(1880~1910년)*

투자그룹	선박척수	선복량(NRT)	구성비(%)**
남러시아의 상인 및 선주	13	11,880	6.3
다뉴브의 상인 및 선주	10	18,100	9.6
콘스탄티노플의 상인 및 선주	38	31,260	16.5
아네네 은행(Bank of Athens)	22	30,837	16.3
시로스의 상인 및 은행가	63	59,980	31.7
자기자본(self-finance)	34	28,516	15.0
기타	8	8,607	4.5
시로스와 피레우스에 등록한 증기선 합계(a)	188	189,180	100%
1880~1910 동안 확보한 그리스의 증기선 선대(b)	588	516,037	
시로스섬과 피레우스의 비중(a/b)	35%	37%	

주: * 시로스 섬과 피레우스에 등록한 선박을 기준으로 하고 있음.
　 ** 구성비는 시로스섬과 피레우스에 등록한 선복량(NRT)을 기준으로 하고 있음.
자료: Harlaftis(1994), p. 146.

특히 20세기 초에 금융기관으로서 선주들의 선박 확보에 많은 자금을 제공한
아테네은행의 선박금융 규모를 확보된 선복량을 기준으로 살펴보면 <표 12-3>
과 같다(Harlaftis,1994). 아테네은행으로부터 제공받은 자금을 통해 1900~1910년
사이 28척의 선박을 확보했는데 이들 선박의 선복량은 38,809톤에 이르고 있으며
증기선 총선복량의 11%에 달하고 있다.

표 **12-3** 아테네은행의 선박금융(1900-1910)

연도	선박 척수	선복량(tons)
1900	2	2,170
1901~1905	3	3,388
1906~1910	23	33,351
1900~1910년 동안 아테네은행의 자금으로 확보한 선대(a)	28	38,809
1900~1910년 동안 확보한 총증기선대(b)		365,513
아테네은행의 비중(%)		11%

자료: Harlaftis(1994), p. 148.

<표 12-4>는 1960년대 중반부터 1970년대 중반까지 그리스 은행의 총여신

표 **12-4** 제조업 및 해운업에 대한 그리스 은행의 여신(bank credit)
(단위: 10억 드라크마)

연도	은행총여신(a)	제조업과 광산업에 대한 여신(b)	b/a(%)	해운에 대한 여신(c)	c/a(%)
1966	68.7	14.6	21	n.a.	n.a.
1967	79.4	17.9	23	1.2	2
1968	91.8	20.6	22	1.5	2
1969	111	23.6	21	2.2	2
1970	134.4	28	21	3.2	2
1971	162.8	34.6	21	4.8	3
1972	199.1	40.8	20	6.6	3
1973	237.7	46.1	19	6.3	3
1974	286.3	59.4	21	6.7	2
1975	353.8	80.8	23	6.9	2

자료: Harlaftis(1993), p. 153.

중 해운업과 제조업에 제공된 금융 규모를 보여주고 있는데, 해운업의 경우 제조
업에 비해 그 비중이 1/10에도 못 미치고 있는 것을 알 수 있다. 이처럼 그리스
은행이 선박 구입에 소요되는 자금의 제공이 미약하다 보니 그리스 해운계는 자
금조달에 있어 늘 어려움이 있었던 것으로 알려져 있다.

한편 1841년 설립된 National Bank of Greece는 그리스에서 가장 오래되고
중요한 은행으로서 그리스 경제 발전에 많은 기여를 한 상업은행인데, <표
12-5>는 이 은행이 1960년대 후반과 1970년대 초에 해운계에 제공한 자금과 보
증규모를 보여주고 있다. 1968년 5,300만 달러이던 규모가 3년이 지나면서 2.5배
이상 증가한 1억 3,000만 달러에 달하고 있다.

표 12-5 National Bank of Greece의 해운업에 대한 자금 제공*

연도	드라크마 기준(백만)	미국 달러 기준(백만)	증가율(%)
1968	1,603	53	–
1969	2,500	83	56
1970	3,370	112	35
1971	3,900	130	16

주: * 보증도 포함하고 있음.
자료: Harlaftis(1993), p. 111.

<표 12-6>은 그리스 정부 소유의 그리스 산업은행(Hellenic Industrial Deve-
lopment Bank)이 그리스 각 주요 산업에 제공한 여신 비중을 나타내고 있다. 여기
서 1960년대 중반까지는 해운에 대한 여신 비중이 제조업이나 관광업에 비해 매
우 낮은 것을 알 수 있다. 1960년대 후반부터 10%를 초과하면서 그 비중이 1970
년대 초에는 거의 30% 가까이 이르고 있다. 이 은행의 경우는 제조업 육성을 위
해 많은 자금을 제공하였던 것으로 보인다.

표 12-6 그리스 산업은행(HIDB)의 여신 구성비

(단위: 백만 드라크마)

연도	제조업	해운	관광	기타	HIDB총여신(a)	은행총여신(b)	a/b(%)
1965	50%	4%	18%	28%	4,396		
1966	31	6	19	24	4,657	68,717	7
1967	49	6	21	24	4,968	79,434	6
1968	48	11	21	20	5,661	91,823	6
1969	47	14	21	18	7,077	111,004	6
1970	45	20	21	14	9,235	134,390	7
1971	40	27	21	12	11,685	162,816	7
1972	38	28	24	10	14,109	199,149	7

자료: Harlaftis(1993), p. 115.

이상에서 간단히 살펴보았듯이 그리스의 해운계가 선박을 확보하기 위해 초기에는 선주 개인 자금을 활용하였으나, 증기선이 등장하면서 대규모 자금이 소요되다 보니 선주 개인 자금으로는 감당할 수 없게 되었다. 그러자 선주는 선장이나 다른 선주가문과의 협력을 통해 자금을 확보하든지 아니면 해외에 거주하는 그리스 상인 및 선주로부터 많은 자금을 확보하였다. 그리고 아직 충분한 자본을 축적하지 못했으나 일부 은행으로부터도 선박금융을 제공 받은 것으로 나타나고 있다.

<표 12-7>은 세계2차 대전 후부터 21세기 초반에 걸쳐 그리스 해운계의 선박 확보를 위해 활용한 자금원천을 개략적으로 정리하여 보여주고 있다. 2차 대전 종료 후인 1945년부터 1950년대 중반까지는 해운기업의 유보이익 등으로 자금을 조달한 것으로 보고되고 있다. 1950년대 중반부터 1960년대 말까지는 정기용선계약을 은행에 담보로 제공하여 대출을 받는 방식으로 선박금융을 확보하였다. 또한 1970년대 초부터 1980년대가 막 시작할 때까지는 금융시장의 버블로 선박을 담보로 하여 자금을 조달하였고, 1980년 초반부터 1990년대 말경까지는 많은 해운기업이 부도를 내면서 은행과의 관계가 불편하여지기도 한 것으로 알려져 있다.

그럼에도 불구하고 해운기업은 1998년부터 2002년까지 즉 해운 호황이 오기 전까지는 주로 은행으로부터 선박 확보에 필요한 자금을 조달한 것으로 알려져 있다. 해운호황이 지속된 2003년부터 2008년까지는 그동안 거의 이용을 하지 않

앉던 자본시장을 통한 자금조달이 활발하게 이루어졌다. 즉 주식발행이나 채권발행을 통해 자금을 많이 조달한 것으로 보고되고 있다. 물론 이 기간에도 은행으로부터의 여신이 가장 큰 비중을 차지하고 있었던 것으로 조사되고 있다. 2008년 글로벌 금융위기 이후 유럽의 은행들이 해운계에 대한 여신을 기피하자 2009년에서 2015년 기간 동안에는 비상장주식시장을 통한 자금조달의 비중을 조금씩 높인 것으로 나타났다. 2016년부터 2020년까지는 중국의 리스금융을 활용하는 비중이 늘어나고 있는 것으로 알려져 있다. 이러한 현상은 그리스 해운기업들이 벌크선 등을 중국 조선소에 많이 발주하면서 그에 소요되는 자금을 중국 금융권을 통해 조달하는 과정에서 형성된 것으로 생각된다. 2019년 말부터 시작된 COVID-19으로 인해 해운계도 다소 변화가 일어나고 있다. 특히 정기선 시장은 크게 회복되었고 벌크선 시장도 상당히 좋아져 해운기업의 수익은 크게 호전되고 있다. 따라서 최근 해운대출을 기피했던 상업은행이 다시 해운기업에 대한 자금제공을 시작할 것으로 전망된다. 그러면 그리스 해운기업의 자금조달원도 여전히 은행에 의존하는 비중이 크게 차지할 것으로 생각된다. 그런데 해운경제가 회복되는 시점에서 취약한 해운기업의 자본구조를 개선하는 차원에서는 자본시장을 통해 자기자본을 조달하는 노력을 기울일 필요가 있을 것으로 판단된다.

표 12-7 시대별 그리스 해운금융의 주요 원천

기간	선박금융의 주요 재원
1945~1955	유보이익 등 현금
1956~1969	정기용선계약을 통한 은행 대출
1970~1980	선박 담보를 통한 은행대출
1980~1997	해운의 높은 부도로 은행손실; 은행대출
1998~2002	은행(Bank Finance)
2003~2008	해운경기 호황으로 공모시장을 통한 자금조달
2009~2015	해운불황으로 비상장주식시장(PE) 활용
2016~2020	중국리스(Chinese Leasing) 활용

자료: Syriopoulos(2010, p. 1055) 및 Marine Money(2018.8/9, p. 46) 참고하여 정리.

12.3.1 글로벌 은행의 해운대출 분석

앞에서 잠시 살펴보았듯이 해운금융의 주요 원천은 은행으로부터의 대출인 것을 확인할 수 있었다. 은행은 매년 해운기업에 평균적으로 미화 500억 달러 내외를 대출하여 주고 있는데 많을 때는 1,000억 달러 가까이 제공한 해도 있다.

[그림 12-4]는 2008년 이후 2020년까지 은행의 해운금융대출 규모 추이를 보여주고 있는데, 해운경기가 좋았던 2008년에는 약 800억 달러가 대출되었으나, 2008년 가을에 세계 금융시장을 덮친 미국발 금융위기로 2009년에는 은행대출이 300억 달러로 대폭 감소한 것을 알 수 있다. 그 후 점차 회복되어 2015년에는 600억 달러 수준까지 이르렀으나 그 이후에는 매년 400억 달러가 다소 넘는 범위에서 은행으로부터 해운계로 자금이 제공되고 있는 것을 알 수 있다. 2020년

그림 **12-4** 은행의 해운금융 대출 규모 추이

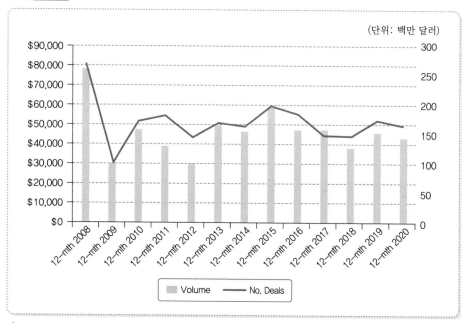

자료: Marine Money(2021.2), "The Week in Review".

말 기준으로 해운기업에 대출이 400억 달러를 약간 상회하는데, 이는 은행의 해운기업에 대한 대출이 절정에 달했던 2008년에 비해서는 절반 수준에 그치고 있어 아직도 은행은 해운업에 대출을 꺼리고 있는 것으로 보인다. 그런데 최근 해운시장이 다소 회복을 하면서 정기선사 등이 대규모의 수익을 창출하면서 은행권의 해운기업에 대한 대출도 우호적인 입장으로 변화할 가능성이 있는 것으로 전망된다.

<표 12-8>은 세계 해운금융 취급 은행의 해운금융대출 잔액을 보고하고 있는데, 2008년 글로벌 금융위기 이후 은행대출은 계속 감소하고 있는 것을 알 수 있다. 특히 2008년 글로벌 금융위기 발생 직후 은행의 해운업에 대한 총대출의 83%를 차지했던 유럽지역의 은행의 대출 비중이 최근에는 60% 내외로 약 23%포인트가 감소한 현상을 보이고 있다. 반면에 아시아권 은행의 해운대출 시장에서의 비중이 2010년 14.8%에서 2019년에는 33.3%로 10년 사이 약 19%포인트가 증가하였다. 이는 주로 중국과 일본의 은행들이 해운기업 대출을 늘려왔기 때문으로 보인다. 미국은행도 10년 전에는 2.1%에 머물렀으나 최근에는 6.4%를 시현해 해운금융 제공 규모가 다소 상승한 것으로 나타나고 있다.

표 12-8 세계 주요 지역별 해운금융 취급은행의 해운금융대출 잔액 추이

(단위:10억 달러)

구분	유럽		극동아시아 및 호주		미국		합계	
	금액	구성비	금액	구성비	금액	구성비	금액	구성비
2010	374	83.1%	66	14.8%	10	2.1%	450	100.0
2011	361	79.3	87	19.0	8	1.7	456	100.0
2012	317	75.1	93	22.0	12	2.8	422	100.0
2013	292	72.9	98	24.5	11	2.7	401	100.0
2014	276	70.6	105	26.8	10	2.6	391	100.0
2015	254	63.9	128	32.3	16	3.9	398	100.0
2016	221	62.2	117	33.0	17	4.8	355	100.0
2017	206	59.6	121	35.1	19	5.4	346	100.0
2018	177	58.7	105	34.8	20	6.5	302	100.0
2019	178	60.3	98	33.3	18	6.4	294	100.0

주: 해운금융 대출규모가 많은 세계 상위 40개 은행을 중심으로 집계한 것임.
자료: Petrofin Research(2019, 2020), "Key developments and growth in global ship finance."

그림 **12-5** 세계 해운대출 상위 40개 은행별 대출 잔액(2019년 말)

(단위: 미화 10억 달러)

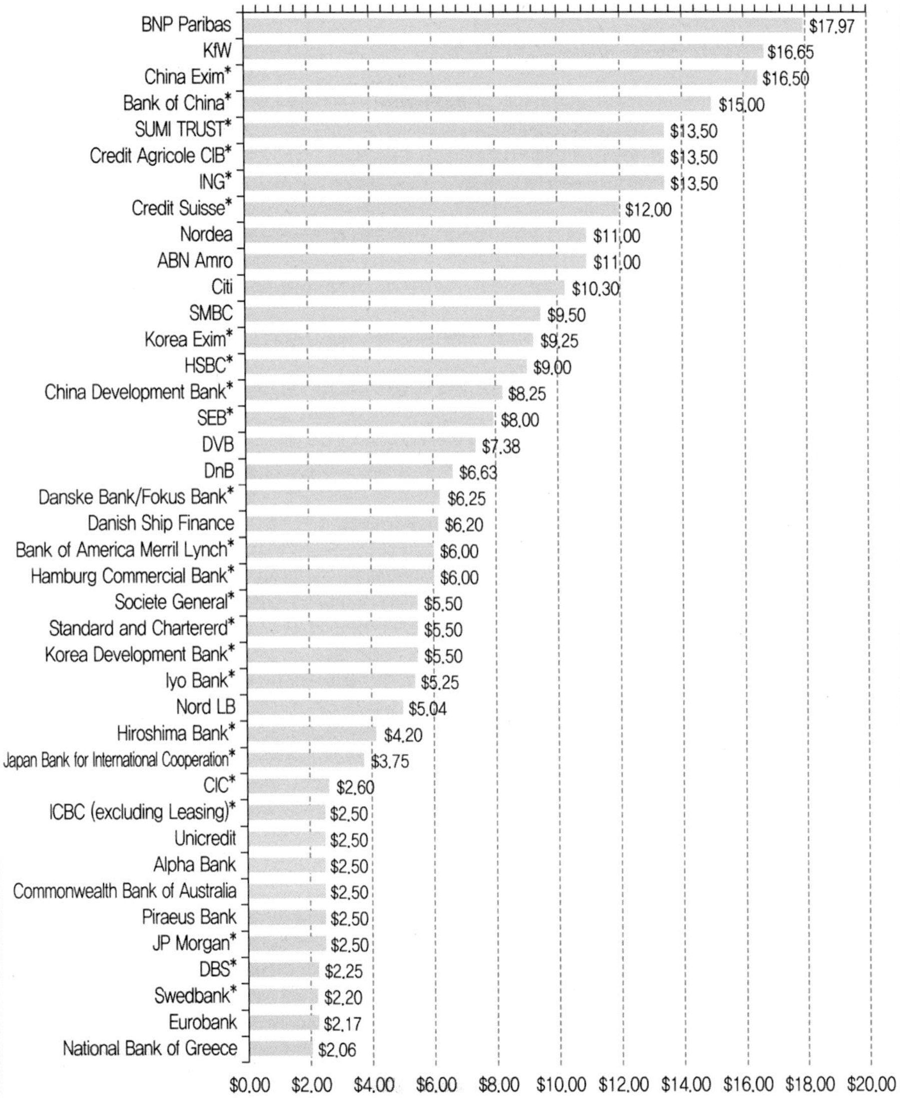

BNP Paribas	$17.97
KfW	$16.65
China Exim*	$16.50
Bank of China*	$15.00
SUMI TRUST*	$13.50
Credit Agricole CIB*	$13.50
ING*	$13.50
Credit Suisse*	$12.00
Nordea	$11.00
ABN Amro	$11.00
Citi	$10.30
SMBC	$9.50
Korea Exim*	$9.25
HSBC*	$9.00
China Development Bank*	$8.25
SEB*	$8.00
DVB	$7.38
DnB	$6.63
Danske Bank/Fokus Bank*	$6.25
Danish Ship Finance	$6.20
Bank of America Merril Lynch*	$6.00
Hamburg Commercial Bank*	$6.00
Societe General*	$5.50
Standard and Chartererd*	$5.50
Korea Development Bank*	$5.50
Iyo Bank*	$5.25
Nord LB	$5.04
Hiroshima Bank*	$4.20
Japan Bank for International Cooperation*	$3.75
CIC*	$2.60
ICBC (excluding Leasing)*	$2.50
Unicredit	$2.50
Alpha Bank	$2.50
Commonwealth Bank of Australia	$2.50
Piraeus Bank	$2.50
JP Morgan*	$2.50
DBS*	$2.25
Swedbank*	$2.20
Eurobank	$2.17
National Bank of Greece	$2.06

주: * 시장추정치임. 최근 잔액의 연도별 규모를 보면, 2016년: 3,553억 달러; 2017: 3,450억 달러; 2018: 3,007억 달러; 2019: 2,944억 달러의 잔액을 보임.

자료: Petrofin Research(2020), "Key developments and growth in global ship finance."

여기서 주목할 점은 2019년 기준 유럽계 은행의 해운금융 대출 잔액이 1,780억 달러로 나타나고 있는데, 이는 10년 전에 비해 절 반 정도 줄어든 규모이다. 이러한 현상은 2008년 글로벌 금융위기로 해운경기가 급락한 후 많은 해운기업이 손실을 기록하면서, 대출 원금과 이자 등을 제대로 갚지 못하게 되어 은행도 큰 손실을 입었다. 이로 인하여 은행은 해운기업에 대한 신규대출은 크게 줄이게 되었는데, 이러한 여파로 인하여 해운 여신은 크게 줄어든 것으로 나타나고 있다.

[그림 12-5]는 글로벌 해운금융 대출 규모 상위 40대 은행의 2019년 말 현재 여신 규모를 보여주고 있다. 2019년 말 기준으로 이들 은행이 제공한 해운금융대출은 2,944억 달러로 2016년의 3,553억 달러에 비해 609억 달러가 감소한 것으로 4년 사이 17% 정도 줄어들었다. BNP Paribas가 약 180억 달러로 가장 많은 자금을 제공하고 있고, 두 번째로는 독일의 KfW은행으로 약 167억 달러를 제공한 것으로 조사되고 있다. 이 뒤를 중국의 수출입은행과 중국은행(Bank of China)이 각각 3, 4위를 기록하고 있다. 이들 40개 은행의 지역별 분포를 보면 유럽은행이 가장 많고 그 다음으로는 중국과 일본은행이 많다.

이 그림에서 보면 우리나라의 한국수출입은행과 한국산업은행이 각각 90억 달러와 55억 달러를 해운기업에 제공한 것으로 조사되고 있다. 두 은행이 제공한 145억 달러는 글로벌 은행대출규모에서 4.9%를 점유하고 있어 선복량 기준 우리 해운의 세계시장 점유율과 비슷한 흐름을 보이고 있다. 그런데 우리 조선의 세계시장 점유율 등을 고려하면 해양금융의 제공을 앞으로 더 확대할 필요가 있는 것으로 판단된다.

해양(해운)금융에서 가장 큰 비중을 차지하는 협조융자 규모의 연도별 규모를 [그림 12-6]에서 [그림 12-8]에 걸쳐 보고하고 있다. [그림 12-6]는 해양분야 전체에 있어서 협조융자 규모와 건수를 보여주는 것으로 지난 20여 기간 중 2007년에 거의 1,200억 달러를 시현해 절정에 도달하였다. 그 후 감소하다가 2014년과 2015년에 다소 회복되었으나, 그 이후 다시 줄어들어 2020년 말 기준으로 485억 달러에 머물고 있는데, 이는 전년도에 비해 14%가 줄어든 금액이다. 특히 2016년부터 2020년 동안은 연간 500억 달러에서 600억 달러의 범위에서 협조융자가 이루어진 것으로 보고되고 있다[2]. 동기간 동안 협조융자 건수도 규모와 비

---

2) Marine Money(2021.2), p. 1.

숫한 추이를 보이고 있는데, 즉 2007년에는 약 550건의 협조융자가 제공되었으나 그 이후에는 매년 100건에서 250건 정도 성사되고 있는 것으로 보고되고 있다. 해운대출이 절정에 이르렀던 시기에 비해 절반 이상 감소한 것으로 나타나고 있어 은행의 해운대출 포트폴리오가 크게 줄어든 것을 알 수 있다.

그림 **12-6** 해양금융의 연도별 협조융자 규모 및 건수

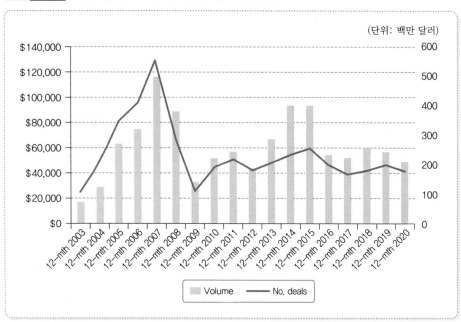

자료: Marine Money(2021.2), "The Week in Review".

[그림 12-7]은 연도별 협조융자의 평균 규모를 보여주고 있는데 2016년부터 2020년 기간 동안 협조융자 한 건당 매년 평균 2억 7,000만 달러에서 3억 3,000만 달러 사이에서 자금이 제공된 것으로 보고되고 있다. 흥미로운 것은 협조융자 건당 평균조달 규모는 2014년이 4억 달러로 가장 큰 것으로 나타나고 있어 총협조융자 규모가 가장 많았던 2007년의 약 2억 달러에 비해 거의 2배 가까이 많은 것으로 조사되고 있다. 이러한 추이는 2007년에는 아마도 상대적으로 많은 중소 해운기업이 중소 규모의 선박을 확보하기 위해 다수 이용한 결과로 보인다.

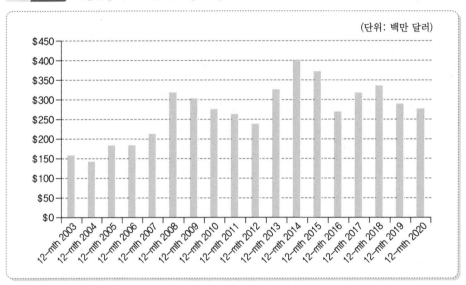

그림 **12-7** 해양금융의 연도별 협조융자 평균 규모

자료: Marine Money(2021.2), "The Week in Review".

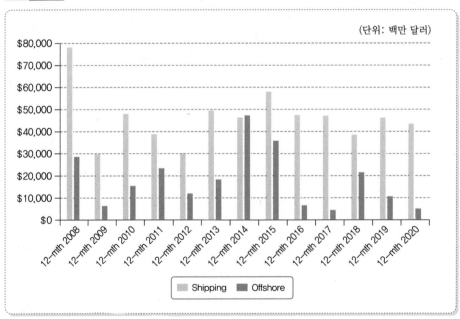

그림 **12-8** 해운과 해양플랜트의 연도별 협조융자 규모 비교

자료: Marine Money(2021.2), "The Week in Review".

[그림 12-8]은 협조융자를 해운과 해양플랜트로 구분하여 보고하고 있는데, 2014년을 제외하고는 해운업에 대한 협조융자가 해양플랜트업에 비해 월등하게 많은 것을 알 수 있다. 해양플랜트 부문에서 협조융자를 많이 이용한 연도는 2008년, 2011년, 2014년, 2015년, 2018년 등으로 나타나고 있으나, 전반적으로 보면 해운업에 비해 협조융자 이용 규모는 작은 것으로 조사되고 있다. 한편 협조 융자는 인수단에 참여하는 금융기관이 동일한 비율로 참여하는 클럽딜(club deal)이 많을 때는 40%를 상회하기도 했으나 평균적으로 25%에서 30%를 차지하는 것으로 보고되고 있다[3].

12.3.2 글로벌 및 그리스 은행의 그리스 해운대출 분석

그리스 해운기업의 자금조달 역시 은행으로부터의 대출이 가장 큰 비중을 차지하고 있는 것으로 알려져 있다(Syriopoulos, 2007). <표 12-9>는 그리스 해운기업에 자금을 제공하는 은행을 그리스 은행, 그리스에 지점을 둔 외국 은행 그리고 그리스에 지점을 두지 않고 있는 외국 은행 등 3 가지로 구분하여 각 그룹별 대출규모를 2001~2019년 사이 추이를 보여주고 있다. 그리스 해운기업의 은행대출 규모는 2001년 165억 달러에서 2019년 현재는 531억 달러를 기록해 그 동안 3.2배가 증가한 것으로 나타나고 있다.

특히 주목할 사항은 그리스 은행의 대출 비중이 20% 내외에 머물고 있고, 나머지 80%는 다른 나라 은행으로부터 자금을 조달하고 있는 것을 알 수 있다. 그리고 그리스에 지점을 두고 있는 외국은행의 대출이 가장 많은 것으로 보고되고 있으나, 최근에는 지점을 그리스에 갖고 있지 않는 그룹의 외국 은행들이 다소 더 많은 대출을 하고 있다. 그리스 은행의 비중이 매우 낮은 것은 그리스 은행의 자본금 규모 등의 한계와 그리스 선사들이 중국, 일본 그리고 한국의 조선소를 이용하면서 이들 나라의 금융권으로부터도 많은 자금을 조달하고 있기 때문으로 보인다.

한편 그리스 해운에 대한 대출시장에 참여하는 은행을 보면 그리스 은행은 많을 때는 15개에 이르렀으나, 2012년 이후는 그 수가 5개 내외로서 거의 절반 이상이 해운기업 대출시장에서 떠난 것을 알 수 있다. 또한 그리스에 지점을 설치

---

3) Marine Money(2021.2), "The Week in Review".

한 해외은행의 수는 10개 내외고, 그리고 그리스에 지점이 없는 해외은행으로 그리스 해운기업의 대출을 취급하는 은행의 수는 많을 때는 40여개에 이르나 적을 때는 15개에 지나지 않는다. 그리스 해운기업의 대출에 참여하는 모든 은행의 수를 보면 매년 40개에서 50개 사이에 있는 것으로 나타나고 있다.

표 12-9 그리스 해운기업 대출 취급은행의 유형별 대출규모 추이[1]

(단위: 백만 달러, 개)

연도	그리스은행		그리스에 지점 있는 외국은행		그리스에 지점 없는 외국은행		합계	
	대출액	은행수	대출액	은행수	대출액	은행수	대출액	은행수
2001	3,310(20.1%)[2]	9	7,050	11	6,165	20	16,525	40
2002	4,472	11	8,185	10	8,604	30	21,261	51
2003	5,642	15	10,124	10	9,788	29	25,554	54
2004	6,344	14	13,939	9	12,070	27	32,353	50
2005	6,523(18.1%)[2]	14	19,540	11	10,049	15	36,112	40
2006	7,347	12	24,252	11	14,788	16	46,387	39
2007	15,840	12	34,040	13	14,061	16	63,941	41
2008	16,944	12	38,984	12	17,299	16	73,228	40
2009	16,140	12	36,777	11	14,101	18	67,020	41
2010	15,883(23.9%)[2]	12	35,882	11	14,469	16	66,235	39
2011	14,517	12	35,290	11	17,889	32	67,696	55
2012	12,704	9	33,914	11	19,161	31	65,780	51
2013	10,487	5	30,537	11	20,231	30	55,928	46
2014	10,819	5	26,941	11	23,759	33	61,519	49
2015	9,173(15.1%)[2]	5	27,104	11	26,435	35	62,712	51
2016	8,721	5	23,990	10	24,501	36	57,212	51
2017	9,091	5	21,467	10	23,467	36	53,995	51
2018	9,821	7	18,433	9	24,972	36	53,226	52
2019	9,924(18.7%)[2]	8	17,477	9	25,707	38	53,108	55

주: 1) 매년 12월말 기준임.
   2) ( )안의 %는 총대출액 중 그리스 은행의 비중임.
자료: Petrofin Research (2004-2020), "Key developments and growth in Greek ship finance."

<표 12-10>은 그리스 해운기업에 자금을 제공하는 주요 은행의 대출규모 추이를 보여주고 있는데, 일부 은행은 최근에 그리스 해운대출 시장을 떠나고 있는

것을 알 수 있다. 즉 영국의 Royal Bank of Scotland는 한 때 그리스 해운기업 대출 규모가 가장 많았으나, 최근에는 대출이 없는 것으로 보고되고 있다. 그동안 그리스 해운대출 시장에 참여하지 않던 일부 은행들 즉, Hellenic Bank, Bank of Cyprus, Amsterdam Trade Bank 등이 최근 들어 그리스 해운기업에 자금을 제공 하기 시작한 것으로 보고되고 있다.

표 12-10 글로벌 및 그리스 은행의 그리스 해운기업 대출규모 추이   (단위: 백만 달러)

은행	2013	2015	2016	2017	2018	2019
Royal Bank of Scotland	8,813	5,200	3,000	1,500	–	–
Credit Suisse	5,700	6,720	6,470	6,200	7,000	7,700
BNP Paribas	1,600	2,220	2,481	2,800	2,920	3,150
HSBC	1,750	2,000	3,000	2,500	2,800	2,800
Citi	1,400	2,200	2,500	2,700	2,700	2,700
Piraeus Bank	3,900	3,000	2,730	2,750	2,840	2,500
Alpha Bank	2,435	2,100	2,190	2,225	2,340	2,500
Eurobank	1,150	1,196	1,227	1,524	1,840	2,171
ING	1,500	2,120	2,109	2,069	2,200	2,150
DVB	3,700	4,542	4,316	4,308	3,099	2,144
ABN AMRO	1,693	2,160	2,524	2,350	2,325	2,100
National Bank of Greece	2,733	2,640	2,368	2,427	2,453	2,059
Hamburg Commercial Bank	2,354	2,341	1,950	1,950	1,850	2,000
China EXIM	1,450	2,300	1,600	1,600	1,800	1,900
KEXIM	700	1,150	1,300	1,300	1,400	1,500
KfW	899	1,008	1,042	941	828	1,304
Nordea	1,060	1,702	1,600	1,393	1,336	1,261
DNB	2,576	2,341	2,114	1,609	1,379	1,083
Unicredit	1,755	1,800	1,360	1,100	760	800
China Everbright Bank	350	650	600	600	65	750
Calyon	1,100	800	750	650	600	700
DB:Deutsche Shipping	2,000	1,800	1,500	1,000	800	600
CIT Maritime Finance	–	500	400	350	350	590
China Development Bank	1,000	1,850	400	400	450	450
Aegean Baltic Bank	269	237	205	164	178	266

은행	2013	2015	2016	2017	2018	2019
Bank of Cyprus	—	—	—	—	90	190
Nord LB	855	605	500	710	750	168
Amsterdam Trade Bank	—	—	—	149	157	162
Qatar National Bank	—	335	250	200	150	150
Barwa Bank	—	335	250	200	150	150
Hellenic Bank	—	—	—	—	80	150
NIBC	300	200	200	200	200	140
Astrobank	—	—	—	—	—	88
Others	8,412	6,660	6,280	6,125	6,700	6,737(23)
합계	61,255	62,712	57,211	53,995	53,226	53,107

주: Hamburg Commercial Bank는 2017년 이전에는 HSH Nordbank였음.
자료: Petrofin Research(2013-2020), "Key developments and growth in Greek ship finance."

<표 12-11>은 그리스 해운기업 대출 규모가 많은 상위 10개 은행에 대한 정보를 보여주고 있다. 스위스의 Credit Suisse은행이 가장 많은 자금을 제공하고

표 12-11 그리스 해운기업 대출 상위 10개 은행 대출규모 및 구성비   (단위: 백만 달러, %)

순위	2019			2018			2017			2015		
	은행	대출	시장점유율	은행	대출	시장점유율	은행	대출	시장점유율	은행	대출	시장점유율
1	Credit Suisse	7,700	14.5%	Credit Suisse	7,000	13.16%	Credit Suisse	6,200	11.48	Credit Suisse	6,720	10.72%
2	BNP	3,150	5.93	DVB	3,099	5.83	DVB	4,308	7.98	RBS	5,200	8.29
3	HSBC	2,800	5.27	BNP	2,920	5.49	BNP	2,800	5.19	DVB	4,542	7.24
4	Citi	2,700	5.08	Piraeus	2,840	5.34	Piraeus	2,750	5.09	Piraeus	3,000	4.78
5	Piraeus	2,500	4.71	HSBC	2,800	5.27	Citi	2,700	5.00	NBG	2,640	4.21
6	Alpha	2,500	4.71	Citi	2,700	5.08	HSBC	2,500	4.63	DNB	2,341	3.73
7	Eurobank	2,171	4.09	NBG	2,453	4.61	NBG	2,428	4.50	HSH	2,341	3.73
8	ING	2,150	4.09	Alpha	2,340	4.40	ABN	2,350	4.35	CEXIM	2,300	3.67
9	DVB	2,144	4.04	ABN	2,325	4.37	Alpha	2,225	4.12	BNP	2,220	3.54
10	ABN	2,100	3.95	ING	2,200	4.34	ING	2,069	3.83	Citi	2,200	3.51
	합계	29,915	56.33	합계	30,677	57.69	합계	30,330	56.17	합계	33,540	53.43

주: NBG: National Bank of Greece
자료: Petrofin Research(2020), "Key developments and growth in Greek ship finance."

있으며 시장 점유율도 2019년에는 14.5%에 이르고 있다. 다음으로는 프랑스의 BNP Paribas와 독일의 DVB 은행이 차지하고 있다. 영국의 HSBC 그리고 그리스 은행인 Piraeus은행도 꾸준히 많은 대출을 하고 있다. 2015년 이후 이들 상위 10개 은행이 전체 대출에서 차지하는 비중이 50% 중반을 넘고 있는 것으로 조사되고 있다.

<표 12-12>는 그리스에 지점을 두고 있는 해외은행이 그리스 해운기업에 자금을 제공하고 있는 현황을 보고하고 있는데, DVB, BNP Paribas, HSBC, ABN Amro, Hamburg Commercial Bank(전 HSH Nordbank) 등이 꾸준히 많은 대출을 제공하고 있는 것으로 나타나고 있다. 그 외 노르웨이의 DNB, Citi 은행 등이 그리스에 지점을 두고 해운금융을 취급하고 있다.

표 12-12 그리스 지점을 개설한 세계은행들의 그리스 해운대출 추이

(단위: 백만 달러)

	RBS	Haburg Commer-cial Bank	Calyon	Unicre-dit	DVB	ABN AMRO	HSBC	BNP Paribas	Citi	DNB	합계
2010	12,439	3,122	2,000	1,885	2,174	346	2,300	2,244	940	2,877	35,882
2011	11,455	2,220	1,550	2,040	2,831	1,132	2,400	2,101	1,108	2,850	35,293
2012	10,555	2,297	1,400	1,860	2,949	1,450	2,000	1,948	1,500	2,754	33,914
2013	8,813	2,355	1,100	1,755	3,700	1,693	1,750	1,600	1,400	2,576	26,742
2014	7,600	2,568	800	1,573	4,547	1,988	2,000	1,955	1,600	2,310	26,941
2015	5,200	2,340	800	1,800	4,542	2,160	2,000	2,220	2,200	2,341	25,604
2016	3,000	1,950	750	1,360	4,310	2,524	3,000	2,481	2,500	2,114	23,990
2017	1,500	1,950	650	1,100	4,308	2,350	2,500	2,800	2,700	1,609	21,467
2018	–	1,850	600	760	3,099	2,325	2,800	2,920	2,700	1,379	18,433
2019	–	2,000	700	800	2,144	2,100	2,800	3,150	2,700	1,083	17,476

주: Petrofin의 최근 자료에서는 RBS(Royal Bank of Scotland)의 대출이 제외되고 있어서 2013년부터의 수치는 합계에 포함하지 않았음.

자료: Petrofin Research (2018, 2020), "Key developments and growth in Greek ship finance."

한편 그리스내에 지점은 없으나 그리스 해운기업에 대출을 제공하는 해외 은행에 대한 통계가 <표 12-13>에 정리되어 있다.

표 12-13 그리스 지점이 없는 세계은행들의 그리스 해운대출 추이

(단위: 백만 달러)

	2010	2011	2012	2013	2014	2015	2016	2017	2018	2019
Credit Suisse	4,500	5,000	5,211	5,700	5,919	6,720	6,470	6,200	7,000	7,700
DB	2,613	2,323	2,000	2,000	2,000	1,800	1,500	1,000	800	600
Nordea	1,350	1,050	1,160	1,060	1,620	1,702	1,600	1,393	1,337	1,261
Nord LB	687	593	805	855	655	605	500	710	750	168
CEXIM	650	850	1,200	1,450	2,000	2,300	1,600	1,600	1,800	1,900
KFW	557	400	905	899	932	1,008	1,042	941	828	1,304
ING	402	1,200	1,200	1,500	1,350	2,120	2,109	2,069	2,200	2,150
KEXIM	400	500	600	700	1,000	1,150	1,300	1,300	1,400	1,500
China Ever. Bank		150	300	350	500	650	600	600	650	750
NIBC			150	300	250	200	200	200	200	140
China Dev. Bank		500	800	1,000	1,600	1,850	400	400	450	450
CIT Mar. Bank					400	500	400	350	350	590
Qatar Nat. Bank					335	335	250	200	150	150
Barwa					335	335	250	200	150	150
Amsterdam Tr. Bank								149	157	162
기타		2,710	2,655	2,885	3,600	4,475	5,700	6,125	6,700	6,732
합계	14,469	16,237	18,011	18,699	22,496	25,750	23,921	23,437	24,922	25,707

자료: Petrofin Research (2018, 2020), "Key developments and growth in Greek ship finance."

이 그룹의 은행에서는 스위스의 Credit Suisse가 가장 많은 대출을 하고 있고, 그 뒤를 이어 ING, China EXIM, KEXIM, Nordea 등의 은행이 해운금융 대출을 제공하고 있다. 2017년부터는 이 그룹의 은행이 제공하는 대출규모가 그리스 은행 그룹이나 그리스에 지점을 둔 해외 은행 그룹보다도 더 많은 대출자금을 제공하고 있는 것으로 조사되고 있다.

특히 세계 어느 지역의 은행이 그리스 해운기업에 많은 대출을 하는지에 대해서도 알 수 있는 자료가 <표 12-14>에서 제공되고 있다. 2011년의 경우 유럽 은행이 그리스의 총해운금융대출 중 95.58%를 차지했으나, 2019년에 이르러서는 75.80%로 줄어들었다. 반면에 극동 아시아의 비중은 그 반대 현상을 보이는데 즉 2011년에는 그리스 해운기업에 대한 총대출 중 1.90%밖에 점유하지 않았으나 2019년에는 14.12%를 차지하고 있는 것을 알 수 있다. 2014년 이후 중동의 은행

이 오일 머니를 바탕으로 그리스 해운금융 대출시장에 참여하기 시작하였는데, 그 규모는 크지 않다. 호주도 적은 규모이나 꾸준히 참여하고 있는 것으로 보고 되고 있다.

표 **12-14** 세계 지역별 은행의 그리스 해운대출 추이

(단위: 백만 달러)

연도	유럽	아시아	북미	호주	중동	합계
2019	40,257	7,500	4,650	400	300	53,108
2018	40,976	7,150	4,400	350	300	53,176
2017	42,495	6,400	4,400	300	400	53,995
2016	46,362	6,150	3,950	250	500	57,212
2015	50,942	7,150	3,650	300	670	62,712
2014	54,669	5,500	2,800	350	670	63,989
2013	55,447	3,700	1,950	400	–	61,497
2012	60,500	3,000	1,780	500	–	65,780
2011	64,700	1,286	1,408	300	–	67,694

자료: Petrofin Research (2020)"Key developments and growth in Greek ship finance."

그리스의 은행해운금융 대출시장에서 가장 큰 비중을 차지하고 있는 유럽지역의 은행을 국가별로 구분하여 조사한 자료가 <표 12-15>에 정리되어 있다. 최

표 **12-15** 유럽은행의 소유국별 그리스 해운대출 추이

(단위: 백만 달러)

연도	영국/아일랜드	프랑스/벨기에	스칸디나비아	독일	네덜란드	그리스	기타	합계
2019	2,800	3,690	3,496	7,315	4,552	9,924	8,210	40,258
2018	2,800	3,645	3,891	8,387	4,882	9,820	7,550	40,976
2017	4,000	3,550	4,027	10,309	4,767	9,091	6,750	42,495
2016	6,000	3,331	4,864	11,542	4,834	8,721	7,070	46,362
2015	7,210	3,145	5,293	14,370	4,480	9,173	7,270	50,941
2014	9,933	3,005	5,280	15,805	3,588	10,819	6,269	54,699
2013	11,029	3,065	4,676	16,617	3,493	10,487	6,080	55,447
2012	13,581	3,813	5,029	17,006	2,800	12,707	5,566	60,499
2011	15,533	4,401	5,325	17,717	1,632	14,517	5,575	64,700

자료: Petrofin Research (2020), "Key developments and growth in Greek ship finance."

근 들어서는 그리스은행이 가장 많은 대출을 제공하고 있는 것으로 보고되고 있다. 그리스 외의 국가를 보면 전통적으로 해운금융을 많이 취급하는 독일의 은행들이 가장 많은 대출금을 제공하고 있고, 다음으로는 네덜란드의 은행, 스칸디나비아 국가들의 은행, 프랑스와 벨기에의 은행, 그리고 영국과 아일랜드의 은행 등의 순으로 많은 자금을 제공하고 있다. 그 외 유럽국가의 은행들도 상당한 금액의 대출을 그리스 해운기업에 제공하고 있는 것으로 보고되고 있다.

은행대출의 경우 여러 은행이 협조하여 자금을 제공하는 것이 일반적인데, <표 12-16>은 협조융자단 구성시 주도적 역할을 하는 은행에 대한 정보를 제공하고 있다. 그리스 해운기업의 자금대출에 있어서 리더 은행으로서 역할을 많이 한 은행은 미국의 Citi 은행이며, 그리스 은행으로서는 Aegean Baltic과 National Bank of Greece가 간사 은행 등의 역할을 많이 한 것으로 보고되고 있다.

표 12-16 협조융자 리더

(단위: 백만 달러)

Bank	2011	2012	2013	2014	2015	2016	2017	2018	2019	Change in the last year
CITI	300	2,000	2,000	2,500	3,500	5,500	5,000	5,500	6,100	10.91%
AEGEAN BALTIC	1,399	1,346	1,291	1,270	1,066	890	867	819	630	−23.06%
HAMBURG COMMERCIAL BANK*	822	623	673	504	414	500	500	500	500	0.00%
DNB	2,085	2,487	2,479	2,000	2,700	3,000		2,116		
UNICREDIT	246	227	210	341	150	100	100	10	10	0.00%
NATIONAL BANK OF GRECE	447	427	451	360	336	317	259	107	101	−5.6%
ABN AMRO	278	n/a	121	1,299	1,463	1,390	730	835	300	−64.07%
BNP PARIBAS	473	665	580	545	442	321	357	242	698	188.60%
KFW	n/a	402	312	311	338	273	64	109	122	11.34%
Totals	10,276	11,512	9,897	9,173	11,935	13,790	10,247	11,191	10,578	−5.48

주: * Market estimate; 현재 자금 제공하지 않은 은행도 포함하였음.
자료: Petrofin Research(2020), "Key developments and growth in Greek ship finance."

13 자본시장과 그리스 해운기업의 자금조달

이 장에서는 그리스 해운기업이 주식이나 채권발행을 통해 자금을 얼마 정도 조달하고 있는지를 고찰하고 있다. 최근 은행의 해운기업에 대한 신규 대출 기피로 점차 자본시장을 통한 자금조달의 비중이 높아질 것으로 전망되고 또한 자본구조의 개선 차원에서도 주식시장의 활용은 확대될 필요가 있다고 논의되고 있다. 따라서 여기서는 자본시장의 구조, 자본시장을 통한 해운기업의 자금조달 추이 등을 먼저 살펴보고 있다. 이어서 그리스 해운기업이 주식시장이나 회사채시장을 통해 어느 정도 자금을 조달하는지를 짚어볼 것이다. 특히 그리스 해운기업은 자국의 자본시장을 이용하여 자금을 조달하는 경우보다는 미국의 뉴욕증권시장이나 나스닥증시를 이용하여 자금을 조달하는 것이 대부분인 것으로 조사되고 있다. 이처럼 그리스의 해운기업이 미국 증권시장을 적극적으로 활용하는 것은 아테네증권시장의 규모가 크지 않은 것이 가장 큰 이유일 것이다. 그리고 자금이 풍부하고 가장 명성도가 높은 미국 증시에서 성공적 기업공개는 해운기업의 위상을 제고할 수 있다는 점도 고려되었을 것으로 생각된다.

13.1 자본시장의 의의와 구조

자본시장은 금융시장 중 자금제공자와 자금수요자가 금융중개기구의 도움을 받지 않고 직접적으로 자금제공자(투자자)에서 자금수요자인 기업으로 자금이 흘러들어가는 직접금융시장이다. 그렇기 때문에 투자자는 간접금융시장에서 각종 금융상품을 제공하는 은행에 자금을 예금하는 것에 비해 더 큰 위험에 노출되고 있다. 그에 따라서 주식이나 채권에 자금을 투자할 때는 은행예금에 비해 더 높은 수익률을 요구하고 그에 상응하지 않을 때는 자본시장에 참여하지 않을 것이다.

13.1.1 자본시장의 의의

자본시장은 기업이 자기자본 조달을 위해 발행하는 주식과 관련된 주식시장 그리고 부채자본의 형태인 회사채발행이 이루어지고 거래되는 시장인 채권시장으로 구성되어 있다. 우리는 이 두 시장을 통상 증권시장(securities market)이라 명명하고 있다.

기업이 필요한 자금을 기업이 존속하는 한 계속 이용할 수 있는 자기자본을 조달할 수 있는 기회를 제공하는 측면에서 자본시장은 매우 큰 의의를 갖는 것으로 볼 수 있다. 기업이 정기적으로 정해진 기간에 이자와 원금을 갚아야 하는 의무에서 벗어나 자금을 활용할 수 있는 기회를 주식시장이 제공하고 있는 것이다.

이러한 역할을 수행하는 증권시장의 주요 기능을 보면, 첫째, 기업이 필요로 하는 대규모의 자금조달 기회를 제공하고 있어 기업의 신규투자 등을 가능하게 하여 기업의 성장과 발전 기회를 제공하여 궁극적으로 국가경제의 발전을 이끌고 있다. 둘째, 기업입장에서는 자금조달의 기회를 제공하나 투자자에게는 투자상품을 제공하여 자금 운용의 기회를 제공하는 측면에서 중요한 역할을 하고 있다고 본다. 최근 저금리 시대에 접어들면서 자금이 주식시장으로 들어와 주식시장의 활성화를 도모하여 기업의 자기자본 조달이 한결 용이해지고 있기도 한 것은 바람직한 것으로 생각된다. 끝으로 자본시장은 정부의 재정 및 금융정책의 수단을 구사할 있는 시장으로서의 역할도 수행하고 있다. 정부가 재정지출에 비해 세입이 부족한 경우 국채 등을 발행하여 자금을 조달하기도 하고, 시중 통화량이 많아 물가 상승의 압박이 있을 경우 국채발행으로 시중의 통화를 줄여 물가의 안정을 꾀하는 등 정책당국이 적극 활용하고 있다.

13.1.2 자본시장의 구조

[그림 13-1]에서 보는 것처럼 자본시장은 직접금융시장으로 자금의 수요자가 지금의 공급자에게 직접 주식, 채권 등과 같은 증권의 발행을 통해 자금이 조달

되고 있다. 유가증권이 발행되고 거래되는 자본(증권)시장은 증권이 기업에서 투자자에게로 넘어가는 시장인 발행시장(primary market)과 발행된 주식과 채권이 매매되는 유통시장(secondary market)으로 구성되어 있다.

　기업에서 발행하는 주식이나 채권이 투자자에게 매각되는 발행시장은 구체적인 물리적 장소가 없는 추상적인 시장으로 발행주체인 기업이나 정부, 투자자 그리고 발행업무를 수행하는 발행기관(투자은행, 우리나라는 금융투자회사) 등이 참여하고 있다. 증권발행은 발행주체가 직접발행하는 경우도 있지만 대게 유가증권인수 업무를 전문으로 취급하는 투자은행(금융투자회사)이 주관하여 발행하는 간접발행으로 이루어지고 있다. 많은 수량의 증권을 매각할 때는 인수업무에 정통한 투자은행이 증권을 투자자에게 매각하는 방법에 따라서도 구분되고 있다. 즉 인수기관이 발행기업으로부터 발행증권 모두를 인수하여 인수단의 책임 아래 증권을 투자자에게 매각하는 총액인수가 있으며, 이 방법이 가장 널리 활용되고 있다. 인수기관이 일반투자자들에게 증권의 매출을 중개하고 매각이 되지 않은 나머지를 매입하여 투자자에게 매각하는 잔액인수가 있다. 그리고 인수기관이 단지 발행기업의 유가증권의 매각을 위해 업무지원에 그치는 모집주선이 있다.[1]

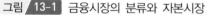

그림 **13-1** 금융시장의 분류와 자본시장

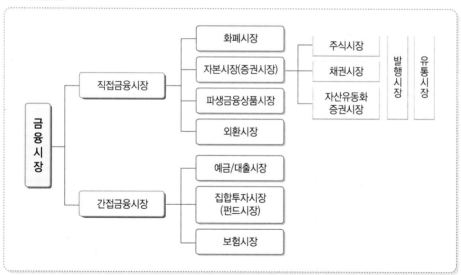

자료: 장영광 외(2012).

---

1) 이기환 외(2016), p. 288.

또한 발행된 증권이 투자자들 사이에 거래되는 시장인 유통시장은 구체적인 장소가 있는 시장으로 흔히 증권거래소라고 하는 곳이 여기에 해당한다고 볼 수 있다. 이 시장에는 투자자, 증권거래소, 투자은행(금융투자회사) 등이 참여하고 있으며, 장내시장과 장외시장(OTC)으로 또한 나누어지기도 한다. 즉 전자는 거래소시장이라고도 하는데 증권이 거래시스템을 갖추고 있는 정해진 거래소에서 유통되는 시장을 말한다. 한편 장외시장은 거래소가 아닌 투자은행 등의 창구에서 거래되는 시장에서 출발하였으나, 최근에는 거래소와 유사한 거래시스템을 갖추어 장내시장에 버금가는 시장으로 성장했다. 특히 NASDAQ 시장도 거래소와 다른 거래제도로 처음에는 장외시장으로 분류되었으나 지금은 거래소시장과 크게 다르지 않아 보인다.

13.2 자본시장을 통한 해운기업의 자금조달

해운기업이 기업공개나 회사채발행을 통해 자금을 조달하는 경우는 은행 대출에 비해 상대적으로 매우 적은 비중을 차지하고 있다. 그런데 해운기업의 자본구조의 건실화를 위해서는 특히 주식시장을 통한 자기자본(equities)의 조달은 매우 중요한 의미를 갖는다. 2016년 한진해운이 유동성 위기에 처했을 때 정책당국은 부채비율을 400%로 조정할 것을 요구했는데, 이러한 사례를 생각할 때 해운기업의 자금조달행태를 이제는 새롭게 접근할 필요가 있을 것으로 보인다. 즉 자본시장에서 주식발행을 통해 자기자본의 조달비중을 높여 재무적 곤경을 감소하는 전략을 구사하는 것이 바람직할 것으로 생각된다.

[그림 13-2]는 Modigliani and Miller(1963)의 자본구조와 기업가치 간의 관계 및 최근 과다한 부채를 사용할 경우 직면하는 재무적 곤경비용을 고려한 기업가치와 부채규모 사이의 관계를 같이 보여주고 있다. 여기서 법인세를 고려한 기업가치와 자본구조 간의 관계를 규명한 MM의 수정이론에 의하면 부채를 많이 사용할수록 기업가치는 증가하는 것을 알 수 있다. 이 가설에 따르면 부채를 많이 사용하는 재무전략이 좋은 전략일 수 있다. 그러나 부채를 많이 사용할 때 발생하는 원금 및 이자를 정해진 기간에 갚아야 하는 부담으로 해운경기가 불황에 처

하게 되면 해운기업의 현금흐름이 원활하지 못하여 원금과 이자를 정해진 날짜에 갚지 못하는 사태가 발생할 수 있다. 이런 경우 해운기업은 부도에 직면하는 곤경에 처하게 되어 자본비용 측면에서 다소 유리한 부채자본에 지나치게 의존하다 보면 유동성 위기로 인해 기업의 운명이 좌우될 수도 있다는 점에 유의할 필요가 있다. 이러한 위험으로 인해 부채의 비중이 어느 수준을 넘으면 오히려 기업가치가 감소하는 현상을 보이고 있어, 기업은 자기자본 조달의 비중을 제고할 필요가 있게 된다.

그림 **13-2** 자본구조와 기업가치 간의 관계

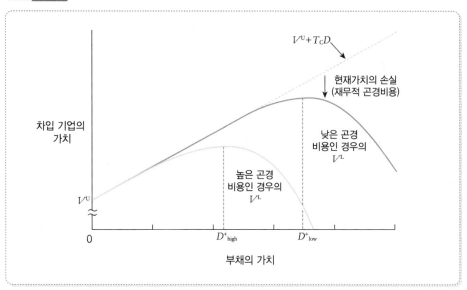

자료: Berk 외(2013), p. 573.

따라서 지금까지 해운기업이 선박 확보 및 기업경영에 필요한 자금을 은행대출이나 회사채 발행을 통해 조달하여 왔는데 앞으로는 주식발행을 통한 자기자본의 형태로 자금을 조달하는 부분을 증대할 필요가 있다고 보여진다. 앞 절에서도 보았듯이 해운기업의 자금조달 구성비를 보면 은행대출이 60%가 넘고 주식발행을 통한 자금조달 비중은 10% 미만으로 매우 낮은 편이다. 해운기업의 자본구조의 건실화를 통한 유동성 위기 문제 등을 잘 극복하기 위해서는 기업공개, 유상증자 등을 통한 자기자본(equity)의 비중을 증대할 필요가 있는 것으로 생각된다.

기업이 필요한 자금을 자본시장을 통해 많이 조달하고 있는 영미의 경우 우리가 익히 들어 아는 많은 기업이 뉴욕증권시장이나 나스닥시장에 주식을 상장하고 있으며 추가적으로 자금이 필요할 경우 유상증자를 통해 자금을 조달하고 있다. 증권시장에 상장된 기업 중 시가총액이 가장 큰 기업은 미국의 Apple사로 2022년 1월 7일 현재 2조 8,250억 달러, Microsoft사가 2조 3,580억 달러이고, 그 뒤를 이어 사우디 아라비아의 Aramco가 1조 8,896억 달러, 그리고 Alphabet사가 1조 8,200억 달러를 시현하고 있으며, 5위에는 1조 6490억 달러를 기록하고 있는 미국의 Amazon사이다. 이어 미국의 Tesla, Meta Platforms, Berkshire Hathaway, Nvidia Corporation사이며 각각 1조 3,100억 달러, 9,230억 달러, 7,118억 달러 및 6,790억 달러를 기록하고 있다. 대만의 Taiwan Semiconductor Manufacturing Company(TSMC)는 10위에 올라 있는데 이 기업의 시가총액은 6,405억 달러를 보이고 있다[2].

이제 해운기업이 증시를 통해 선박확보 등에 필요한 자금을 어느 정도 조달하고 있는지를 살펴보고자 한다. 먼저 증시에 상장된 해운기업으로서 가장 시가 총액이 높은 기업은 덴마크의 AP Moller-Maersk로 2021년 2월 19일 현재 403억 달러를 기록하고 있다[3]. 이 기업의 시가총액은 앞에서 본 정유 및 IT기업에 비해서는 그 규모가 아주 작음을 알 수 있다.

<표 13-1>은 세계 증권시장에 상장된 해운기업, 조선 및 해양플랜트 기업의 수를 보여주고 있다. 증시에 상장된 해양관련 기업의 수는 2021년 2월 기준으로 총 570개로, 뉴욕증권거래소에 가장 많은 61개사가 상장되어 있다. 다음으로는 상하이증권거래소에 40개사, 오슬로증권거래소에 38개사, 동경증권거래소에 37개사, 홍콩증권거래소에 35개사 등이 상장되어 있다. 세계 선복량의 18%를 점유하며 세계 해운시장을 선도하고 있는 그리스의 아테네증권거래소에는 5개 기업만 상장되어 있다.

---

2) https://www.value.today/(2022.3.31.).
3) https://www.bloomberg.com/quote/AMKBF:US(2021.2.21.)

표 13-1	세계 증권거래소별 상장 해운기업 수(2020)

거래소	상장 해운기업 수
NYSE	61
TSE	37
HKE	35
Oslo Bors	38
NASDAQ OMX Copenhagen Stock Exchange	7
Shanghai Stock Ex.	40
Taiwan Stock Ex.	20
SGX	24
Indonesia Stock Ex.	22
KRX	28
Bursa Malaysia	21
NASDAQ	8
Moscow Ex.	7
Euronext/Amsterdam/Brussel/Helsinki/Paris/Stockhlom	11
NSE(인도)	8
Bombay Stock Ex.	13
Frankfurt Stock Ex.	5
SET(태국)	9
Shenzhen Stock Ex.	15
Hanoi and Ho Chi Min Stock Ex.	8
LSE	15
NASDAQ Capital Market	9
Norwegian OTC	5
Australian Stock Ex.	7
Philippines Stock Ex.	5
Borsa Italiana	4
Athens Stock Ex.	5
PINK(OTC)	5
Oslo Axess	5
Toronto Stock Ex.	4
National Equities Ex. and Quotations(OTC)(중국)	4
Others	85
합계	570

주: Shipping Intelligence Network의 Capital Market Section에서 조사한 것으로 해운뿐만 아니라, 조선, 해양플랜트 등도 포함한 수치임.

자료: Clarksons Research Services(2021).

또한 <표 13-2>는 1984년부터 2007년 사이 국가별 해운기업의 공개기업 수와 증권거래소별 상장 기업의 수를 보여주고 있다.

표 13-2 국가별 해운기업의 증권거래소별 상장 추이(1984~2007)

국가	기업공개 수	상장 증권시장	상장기업 수	2000년 이전 상장 기업 수	2000년 이후 상장 기업 수
그리스	29	Athens	6	5	1
미국	27	NYSE	30	9	21
		NASDAQ	25	3	22
벨기에	3	Brussels	2	0	2
버뮤다	7	OTC	4	2	2
중국	5	Shanghai	1	0	1
덴마크	6	Copenhagen	5	1	4
핀란드	4	Helsinki	3	2	1
독일	3	Berlin	4	1	3
홍콩	4	Hong Kong	5	0	5
인도	6	Mumbai	6	1	5
노르웨이	15	Oslo	15	1	14
싱가포르	6	Singapore	7	4	3
스웨덴	5	Stockholm	6	3	3
영국	4	London	6	1	5
기타	19	기타 거래소	18	5	13
합계	143		143	38	105

자료: Merikas et al. (2009)(이기환 외(2016)에서 재인용).

<표 13-2>에 의하면 해운기업의 공개는 그리스가 29개로 가장 많은 것으로 보고되고 있으며, 다음으로는 미국이 27개사이며, 그리고 세 번째로는 노르웨이가 15 개사에 이르고 있다. 여기서 주목할 점은 미국의 해운기업 공개는 27개에 지나지 않는데, 미국 증시인 뉴욕증권거래소와 NASDAQ에 상장한 기업수는 55개사로 미국의 공개기업 수에 비해 두 배 많은 것으로 나타나고 있다. 반면에 그리스의 경우 29개사가 기업공개를 했으나 아테네 시장에 상장된 기업 수는 6개사에 그치고 있어 나머지 23개사는 미국 증시에 상장한 것으로 보여진다.

최근 Marine Money사는 해운과 해양플랜트로 구분하여 이들 기업의 자본시장

에서의 자금조달에 대한 통계를 비교적 상세히 제공하고 있다. <표 13-3>은 이들 기업의 자금조달을 회사채발행, 주식공모, 비상장주식발행 등으로 분류한 내역을 보고하고 있다. 해운경기가 호황이었던 2007년에는 주식공모를 통한 자금조달이 전체 자본시장 조달규모의 65.0%를 차지하며 276억 달러를 기록하였다. 그러나 자본시장에서의 자금조달 형태는 전반적으로 회사채 발행을 통한 조달이 주식공모보다는 다소 더 많은 것을 알 수 있다.

특히 회사채발행과 주식공모발행 등을 통한 해운기업의 자금조달이 증대한 시기는 2008년 글로벌 금융위기 이후 2009년부터 2014년까지 상당히 증가하다, 그이후는 다소 감소했으나 어느 정도 수준은 유지되고 있다. 2011년, 2013년, 2014년 그리고 2016년은 비상장주식 발행을 통한 자본조달도 상당한 규모에 이르고 있는 것을 알 수 있다.

표 13-3 자본시장을 통한 세계 해양기업의 자금조달 추이   (단위: 백만 달러)

자금원 연도	회사채발행		주식공모		비상장주식발행 (private equity)		총자본시장조달규모	
	건수	금액	건수	금액	건수	금액	총건수	총조달액
2007	56	14,881	87	27,578	0	0	143	42.459
2008	22	6,218	42	6,122	4	1,050	68	13,390
2009	38	9,550	26	6,224	4	625	68	16.399
2010	73	27,182	90	18,383	11	2,060	174	47,625
2011	88	27,263	65	22,333	15	4,342	168	53.938
2012	140	41,134	58	9,077	17	2,949	215	53,160
2013	105	28,264	117	15,341	32	7,463	254	51,068
2014	112	31,283	74	10,504	27	3,385	213	45,172
2015	39	7,381	38	5,602	7	2,009	84	14,992
2016	35	8,579	59	11,258	11	4,411	105	24,248
2017	44	10,721	62	7,605	9	1,777	115	20,103
2018	43	12,721	48	4,798	2	274	93	17,793
2019	36	7,503	36	3,168	4	341	76	11,012

주: 해운기업과 해양플랜트기업(offshore)의 자금조달임.
자료: Marine Money(International)(2020), Vol.36(1).

앞에서는 해운업 및 해양플랜트업을 포함한 해양관련 기업의 자본시장에서의 자금조달 추이를 간단히 살펴보았다. 이제 해운기업의 자본시장을 통한 자금조달에 초점을 두고 살펴보기로 한다. <표 13-4>는 2007년부터 2019년까지 해운기업이 회사채발행, 주식공모 그리고 비상장주식발행 등을 통해 조달한 자금규모를 보고하고 있다. 해운기업의 자본시장에서의 자금조달 규모가 해양기업의 자본시장에서의 총조달금액의 70% 이상을 점유하고 있는 것으로 나타나고 있다. 해운기업 역시 자본시장에서의 자금조달 중 회사채발행을 통한 조달이 가장 큰 비중을 차지하고 있으며, 다음으로는 기업공개나 유상증자와 같은 주식공모를 통한 자금조달이 회사채 다음으로 많다. 비상장주식의 발행을 통한 자금조달은 2011년부터 상당한 규모를 보였고, 그 후 2017년까지 10억 달러 이상의 자금이 조달되었으나, 최근에는 급격히 감소하고 있다.

표 13-4 자본시장을 통한 세계 해운기업의 자금조달 추이

(단위: 백만 달러)

자금원 / 연도	회사채발행		주식공모		비상장주식발행 (private equity)		총자본시장조달규모	
	건수	금액	건수	금액	건수	금액	총건수	총조달액
2007	47	10,546	75	21,030	0	0	122	31,576
2008	16	4,172	35	4,962	4	1,050	55	10,184
2009	27	5,706	15	3,422	4	625	46	9,753
2010	46	21,615	64	9,504	9	1,860	121	32,979
2011	60	14,119	41	6,035	14	4,095	115	24,249
2012	63	13,116	34	3,688	15	2,742	112	19,546
2013	40	7,991	90	11,132	32	7,463	162	26,586
2014	52	11,716	48	6,905	24	3,310	124	21,931
2015	30	4,986	30	4,745	5	949	65	10,680
2016	24	4,859	45	4,817	9	4,411	78	14,087
2017	36	8,797	47	5,376	6	1,702	89	15,875
2018	28	4,142	38	3,709	2	274	68	8,125
2019	29	3,709	31	2,995	4	341	64	7,045

자료: Marine Money(International)(2020), Vol.36(1).

세계 해운기업이 주식발행을 통해 자금을 어느 정도 조달하고 있는지를 보는

것도 의의가 있을 것이다. 이는 해운기업의 자금조달에서 자기자본의 비중을 제
고하는 계기가 되고 나아가 자본구조의 개선 즉 부채비율을 낮추어 유동성 위기
등에 대한 대응력을 높일 수 있다는 점에서 해운기업의 재무전략에서는 유념하여
야 할 것이다.

<표 13-5>에서 보는 것처럼 해운기업의 우선주 발행, 유상증자, 신규공모주
발행(IPO), 사모발행(private placement) 등을 통해 자기자본을 조달하고 있다.
2007년부터 2019년 사이 한 두 해를 제외하고는 유상증자를 통한 자기자본 조달
이 가장 많은 것으로 조사되고 있다. 신규공모주 발행을 통한 조달은 2007년 한
해 아주 비정상적으로 큰 137억 달러를 시현하였다. 2010년, 2011년, 2013년 그
리고 2014년에 각각 20억 달러 이상을 조달하고 있으나 나머지 연도에는 미미한
수준에 그치고 있다. 사모 발행을 통한 자금조달을 보면 2013년 약 47억 달러를
조달한 것이 가장 큰 규모이며, 매년 10억 달러에서 20억 달러 사이의 자금이 이
방법을 통해 조달되고 있다.

표 **13-5** 주식시장을 통한 세계 해운기업의 자금조달 추이
(단위: 백만 달러)

자금원 / 연도	우선주		유상증자		IPO		사모발행 (private placement)		총자기자본 조달규모	
	건수	금액	건수	금액	건수	금액	건수	금액	총건수	총조달액
2007	1	175	23	4,866	31	13,755	20	2,234	75	21,030
2008	0	0	19	3,389	6	714	10	859	35	4,962
2009	0	0	10	3,302	4	114	1	6	15	3,422
2010	2	105	35	4,811	23	3,469	4	1,119	64	9,504
2011	2	359	19	1,399	12	2,280	8	1,997	41	6,035
2012	3	248	19	2,084	6	878	6	478	34	3,688
2013	16	945	32	3,469	10	2,035	32	4,683	90	11,132
2014	9	699	18	2,770	11	2,431	10	1,006	48	6,906
2015	6	625	11	2,296	5	731	8	1,094	30	4,746
2016	12	888	16	1,140	3	215	14	2,573	45	4,816
2017	8	1,279	10	1,730	3	91	26	2,278	47	5,378
2018	5	615	6	627	0	0	27	2,467	38	3,709
2019	4	439	8	375	2	293	17	1,888	31	2,995

자료: Marine Money(International)(2020), Vol.36(1).

<표 13-6>은 해운기업의 주식발행을 통한 자금조달 중 미국 증시에서 신규 공모모주(IPO)를 발행하여 자금을 조달한 내역을 보고하고 있다. 2001년 이후 2014년까지 25개 해운기업이 기업공개를 통해 미화 5,500만 달러에서 미화 6억 달러의 범위 내외에서 자금을 조달한 것을 알 수 있다. 해운기업이 신규공모주발행을 할 때 인수수수료 등으로 지불한 금액은 조달액의 6~7%인 것으로 보고되고 있다.

표 13-6 미국 주식시장에서 신규공모주 발행 해운기업

(단위: 백만 달러, %)

연 도	기 업 명	조달액	수수료
2014	Dorian LPG Ltd	135.00	7.00
2014	Gaslog Partners LP	202.86	6.00
2013	Scorpio Bulkers Inc	350.95	7.00
2013	Navigator Holdings Ltd	262.20	7.00
2013	Dynagas LNG Partners LP	258.75	6.00
2013	Ardmore Shipping Corp	140.00	7.00
2013	KNOT Offshore Partners LP	179.92	6.00
2012	Gaslog Ltd	329.00	5.50
2011	Box Ships Inc	132.00	6.75
2011	Golar LNG Patners LP	310.50	6.00
2010	Costamare Inc	159.60	6.75
2010	Scorpio Tankers Inc	168.35	7.00
2010	Crude Carriers Corp	256.50	7.00
2010	Baltic Trading Ltd	228.20	6.50
2008	Safe Bulker	190.00	6.50
2007	Capital Product	291.00	6.45
2007	Oceanfreight Inc.	235.00	7.00
2007	Paragon Ship	181.00	6.50
2007	OSG America L.P.	143.00	6.63
2007	Navios Maritime	200.00	6.40
2007	Teekay Tankers	224.00	6.75
2006	Aegean Marine	175.00	7.00
2006	Teekay Offshore Partners	169.05	6.37

연 도	기 업 명	조달액	수수료
2006	Ultrapetrol(Bahamas) Ltd	137.50	7.00
2006	Danaos Corp	215.25	6.50
2006	Omega Navigation Enterprises	147.83	7.00
2005	Double Hull Tankers Inc	192.00	6.00
2005	American Commercial Lines LLC	199.24	7.00
2005	Stealth Gas Inc	116.00	6.00
2005	Horizon Lines Inc	143.75	7.00
2005	Seaspan Corp	605.77	6.00
2005	Genco Shipping & Trading Ltd	246.96	6.50
2005	Quintana Maritime Ltd	195.13	6.25
2005	TBS International Ltd	81.60	7.00
2005	Eagle Bulk Shipping Inc	201.60	6.75
2005	Aries Maritime Transport Ltd	153.00	6.50
2005	Teekay LNG Partners LP	151.80	6.62
2005	Diana Shipping Inc	241.93	7.00
2005	Dryships Inc	269.10	6.00
2004	Navios Maritime Holdings Inc	196.65	6.00
2004	Arlington Tankers Ltd	263.35	6.62
2004	US Shipping Partners LP	153.52	6.62
2004	TOP Tankers Inc	146.63	6.00
2002	K－Sea Transportation Partners LP	97.88	6.62
2002	Martin Midstream Partners LP	55.10	7.00
2002	Tsakos Energy Navigation Ltd	95.25	6.73
2001	General Maritime Corp	144.00	7.00

자료: Dealogic(각 년도)((이기환 외, 2016)에서 재인용).

주식시장에서 자금을 조달하기 위해서는 해운기업의 경영성과가 좋아 투자자들에게 배당을 포함하여 많은 이익을 제공하는 등의 정책을 구사할 필요가 있다. 이렇게 하여 주식시장에서 당해 주식의 가격이 높게 평가될 때 해운기업의 자금조달이 원활하고 또한 자본비용도 보다 낮은 수준에서 자금을 조달할 수 있게 된다. [그림 13-3]은 2019년 한 해 동안 주요 해운기업의 주가가 어떻게 변화하였는지를 보여주고 있는데, LPG, Tanker 기업의 주가가 상대적으로 높은 수익률을 시현하였다. 그리고 부의 수익률을 낸 기업군에 보면 벌크, LNG 선사가 상대적으로 많고 그 중 그리스 선사도 여럿 있는 것으로 나타나고 있다.

그림 13-3 2019년 동안의 주요 해운 기업의 주가 변동

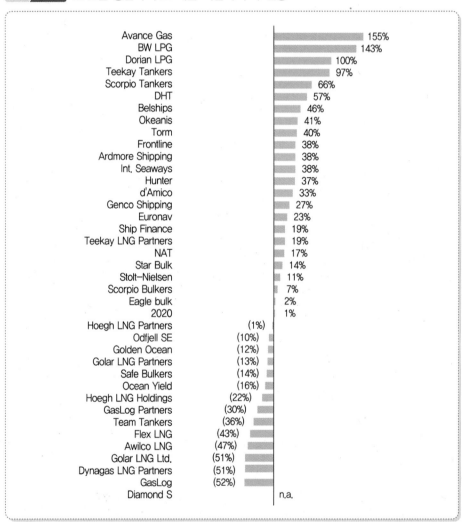

자료: Marine Money(International)(2020), Vol.36(1).

<표 13-7>은 자본시장 중 회사채 시장을 통해 해운기업이 자금을 조달한 내역을 연도별로 보여주고 있다. 채권의 종류별 자금조달 규모를 보면 미국 채권시장에서의 조달이 가장 많고, 전환사채와 노르웨이형 채권을 통한 자금조달도 상

당히 이루어지고 있다. 특히 노르웨이형 채권은 보통 회사채에 비해 만기가 짧은 채권인데, 최근 들어 10억 달러 내외의 규모로 매년 조달되고 있다. 전환사채는 2014년 이후 발행규모가 많이 줄어들었고, 반면에 만기를 정해 놓고 일정에 따라 원금을 상환하는 대출로 주로 기관투자자들에게 판매되고 있는 term loan이 8번 발행되었다. 특히 2017년에는 5건의 term loan을 통해 15억 달러를 조달한 것으로 보고되고 있다.

표 **13-7** 채권시장을 통한 세계 해운기업의 자금조달 추이

(단위: 백만 달러)

연도	전환사채		노르웨이형 채권		기타 채권		미국채권시장		Term Loan B		총채권조달규모	
	건수	금액	건수	금액	건수	금액	건수	금액	건수	금액	건수	금액
2007	7	1,076	2	51	1	389	36	8,818	1	212	47	10,546
2008	1	300	0	0	1	93	14	3,779	0	0	16	4,172
2009	3	422	0	0	0	0	24	5,284	0	0	27	5,706
2010	7	1,598	5	385	18	13,834	16	5,798	0	0	46	21,615
2011	7	1,477	4	415	36	7,159	13	5,069	0	0	60	14,120
2012	4	516	24	2,914	25	7,781	10	1,905	0	0	63	13,116
2013	7	842	10	825	10	2,124	15	3,950	1	250	43	7,741
2014	12	3,848	10	1,070	8	1,689	22	5,109	0	0	52	11,716
2015	2	167	5	539	10	1,771	12	2,304	1	205	28	4,986
2016	3	495	9	1,138	6	1,738	6	1,488	0	0	24	4,859
2017	1	403	12	1,555	6	1,771	12	3,535	5	1,533	36	8,797
2018	4	407	11	1,092	9	1,568	4	1,075	0	0	28	4,142
2019	3	280	11	924	10	986	5	1,518	0	0	29	3,708

자료: Marine Money(International)(2020), Vol. 36(1).

<표 13-8>은 1990년대 초부터 2010년까지 미국증권시장에서의 고수익 회사채를 발행하여 자금을 조달한 현황을 보고하고 있다. 1990년대 후반과 2000년대 초반에 비교적 많은 고수익 채권이 발행되어 해운기업의 자금조달에 도움이 된 것으로 보인다. 1992년부터 2010년까지 고수익 채권을 통한 자금조달은 총 약 137억 달러에 달하고 있으며, 연평균발행액은 약 1억 8,500만 달러이고, 평균표면금리는 연리 9.74%, 평균스프레드는 483.52bps인 것으로 보고되고 있다[4].

표 **13-8** 미국증시에서 해운기업의 고수익채권 발행규모 추이

(단위: 백만 달러)

	발행총액	발행 건수	평균조달액	평균이자율 (%)	평균수익률 (%)	평균스프레 드 (bps)	평균 신용등급
1992	125.00	1	125.00	12.50	12.50	500.00	BB −
1993	985.50	8	123.19	9.44	9.43	357.00	BB −
1994	175.00	1	175.00	11.25	11.25	325.00	BB
1995	175.00	1	175.00	10.50	10.50	480.00	BB −
1996	490.00	3	163.33	9.61	9.63	352.67	BB −
1997	849.00	6	141.50	10.17	10.35	623.60	B
1998	2,728.00	17	160.47	10.11	10.27	447.94	B +
1999	115.00	1	115.00	10.75	11.00	475.00	BB −
2000	0.00	0	−	−	−	−	−
2001	425.00	2	212.50	9.75	9.94	483.50	B +
2002	650.00	3	216.67	9.58	9.75	443.00	BB −
2003	1,596.62	8	199.58	9.58	9.62	383.38	B +
2004	1,313.00	8	164..13	8.27	8.34	429.25	B +
2005	75.00	1	75.00	6.13	6.23	195.00	BB −
2006	585.00	3	195.00	11.17	11.79	709.67	B −
2007	520.00	2	260.00	6.00	6.09	203.50	BB −
2008	0.00	0	−	−	−	−	−
2009	2,200.00	7	314.29	10.96	11.46	845.00	B
2010	700.00	2	350.00	9.69	9.87	643.50	B +
1992-2000	5,642.50	38	148.48	10.05	10.16	448.70	BB −
2001-2010	8,064.82	36	224.01	9.40	9.62	520.27	B +
합계	13,707.12	74	185.23	9.74	9.90	483.52	BB −

주: 2010년 3월 기준임.

자료: Thomson Reuters[Grammenos and Papapostolou(2012)에서 재인용].

---

4) 이기환 외(2016), p. 315.

13.3   자본시장과 그리스 해운기업의 자금조달

기업경영에 소요되는 자금을 유럽 대륙과 일본은 주로 은행 대출에 의존하고 있는 반면 미국과 영국은 자본시장을 통해 조달하는 비중이 상대적으로 높은 것으로 알려져 있다. 이러한 현상이 나타나는 것은 금융제도의 선택에서 미국은 자본시장 중심의 금융제도를 채택, 운용하고 있는 것에 비해 유럽대륙 국가와 일본은 간접금융 즉 은행대출을 통해 자금을 주로 조달하고 있다.

그리스의 해운기업 중 외항선사가 약 600여개에 달하고 있으나 세계 증권시장에 상장된 기업은 30개에 못 미치고 있다. <표 13-9>는 세계 주요국의 증시에 상장된 그리스의 해운기업에 대해 보고를 하고 있다.

표 13-9   글로벌 증시에 상장된 그리스 해운기업

회사명	보유 척수	선복량(천 DWT)	거래소	시가총액
Attica Group	44	102	ASE	211.49M in EUR
Anek Lines	10	62	ASE	15.169M in EUR
Minoan Lines	6	37	ASE	−
Hellenic Petroleum	1	12	ASE	2.249B in EUR
NEL Lines	4	8.4	ASE	−
Navios Holdings	169	15,891	NYSE	NM
(Navios Marit Acquis)	47	6,000	NYSE	NNA
(Navios Marit Partners)	55		NYSE	NMM
Tsakos Energy Nav.	66	7,150	NYSE	202.142M in US$
Costamare	74	6,271	NYSE	2.167B in US$
Diana Shipping	39	4,827	NYSE	458.065M in US$
Danos Shipping	64	4,704	NYSE	−
Genco Shpg & Trading	45	4,568	NYSE	−
Safe Bulkers	41	3,776	NYSE	571.75M in US$
GasLog	32	2,743	NYSE	1.404B in US$
Dynagas LNG	12	1,083	NYSE	142.425M in US$
Dorian LPG	19	1,048	NYSE	570.375M in US$

Star Bulk Carrier	116	12,859	NASDAQ	3.045B in US$
Capital Product	11	1,044	NASDAQ	353.371M in US$
StealthGas	45	440	NASDAQ	97.798M in US$
Dryships	32		NASDAQ	DRYS 19.10.11 폐지
Seanergy Maritime	11	1,926	NASDAQ C.M	200.787M in US$
Euroseas	21	1,079	NASDAQ C.M	214.97M in US$
Performance Shipping	5	546	NASDAQ C.M	14.638M in US$
Top Ships	6	514	NASDAQ C.M	42.62M in US$
Globus Maritime	6	382	NASDAQ C.M	47.74M in US$
Pyxis Tankers	5	169	NASDAQ C.M	22.077M in US$
Okeanis Eco Tankers	17	3,842	Oslo Axess	2.782B in NOK

자료: Clarksons Research Services(2021).

특히 우리가 주목할 사실은 그리스의 자본시장이 발달하지 못한 관계로 글로벌 경쟁력을 갖춘 그리스의 해운기업은 자국의 증권거래소인 ASE에 상장하는 경우가 많지 않은 것으로 조사되고 있다. 즉 단지 5개 기업만 상장되어 있는데 이들 기업은 상대적으로 선복량이 적은 소규모 기업으로 보인다. 그리스의 해운업은 글로벌 경쟁력을 확보하고 있다 보니 그리스 해운기업 중 기업공개를 통해 자금조달을 하는 경우 주로 미국 증권시장을 이용하고 있는 것으로 나타나고 있다. 이러한 그리스 해운기업의 미국 증시 선호는 아무래도 미국의 자본시장이 풍부한 자금이 유통되고 있기 때문으로 풀이된다. 최근 미국 뉴욕증권시장(NYSE)에 상장되어 있는 기업은 12개사로 거의 절반에 이르고 있으며, 다음으로는 NASDAQ시장에 10개사가 상장되어 있다. 런던증권거래소와 Oslo Axess에 각각 하나씩 상장되어 있는데, 오슬로증시에 상장된 Okeanis Eco Tankerssms 선복량이 380만 DWT에 달하고 있다. 그리스에서 가장 많은 선박을 보유하고 있는 Navios계열 기업은 뉴욕증권시장에 시장되어 있으며, 또한 Tsakos도 뉴욕증시에 상장되어 있다. 해운기업중 최상위권에 속하는 Star Bulk는 NASDAQ시장에 상장되어 있다.

2003년부터 2018년 사이 그리스 해운기업이 주식 공모발행 및 비상장주식발행을 통해 자금을 조달한 규모가 <표 13-10>에 보고되어 있다. 기업공개와 유상증자를 통해 조달한 즉 공모 규모는 162억 달러에 이르고 있다. 그리고 비상장주식발행을 통한 자금조달 규모는 30억 달러에 머물고 있다. 이렇게 하여 주식발행을 통한 자기자본 조달 총규모는 지난 16년 동안 총 192억 달러에 달하고 있다.

표 **13-10** 그리스 해운기업의 자기자본(equity)조달 규모 추이

(단위: 백만 달러)

연도	공모	비상장주식발행
2003	95	0
2004	0	0
2005	410	0
2006	715	0
2007	1,523	0
2008	2,433	0
2009	0	275
2010	494	420
2011	2,523	900
2012	1,041	0
2013	1,124	702
2014	2,176	642
2015	1,910	69
2016	487	0
2017	956	0
2018	315	0
합계	16,202	3,008

자료: Marine Money(2018.8/9), p. 46.

보통 해운금융딜에서 자기자본 1/3 그리고 부채 2/3의 구성비로 이루어지고 있는 점을 고려하면 이 자기자본 190억 달러는 추가적으로 부채자본을 약 400억 달러 더 조달할 수 있게 하는 지렛대 역할을 한다. 이로 인해 그리스 해운기업은 그 만큼 선박확보에 투자할 수는 자금을 더 확보하게 되었다는 점에서 자기자본의 역할은 큰 의미를 갖는 것으로 생각된다.

Clarkson Research의 DB인 'Shipping Intelligence Network'에서 그리스 해운기업의 유상증자에 대한 자료를 뉴욕증시와 NASDAQ으로 분류하여 <표 13-11>과 <표 13-12>에서 정리하여 보고하고 있다.

우선 뉴욕증권래소를 통한 그리스 해운기업의 유상증자 규모를 보면 2018년부

터 2020년 사이 총 6억 4,950만 달러를 조달한 것으로 나타나고 있다. 유상증자를 실시한 기업 중에서는 2018년 6월 28일에 공모한 Tsakos Energy Navigation (TEN)이 1억 3,500만 달러를 조달하여 가장 많은 금액을 보이고 있다. 다음으로는 Genco Ships & Trading으로 1억 1,157만 달러를 조달한 것으로 조사되고 있다. 나머지 그리스 해운기업도 그리스 해운기업 중에서는 상위 그룹에 속하는 기업으로 적게는 1,500만 달러에서 많게는 9,600만 달러를 조달하고 있는 것으로 조사되고 있다.

표 13-11 그리스 해운기업의 NYSE에서의 자금조달(유상증자)

회사명	발행일	발행형태	거래소	조달금액 (천달러)
Navios MLP	2018.2.21	–	NYSE	35,000
Safe Bulkers	2018.6.1	사모	NYSE	16,900
Genco Ships & Trading	2018.6.19		NYSE	115,700
Tsakos Energy Nav	2018.6.28	우선주	NYSE	135,000
GasLog Partners	2018.9.26	사모	NYSE	53,100
Dynagas LNG	2018.10.23	우선주	NYSE	55,000
GasLog Partners	2018.11.15	누적적 우선주	NYSE	96,300
Tsakos Energy Nav	2019.9.23		NYSE	35,000
Navios Acquisition	2019.10.20	직접발행	NYSE	15,000
Danos Shipping	2019.11.26		NYSE	56,500
GasLog	2020.6.22	사모	NYSE	36,000
합계				649,500

자료: Clarksons Research Services(2021).

또한 뉴욕증시 다음으로 많은 그리스 해운기업이 상장하고 있는 NASDAQ시장을 통해 유상증자한 기업과 그들의 조달금액 및 발행형태 등을 <표 13-12>에서 정리하고 있다. 2018년부터 2020년 사이 NASDAQ시장에서 유상증자를 통해 조달한 자금규모는 총 2억 5,023만 달러이며 Top Ships가 11번에 걸쳐 총 1억 2,266만 달러를 조달하여 이 시장에서 총유상증자의 49.08%를 차지하고 있다. Top Ships 다음으로는 Seanergy Maritime사가 7번에 걸쳐 총 6,939만 달러를 조달하여 27.7%를 점유하였다. 이 두 해운기업 외에 Globus Maritime과 Pyxis

Tankers 선사가 유상증자를 실시했다. 발행형태는 규모가 적다 보니 대게 사모발행으로 이루어지고 있고 기업이 직접발행한 사례도 한 건 있다.

표 13-12 그리스 해운기업의 NASDAQ에서의 자금조달(유상증자)

회사명	발행일	발행형태	거래소	조달금액 (천달러)
Top Ships	2018.10.25	사모	NASDAQ	3,000
Seanergy Maritime	2019.5.9		NASDAQ	14,300
Seanergy Maritime	2020.3.31		NASDAQ	6,899
Top Ships	2020.4.1	사모	NASDAQ	8,000
Seanergy Maritime	2020.4.9		NASDAQ	6,750
Top Ships	2020.4.17	사모	NASDAQ	6,000
Seanergy Maritime	2020.4.20		NASDAQ	6,090
Top Ships	2020.4.29	사모	NASDAQ	6,510
Top Ships	2020.4.30	사모	NASDAQ	5,487
Seanergy Maritime	2020.4.30		NASDAQ	5,150
Seanergy Maritime	2020.5.5		NASDAQ	5,200
Top Ships	2020.5.18	사모	NASDAQ	8,019
Top Ships	2020.5.21	사모	NASDAQ	6,979
Top Ships	2020.6.10	사모	NASDAQ	20,000
Top Ships	2020.6.12	사모	NASDAQ	15,000
Top Ships	2020.6.17	사모	NASDAQ	7,800
Globus Maritime	2020.6.22	사모	NASDAQ	1,799
Globus Maritime	2020.6.22		NASDAQ	12,000
Top Ships	2020.6.26	사모	NASDAQ	20,000
Globus Maritime	2020.6.30	사모	NASDAQ	12,379
Top Ships	2020.7.9	사모	NASDAQ	15,864
Globus Maritime	2020.7.21	사모	NASDAQ	15,000
Seanergy Maritime	2020.8.20		NASDAQ	25,000
Pyxis Tankers	2020.10.13		NASDAQ	5,000
Globus Maritime	2020.12.10	직접발행	NASDAQ	12,000
합계				250,226

자료: Clarksons Research Services(2021).

이상에서 살펴본 그리스 해운기업의 자금조달원 외에 최근 중국의 리스금융권에서 그리스 해운기업에 많은 자금을 제공하고 있는 것으로 밝히고 있다. Marine Money(2020.8/9, p. 46)에 의하면 중국 리스금융 제공 규모가 약 40억 달러에 이를 것으로 추정하고 있다.

제6부

그리스 해운의 성공요인

14. 그리스 해운산업의 성공요인 분석

14 그리스 해운산업의 성공요인 분석

 이 장에서는 경제 규모 등에서 매우 열악한 상황에서도 해운력은 세계에서 가장 앞선 국가로 알려져 있는 그리스의 해운이 어떤 요소에 의해 발전하게 되었는지를 고찰하고 있다. 특히 그리스는 기원전 5세기에 페르시아와 치열한 전쟁을 치루면서 육상전에서는 도저히 이길 수 없다는 사실을 간파하였다. 대신 바다에서의 승부는 해볼만 하다고 여긴 그리스 도시 국가 특히 아테네는 BC 480년 살라미스 해전에서 페르시아 대군에 대승을 거두면서 해양력은 급성장하게 되었다. 그 후 그리스는 해상무역 등에서 두각을 드러내면서 조선기술의 발전을 도모하고 항해술의 발달을 견인하여 온 결과 오늘날 세계 선복량의 18% 가까이를 보유하는 해운강국으로 성장했다. 따라서 BC 480년 9월에 그리스 연합함대가 페르시아 함대를 맞아 살라미스 해전에서 대승을 거두면서 페르시아 전쟁을 승리로 이끌고 그리스의 자유를 지킨 역사적 사건이 그리스 해운의 발전에 어떤 영향을 미쳤는지를 간략히 논의하고 있다. 오늘날의 그리스 해운이 세계무대에서 경쟁력을 확보하게 된 것은 여러 요인이 있을 것이나, 여기서는 국제적 네트워크의 구축, 우수한 인재의 확보, 지정학적 위치, 해운기업가의 창업정신, 선박매매차익 활용 등 탁월한 전략 그리고 정부의 지원정책 등과 같은 요소를 중점적으로 살펴보고 있다.

14.1 해운의 오랜 역사적 전통

 그리스는 오늘날 세계 1위의 해운강국으로 성장해 세계교역의 발달에 크게 기여하고 있다. 특히 그리스는 인구가 1천만이 조금 넘고 고대 그리스 시대 조성된 문명을 자산으로 한 관광산업 외는 주목할 산업을 발달시키지 못했다. 뿐만 아니라 국토도 70% 이상이 산악지대라 식량의 자급자족도 어려운 매우 척박한 환경을 보유한 지중해 한 가운데 위치한 나라이다. 그리고 기원전 2세기부터 19세기 초반 독립국가로 출발하기까지 약 2,000년 동안 주권을 잃어버려 많은 역경을 겪은 민족이기도 하다.

이처럼 부존자원이 부족하고 척박한 영토를 보유한 국가가 해상교역의 핵심역할을 하게 된 원인을 찾아보는 것은 매우 흥미로울 것으로 생각된다. 이 절에서는 그리스 해운의 역사를 잠시 살펴보면서 그리스 해운의 연원과 그 성공요인을 고찰해보고자 한다.

14.1.1 페르시아 전쟁과 그리스 해운

그리스 해운에 관심을 갖고부터 그리스 역사에도 조금 흥미를 느끼며 관련 문헌을 조사하는 가운데 가장 크게 눈에 들어오는 점은 고대 그리스 시대부터 시작된 페르시아와의 전쟁이었다. 이 전쟁은 골리앗과 다윗의 싸움에 비유할 수 있을 정도로 당시 페르시아의 군사력이나 제국의 힘에 비해 그리스는 여전히 여러 도시국가로 나눠져 있어 힘의 결집이 어려운 상황에 처해 있어서 페르시아를 상대로 한 싸움에서 이긴다는 것은 불가능에 가까웠다.

그런데 BC 490년에 페르시아 제국의 다리우스 1세는 거대한 병력을 이끌고 제국의 손아귀에 들어오기를 거부하는 아테네를 침공하기 위해 마라톤으로 진격했다. 이때 동원된 페르시아 원정군은 25,000명이었는데 그 중 기병이 1,000명이었고 수송선이 300척인 것으로 알려져 있다.[1] 한편 이에 맞서는 그리스 도시국가 중 많은 도시 국가가 이미 페르시아에 항복을 하고 페르시아 편에 서 있어서 많은 병력을 동원하는 것은 거의 어려웠을 뿐만 아니라 아테네가 반페르시아 입장에 서 있는 스파르타에 원정군을 요청하였으나 종교적 행사 기간이라 원군을 늦게 보내게 되어 결국 아테네는 9,000명의 군사로 페르시아와 아테네의 동북쪽으로 100리 정도 떨어진 마라톤에서 일전을 벌였다. 여기서 아테네의 장군 밀티아데스의 지략으로 대승을 거두게 되었다.[2] 이 시점을 기준으로 그동안 그리스의

---

1) 헤레도토스(김봉철 역)(2016), pp. 607~650, 시오노 나나미(1)(이경덕 역)(2017), pp. 151~152.
2) 헤로도토스의 역사에 의하면 이방인(페르시아인)은 6,400명이 전사하고 아테인은 192명이 전

작은 도시국가로 머물던 아테네가 그리스 내에서 주목을 받은 것으로 보이며 또한 아테네인들은 큰 자긍심을 갖게 되지 않았나 하는 생각이 든다.

이 1차 페르시아 전쟁보다는 기원전 480년 다리우스왕의 아들 크세르크세스가 10년 전의 1차 침공 때보다 더 많은 병력을 동원해 그리스 특히 아테네와 스파르타 등 페르시아에 굴복하지 않는 도시국가를 공격한 제2차 페르시아 전쟁이 그리스 해운역사와 해운의 발달에 있어서는 매우 중요한 역사적 사건으로 생각된다.[3] 이 역사적 사실의 중요성을 현재 세계에서 널리 읽히며 대학에서 가장 인기 있는 교재로 알려져 해운계의 바이블로 통하는 해운경제학(Maritime Economics)의 저자 Stopford(2009) 박사는 첫 장에서 살라미스해전에 대하여 언급하고 있으며 그리스는 이 전투에서 승리하는 것을 계기로 흑해로부터의 곡물 수입 등을 위한 자유로운 항해를 확보하게 되었다고 지적하고 있다. 또한 최근 그리스 피레우스 대학의 Goulielmos(2017) 교수도 살라미스 해전을 대승으로 이끈 아테네의 테미스토클레스(Themistocles, BC 524~459) 이후 그리스인들은 선박건조에 뛰어난 기술력을 발휘하였고 이는 훗날 그리스 선주들의 발전에 중요한 요소가 되었다고 주장하고 있다.

특히 이 2차 페르시아 전쟁은 육지에서의 승산은 거의 불가능함을 깨닫고 해군력을 키워 바다에서 승부를 내기로 결정한 아테네의 탁월한 지도자인 테미스토클레스가 있었기에 가능했다고 역사가들은 평가를 하고 있다. 특히 테미스토클레스 장군은 은광에서 나오는 수입을 아테네 시민의 동의를 얻어 선박 건조에 투입하여 전쟁이 개시될 무렵 200척의 선박을 확보한 것으로 알려져 있다. 이 과정에서 고대 그리스시대의 선박건조 기술이 본격적으로 싹을 틔우게 되지 않았나 하는 생각이 든다. 그리고 10배에 가까운 선박을 보유한 페르시아의 해군을 맞아 절체절명의 순간 즉 그리스의 자유와 존엄을 지켜내느냐 아니면 페르시아의 지배

사한 것으로 기록하고 있다(p. 648).

3) 헤로도토스(2016, pp. 700~714)에 의하면 육군 병력이 170만 명에 달했다고 하며 또한 해군력은 삼단노선 1,207척을 비롯해 동원된 선박 수는 3,000척에 이르렀다고 한다. 시오노나나미(2017)는 이 병력의 지원을 위해서는 적어도 페르시아가 동원한 인력은 500만 명은 되어야 할 것이라고 추정하였으나, 실질적으로 동원된 병력은 약 20만 명 정도일 것이라고 주장하고 있다(pp. 202~204). 반면에 아테네와 스파르타가 동원할 수 있는 병력은 최대한 20,000명 정도였고, 동맹국의 지원을 받아 함선은 400척을 확보한 상태였다고 한다. 이 2차 페르시아전쟁에서 우리에게 널리 알려진 스파르타왕 레오니다스(Leonidas, 재위 BC 487~BC 480)가 이끈 300인의 중무장 보병이 테르모필라이에서 페르시아군을 맞아 장렬하게 전사하였다.

하에 들어가느냐의 중대한 시점에서 가능한 많은 선박을 확보하여 바다에서 승부
수를 띄울 수밖에 없었던 것으로 생각된다. 또한 페르시아에 비해 수적으로 열세
인 그리스 수군이 상대를 압도하기 위해서는 선박을 민첩하게 운항할 수 있는 기
술이 필요한데 이는 승선하는 선원의 배 조종 기술을 갖추게 하는 것이었다. 이
를 위해 테미스토클레스 장군은 배 한 척당 200명의 수병을 태워 맹훈련을 조직
적으로 실시하여 해전에서의 승리를 위한 준비를 철저히 하였던 것으로 평가되고
있다. 육상에서의 전투를 통한 승리는 도저히 어렵다는 것을 깨달은 바다에서의
승부수를 던진 아테네의 선견지명은 선박건조 기술의 발달과 항해술의 발전을 가
져오는 계기가 되어 오늘날 그리스의 해운발전에 중요한 밑거름이 된 것으로 생
각된다.

14.1.2 오랜 식민지와 국제적 네트워크

그리스는 그리스 도시 국가 중 강대국이었던 스파르타와 아테네가 자국 내에
서의 주도권을 놓고 기원전 431년부터 404년 사이 벌어진 펠로폰네소스 전쟁으
로 해상에서 두각을 나타내던 아테네가 힘을 잃게 된 것은 그리스 해운의 역사에
서 많이 아쉬운 점으로 생각된다. 그 후 북쪽 마케도니아의 알렉산더대왕이 등장
하여 영토를 확장하기도 하였으나, 급서한 후 기원전 146년에 마케도니아가 로마
에 귀속되면서 그리스는 주권을 잃게 되었다. 그런데 로마시대나 오스만 제국시
대에도 오랜 역사를 지닌 그리스의 해운 DNA는 이 시대에도 유감없이 발휘된
것으로 알려져 있다.

Goulielmos(2017)은 376년 동안(1453~1829) 오스만제국의 지배를 받은 것이 그
리스 해운이 오늘날 세계 1위로 성장하는데 기여한 것으로 평가하고 있다. 오스
만 제국은 1774년까지 그리스인의 선박건조를 금지하며 그리스인의 자유를 박탈
하였기 때문에 많은 그리스인들은 조국을 떠나 해상무역업자(merchant)나 선주가
되었다. 이로 인해 그리스는 세계 각 곳에 흩어져 살면서 그들의 장기인 해상무
역에서의 국제적 네트워크를 구성하는 한 시발점이 된 것으로 보인다. 그리고 그
들의 선박은 오스만 제국이나 러시아의 치적으로 제3자 교역(cross trading)에 종
사하며 해운에 관한 노하우를 몸소 체험하게 되었다. 이 낭시 그리스인들은 모국
에서 회사를 창업하기보다는 영국, 미국, 캐나다 등에서 해운업을 시작한 경우가

많은 것으로 보고되고 있다. 1800년대는 주로 런던, 마르세유 등에서 해운업을 창업하였고, 20세기 들어서는 미국 뉴욕이나 캐나다 일부에서도 해운업을 개시했는데 이는 당시 이런 도시들이 해운업이 발달하였고 선박 등에 대한 생생한 정보를 수집하고 자금조달도 유리했기 때문이다.

이처럼 그리스가 2,000년 가까이 로마와 오스만 제국의 지배를 받다 보니 많은 그리스인들이 마르세유, 런던, 뉴욕 등으로 이주하여 살면서 그들의 몸속에 깊이 베여 있는 해운 DNA가 발휘되었다. 그리스인이 나라를 잃고 당시 해운업이 발달한 세계 여러 도시에 흩어져 살게 된 것은 어떻게 보면 전화위복이 되어 그리스 해운이 국제성을 강하게 갖는 그리스 해운의 국제화에 크게 도움이 된 것으로 볼 수 있을 것이다. 주요 해운 도시에서 거주하며 상호 정보를 주고받으며 국제적 흐름을 잘 파악함으로써 그리스 소유 해운기업은 자연스레 경쟁력을 확보하게 되었다. 이러한 국제적 네트워크는 오늘날에도 다른 해운 강국에 비해 그리스 해운이 글로벌 시장에서 비교우위를 유지하는 동인이 되었다고 판단된다. 즉 조국을 떠나 각 나라에 흩어져 살면서 자연스레 국제적 네트워크(international networks)를 형성한 것이 그리스 해운의 기반을 다지는데 중요한 역할을 한 것으로 평가되고 있다.

14.1.3 대를 잇는 해운전통의 역할

해운은 일시에 많은 자금의 투입이 요구되는 선박을 확보하여 치열한 경쟁을 하며 또한 거친 파도가 넘실거리는 바다를 오가며 안전하게 운항해야 하는 성격을 갖는 상당히 특수한 산업이다. 현대의 선박은 거친 파도를 이겨낼 수 있는 강력한 엔진을 장착하여 운항을 안전하게 할 수 있고 또한 속력도 충분히 낼 수 있어 화물 수송을 효율적으로 할 수 있다. 그러나 19세기 초에 증기선[4]이 등장하기 전까지는 범선이 주류를 이루었기 때문에 오랫동안 승선을 하며 선박 운항에 대한 지식을 습득한 선원이 자금을 확보하여 선주가 되는 경우가 많았던 것으로 알려져 있다. 몸소 체험하며 습득한 노하우를 기반으로 해운기업을 창업한 선주들은 자녀들에게 노하우를 전수하며 해운업에 종사하기를 기대하였다. 그래서 선주

---

4) 최초의 증기선은 1783년 프랑스인 클로드 프랑소와 도로테 쥬프와 다방에 의해 제작되었으며, 상업적으로 성공을 거둔 것은 1809년 2월에 미국의 로버트 풀턴이 설계한 증기선이 특허를 취득하면서 부터이다(일본위키백과).

들은 자녀가 해운기업경영에 대한 지식을 관련 전공을 통해 배우도록 권유하고 또한 자녀들이 자신들의 옆에서 해운경영기법을 현장에서 익히기를 원하였다.

그리스에서는 2차 대전 후 적어도 2세대에 걸쳐 내려온 해운기업을 전통해운으로 간주하고 있는데, 물론 2차 대전 이전부터 다수의 그리스 선주가 활동을 했고 그 중 일부는 지금까지 5세대 이상 승계되어 오고 있는 기업도 있는 것으로 조사되고 있다. 이러한 전통으로 해운경영노하우와 선대의 승계라는 중요한 과제가 이루어질 수 있게 된다. 또한 선박운항 및 자금조달 등과 같이 반복적으로 일어나는 과제에 대해 선대에서 행하던 각종 관행이나 현장의 암묵지를 모방함으로써 오늘날의 해운기업 경영에서 적용할 수 있는 전략, 기술 그리고 방법으로 발전시켰다. 이러한 전통으로부터의 학습은 시행착오를 줄이고 나아가서는 원가우위를 실현할 수 있어 그리스가 꾸준히 선대를 성장시키는데 크게 도움이 된 것으로 평가되고 있다[5].

1945년부터 2000년 사이 선복량 기준으로 그리스의 해운기업 중 상위 144개 기업 중 45%에 해당하는 65개 기업은 2세대 이상 이어져 오는 전통해운기업으로 조사되었다[6]. 이처럼 그리스의 해운은 전통적인 해운기업이 든든하게 그리스 해운을 받쳐주고 있어 그리스가 경제위기에 처할 때 그리고 세계 해운경기가 침체에 처해 있을 때도 다른 국가에 비해 유독 잘 이겨내는 것은 전통을 통해 배운 해운노하우가 남다르기 때문으로 풀이된다.

14.2 지정학적 요소

그리스는 동서 문명이 만나는 지중해와 에게해에 걸쳐 영토를 확보하고 있어, 기원전 1,200년경부터 800년경에 걸쳐 왕성한 해상활동을 펼친 페니키아의 영향을 받아 일찍부터 선박건조와 항해에 필요한 기술과 지식을 습득한 것으로 알려져 있다. 특히 이러한 해양활동은 초기에는 크레타 섬을 중심으로 이루어지다 펠로폰네소스반도로 넘어가 미케네 문명의 발달을 가져오면서 이 지역의 코린트가 한 때는 그리스의 중심항의 역할을 담당하기도 하였다. 그 후 기원전 5세기 후반

---

5) 자세한 사항은 Thanopoulou(2007)와 Goulielmos(2017)을 참고하기 바랍니다.
6) Goulielmos(2017)에서는 그 외 전통해운에 대한 보다 자세한 분석 결과가 소개되고 있다.

들어 두 번에 걸쳐 페르시아와 전쟁을 하면서 아테네가 부각되고 아테네는 또한 델로스 동맹을 통해 해양력을 키워나갔다.

그리스에는 많은 섬이 에게해, 지중해, 이오니아해 등에 위치하고 있어 섬들 사이의 교류를 위해서는 필수적으로 선박이 필요하고 선박 운항에 필요한 기술의 습득이 긴요해 해운의 발달을 가져온 것으로도 볼 수 있을 것이다([그림 14-1]참조).

그림 **14-1** 그리스의 지리적 위치와 바다

자료: https://physicalmap.org/sites/all/themes/business/images/GreecePhysicalMap.jpg(2021.1.29.)

실제 그리스에는 6,000개가 넘는 섬이 있고 그 중 227개의 섬에 사람이 살고 있으며 100명 이상 사는 섬은 78개에 이르고 있다고 한다[7]. 섬의 크기로는 크레타(Crete) 섬이 가장 크고 다음으로는 에우보이아(Euboea) 섬이며 세 번째로는 레스보스 그리고 4위는 로도스 섬이며 5위는 게팔로니아 섬이고 6위는 그리스 해운의 주도권을 쥐고 있는 유력 선주를 가장 많이 배출한 키오스(Chios) 섬이다.

14.2.1 그리스 섬과 그리스 선주

그리스는 1,300년 동안 21개 섬이 서로 연계되어 오면서 해운업의 발달을 견인했다는 주장도 있다(Goulielmos, 2017). 특히 오늘날 그리스 선대의 절반 가까이를 키오스(Chios) 섬 출신의 선주들이 보유하고 있는 것으로 알려져 있다. 에게해, 지중해, 이오니아 해 등에 산재 해 있는 섬에서 다수의 유수한 선주들이 배출되고 있는 것은 특이하기도 하다. Goulielmos(2017)는 이처럼 섬에서 유명 선주가 많이 나오는 것은 섬은 본토보다 더욱 땅이 척박하여 육지에서의 삶이 더욱 고단해지면서 섬사람들은 바다에서 그들의 활로를 찾는 과정에서 많은 선주들이 나왔다고 주장하고 있다. 바다로 눈을 돌리면 물고기를 비롯해 먹을 수 있는 것을 구할 수 있기도 하다. 특히 같은 섬에서 태어나 자라면서 서로를 잘 알고 나중에 성장하여 선박을 소유하거나 선원으로 활동하면서 유대관계를 다지고 있다. 이에 더 나아가 혈연관계(kinship ties)로 맺어지면서 선박 확보에 소요되는 자금을 공동으로 조달하면서 선박에 대한 투자도 보다 용이하게 수행하기도 하였다.

Goulielmos(2017)의 연구에 의하면 31명의 섬 출신 선주를 조사하여 보고하고 있다. 각 섬에서 나온 선주들의 명단을 보면, Cephalonia 섬에서는 2명인데, 즉 Lykiardopoulos와 Vergottis이고, Ithaka 섬도 2명으로 Stathatos와 Gratsos이며, Syros 섬은 Cotzias 1명이다. 특히 Chios 섬은 Chandris, Michalos, Los, Fafalios, Pittas, Andreadis, Carras, Livanos, Angelicoussis, Frangos, Tsakos, Xylas 등 12명의 선주를 배출하여 그리스 해운의 뿌리로도 볼 수 있다[8]. 키오스 섬 바로 가

---

7) 위키백과, "그리스의 섬 목록".

8) 1975년 기준으로 선박 소유 가족의 37%는 4개의 해역의 섬들에서 나왔는데, 즉 에게해, 이오니아해, 크레타 그리고 펠로폰네소스에 소재해 있는 섬의 출신이다. 특히 키오스 섬에서 많은 선주들이 나오고 있는 것은 중세 시대는 콘스탄티노플로 가는 무역로에서 핵심적 역할을 하였기 때문으로 보인다. 그리고 14세기 초부터 15세기 중반(1304~1566)까지는 제노바의 지배를 받았으나 마스틱, 소금, 역청 등의 무역에 종사하면서 1764년에 이르러서는 키오스 섬이 6척의 배를 소유하게 되었다. 그 후 1889년에는 키오스 섬 주민들이 440척의 배를 소유하게 되고 약 3,000명의 선원이 필요하면서 섬사람들이 자연스레 배와 관계를 맺게 되었다(Goulielmos,

까이 있는 Oinousses섬에서도 Pateras, Lemos, Hadjipateras, Lyras, Pontikos, Samonas 등 6명의 선주가 나왔으며, 행정구역상 이 섬은 키오스 섬에 속하고 있어 이렇게 보면 키오스 섬 출신은 18명으로 볼 수 있다. 키오스 섬 출신 선주들이 보유하고 있는 선대는 그리스 총선복량의 40%를 보유하고 있는 것으로 알려져 있다. Andros 섬도 해상활동에서 유구한 역사를 지닌 섬으로 Goulandris, Embiricos, Coulouthros, Polemis, Moraitis 등 5명의 선주를 배출하였으며, 그리스 선대의 25%를 보유하고 있다고 한다. Kassos섬은 Kulukundis, Mavroleon, Rethymnis 3명을 배출하였다.

14.2.2 척박한 영토와 그리스 해운

그리스는 영토의 70%가 산악지대로 식량의 자급자족이 가능하지 않았다. 부족한 식량을 흑해 지역이나 남부 이태리 아니면 이집트 등의 국가에서 수입을 하여 해결하였다. 이때 확보한 식량의 수송을 위해서는 선박을 이용할 수밖에 없었고 이는 자연스레 그리스가 선박건조에 필요한 기술을 개발하고 습득하는 계기가 되었다. 또한 선박을 운항하는 항해술과 필요한 선원을 양성하게 되어 자연스럽게 해운업이 발달하게 되었다.

기원전 8세기에 이르러 인구가 급격히 증가하면서 해외로부터의 식량 확보가 매우 중요하게 되었다. 이때부터 그리스는 부족한 식량을 확보하기 위해 흑해와 남부 이탈리아 즉 시칠리아 등에 식민지를 개척하여 주민을 이주시켜 살게 하였다. 그리고 그곳에서 생산된 밀 등을 본국으로 수입하는 과정에서 선박을 활용하였을 뿐만 아니라 주민이 이주할 때도 선박을 이용하는 것이 가장 편리하였기 때문에 항해술이 발전하는 계기가 되기도 하였다. 그리고 식량 운반 등에 소요되는 선박을 확보하기 위한 기술도 발달하여 그리스는 지중해 국가 중 해상세력이 가장 강한 국가로 발전하게 되었다[9].

2017).

9) 그리스 해운의 발전역사에 대한 보다 자세한 내용은 제4장의 '고대그리스 해운'을 참고하기 바랍니다.

14.3 우수한 해운인력 양성 및 보유

우리가 잘 알다시피 그리스는 관광업과 해운업 외는 경쟁력을 확보한 산업이 없는 국가이다. 그러다 보니 유능한 인재들이 일할 곳은 한정되어 있다. 해상운송에 대한 교육으로 유명한 에게해대학의 Thanopoulou(2014) 교수는 그리스에는 유능하고 창의력을 갖춘 젊은 인재들이 꿈을 펼칠 수 있는 곳이 해운계 외는 거의 없다고 주장하기도 있기도 하다. 그리고 Thanopoulou 교수의 2007년 논문에서는 오늘날의 그리스 해운이 세계에서 가장 큰 힘을 갖게 된 것은 인적자원과 밀접한 관련이 있다고 주장하고 있다. 그리고 특히 그리스 해운에 종사하는 인적자원은 그리스의 뛰어난 인재들로 그리스라는 나라의 국경 속에 묶일 수 있는 경제활동을 국경을 초월하여 펼칠 수 있도록 한 것으로 평가하고 있다. 그리스는 경제규모도 작을 뿐만 아니라 부존자원도 없는 상황에서 그리스 인재들은 해운이 이러한 제약조건들을 극복하는 한 길로 생각하고 해운에 호감를 갖고 종사하게 되는 것으로 평가하고 있기도 한다. 따라서 그리스 해운은 그리스 인재들이 그들이 가진 역량과 전문성을 최대한 발휘할 수 있는 영역이 되고 있다. 이러한 우수한 인재가 해운에 종사하다 보니 변동이 심한 해운시장의 흐름을 잘 읽어 내고 미리 대처하여 다른 나라보다 더 위기관리가 뛰어난 것으로 보인다.

특히 최근 급변하는 해운산업에서 그리스 해운이 유독 잘 적응하며 선복량을 적기에 확보하여 경쟁력을 유지하고 있는 것으로 평가를 받고 있다. 이는 그리스 해운이 갖고 있는 전통이나 네트워크에 의해서 서로 도움이 되고 있는 측면도 있지만 무엇보다도 해운기업의 최고 경영진이나 기업가들이 시장을 잘 읽고 선제적으로 대응을 하였기 때문으로 생각된다. 이러한 시각에서 볼 때 그리스 해운은 그리스의 우수한 인재가 활동할 수 있는 공간을 제공하면서 해운 또한 유능한 인재들로부터 큰 도움을 받는 것으로 볼 수 있다.

Brockbank(1999)는 인적자원은 창의성과 혁신을 갖추고 기업의 인수합병을 촉진함으로써, 그리고 내부 절차와 구조를 시장에서 진행되는 변화와 연계함으로써 경쟁우위를 창출하고 있다고 주장하고 있다. 한편 Barney(1991)는 기업의 자원을 세 가지 기본 형태로 분류하고 있는데, 즉 공장, 시설 및 자본과 같은 물리적 자본자원(physical capital resource), 기업의 조직구조, 통제, 인적자원관리시스템과 같은 조직자본자원(organizational capital resource), 그리고 종업원의 기술, 판단력과 지식 등과 같은 인적자본자원(human capital resources)이다. 이 인적자원 내지 인적 자본은 귀중하고 희소하기도 하며 또한 모방하는 것도 쉽지 않아 기업이 우수한 인재를 많이 보유하고 있으면 지속적으로 경쟁우위를 유지하는데 도움이 될 것이다. 우리나라 주요 기업의 발전과정에서도 우수한 인재를 채용하고 잘 교육하며 공정한 인사제도를 운영하는 기업이 많은 이윤을 창출하며 시장에서 높은 평가를 받고 있다. 우리나라 기업 그룹 중 삼성이 가장 먼저 공채를 통해 유능한 인재를 채용하기 시작한 것으로 안다. 이러한 것이 바탕이 되어 오늘날 세계적으로 경쟁력을 갖춘 삼성전자 등의 기업을 있게 한 것으로 판단된다.

또한 Theotokas(2007)는 그리스 해운기업의 경쟁우위 확보는 선주와 종업원이 보유하고 있는 지식자원(knowledge resources)이 중요함을 밝히고 있다. 특히 해운업은 선박에 대한 깊은 이해와 지식이 필요하고 또한 운항 등에 대해서도 충분한 노하우를 습득하고 있는 인재의 확보가 중요하다. 2008년 글로벌 금융위기 이후 장기 침체에서 벗어나지 못하고 있는 상황에서 선주와 해운종사자는 선박확보와 운항에만 정통해서는 위기를 헤쳐 가는 데는 한계가 있을 수 있는 것으로 보인다. 그래서 오늘날 그리스 선주들은 자녀들이 해외의 유수 대학에서 경영학이나 경제학 또는 해운경영학 등을 배우도록 권유하고 있다. 이는 1세대서 주로 장기간 승선한 경험을 살려 창업하기도 하였으나, 지금은 기업의 가치를 제고하거나 인수합병 등이 주요 과제로 등장하고 있어 재무전략의 중요성도 부각되고 있는 등 사뭇 다른 환경이 조성되고 있다. 따라서 자녀들이 경영학 교육과정이 발달해 있는 미국, 영국 등의 선진국에서 급변하는 해운시황에 대처할 수 있는 노하우 등을 배울 수 있도록 권유하고 있는 것으로 보인다.

어느 나라이든지 한 산업이 발전하려면 우수한 인재가 그 분야에 많은 관심을 갖고 참여하는 것이 필요할 것이다. 이를 위해서는 그 산업 자체가 인재들에게 경제적 이득을 제공하고 그 분야에 종사하는 것이 자랑스럽고 자아실현에도 도움이 된다고 여길 수 있는 매력이 있어야 할 것이다. 그리스에서 해운은 우리나라의 반도체나 자동차 분야에 종사하는 것 못지않게 자부심을 심어 주고 개인적 부를 창출할 수 있는 기회를 제공하고 있을 뿐만 아니라 머지않은 미래에 자신도 선주가 될 수 있다는 꿈을 갖게 하여 그리스의 많은 젊은 인재들이 모이고 있는 것으로 판단된다.

14.4 탁월한 전략 수립 및 선박매매 차익거래의 활용

그리스 해운산업의 성장에 가장 중추적인 역할을 하고 가장 큰 기여를 한 주체가 해운기업일 것이다. 선박을 이용한 양질의 해상운송 서비스를 제공하는 해운기업은 치열한 경쟁을 하는 가운데 차별화된 전략을 구사하며 경쟁우위를 확보해 가야 할 것이다. 이러한 전략 수립과 실행은 결국 기업가치의 극대화를 실현하고 나아가 주주의 이익을 극대화하며 발전을 도모하고 있다. 그리스 소유 해운기업은 호황기 동안이나 침체기 동안 혹은 이 양 기간 사이 각각 다른 전략을 구사하며 위기를 잘 극복한 것으로 알려져 있다([그림 14-2] 참고).

이러한 전략의 실행과정에서 그리스 해운은 무엇보다도 선박의 고정비나 변동비 등을 포함한 총원가의 절감을 통해 경쟁우위를 창출하고 있다. 이 전략은 원가우위(cost advantage) 전략으로 본원적 전략(generic strategies)의 하나이다.[10] 이 원가우위 전략은 서비스를 보다 낮은 가격으로 제공함으로써 경쟁 기업에 비해 경쟁우위를 추구한다. 이런 원가우위의 전략을 위해 해운은 규모, 범위 그리고 학습 경제의 이점을 얻기 위해서 비용 절감을 가져오는 여러 기회들을 찾아내는 것이 필요할 것이다. 한편 서비스 차별화전략을 해운에 적용하는 것이 어려울 것이나 서비스 집중화는 LPG 혹은 LNG와 같은 가스 운반선에 전문화하면서 적용이 될 수 있을 것이다.

---

10) Porter(1991)교수가 제시한 본원적 전략은 세 가지가 있는데, 즉, 원가우위, 서비스 차별화 그리고 서비스 집중화이다.

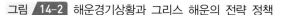

그림 **14-2** 해운경기상황과 그리스 해운의 전략 정책

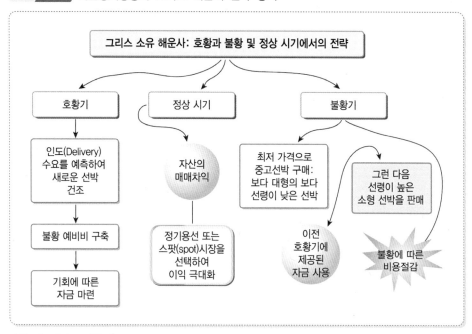

자료: Goulielmos(2017).

특히 해운기업은 서비스 창출 수단인 선박을 신조에 의해 확보하는 경우 대규모 자금이 소요되어 많은 자본비용이 발생하게 된다. 이런 어려움을 극복하기 위해 그리스 해운은 S&P 시장에서 중고선 매매에서 뛰어난 실력을 발휘하면서, 중고선박을 확보해 활용하는 전략을 통해 원가를 절감하고 있다. 즉 그들은 해운침체기 동안에 중고 선박을 값싸게 구입하는 전략으로 고정비를 낮추는 반면 규모는 증가하여 규모의 경제가 가능하며, 나아가 선령도 더 낮아져 선령의 경제적 이점도 누리며 경쟁력을 높여 20세기 후반 들어 급성장하였다([그림 14-2] 참고).

<표 14-1>은 2016년 기준 세계 주요 해운국가의 선박구매 현황을 보고하고 있다. 이 표에 의하면 그리스는 285척의 선박을 구매하는데 총 37억 5천만 달러를 투자하였다. 이는 전세계 선박구매 자금의 24.3%에 달하고 있고 평균 구매 가격은 1,316만 달러로 세계 평균 구매 가격보다 100만 달러 가까이 더 높은 것으로 나타나고 있다. Goulielmos(2017)는 이러한 접근으로 그리스가 선박을 확보함으로써 세 가지 측면에서 덕을 보고 있다고 주장하고 있다. 우선 최저의 수준에

서 선박을 더욱 값싸게 구매한 셈이고, 둘째는 보다 대형의 선박을 확보하게 되었다는 점을 강조하고 있다. 셋째는 선령이 낮은 선박을 구매하였다는 점을 지적하고 있다.

표 14-1 세계 상위 10대 해운국가의 선박구매 현황(2016년)

국가	구매 소요 자금 (10억 달러)	구매 선박 척수	평균구매가 (100만 달러)
전세계	15.44	1,244	12.41
그리스	3.750(24.3%)	285(23%)	13.16
중국	1.400(9.1%)	155(12.5%)	9.03
러시아	0.293	21	13.95
덴마크	0.413	29	14.24
인도	0.447	23	19.43
싱가포르	0.719	36	19.97
노르웨이	1.200	45	26.67
터키	0.210	34	6.18
극동	0.156	24	6.50
독일	0.350	29	12.07
나머지 국가	6.500(42.1%)	563(45%)	11.54

주: ( )의 %는 전 세계에 대한 그리스, 중국 등의 비중임.
자료: Goulielmos(2017).

그리스 해운기업이 해운경기가 좋지 않은 즉 불황기에는 중고선 매입을 통해 선대를 유지하는 반면, 호황기 동안에는 신조건조 프로그램을 통해 규모의 경제를 추구하는 전략으로 선대를 신장시키는 전략을 구사하여 오늘날 세계 1위의 선복량 보유 국가로 발돋움을 하였다. 이 전략은 또한 선령의 경제성뿐만 아니라 평균원가 절감을 가져올 것으로 보고 있다. 나아가 최근 기후 온난화 등으로 인해 IMO 등에서 요구하는 환경규제에도 시의 적절하게 대응할 수 있을 것으로 보인다. 특히 신조건조에는 대규모의 자금이 소요되므로 신조 선박의 인도 시점에서의 해운운임시장에 대한 정확한 예측을 통해 진행하는 것이 바람직할 것이다. 이점에서 그리스 선주는 선원에서 출발하여 오랜 세월 동안 쌓은 해운 관련 생생한 경험 그리고 선대로부터 물려받은 경험지 등을 바탕으로 신조건조 발주 시기 등을 잘 포착할 수 있는 능력을 갖춘 것으로 알려져 있다. 이러한 시장상황에 대한 정확한 분석과 야성적 충동(animal spirit)의 결합으로 그리스 해운은 불황을 상대적으로 잘 대처하고 있는 것으로 보인다.

특히 그리스 선주들은 화물 운송에서 얻는 이익도 중요하게 보고 있으나 선박 매매차익거래(asset play)로도 많은 수익을 올리며 재무적 안정을 도모하고 있다. 이 선박매매차익거래는 우선 선박을 최저 가격에서 보다 값싸고 더 크고 더 최신의 배를 구입하고 다음으로는 더 오래되고 더 작은 배는 매각하거나 폐선하고 있다. 그리고 새로운 선박 구입을 위해 호황기 때 축적한 자금을 이용하는 방법으로 필요한 선대를 유지, 확대하고 있다. 특히 시기를 잘 맞춰 선박을 매각하여 얻는 이익이 3년 동안의 운항으로 얻는 수익을 능가한다는 것이 시장에서 널리 알려져 있다. 이렇게 보면 해운기업은 모든 기회로부터 이익을 극대화하기 위하여 자산인 선박으로 매매차익을 실현하도록 하는 전략이 필요할 것이다. 이처럼 그리스 선사들이 매매차익거래가 가능한 것은 그들이 구축하고 있는 국제적 네트워크를 통해 얻는 정보가 중요한 역할을 하고 있다. 특히 그리스 선주들은 운임변동이 큰 해운시장에 대한 보다 정확한 예측으로 과열되는 현물시장에서도 보다 효과적으로 대처하고 있는 것으로 알려져 있다. 결국은 위기 시기 때 거의 모든 선주들은 원가절감이라는 오래된 비법(recipe)을 구사하고 있다.

14.5 위험추구 기업가정신과 분사(set-off)

현대 자본주의 사회에서는 인류의 삶에 필요한 생필품을 제공하는 기업을 창업하고 경영하는 기업가의 역할이 매우 중요하다. 해운업도 결국 기업의 형태를 갖추어 선박을 통해 해상운송서비스를 제공하며 이윤을 창출하고 있다고 볼 때 늘 혁신적 사고와 위험을 감수하며 창업을 시도하는 기업가정신이 요구되고 있다.

따라서 이 절에서는 그리스 해운의 발전 과정에서 기업가정신이 어느 정도 발휘되어 그리스 해운의 성장에 기여했는지를 살펴볼 것이다.

14.5.1 기업가정신과 그리스 해운

현대 자본주의 국가에서 가장 중추적인 역할을 하는 경제 주체는 우리의 삶에 필요한 각종 생활필수품 등을 제조하여 제공하는 기업으로 볼 수 있을 것이다. 이 경제주체의 창업과 경영에 있어 핵심적인 역할을 하는 기업가는 경영자와는 구별이 된다. 새로운 사업기회를 포착하고 새로운 기술을 개발하며 새로운 기업을 창업하는 것은 업력이 어느 정도 있는 기존의 기업에 취업하는 것에 비해 상대적으로 큰 위험과 많은 제약이 따른다. 그럼에도 새로운 기업을 창업하는 것은 일종의 자아실현이며 또한 성공할 경우 상상 이상의 경제적 이득도 주어지기 때문일 것이다. 우리나라의 경제에 있어 가장 큰 부가가치를 창출하며 일자리를 제공하는 삼성이나 현대도 기업가정신이 발휘된 좋은 사례이다. 즉 당시 척박한 환경 아래서 여러 어려움을 극복하며 창업자들이 사업을 시작했기 때문에 오늘날의 세계적 기업으로 성장할 수 있었다고 판단된다.

또한 오늘날 정보통신기술 등 첨단 기술을 바탕으로 창업하여 성공한 사례가 미국의 실리콘밸리를 중심으로 많은 성공한 기업가가 나와 오랜 역사를 가진 전통적 제조업보다도 시장가치가 더 높게 평가되고 있는 기업이 제법 출현하였다. 그러한 기업에는 우리가 잘 아는 애플, 구글, 아마존, 마이크로 소프트 등이 있는데 이들 기업은 그 시장가치가 상상을 초월할 정도로 높은 평가를 받고 있다. 특히 애플과 MS는 세계에서 시가총액이 가장 높은 기업으로 성장하였다.

여기서는 사실 몇몇 기업만 예를 들었지만 현재 우리가 아는 많은 성공한 기업도 창업단계에서는 모두 미약했을 것이다. 여러 조건이 불리한 가운데도 창업을 하는 것을 우리는 기업가정신의 발현으로 보고 있다. Schumpeter(1934)는 기업가정신을 "생산요소의 새로운 조합을 발견하고 촉진하는 창조적 파괴 과정"으로로 정의를 하고 있으며, 그는 기업가는 혁신가(innovator)라고도 하였다. Stevenson(1993)은 "현재 보유하고 있는 자원에 구애 받지 않고 기회를 추구하는 것"을 기업가정신이라고 주장하고 있다. 우리나라에서 창업에 관해 가장 선두에서 저술과 교육 등에서 맹활약을 한 이장우(1997) 교수는 기업가정신을 "자원의 제약을 무릅쓰고 포착한 기회를 사업화하려는 행위 또는 과정"으로 정의를 내리고 있다[11].

---

11) 여기서 다수의 학자들에 의해 다양하게 정의되고 있는 기업가정신에 대한 개념을 다 소개하

특히 이러한 기업가정신을 구현하는 기업가는 "한정된 자원의 한계를 극복하고 기업을 창업하여 상품이나 서비스를 제공하며 자신만의 꿈을 성취는 사람"으로 정의할 수 있을 것이다. 한 나라의 경제가 기술발달에 따라 끊임없이 변화하는 새로운 성장 산업을 잘 발굴하여 그 분야의 제품이나 서비스를 창출하는 것은 국부창출에 가장 중요한 핵심이 될 것이다. 그러한 면에서 위험을 무릅 쓰고 새로운 기술이나 기회를 기반으로 창업을 하여 새로운 부가가치를 창출하는 것은 국가적 차원에 아주 중요한 과제이기도 하다. 따라서 창업에 대한 체계적 교육을 통해 많은 젊은 인재들이 창업에 동참할 수 있는 제도적 장치를 마련해 주는 것이 필요할 것으로 생각된다. 1980년대 초반까지 세계 첨단 산업을 주도한 보스턴이 그 자리를 캘리포니아의 실리콘밸리에게 내어주게 된 것은 실리콘밸리가 젊은 인재들이 창업하기에 용이하도록 관련 기관이나 전문가들이 노력을 기울였기 때문으로 평가를 받고 있다.

한편 그리스는 정보통신과 바이오 기술 등을 기반으로 한 첨단 기업의 창업은 쉽지 않은 환경으로 볼 수 있다. 하지만 오랜 세월 동안 그리스 경제에서 중추적인 역할을 담당하고 있는 해운계에는 유능한 인재들이 많이 몰리고 있는 것으로 알려져 있다. 실제 해양금융의 전문가로 글로벌하게 활동하는 학자의 대다수가 그리스 출신인 것을 확인하기도 한데서도 그 흐름을 어느 정도 읽을 수 있었다.

Theotokas(2007)는 그리스의 해운계에도 새로운 형태의 선박을 도입하며 위험를 감수하고 해운의 혁신을 주도한 사례로 1960년대 작은 벌크선을 도입한 G.P. Livanos를 소개하고 있다[12]. 그리고 처음으로 초대형 탱커를 건조한 Onasis나, 1990년 처음으로 이중선체의 VLCC를 건조한 Lykiardopulos가 기업가 정신을 발휘한 대표적 선주로 알려져 있다[13]. 또한 그리스 해운이 전통적으로 벌크와 탱커 위주의 선대를 구성했는데 비해 자신이 보유한 자원과 능력을 활용하여 컨테이너

지 못하지만 이 분야 관련 학자들에 의해 주장된 기업가정신의 주요 핵심은 "혁신적 사고를 바탕으로 기회를 추구하고 위험을 감수하며 사업체를 창업하는 것"으로 요약할 수 있을 것이다.

12) G.P. Livanos는 키오섬 출신으로 그의 아들이 현대중고업에 최초로 선박을 발주하기도 하였다. 그리고 그의 두 딸은 각각 Onasis와 Niarchos와 결혼을 하기도 한 그리스 해운계에서는 유력 집안이다.

13) Lykiardopulos가문은 이오니아해의 Cephalonia섬 출신으로 16세기부터 바다에서 활동을 시작하였으며, 18세기 문헌에는 선장과 선주로 지중해 해상무역에 종사한 것으로 나타나고 있다 (Harlaftis, Haritatos and Beneki(2003) 참고).

선대를 구축하여 그리스 해운의 시각에서 볼 때는 새로운 시장인 정기선 시장에 진입하기도 한 Constantacopoulos[14]도 기업가정신을 발휘한 것으로 보고 있다.

Theotokas and Harlaftis(2004)[15]는 어떠한 사람들이 해운기업을 창업하고 있는지를 조사하였다. 이 연구에서 그들은 79개의 1세대 선주를 대상으로 그들의 이전 직업이 무엇이었는지를 분석하고 있는데, 즉 이 중 39%는 선박의 사관(ship officer)으로 근무한 경험을 가진 자이며, 28%는 해운기업에서 근무한 경험이 있는 자들로 이 두 그룹이 가장 큰 비율을 차지하고 있다고 밝히고 있다. 나머지는 상인(merchant, 6%), 실업가(industrialist, 8%) 그리고 나머지 19%는 토목기술자, 변호사, 의사 등인 것으로 밝혀졌다. 이렇게 보면 그리스에서는 해운업이 가장 인기 있는 업종이 아닌가 하는 생각이 든다. 그러다 보니 유능한 인재가 이 분야에 진출하여 해운노하우를 발전시켜 나가면서 해운의 지속적 발전을 이끌고 있는 것으로 보인다. 특히 우리가 일반적으로 가장 전문적인 직종으로 여기는 변호사나 의사도 해운업의 창업에 동참하고 있는 것은 그만큼 그리스에서는 해운업이 사회적으로 가장 선망의 대상이 되고 있기 때문으로 풀이된다.

14.5.2 분사(set-off)와 그리스 해운

그리고 최근 오랫 동안 가족기업으로 경영해 오던 해운기업의 경영을 두고 가족 구성원간에 의견의 불일치가 드러나는 경우가 종종 있는 것으로 보고되고 있다. 이는 선대의 경영방식을 따르지 못하겠다는 구성원이 기존의 안전한 길을 버리고 과감히 분사하여 새로운 기업을 설립하는 위험을 감수하는 사례가 다수 있다는 연구에서도 나타나고 있다(Goulielmos, 2017). 그리스인들은 개성이 아주 강해 다른 사람과 같은 의견을 갖는 것은 아주 드물고 심지어 아버지와도 견해를 달리하며 소신껏 행동하는 경우가 많다고 한다.

이러한 그리스인의 기질이 기존 해운기업에서 떨어져 나와 새로운 해운업의 창업을 주도하며 그리스 해운의 성장에 새로운 활력소가 되었다고도 평가하고 있

---

14) 아마도 이 가문은 Constantopoulos와 동일한 것으로 보인다. 이 가문은 원래 건설업에서 가장 잘 알려지고 가장 성공한 가문으로 처음에는 해운에 자본을 일부 투지하면서 참여하였으며 후에 다른 가문과 동업으로 벌크선을 구입하면서 해운업에 본격적으로 참여한 것으로 알려져 있다.

15) Theotokas(2007)에서 재인용하였음.

다. Goulielmos(2017)에 의하면 2009~2016년 기간 동안의 상위 74개 기업 중 14개사는 분사(set-off)기업으로 2016년 기준 선복량이 1억 1,000만 DWT에 달하며 그리스 선대의 확대에 크게 기여하고 있다고 보고하고 있다. 이렇게 분사해 나간 기업이 모기업보다도 훨씬 빠르게 성장하고 있는 것으로 밝혀지고 있다.

이렇게 모기업에서 독립해 창업한 사례가 있는 가문을 구체적으로 보면 Agelopoulos 가문, Angelicoussis 가문, Comninos 가문, Coustas 가문, Embiricos 가문, Frangos 가문, Golden Union 가문, Goulandris 가문, Igglessis 가문, Kollakis 가문, Lemos/Liamos 가문, Martinos John 가문, Polemis Sp. Mic. 가문, 그리고 Prokopiou 가문 등이다[16].

14.6 정부의 지원 정책

오늘날의 그리스 해운계는 정부와 긴밀히 협의를 하는 입장을 취하고 있지 않지만 2차 대전 직후 그리스 해운계가 미국이 군수물자 수송을 위해 전시 중에 대량으로 건조한 전시표준선박(Liberty)을 구입하는 데는 결정적인 역할을 하였다. 그리스 해운계는 당시 이들 선박을 구입하는데 자금이 부족하여 정부가 보증을 하는 조건으로 많은 선박을 인수할 수 있게 되었다. 이를 계기로 그리스는 전후 세계 경제복구에 맞춰 해상운송에서 탁월한 능력을 발휘하며 세계해운시장에서 경쟁력을 확보할 수 있게 되었다. 그리고 해상운송에서 벌어들인 수익을 기반으로 선복량을 확대할 수 있는 기반도 다지게 된 것으로 평가되고 있다.

14.6.1 전시표준선(Liberty) 100척 인수와 그리스 해운

그리스는 2차 대전에 연합군에 속해서 참전을 하였으며 특히 그리스 선주들은 연합군의 군수 물자 운송에 많은 역할을 수행하며 전쟁의 승리에 큰 기여를 하였다. 그런데 전쟁의 군수 물자 수송에 동원된 그리스 선주들은 보유하고 있던 많은 선박이 독일의 함대에 의해 파괴를 당하다 보니 그리스 해운은 매우 어려운

---

16) 여기 소개된 분사를 한 가족의 분사 시기 등에 대한 것과 가족의 해운업 참여 시기 등에 대해서는 Goulielmos(2017)과 Harlaftis, Haritatos and Beneki(2003) 및 Harlaftis and Theotokas(2009)를 참고하기 바랍니다.

국면에 처하게 되었다. 2차 대전 중 미국 루스벨트 대통령은 1941년에 군수 물자에 동원할 수 있는 표준화된 선박을 대량으로 건조하는 계획을 수립하여 1941년 9월 11일 최초의 리버티선 SS 패트릭 헨리호(SS Patrick Henry)가 진수하게 되었다([그림 14-3] 참조). 그 후 1945년 전쟁 종식 때까지 2,710척이 건조되어 전시에 동원되었다[17].

2차 대전 후 미국은 전쟁 기간 동안 대량으로 건조하여 군수물자 수송에 동원되었던 선박을 매각하기 시작하였는데, 이때 그리스 선주들은 정부의 보증지원으로 100여 척이 넘는 전시표준선(Liberty)을 인수하게 되었다. 그 후에도 그리스 선주들은 전시표준선을 지속적으로 매입하여 500척이 넘었다고도 한다[18].

그림 **14-3** 2차 세계 대전 중 건조된 표준선 Liberty

주: 1) 1941년 9월 27일 최초의 리버티선 SS Patrick Henry선의 진수식(좌)
　　2) 최초의 리버티선인 SS Patrick Henry호의 항해(우)
자료: https://commons.wikimedia.org/wiki/File.

[그림 14-4]와 [그림 14-5]는 전시표준선 중 가장 오랫동안 운항하다 박물관

---

17) 독일 함대의 연합군 수송선에 대한 공격으로 많은 선박의 손실이 발생하여 연합군은 가능한 빠른 시일에 투입될 선박을 최대한 빨리 건조하는 것이 요구되었다. 따라서 리버티선의 건조과정은 건조기간을 단축하기 위해 기존 건조과정과는 달리 선박을 몇 개의 블록으로 나누어 건조되었다. 즉 우선 용골을 올린 후 각 부분을 조립해 가는 방식을 취해 건조 기간을 크게 단축했는데, 보통 24일 정도면 진수할 있었다. 이 수송선의 재원을 보면 14,745 만재배수량으로 길이는 134.37m 폭은 17.3m 그리고 높이는 8.5m 였다. 리버티(Liberty)라는 이름이 이렇게 건조된 선박의 대명사로 된 것은 루스벨트 대통령이 처음 건조된 선박의 진수식에서 1775년 패트릭 헨리가 식민지 의회에서 발언한 "Give me Liberty or give me Death."라는 대사를 언급하고 그 배의 이름을 'SS 패트릭 헨리'로 명명한데서 연유하고 있다(https://namu.wiki/w/리버티선).
18) 더 자세한 내용은 Billinis(2019)를 참고하기 바랍니다.

그림 **14-4** 전시 표준선 John W. Brown호

주: 2,710척의 리버티선 중 가장 오래 동안 활약하다 지금은 박물관으로 사용되고 있음.
자료: https://namu.wiki/w/리버티선.

그림 **14-5** 표준설계도면에 의해 짧은 기간 동안 대량 생산된 리버티선들

자료: https://realstorym.tistory.com/84.

이 된 Hohn W. Brown호와 전시표준선들이 정박해 있는 모습을 보여주고 있다. 그리스의 해운업이 2차 대전 후 급성장할 수 있었던 것은 미국의 전시표준선 매각 때 상당한 선복량을 확보하였기 때문이라는 평가는 여러 문헌에서 밝혀지고 있다.[19]

14.6.2 1953년 법 2678 제정과 그리스 해운

그리스가 국제사회에서 독립국가로 인정을 받은 것은 1821년 독립운동을 본격적으로 개시한 10년 후인 1832년 5월 독립국으로 승인을 받았다. 그리스가 독립된 직후는 정부 당국이 해운에 대한 정책을 수립하는 여력이 거의 없었던 것으로 알려져 있다.

특히 그리스 해운의 성장에 결정적 영향을 미친 그리스의 법적 제도는 1953년 제정된 법 2687이다. 이 법은 그리스 선박의 치적행정에 대한 법규정을 담고 있다. 즉 1,500 GRT 이상의 선박은 그리스 치적을 권하고 있는 것으로 그리스 국적선의 선대 증대에 크게 기여한 것으로 평가되고 있다. <표 14-2>에서 보면 1950년 그리스 치적 비율이 43%에 달했으나 5년이 경과한 1955년에는 25%포인트가 줄어든 18%로 나타나고 있다. 그런데 1953년에 제정된 법 2687이 시행된 후 7년이 경과한 시점인 1960년에는 다시 그리스 치적이 46%로 상승하여 법이 상당히 영향을 미친 것으로 보인다. 그러나 정부의 입법을 통한 해운지원에 대한 보다 자세한 논의는 제6장을 참고하기 바란다.

표 14-2 그리스 소유 상선대의 치적 추이

연도	그리스 치적		라이베리아 치적		파나마 치적		합계 (천 GRT)
	천 GRT	구성비(%)	천 GRT	구성비(%)	천 GRT	구성비(%)	
1950	1,265	43	134	5	1,026	39	2,591
1955	1,270	18	3,236	47	1,729	25	6,907
1960	5,575	46	4,773	39	1,248	10	12,456
1962	7,009	53	4,754	36	617	5	13,300

자료: Harlaftis(1996).

---

19) Harlaftis(1996), 武城正長(2012) 등.

14.6.3 톤세제도 도입과 그리스 해운

그리스 정부는 1953년 법 2687을 통해 외국에 치적하던 그리스 선박을 국내에 등록하도록 유도하며 외국인의 선박투자를 장려하였다. 그리고 정부는 1957년부터 톤세제도(tonnage taxation)를 도입하여 그리스 해운의 발전과 성장을 도왔다. 정부는 그리스 해운기업에 대한 과세를 기업경영 결과 창출된 이익을 기준으로 세금을 부과하는 것이 아니라 그들이 보유한 선복량(tonnage)을 기준으로 세금을 부과하였다. 1975년부터 법 27에 근거하여 톤세가 부과되고 있는데, 즉 과세기준이 선복량뿐만 아니라 선령과 인플레/통화 평가절하(inflation/currency devaluation)를 고려하여 세금을 결정하고 있다. 그런데 그리스 해운기업에 유리하게 적용된 과세 제도인 톤세가 1980년 대 중반에 들어 유럽의 다른 국가에서도 채택을 하면서 그리스 해운의 경쟁우위 요소가 사라지게 되었다고 볼 수 있다. 그러나 그리스는 오래 전부터 해운계에 유리한 제도를 도입하여 그리스 해운의 자본축적과 이를 통한 선대 확대에 기여할 수 있는 장치를 마련해준 것으로 보인다. 톤세에 대한 보다 자세한 내용은 6장 그리스 해운정책을 참고하기 바란다.

<표 14-3>은 그리스 해운의 성공에 대한 연구자별 주요 성공 요인을 간단히 조사하여 정리한 것으로 해운업에 도전하는 기업가의 역할이 가장 중요한 것으로 보인다. 초기 선주들은 오랜 승선경험에서 습득한 경험지식을 활용하여 값싼 중고선을 구입하여 선대를 구성함과 아울러 선박매매 타이밍을 잘 포착하여 이익을 실현한 것도 그리스 해운업의 발전에 큰 도움이 된 것으로 판단된다. 또한 자국 경제활동에서 창출되는 해상물동량의 부족을 극복하기 위해 제3자 교역에 특화하여 화물을 확보한 접근도 그리스가 세계에서 가장 많은 선복량을 보유할 수 있게 된 요소로 조사되고 있다. 그리고 미국 전시표준선인 Liberty선을 다수 확보한 것도 큰 영향을 미친 것으로 밝혀지고 있다. 그리고 그리스가 오랜 세월 세계 각 항구를 거점으로 해운업을 영위해오며 형성된 국제적 네트워크도 중요한 역할을 한 것으로 제시하고 있다. 그리고 가족경영, 원가우위 확보, 해운친화적인 정부정책, 우수한 해운인재 확보, 벌크 및 탱커와 같은 특수한 분야에 특화한 것 등이 주요 성공 요인으로 논의되고 있다.

표 14-3 그리스 해운의 성공요인

연구자	주요 성공 요인
Harlaftis(1993)	그리스 해운의 성공은 해외에서 해운업을 영위한 선주들의 역할이 컸음을 밝히고 선주들은 그리스 경제의 발전에 큰 영향을 미쳤음을 규명
Harlaftis(1996)	해외 주요 항구에 거주한 그리스 선주들의 네트워크와 끈끈한 친족관계를 유지하면서 국제교역 흐름에 따른 활동과 더불어 3국간 교역 운송 특화로 부정기선 해운업이 발달하였음을 역사적 고찰을 통해 규명
Grammenos and Choi (1998)	국제해운네트워크 그리스 정부의 해외 그리스해운기업의 유치와 해운기업에 유리한 세제 유지
Thanopoulou(2007)	그리스 선주의 끊임없는 도전정신
Theotokas(2007)	우수한 인적 자원 기업가 정신 풍부한 해운 지식 가족경영 기업가적 철학 및 문화 분사 네트워킹
Theotokas and Harlaftis (2009)	그리스 해운업의 발달에 있어 선주가 원가우위 등을 확보하면서 그리스 해운의 성공에 크게 기여하였음을 밝히고 있음. 그리고 네트워크와 가족경영, 기업가 정신 등이 그리스 해운의 발전에 중요함을 강조
Los(2012)	동향 선주 간의 공동이익 추구 해운시장 흐름에 주도면밀 시장의 작동 존중 해운경기 대응 탁월 선주와 선원의 긴밀한 유대 기술혁신 적극적 수용 해운가문간의 끈끈한 유대
Thanopoulou(2014)	유능한 인재의 해운업 유입 용선 및 선박매매 타이밍 탁월 해운전통 수용
Goulielmos(2017)	제3자 화물운송 탁월 오랜 주권 상실로 해외진출과 네트워크 형성 해운전통 뛰어난 선박매매 전략 분사(set-off)
박용안(2011)	제3국 화물 중심의 해운활동 세계 금융시장의 활용 우수한 해기인력 보유 벌크와 탱커에 특화 인적연대에 기반한 해운기업 경영 선원의 근무조건 등에 대한 노사간 집단적 합의
武城正長(2012)	2차 대전 직후 리버티선과 탱커선의 저렴한 구입 주요 화주와 장기운송계약과 자금 확보 대량의 편의치적 해운경기 변동에 따른 선박매매차익거래 3국간 수송에 탁월

주: 참고 문헌을 기반으로 필자가 정리하였음.

참고문헌

- 고병욱 외(2017), *산업정책적 관점에서의 주요국 해운정책 분석 및 정책방향 연구*, 한국해양수산개발원.
- 게오르크 오스트로고르스키(한정숙, 김경연 역)(1999), *비잔티움 제국사: 324-1453*, 까치.
- 김대성(2006), 그리스 독립운동과 오스만제국-서구의 대응, *지중해지역연구*, 제8권 제1호, pp. 175~206.
- 김성준(2019), *유럽의 대항해 시대*, 문현.
- 김진경(2014), *고대그리스의 영광과 몰락*, 안티쿠스.
- 김화진(2021), *아산 정주영 레거시*, 서울대학교 출판문화원.
- 남종국(2018), *지중해교역은 유럽을 어떻게 바꾸었을까?*, 민음인.
- 남종국(2020), *중세 해상제국 베네치아*, 이화여자대학교 출판문화원.
- 노나카 이쿠지로・곤노 노부로(나상억 역)(1998) *노나카의 지식경영*, 21세기북스.
- 도날드 쿼터트(이은정 역)(2008), *오스만 제국사, 적응과 변화의 긴 여정, 1700-1922*, 사계절.
- 라스 옌센(보스톤컨설팅그룹 서울오피스 역)(2014), *1825일의 트랜스포메이션*, 한국경제매거진.
- 마이클 포터(조동성 역)(1991), *경쟁우위*, 교보문고.
- 박경귀(2015.3.1.), 델로스 동맹의 국제도시 델로스가 몰락한 이유, 데일리안.
- 박경귀(2016), *그리스, 인문의 향연*, 베가북스.
- 박용안(2011), 그리스 해운산업의 강점 및 지원정책의 시사점, *계간해양수산*, 4호, pp. 84~97.
- 방희석(1999), *국제운송론*, 박영사.
- 산업연구원 산업비전연구팀(2019), *한국 산업발전 비전 2030: 제2권 산업편(제조업)*, 연구보고서 2019-924(2).
- 손원익(2003), 선박 톤세제도 관련 논의, *재정포럼*, 2월호, 한국조세연구원, pp. 36~52.
- 송동훈(2020), *에게해의 시대*, 시공사.
- 송동훈(2019), *대항해시대의 탄생*, 시공사.
- 스테파노 마기(김원욱 역)(2007), *그리스: 고대 문영의 역사와 보물*, 생각의 나무.
- 시오노 나나미(이경덕 역)(2017), *그리스인 이야기 I, II, III,* 살림출판사.
- 신선희・김경엽(2006), *이야기 그리스 로마사*, 청아출판사,

- 아크바르 노먼, 조셉 E. 스티글리츠(KDB미래전략연구소 역)(2018), *산업정책의 효율성, 다양성 그리고 금융*, KDB미래전략연구소.
- 앙드레 보나르(김희균·양정란 역)(2018), *그리스인 이야기(1-3)*, 책과 함께.
- 앨빈 토플러(이규행 감수)(2002), *권력이동*, 한국경제신문.
- 어니스트 페일(김성준 역, 2004), *서양 해운사*, 혜안.
- 울산박물관, *정주영 회장 탄생 100주년 :불굴의 의지와 도전*, 2015.
- 유병세(2019), 전환기의 한국 조선산업, *KIET 산업경제*, pp. 75~81.
- 유필화·신재준, *기업문화가 회사를 말한다*, 한언, 2002.
- 윌 듀런트(1)(김운한 권영교 역)(2011), *문명이야기:그리스문명 2-1*, 민음사.
- 윌 듀런트(2)(김운한 권영교 역)(2011), *문명이야기:그리스문명 2-2*, 민음사.
- 위키백과, 그리스의 섬 목록.
- 이기환·오학균·신주선·이재민(2016), *선박금융원론*, 서울:두남.
- 이기환(2018), 그리스해운의 뿌리, 키오스섬과 선주들, *해양한국*, 제541호, 2018. 10.
- 이로사리아(Lee, Rosalia)(2019), 그리스 관광산업, KOTRA 그리스 아테네무역관.
- 이순철(1999), *사례로 본 지식경영의 이해*, 삼성경제연구소.
- 이은창·홍성인·남상욱·양종서(2019), *한국 조선산업의 중장기전망과 정책과제*, 연구보고서 2019-915., 산업연구원.
- 이장우 (1996), *벤처창업*, 매일경제.
- 이준구·조명환(2016), *재정학*, 문우사.
- 이춘우 외(2014), *기업가정신의 이해*, 중소기업청·(재)한국청년기업가정신재단.
- 이학종(2008), *기업문화와 기업경쟁력*, 박영사.
- 장영광·정기만(2018), *생활속의 증권투자론*, 신영사.
- 정주영(1998), *이 땅에 태어나서*, 솔.
- 조성오(2009), *철학에세이*, 동녘.
- 조지 애커로프, 로버트 쉴러(김태훈 역)(2009), *야성적 충동*, 랜덤하우스.
- 존 줄이어스 노리치(이순호 역)(2009), *지중해 5,000년의 문명사(상, 하)*. 뿌리와 이파리.
- 존 R. 헤일(이순호 역)(2001), *완전한 승리, 바다의 지배자*, 다른세상.
- 주그리스 대한민국대사관(2020), '그리스 안내'.
- 찰스 밴 도렌(박중서 역)(2010), *지식의 역사*, 갈라파고스.
- 포스코경영연구소(1998), *지식경영*, 더난출판사.
- 플라톤(천병희 역)(2016), *테아이테토스, 필레보스, 티마이오스, 크리티아스, 파르메니데스*, 숲.
- 플루타르코스(존 S. 화이트 편저, 김대웅·임경민 역)(2109), *플루타르코스 영웅전*,

아름다운날.

- 피터 드러커(Peter Drucker) (현대경제연구원 역), *지식경영*, 21세기북스, 2001.
- 한국조선해양플랜트협회(http://www.koshipa.or.kr).
- 한국조선해양(2020), '한국조선해양 통합보고서'.
- 해양수산부(2021), *제5차 해운산업 장기발전계획(2021-2025)*.
- 헤로도토스(김봉철 역)(2017), *역사*, 도서출판 길.
- 헤시오도스(천병희 역)(2020), *신들의 계보*. 숲.
- 현대경제연구원(2011), *시대를 초월한 세기의 기업인 정주영 경영을 말하다*.
- 현대중공업(1992), *현대중공업사*.
- 호메로스(이상훈 역)(2016), *오디세이아*, 동서문화사.
- 호메로스(천병희 역)(2014), *일리아스*, 도서출판 숲.
- 홍경식(2012), 그리스 경제의 현황과 구조적 취약성 형성 배경, 한국은행 프랑크푸르트사무소.
- 홍덕표(2002), 지시경영 왜 안되는가, *LG주간경제*, 2202.12.25., LG경제연구원, pp. 43~48.
- 홍성인(2017), 조선해양산업의 발전 기반 분석과 재도약 전략, Issue Paper 2017-434, 산업연구원.
- 武城 正長(2012), *便宜置籍船と國家*, 御茶の書房.
- Alezandropoulou, V. P.(2015), "Shipping finance in Greece", in Schinas, O., et al.(ed), *HSBA handbook of ship finance*, Springer.
- Andrioti, V. A.(2017), "The European and Greek shipping taxation," MSc Dissertation, International Hellenic University.
- Barney, J. B.(1991), "Firm resources and sustained competitive advantage," *Journal of Management*, 17(1), pp. 90~120.
- Barney, J. B.(2001), *Gaining and sustaining competitive advantage*, Reading: Addison-Wesley.
- Bergantino, A. and Marlow, P.(1998), "Factors influencing the choice of flag: empirical evidence," *Maritime Policy and Management*, 25(2), pp. 157~174.
- Bergin, T.(2015), "How Greek shipowners talk up their role, and why that costs Athens millions." (https://www.reuters.com/investigate/special-report/eurozone=greece=shipping (2019.2.2접속))
- Berk, J., DeMarzo, Harford, J.(2013), *Fundamentals of corporate finance*, Pearson Learming Solutions(선정훈·고광수·변진호 역, *기본 재무관리*, 피어슨 에듀케이션코리아).
- Billinis, A.(2019), "The 'blessed Liberty Ships: The 'yeast' that caused the

Greek fleet to rise"(https://neoskosmos.com/en/147750).

- Black, B. S. and Gilson, R. J.(1998), "Venture capital and the structure of capital markets: bank vs. stock market," *Journal of Financial Economics*, 47(3), pp. 243~277.

- Bragoudakis., et al., 2013, "Investment strategies and Greek shipping earnings: exploring the pre & pos "ordering-frenzy" period," Bank of Greece, Working Paper 157.

- Brockbank, W.(1999), "If HR were really strategically proactive : present and futre directions in HR's contribution to competitive advantage," *Human Resource Management*, 38(4), pp. 337~352.

- Brooking, A.(1997)(김광영 역)(1997), *지식자본*, 사람과 책.

- Brownrigg, M., Dawe, G., Mann, M. and Weston, P.(2001), "Developments in UK shipping: the tonnage tax," *Maritime Policy and Management*, 28(3), pp. 213~223.

- Casson, M.(1990), *Entrepreneur and competitiveness: A system view of international business*, Oxford: Clarendon Press.

- Casson, M.(1998), "Entrepreneurial networks : a theoretical perspective," in Moss, M. and Slaven, A. (ed.), *Entrepreneurial networks and business culture, Proceedings of Twelfth International Economic History Congress* (Madrid).

- Corres, A. J. (2007). "Greek maritime policy and the discreet role of shipowners' associations," In Pallis, A. A. (ed.), *Maritime transport: The Greek paradigm*. London: Elsevier.

- Clarkson, Shipping Intelligence Network(2021.7.9.).

- Clarksons Research Services(2021).

- Deloitte(2013), *Shipping tax guide*(2021.1.20. 접속).

- Deloitte(2020), *Impact analysis of the Greek shipping industry*.

- Didier, T., Levine, R. and Schmukier, S.(2014), "Capital market financing, firm growth, firm size distribution," National Bureau of Economic Research.

- Economou, E., et al.(2016), "The Greek merchant fleet as a national navy during the war of independence 1800-1830," Munich Personal RePEc Archive paper No. 76414.

- EY(2020), "Greece introduces amendments to the taxation of ships," (https://www.hellenicshippingnews.com/greece-introduces-amendments-to-the-taxation-of-ships/20201.2.3 접속)

- Farthing, B. and Brownrigg, M.(1997), *Farthing on international shipping (3rd ed.)*, London: LLP.

- Frankel, E. G.(1982), *Regulation & policies of American shipping*, Praeger.
- Fung, Y. L.(1948), *A short history of Chinese philosophy*, Macmillan Publishers, (정인재 역(2007), 간명한 중국철학사, 형설출판사).
- Gettier, E. L.(1963), "Is justified true belief knowledge?," *Analysis*, 23(6), pp. 121~123(https://doi.org/10.1093/analys/23.6.121).
- Gitman, L. J. and McDaniel, C.(2005), *The Future of business: The essentials* (2nd ed.),Thomson (정재영 외 공역(2006), 경영학 배움터, 생능출판사).
- Goldsmith, R. W.(1969), *Financial structure and development*, New Haven and London: Yale University Press.
- Goulielmos, A. M.(1997), "A critical review of contemporary Greek shipping policy 1981-1996," *Transport Policy*, 4(4), pp. 247~255.
- Goulielmos, A. M. (2017), "The great achievement of Greek-owned shipping (1946-2017), Keynes' animal spirits," *Modern Economy*, 8, pp. 1186~1210.
- Goulielmos, A. M.(2018), "The "modern Greek maritime policy", 1953-2018: a critical review of its legal, economic and institutional framework," *Modern Economy*, 9, pp. 1190~1212.
- Grammenos, C. T., & Choi, C. J. (1999). "The Greek shipping industry," *International Studies of Management & Organization*, 29(1), pp. 34~52.
- Grammenos, C.T. and Papapostolou, N.C.(2012), "Ship finance:US high yield bond market," in Tally, W. K.(ed.), *The Blackwell companion to maritime economics*, Blackwell, pp. 417~432.
- Harlaftis, G.(1993), *Greek shipowners & Greece, 1945-1975*, London: Athlone Press.
- Harlaftis, G.(1994), "Patterns of ownership and finance in the Greek deep-sea steamship fleet, 1880-1914," *Research in Maritime History*, No.6, pp. 139~165.
- Harlaftis, G.(1996). *A history of Greek-owned shipping: the making of an international tramp fleet, 1830 to the present day.* London: Routledge.
- Harlaftis, G. and Kardasis, V.(2000), "International shipping in the eastern Mediterranean and the Black Sea," in Pamuk, S. and Williamson, J. G. (ed.)(2000), *The Mediterranean response to globalization before 1950*, London: Routledge, pp. 233~265.
- Harlaftis, G.(2002), "Greek maritime business in the nineteenth and twentieth centuries", in De Goey, F. and Veluwenkamo, W.(ed.), *Entrepreneurs and institutions and Asia, 1500-2000*, Askant, pp. 71~90.

- Harlaftis, G., Haritatos, M. and Beneki, H.(2003) *Ploto: Greek shipowners from the late 18th century to the eve of world War II*, Athens: Hellenic Literary and Historical Archive.
- Harlaftis, G. and J. Theotokas(2004), "European family firms in international business: British and Greek tramp-shipping firms", *Business History*, 46(2), pp. 219~255.
- Harlaftis, G.(2008), "The Greek shipping sector, 1850-2000", in Fisher, L. R. and Lange, E.(ed.) *International merchant shipping in the nineteenth and twentieth centuries; The comparative dimension*, No.37, Research in Maritime History, IMEHA, St. John's Newfoundland, pp. 79~103.
- Harlaftis, G. and Laiou, S.(2008), "Ottoman state policy in Mediterranean trade and shipping, c.1780-c.1820: The rise of the Greek-owned Ottoman merchan fleet," in Mazower, M.(ed.), *Networks of power in modern Greece*, Hurst & Company.
- Harlaftis, G., and Kostelenos, G. (2012), "International shipping and national economic growth: Shipping earnings and the Greek economy in the nineteenth century," *Economic History Review*, 65(4), pp. 1403~1427.
- Heaton, H.(1968), *Economic history of Europe*, New York: Harper & Row.
- Hellenic Statistical Authority(27 Aug. 2021), *The Greek Economy*.
- Hellenic Statistical Authority(April-June 2021), *Greece in Figures*.
- Hyde, F. E.(1967), *Shipping enterprise and management: 1830-1939*, Liverpool University Press.
- Konsta, K.(2017). "Marimte policy and the success of nations: the case of Greek-flagged ocean shipping," Ph.D Thesis, Plymouth University.
- Knoke, D. and Kuklinski, J.(1982), *Network analysis*, Beverly Hills.
- Kapetanakis, P.(2013), "Grrek Shipping 1945-2010: a success story of tradition, innovation, modernisation," Maritime at Greenwich(https://maritimeatgreenwich.wordpress.com/2013/10/21/greek-shipping-1945-2010-a-success-story-of-tradition-innovation-modernisation(2019.12.30.접속)
- Lagoudis, I. N. and Theotokas, I.(2007), "The competitive advantage in the Greek shipping industry," in Pallis, A. A.(ed.), *Maritime transport: The Greek paradigm*. London: Elsevier.
- Leggate, H and McConville, J.(2005), "Tonnage tax: is it working?," *Maritime Policy and Management*, 32(2), pp. 177~186.
- Lorange, P.(2005), *Shipping company strategies: Global management under*

turbulent conditions, London: Elsevier.

- Lorange, P.(2009), *Shipping strategy: Innovation for success*, Cambridge: Cambridge University Press.
- Los, M. D.(2012.10.24.), "Chios liberated-shipping upward," Centennial Symposium (1912~2012): Milestones in History - United States & Greece, Panchiaki Korais Society.
- Lucas, R. E.(1988), "On the mechanics of economic development," *Journal of Monetary Economics*, 22, pp. 3~42.
- Marine Information Services(2nd Quarter 2020), "Greek shipping at a glance."
- *Marine Money*(International)(2018.8/9), Vol.34(5).
- *Marine Money*(International)(2020), Vol.36(1).
- Marine Money(2021.2), *The Week in Review.*
- Marlow, P., and Mitroussi, K. (2008), "EU shipping taxation: the comparative position of greek shipping". *Maritime Economics and Logistics*, 10(1-2), pp. 185~207.
- Mastos, G.(2009), "Tonnage tax and tax competition," in Antapassis, A. Athanassion, L. and Rosaeg, E.(ed.), *Competition and regulation in shipping and shipping related industries*, Leiden: Brill/Nijhoff, pp. 265~289.
- Menon Economics and DNV GL(2018), *Leading maritime nations of the world.*
- Menon Economics and DNV GL(2019), *The leading maritime capitals of the world.*
- Merikas, A., Gounopoulos, D. and Nounis, C.(2009), "Global shipping IPO performance," *Maritime Policy & Management*, 36(6), pp. 481~505.
- Metaxas, B. N.(1974), *The economics of tramp shipping*, Londn: Athlone Press.
- Metaxas, B. N.(1988), *Principles of shipping policy*, Athens: Papazisis(원본은 그리스어로 Theotokas(2018)에서 재인용).
- Modigliani, F. and Miller, M. H.(1963), "Corporate income taxes and the cost of capital: A correction", *American Economic Review*, 53, pp. 433~443.
- Nonaka, I.(김형동·감수)(1990), 지식창조의 경영, 21세기북스.
- Nonaka, I.(1991), "The knowledge-creating company", *Harvard Business Review*, 69(6), pp. 96~104.
- Nonaka, I. and H. Takekuchi(1995), *The knowledge-creating company*, New York: Oxford University Press.
- Nonaka,I. and N. Konno(1998), "The concept of 'Ba': Building a foundation for knowledge creation", *Californai Management Review*, 40(3), pp. 40~54.

- OECD(2020), *OECD economic surveys: Greece.*
- Pallis, A. A.(ed.)(2007), *Maritime transport: The Greek paradigm.* London: Elsevier.
- Pallis, A. A. (2007), "The Greek paradigm of maritime transport: a view from within." In Pallis, A. A.(ed.), *Maritime transport: The Greek paradigm*, London: Elsevier.
- Panagiotou, S. and H. Thanopoulou(2019), "Tonnage tax revisited: The case of Greece during a shipping crisis and an economic crisis period," Working Paper 266, Bank of Greece.
- Pascale, R. T. and Athos, A. G. (1991), *The art of Japanese management*, New York: Penguin Books.
- Peters, T. J. and Waterman, R. H.(1982), *In search of excellence*, New York: Harper & Row.
- Petrofin Bank Research. (2004-2020). "Key developments and growth in Greek ship-finance".
- Petrofin Research. (2019a). "Greek fleet statistics".
- Petrofin Research(2018, 2019b), "Greek shipping companies."
- Petrofin Resaerch(2004-2020), "Key developments and growth in Global Ship Finance".
- Polemis, Spyros M., "The history of Greek shipping." (http://www.greece.org/poseidon/work/articles/polemis_one.html)(2019.11.25.접속).
- Progoulaki, M. and Theotokas, I. (2010), "Human resource management and competitive advantage: An application of resource-based view in the shipping industry," *Marine Policy*, 34(3), pp. 575~582.
- PWC(2015), *Choosing your course: Corporate taxation of the shipping industry around the globe.*
- PWC(2021), *Choosing your course: Corporate taxation of the shipping industry around the globe.*
- Reed, C. M.(2003), *Maritime traders in the ancient Greek world*, Cambridge University Press.
- Saxaenian, A.(1994), *Regional advantage*, Harvard University Press.
- Stevenson(1983), "A perspective on entrepreneurship," HBS Case, Harvard Business School.
- Schumpeter, J. A.(1934), *The theory of economic development*, Harvard University Press.

- Selkou, E. and Roe, M.(2002), "UK tonnage tax: subsidy or special case?," *Maritime Policy and Management*, 29(4), 393~404.
- Stewart, T. A.(1997), *Intellectual capital*, Doubleday/Currency.
- Sturmey, S. G.(1962), *British shipping and world competition*, Athilone Press.
- Svendsen, A. S.(1978), "The concentration of capital in the shipping and optimum size of shipping companies," Bergen: Institute for Shipping Research.
- Stopford, M. (2009). *Maritime economics (3rd ed.)*. Oxon: Routledge.
- Syriopoulos, T. C.(2010), "Shipping finance and international capital markets, in Grammenos, C. Th.(ed.), *Handbook of maritime economics and buisness*, pp. 1048~1098.
- Thanopoulou, H. A.(2007), "A fleet for the 21st century: Modern Greek Shipping", in Pallis, A. A.(ed.), *Maritime Transport: The Greek Paradigm*, London: Elsevier.
- Thanopoulou, H. A.(2014), "Greek shipping: miracle or recipe?," KMI 내부세미나자료.
- Theotokas, I.(2018), *Management of shipping companies*, Routledge.
- Theotokas, I.(2007), "On top of world shipping companies' organization and management," in Pallis, A. A.(ed.), *Maritime transport: The Greek paradigm*, London: Elsevier.
- Theotokas, I. and Harlaftis, G.(2009), *Leadership in world shipping*, Palgrave Macmillan.
- Thurow, L. (1997), "Changing the nature of capitalism," in Gibson, R.(ed.), *Rethinking the future*, London: Nicholas Brealey, p. 228.
- UNCTAD(2018), *Review of maritime transport*.
- UNCTAD(2020), *Review of Maritime Transport*.
- Union of Greek Shipowners(2018), "Greek shipping and economy 2018."
- Union of Greek Shiowners(2021), "Greek shipping and economy 2020."
- VesselsValue(2021), 그리스관련 내부자료.
- Whitehead, A. N.(1985), *Process and reality*, New York: Free Press.
- Yui, T. and Nakagawa, K.(1985), *Business history of shipping strategy and structure*, University of Tokyo Press.
- Zahra, S. A., Hayton, J. C. and Savato, C. (2004), "Entrepreneurship in family vs. non-family firms: A resource based analysis of the effect of organizational culture", *Entrepreneurship Theory and Practice*, 28(4), pp. 363~381.

찾아보기

ㅇ

■ 이기환(李基煥, Ki-Hwan Lee)

　최근 해양금융 및 재무의 교육과 연구에 집중하고 있는 필자는 바다와는 다소 거리가 먼 경남 밀양에서 태어나 중학교까지는 고향에서 생활하였다.

　그 후 부산에서 경남고교를 졸업하고 서울로 가 중앙대학교에서 경영학을 전공하였다(학사, 석사). 대학 졸업 후 한국개발연구원(KDI)에서 연구원으로 재직하며 재정 및 금융 분야의 연구를 수행하였다. KDI 재직 중 KDI의 해외연수 프로그램 지원으로 영국 맨체스터대학교 맨체스터경영대학원(Manchester Business School)에서 경영학 박사학위(Ph.D.)를 취득하였다.

　학위 취득 후 KDI에 복직해 근무하다, 1995년 봄 한국해양대학교 해운경영학부에서 후학을 양성하기 시작한 후 지금까지 열과 성을 다해 교육, 연구 및 사회봉사에 임하고 있다.

　한국해양대학교에서 교무처장, 국제대학 학장을 역임하였고, 현재 해양금융대학원 원장을 맡고 있다. 연구년 동안 미시간대학교의 경영대학원에서 방문학자로서 사내벤처캐피탈에 대해 연구를 수행하였다. 주요 대외활동으로는 정부투자기관의 경영평가위원, 해양수산부 정책자문위원회 위원, 금융위원회 금융중심지추진위원회 위원, 부산광역시 금융중심지 자문위원, 그리고 한국금융공학회 회장 등을 역임하였다. 또한 주요 수상으로는 감사원장, 교육부장관, 금융위원회 위원장 등의 표창장이 있다.

　특히 박사학위 취득 후 초기에는 기업재무의 한 분야인 신규공모주발행(IPOs)의 가격결정에 대한 연구를 집중적으로 수행하였다. 즉, 2000년대 중반까지는 IPO시 벤처캐피탈의 보증 효과에 대한 논문을 전문학술지에 다수 발표하였다. 2000년대 후반 들어 부산이 해양금융중심지로 지정되면서 해양금융 및 재무에 대한 교육 및 연구를 새로이 개척하여 현재까지 관련 대학원을 개설하는데 기여함과 아울러 다수의 논문을 발표하고 관련 저서도 발간하였다.

　주요 저서로는 선박금융원론(공저), 해상운송과 선박(공저), 재무관리(공역), 벤처캐피탈의 이론과 실제(공편), 중소벤처기업의 발전과 장외시장의 활성화(공저), 경영학원론(공저), 기업신용분석(공저), 신용위험평가론(공저) 등이 있으며, 국내외 전문학술지에는 기업재무 및 해양금융 관련 논문 100여 편을 발표하기도 하였다. 그 외 기업재무와 해운재무 관련 연구과제도 다수 수행하였다.

그리스 해운의 해부

2023년 8월 1일 초판 발행
2023년 8월 20일 초판 2쇄 발행

저 자 이   기   환

발행인 배   효   선

발행처 도서   法 文 社
출판

주 소 10881 경기도 파주시 회동길 37-29
등 록 1957년 12월 12일/제2-76호(윤)
전 화 (031)955-6500~6 FAX (031)955-6525
E-mail (영업) bms@bobmunsa.co.kr
        (편집) edit66@bobmunsa.co.kr
홈페이지 http://www.bobmunsa.co.kr
조 판 법 문 사 전 산 실

정가 29,000원   ISBN 978-89-18-91421-3